Der Heidelberger Katechismus – ein reformierter Schlüsseltext

TVZ

reformiert!

herausgegeben von
Magdalene L. Frettlöh, Frank Mathwig,
Torsten Meireis, Matthias Zeindler

Band 1 – 2013

Martin Ernst Hirzel
Frank Mathwig
Matthias Zeindler (Hg.)

Der Heidelberger Katechismus – ein reformierter Schlüsseltext

T V Z
Theologischer Verlag Zürich

Bibliografische Informationen der Deutschen Nationalbibliothek
Die Deutsche Nationalbibliothek verzeichnet diese Publikation in der Deutschen Nationalbibliografie; detaillierte bibliografische Daten sind im Internet über http://dnb. d-nb. de abrufbar.

Umschlaggestaltung
Simone Ackermann, Zürich

Druck
Rosch Buch GmbH, Scheßlitz

ISBN 978-3-290-17709-6

www.tvz-verlag.ch

Im Gedenken an
Marianne Stauffacher-Schaub

Vorwort zur Reihe

Eine theologische Schriftenreihe mit dem Ausruf «reformiert!» zu betiteln, stellt ein gewisses Wagnis dar. Zwar bilden die Reformierten eine eigenständige Konfession, die seit der Reformation – wenn auch teilweise unter anderem Namen – auf eine globale Erfolgsgeschichte zurückblicken kann, wenn es denn unter Christinnen und Christen um Erfolge zu tun wäre. Ausgehend von Zürich und Genf haben Reformierte nicht nur weltweit theologische Akzente gesetzt, sondern auch die politischen und sozialen Strukturen moderner Gesellschaften mit geprägt.

Gleichwohl tun sich Reformierte seit jeher und im Allgemeinen schwer, hinter ihre Konfession ein bekräftigendes, gar identitätsbezeugendes Ausrufezeichen zu setzen. Sie können sich weder auf eine Stabilität garantierende Lehrautorität nach römisch-katholischem Muster berufen noch auf einen zumindest beruhigenden Schlussstrich unter die Bekenntnisbildung nach dem Vorbild der lutherischen Kirche. Stattdessen gelten im reformierten Kontext das Priestertum aller Glaubenden und eine zyklisch anschwellende und abebbende Freude am Bekennen. Das «semper reformanda» stellt sich einer Identitätsfixierung ebenso störrisch in den Weg wie das Motiv des «wandernden Gottesvolkes». Symptomatisch dafür steht der im ersten Band dieser Reihe behandelte *Heidelberger Katechismus.* Von einem Melanchthon- und einem Calvin-Schüler verfasst, zeigt dieses reformierte Schlüsseldokument eine Weite, die mit einem strikten Konfessionalismus kaum zu gewinnen wäre.

Worin aber besteht dann eine reformierte Identität, die ohne Betonung der Authentizität, Individualität und damit des je eigenen Urteils nicht zu denken ist, für die gilt, dass «es für den Christen in Beziehung auf die Kirche völlig einerlei sein muss, ob er sagt, Das halte ich für wahr, oder ob er sagt, Das ist die wirkliche Lehre der Kirche»,[1] und für die der zentrale Auftrag der theologisch Lehrenden darin besteht, «wieder Punkt für Punkt zu sagen, in

1 Friedrich Daniel Ernst Schleiermacher, Die christliche Sitte, nach den Grundsätzen der evangelischen Kirche im Zusammenhange dargestellt, aus Schleiermacher's handschriftlichem Nachlasse und nachgeschriebenen Vorlesungen herausgegeben von Ludwig Jonas, Berlin 1843, 4, Anm.

welcher Weise ich die Aussagen des Bekenntnisses als heute Lebender und selbst Denkender mit verantworten muss und kann»?[2]

Nach der Auffassung der Herausgebenden dieser Reihe lässt sich reformierte Identität nicht anders denn als immer neue, in der Form diskursive, in der Haltung offene und nicht nur an Authentizität, sondern auch an der Wahrheit interessierte Bemühung um die Auslegung der ersten Frage des *Heidelberger Katechismus* denken. «Dass ich mit Leib und Seele im Leben und im Sterben nicht mir, sondern meinem getreuen Heiland Jesus Christus gehöre», verweist zugleich darauf, dass reformierte Identität ihr Zentrum im Aufgehobensein in Christus und seiner Kirche immer schon vorfindet.

Vor diesem Hintergrund werden in der Reihe «reformiert!» Beiträge publiziert, die sich an jenem Diskurs beteiligen, indem sie reformierte Theologie im Lichte aktueller Fragestellungen weiterentwickeln und Anstösse geben, selbst wenn ein Stoss manchmal aus der Ruhe bringen mag. Das Ausrufezeichen signalisiert auch die Bereitschaft zum deutlichen – ausrufenden – Gespräch und zugleich den Verzicht auf einen autoritär abschliessenden Punkt ...

Magdalene L. Frettlöh
Frank Mathwig
Torsten Meireis
Matthias Zeindler

Bern, im November 2013

2 Karl Barth, Gotteserkenntnis und Gottesdienst nach reformatorischer Lehre. 20 Vorlesungen (Gifford-Lectures) über das Schottische Bekenntnis von 1560, gehalten an der Universität Aberdeen im Frühjahr 1937 und 1938, Zürich 1938, 6.

Inhalt

Vorwort

Der *Heidelberger Katechismus* feiert 2013 seinen 450. Geburtstag. Der *Heidelberger* gehört zu den am weitesten verbreiteten reformierten Texten. Menschen in aller Welt und Generationen bis weit ins 20. Jahrhundert haben anhand seiner Fragen und Antworten gelernt, was es heisst, Christ oder Christin zu sein. Heute muss man fragen, ob der *Heidelberger Katechismus* über seine historische Wirksamkeit hinaus noch relevant ist. Dieser Problematik möchte sich der vorliegende Band stellen. Die Herausgeber sind der Auffassung, dass der *Heidelberger* bis heute Antworten für ein zeitgenössisches Christsein bereithält.

Die meisten der hier versammelten Texte gehen auf eine Ringvorlesung unter dem Titel «Der Heidelberger Katechismus als reformierter Schlüsseltext» an der Universität Bern im Frühlingssemester 2013 zurück. Die gleichermassen kirchliche wie theologische Bedeutung der Thematik wird durch die Tatsache unterstrichen, dass diese Ringvorlesung von der Theologischen Fakultät, dem Schweizerischen Evangelischen Kirchenbund und den Reformierten Kirchen Bern-Jura-Solothurn gemeinsam verantwortet wurde. Wir danken ihnen für ihre Unterstützung. Die Zusammenarbeit zeigt, wie wichtig für eine heutige Profilierung des reformierten Erbes ein gemeinsames Auftreten von akademischer und von kirchlich verantworteter Theologie ist.

Dem Schweizerischen Evangelischen Kirchenbund und den Reformierten Kirchen Bern-Jura-Solothurn danken wir ausserdem für namhafte Beiträge zur Publikation des vorliegenden Bandes.

Kurz vor Abschluss der Arbeit an diesem Band verstarb unerwartet Marianne Stauffacher, Verlagsleiterin des Theologischen Verlags Zürich, die die Entstehung des Buches mit grosser Überzeugung begleitet und unterstützt hat. Ihr ist es deshalb gewidmet. Herzlich danken wir Frau Briner vom Theologischen Verlag Zürich für ihr grosses Engagement für den *Heidelberger* in einer schwierigen Zeit.

Martin Ernst Hirzel
Frank Mathwig
Matthias Zeindler

Bern, im November 2013

Martin Ernst Hirzel, Frank Mathwig, Matthias Zeindler

Einleitung

1. Tradition und Aktualität des Heidelberger Katechismus

Mindestens die erste Frage ist weitherum bekannt: «Was ist dein einziger Trost im Leben und im Sterben?» Dass dieser Satz bis heute vielen Christen auf der Welt gegenwärtig ist – auch wenn sie seine Herkunft nicht immer kennen mögen –, belegt eindrücklich die historische Bedeutung des *Heidelberger Katechismus.* Dies bestätigen in vielfältiger Weise die Ausstellungen, Veranstaltungen, Vorträge und die grosse Zahl von Publikationen anlässlich des 450. Jahrestages seiner Publikation. In der Tat gehört der *Heidelberger* zu den am weitesten verbreiteten protestantischen Bekenntnistexten, vergleichbar etwa Luthers Kleinem Katechismus oder dem Westminster Shorter Catechism. Er hat durch die Ausbreitung der Reformation und später das Zeitalter der Entdeckungen eine weltweite Verbreitung gefunden und ist in rund vierzig Sprachen übersetzt worden. Menschen in aller Welt und Generationen bis weit ins 20. Jahrhundert haben anhand seiner Fragen und Antworten gelernt, was es heisst, Christin oder Christ zu sein. In Teilen des reformierten Protestantismus gilt er bis heute als Glaubensgrundlage.

Doch selbst wenn die historische Bedeutsamkeit eines Textes unbestritten ist, kann noch lange nicht als ausgemacht gelten, dass er auch für die eigene Gegenwart noch Interesse beanspruchen kann. Immerhin gilt es zur Kenntnis zu nehmen, dass der *Heidelberger* gleich einer doppelten Krise ausgesetzt war und ist: zunächst einem generellen Abbruch christlicher Traditionsbestände und dann noch dem Widerstand gegen das pädagogische Medium Katechismus spätestens seit den 1960er Jahren.

Die Relevanz eines Textes kann sich nur in der Auseinandersetzung mit ihm *erweisen.* Einer solchen Auseinandersetzung entstammen die hier vorgelegten Studien zum *Heidelberger Katechismus*, und sie wollen ihrerseits zur Auseinandersetzung mit diesem traditionsreichen Text anregen. Dabei soll nicht unterschlagen werden, dass die Herausgeber mit der These ihr Projekt angegangen sind, der *Heidelberger* sei nach wie vor relevant für die Klärung der Frage, was es heisst, in der heutigen Welt eine Christin bzw. ein Christ zu sein. Damit wird nicht unterstellt, der Text biete «traditionelle Antworten» auf vordergründig aktuelle «heutige Fragen». Vielmehr steht dahinter die weit aus anspruchsvollere Behauptung, dass der *Heidelberger* dank seiner theologischen Substanz Verengungen unserer aktuellen Perspektiven aufbrechen und so neue, unerwartete Sichtweisen eröffnen kann, im Blick auf die zentrale Frage, was es heisst, als Geschöpf Gottes, als gerechtfertigter Sünder und als frohgemuter Christenmensch zu leben. Aus diesem Grund behauptet das Buch in seinem Titel, der *Heidelberger Katechismus* sei ein *Schlüsseltext* – ein Text also, der im Diskurs um das Selbstverständnis des christlichen Glaubens nicht nur unerlässlich war, sondern es auch bis heute geblieben ist und bleiben wird.

2. Reformiert, nicht konfessionalistisch

Die Rede ist aber nicht bloss von einem Schlüsseltext, sondern von einem *reformierten* Schlüsseltext. Eingeweihte werden an dieser Stelle kritisch nachhaken, immerhin hat der Initiator des *Heidelbergers*, Kurfürst Friedrich III., das Werk als Dienst an der Einheit zwischen den verschiedenen Strömungen reformatorischer Theologie in seinem Herrschaftsgebiet und zwischen den konkurrierenden Lagern der Reformation verstanden. Deshalb tritt – um nur dieses Beispiel zu nennen – ein so wichtiger reformierter Konfessionsmarker wie die Erwählungslehre auffällig zurück. Karl Barth war denn auch der Meinung, «dass das Beste der lutherischen Reformation im Heidelberger Katechismus mitverarbeitet» sei.[1] Mindestens von seiner ursprünglichen Intention her eignet sich der *Heidelberger* deshalb schlecht für konfessionelle Grenzbestimmungen. Bereits kurz nach seinem Erscheinen hat sich dies freilich geändert, zum einen, weil er von lutherischer Seite sehr schnell abgelehnt wurde, zum andern, weil er durch seinen massgeblichen Verfasser Zacharias Ursinus in dessen als Vorlesungen vorgetragenen Katechismus-Erklärungen eine eng an Calvins Theologie anschliessende Interpretation erfuhr. Endgültig zum normativen Ausdruck reformierter Theologie wurde der Katechismus, als er anlässlich der Dordrechter Synode 1618/19 in den Rang einer Bekenntnisschrift erhoben wurde. Seine irenische Abzweckung und seinen vermittelnden theologischen Gehalt vermochte der *Heidelberger* deshalb schon früh nur begrenzt zu entfalten.

1 Karl Barth, Einführung in den Heidelberger Katechismus (Theologische Studien 63), Zürich 1960, 3.

Umso mehr hat die Rezeptionsgeschichte des Textes gezeigt, dass in ihm zu allen Zeiten und an vielen Orten reformierte Christen eine für sie gültige und bestimmende Formulierung des christlichen Glaubens gefunden haben. Entscheidend ist dabei freilich, in welchem Sinne hier von «reformiert» gesprochen und wie die Prägung des eigenen Glaubens durch einen Text der Tradition verstanden wird. Zuerst gilt, dass die Reformierten ihre Konfessionalität grundsätzlich stets in einem nicht-konfessionalistischen Sinne begriffen haben. So schreibt Eberhard Busch von der reformierten Kirche:

> «Es war ihr genug, *und* es lag ihr alles daran, Kirche Jesu Christi zu sein. Sie hat es darum unterlassen, die Kirche mit dem Namen eines verdienstvollen Menschen im 16. Jahrhundert zu schmücken wie die *lutherische* Kirche. Sie hat es auch unterlassen, den schönen Begriff der katholischen, d. h. der weltweiten Kirche an einen Städtenamen zu binden wie die *römische* Kirche. Reformiert heisst einfach: *christliche* Kirche.»[2]

Sich als reformiert zu verstehen meint, so Busch, immer schon ein Christsein jenseits der eigenen Konfessionsgrenzen zu intendieren.

Hinzu kommt, dass den Reformierten im Gegensatz zu anderen eine hermetische Konfessionalität stets fremd gewesen ist. Die Gründe dafür sind vielfältig. Die weltweite Verbreitung der Reformierten resp. Calvinisten, verbunden mit dem Fehlen eines regulierenden Zentrums haben zu stark lokal und kontextuell geprägten Ausformulierungen reformierter Theologie und Kirchlichkeit geführt.[3] Zudem verfügen die Reformierten über ein *schwaches* Traditionsverständnis, das in dem Fehlen einer Instanz greifbar wird, die die laufenden Diskurse einmal abschliessen könnte. Deshalb kann die reformierte Tradition angemessen nicht mit Hinweisen auf ein Set definierter Positionen beschrieben werden, sondern vielmehr als *Diskurs*tradition mit bestimmten Schwerpunkten (Prädestination, Heiligung, Gesetzesverständnis etc.). Beide Faktoren, Pluralität und schwaches Traditionsverständnis, verhindern einestarke Ausprägung von Konfessionalität.

---

2 Eberhard Busch, Reformiert. Profil einer Konfession, Zürich 2007, 12. Hervorhebungen dort.

3 Vgl. für die Moderne Marco Hofheinz/Matthias Zeindler (Hg.), Reformierte Theologie weltweit. Zwölf Profile aus dem 20. Jahrhundert, Zürich 2013.

3. Im Gespräch mit der Tradition

Trotzdem kennen auch reformierte Kirche und reformierte Theologie eine Theologie der Tradition. Die Frage nach der Glaubenswahrheit muss, darin sind sich die verschiedenen Konfessionen einig, in der dreistelligen Konstellation von Bibel, Tradition und gegenwärtigem Bewusstsein geklärt werden. Die konfessionellen Differenzen entstehen an der Bestimmung des Verhältnisses zwischen den drei Eckpunkten dieser Konstellation. Für reformierte Theologie ausschlaggebend ist bei der Verhältnisbestimmung der grundsätzliche Primat des biblischen Textes, aus dessen Predigt sie das Kirche und Glauben begründende Wort Gottes hört. Damit ist darüber entschieden, dass sowohl dem gegenwärtigen Bewusstsein als auch der Tradition eine gegenüber der Schrift nachgeordnete Stellung zukommen, dass sie beide gegenüber der bestimmenden Schrift in eine Position des Bestimmt*werdens* rücken. Der Tradition kommt gegenüber dem gegenwärtigen Bewusstsein allerdings noch einmal ein relativer Vorrang zu, als der aktuellen Kirche in diesen Texten Zeugnisse vergangener Bibelauslegungen begegnen, mit denen frühere Christen die Erfahrung gemacht haben, dass sie ihnen die Bibel in einer sie angehenden, sie bindenden Weise erschliessen. Als solche einst Kirche und Christen bestimmende Formulierungen haben Texte der Tradition zwar keine der Bibel vergleichbare Autorität, sie haben aber eine «relative Autorität»[4] und als solche Anspruch darauf, von Späteren gelesen und bedacht zu werden. Der Grund für diesen Anspruch des Gehörtwerdens ist kein bloss rezeptionsästhetischer, sondern ein pneumatologischer. Denn in Bezug auf Texte der Tradition hat jede spätere Kirche davon auszugehen, dass der heilige Geist damals seiner Kirche die für sie lebenswichtige Wahrheit Christi eröffnet hat, die für die je eigene Gegenwart grundsätzlich die gleiche Relevanz beansprucht. Schliesslich rückt die Wahrnehmung der Tradition die je gegenwärtige Kirche in den Horizont der ihre Aktualität überschreitenden Gemeinschaft der Kirche Jesu Christi.

Im Sinne der hier skizzierten relativen Autorität kommt im vorliegenden Band der *Heidelberger Katechismus* zu Wort und zur Sprache. Die Relativität, in der ein Text der Tradition als vergegenwärtigte Autorität begegnet, nötigt die Gegenwart dazu, mit diesem Text in einen Diskurs zu treten. Ein Gespräch

4 So Karl Barth, Die Kirchliche Dogmatik I/2, Zollikon-Zürich 1940, 598. Vgl. Georg Plasger, Die relative Autorität des Bekenntnisses bei Karl Barth, Neukirchen-Vluyn 2000.

beginnt mit dem aufmerksamen Hören. Die und der Hörende können dann ihre eigene Stimme «auf gleicher Augenhöhe» zum Gehörten ins Verhältnis setzen. So beginnt ein Gespräch, in dem die eigene Antwort erneut auf den Text hört, um anschliessend wiederum Stellung zu beziehen – das Ganze in einem prinzipiell unabschliessbaren Prozess. Es wäre darüber nachzudenken, ob mit diesem Rezeptionsverfahren die Frage-Antwort-Struktur des *Heidelbergers* aufgenommen oder aber transzendiert wird!

Als ein zentrales Anliegen sei an dieser Stelle auf die ökumenische Perspektive hingewiesen. Die ökumenische Dimension der Studien zeigt sich nicht nur in dem Beitrag einer prominenten römisch-katholischen Stimme, sondern ganz grundsätzlich darin, dass die Frage nach der konfessionellen und die Konfessionalität überschreitenden Identität des *Heidelbergers* sämtliche Beiträge implizit oder explizit begleitet.

Nach reformiertem Verständnis hat Tradition die noble Aufgabe, die Christen einer jeweiligen Gegenwart zurückzubinden an die biblischen Texte, ihnen dadurch aber erst recht einen neuen Blick auf die Zukunft zu eröffnen. In diesem Sinne sei auch durch die hier vorgelegten Reflexionen zum *Heidelberger Katechismus* ein Gespräch eröffnet – über den *Heidelberger* selbst, über die Bibel und darüber, was es heisst, heute vor und mit dem dreieinigen Gott zu leben.

I. Historische und dogmatische Fragen

Peter Opitz

Historische Zugänge zum Heidelberger Katechismus aus Schweizer Sicht[1]

1. Kommunikationslinien zwischen Heidelberg und Zürich

Kurz nach Fertigstellung des *Heidelberger Katechismus* war Caspar Olevian im April 1563 dafür besorgt, dass sowohl Calvin und Beza in Genf als auch Heinrich Bullinger in Zürich ein Exemplar zugesandt erhielten. Im Brief vom 3. April 1563 an Calvin bittet er diesen um sein Urteil zum Katechismus und betont, dass sich der Verfasserkreis über das Lob des Genfer Reformators freuen würde. Offenbar war Calvins Zustimmung sehr erwünscht, aber nicht von vorneherein gewiss:

> «Wenn der Katechismus Deine Zustimmung findet, werden diejenigen sehr zufrieden sein, die mit ihren Gedanken zu diesem beigetragen haben.»[2]

Im Brief an Bullinger schlägt Olevians Begleitbrief einen deutlich anderen Ton an, spricht er diesem gegenüber doch gleich schon seinen Dank aus. Der grundsätzlichen Zustimmung des Zürcher Antistes ist er sich gewiss, denn, wie er formuliert:

---

1 Die gedenkjahrbedingte hohe Nachfrage nach thematisch ähnlichen Beiträgen nötigt zu unkonventionellen Lösungen: Der erste Teil des vorliegenden Artikels ist identisch mit demjenigen meines Beitrags in: Matthias Freudenberg/J. Marius J. Lange van Ravenswaay (Hg.), Geschichte und Wirkung des Heidelberger Katechismus. Vorträge der 9. Emder Tagung zur Geschichte des reformierten Protestantismus (Emder Beiträge zum reformierten Protestantismus 15), Neukirchen-Vluyn 2013, 9 ff. Die jeweils zweiten Teile sind als sich gegenseitig ergänzend angelegt; gleichzeitig können die Beiträge im Rahmen ihres jeweiligen Bandes aber auch für sich gelesen werden.

2 «Si catechismus tuo iudicio probabitur, abunde iis erit satisfactum qui cogitationes suas contulerunt.» Calvini opera quae supersunt omnia, hg. von Guilielmus Baum, Eduardus Cunitz, Eduardus Reuss, New York 1964 [Sigel CO], 19, 685. Eine direkte Antwort Calvins ist nicht bekannt. Angenommen wird, dass Calvins an Friedrich III. gerichtete Widmungsvorrede zum Jeremiakommentar vom August 1563 dazu Stellung nimmt. Sie lässt schliessen, dass er von der Abendmahlslehre des Katechismus wenn auch nicht begeistert, so doch zufrieden war, vgl. Fred H. Klooster, Calvin's Attitude to the Heidelberg Catechism: W. Fred Graham (Hg.), Later calvinism. International perspectives, Bd. 22, Kirksville MO 1994.

«Wenn irgend Durchsichtigkeit sich darin findet, so haben wir ein gutes Teil davon dir und den hellen Geistern des Schweizerlandes zu danken.»[3]

Nimmt man Olevian beim Wort, dann war der theologische Einfluss Bullingers und weiterer Gelehrter aus der «Schweiz», und damit dem Umkreis der zwinglischen Reformation, auf den *Heidelberger Katechismus* erheblich, und dem Verfasserkreis – der Katechismus verdankt sich bekanntlich Impulsen «nicht nur eines Einzelnen, sondern vieler»[4] – sehr wohl bewusst. Mit der (protestantischen) «Schweiz» war im zeitgenössischen Sprachgebrauch der geografische Raum gemeint, den die Städte Zürich, Bern, Basel und Schaffhausen markierten. Genf gehörte nicht dazu.

Bullingers Urteil über den *Heidelberger Katechismus*, wie er es wenig später in einem Brief an Ursinus formuliert, bestätigt Olevians Einschätzung:

«Die Anordnung dieses Buches ist klar, sein Inhalt lautere Wahrheit. Alles ist sehr verständlich, gottselig, fruchtbar. In bündigster Kürze enthält es eine Fülle der wichtigsten Lehren. Ich halte es für den besten Katechismus, der je erschienen ist.»[5]

Nicht immer wurden diese schon in der älteren Literatur gelegentlich angeführten zeitgenössischen Urteile in ihrem Gewicht ernst genug genommen, wenn es darum ging, die Quellen und theologischen Einflüsse auf den *Heidelberger Katechismus* zu bestimmen. Sie erschliessen sich allerdings erst auf dem Hintergrund der Kommunikationsbeziehungen, wie sie zur Zeit Friedrichs III. zwischen kirchenpolitischen und theologischen Schlüsselgestalten der Kurpfälzer Kirchenreform und einflussreichen «Geistern des Schweizerlandes» bestanden.

Eine umfassende Darstellung des engen Kommunikationsnetzes zwischen der Pfalz und der «Schweiz», erst recht unter Einbezug der Genfer Linie,[6]

3 «Certe si qua in iis est perspicuitas, eius bonam partem tibi et candidis ingeniis Helvetiorum debemus.» Karl Sudhoff, Caspar Olevianus und Zacharias Ursinus, Elberfeld 1857, 483 f.

4 «Non unius, sed multorum sunt collatae piae cogitationes», ebd., 483; vgl. Olevians analoge Bemerkung im zur gleichen Zeit verfassten Brief an Calvin, CO 19, 685.

5 «Ordo libelli dilucidius est et res ipsae syncere verissimeque compositae. Plana sunt omnia, piissima, fructuosissima, succincta brevitate comprehendunt magnas res et copiosas. Arbitror meliorem Catechismum editum non esse ...» Zacharias Ursinus, Opera Theologica, ed. Quirinus Reuter, Heidelberg 1612, vor Sp. 1, zit nach: Heinrich Bullinger 1504–1575. Gesammelte Aufsätze zum 400. Todestag, hg. von Ulrich Gäbler und Erland Herkenrath, Zweiter Band: Beziehungen und Wirkungen (ZBRG 8), Zürich 1975, 97.

6 Auch Theodor Bezas Einfluss auf die Pfalz in diesen Jahren ist nicht unerheblich. Ungeachtet seiner Intention, seine Aktivitäten mit Heinrich Bullinger und auf

würde den zur Verfügung stehenden Raum bei weitem sprengen. Begrenztes Ziel des ersten Teils dieses Beitrags ist es, die Beziehung zwischen dem Pfälzer Verfasserkreis des *Heidelberger Katechismus* zu Zürich zu beleuchten. Dass der Zürcher Antistes Heinrich Bullinger hier einen zentralen Platz einnimmt, deutet schon der eingangs zitierte Brief Olevians an. In einem zweiten Teil soll stärker nach theologischen Übereinstimmungen zwischen der «Schweizer» Tradition und dem Pfälzer Katechismus gefragt werden.

1.1 Zur konfessionellen Lage in der Pfalz zu Beginn der Herrschaft Friedrichs III. (1559)

Bei seinem Tod 1559 hinterliess Kurfürst Ottheinrich seinem Nachfolger Friedrich III. eine konfessionell konfliktträchtige Situation in der Kurpfalz.[7] Seine Kirchenpolitik hatte dazu geführt, dass sich in der Pfalz – um der Kürze wegen für einmal die problematisch-plakativen Begriffe zu verwenden – «Gnesiolutheraner» wie Tilemann Heshusen und Johannes Marbach, Gelehrte, die als «melanchthonisch» gesinnte Lutheraner anzusprechen sind, wie Eberhard von Erbach, Christoph Probus und Stephan Zirler, darüber hinaus aber auch Persönlichkeiten mit klar «reformiertem» Hintergrund und

dem Boden des Consensus Tigurinus abzustimmen, bestanden durchaus Meinungsverschiedenheiten im Blick auf das sinnvolle Verhalten gegenüber der lutherischen Seite, denen an dieser Stelle nicht weiter nachgegangen werden kann. Vgl. dazu Emidio Campi, Beza und Bullinger im Lichte ihrer Briefkorrespondenz: Irena Backus (Hg.), Théodore de Bèze (1519–1605). Actes du colloque de Genève (septembre 2005), Bd. 424, Genève 2007, 131–144. Auch die Kontakte zwischen der Pfalz und dem aus Lothringen stammenden, in Bern lehrenden Wolfgang Musculus dürfen nicht ausser acht gelassen werden. Noch viel weniger trifft dies für den in Zürich lehrenden und zu dieser Zeit als führender «reformierter» Theologe geltenden Florentiner Peter Martyr Vermigli zu. Zu Vermiglis mehr als nur möglichem theologischem Einfluss auf den *Heidelberger Katechismus* vgl. den Beitrag von Emidio Campi im von Christoph Strohm zusammen mit Jan Stievermann herausgegebenen Tagungsband *Profil und Wirkung des Heidelberger Katechismus* (erscheint 2014 in der Reihe «Schriften des Vereins für Reformationsgeschichte»).

7 Die kirchenpolitischen Verhältnisse in der Kurpfalz wurden schon vielfach dargestellt. Verwiesen sei hier auf: Andreas Mühling, Der Heidelberger Katechismus im 16. Jahrhundert. Entstehung, Zielsetzung, Rezeption: Monatshefte für Evangelische Kirchengeschichte des Rheinlandes, 58. Jahrgang (2009), 1–11; vgl. auch: Irene Dingel, Bullinger und das Luthertum im Deutschen Reich: Emidio Campi/Peter Opitz (Hg.), Heinrich Bullinger. Life – Thought – Influence. International Congress Heinrich Bullinger (1504–1575), Vol. 1, Zürich 2007, 755–777.

Profil, wie etwa der Theologe Pierre Boquin und der Mediziner Thomas Erast, versammelt sahen. Ottheinrich selber hatte bereits (heimliche) Kontakte zum Zürcher Reformator Heinrich Bullinger unterhalten.[8] Im Jahr nach Friedrichs Amtsantritt 1560 kam es zu einem heftigen Abendmahlsstreit mit Kanzelpolemik zwischen den von Heshusen angeführten «Gnesiolutheranern» auf der einen und «reformiert» gesinnten Gelehrten und Pfarrern auf der anderen Seite, angeführt von Wilhelm Klebitz.[9] Die Massnahmen Friedrichs III. zur Befriedung seines Kurfürstentums lagen theologisch auf der Linie seines Vorgängers und gingen zugleich darüber hinaus. Die Entlassung sowohl Heshusens wie Kiebitz' im September 1559 und ein von Melanchthon erbetenes Gutachten zum Heidelberger Abendmahlsstreit, das ab Mitte 1560 für die Pfalz die Linie vorgeben sollte,[10] führten, ungeachtet der Weiterführung der innerprotestantischen Abendmahlskontroverse auf publizistischem Gebiet, zu einer relativen Konsolidierung der kirchlichen Verhältnisse im Sinne des nun von Friedrich III. deutlich präferierten «reformierten» Kurses. Die Kirchenordnung der Pfalz von 1563[11] und damit der *Heidelberger Katechismus* als deren Teil ist auf diesem Hintergrund zu verstehen.

Entscheidende Träger der Umsetzung der Pfälzer Kirchenreform waren der Kirchenrat einerseits und das Sapienzkolleg andererseits. Unmittelbar vor der Abfassung des *Heidelberger Katechismus* setzte sich der Kirchenrat zusammen aus den unzweideutig «reformiert» geprägten Thomas Erast(us), Petrus Bouquin(us), Caspar Olevian(us) und Wenzel Zuleger, dem «melanchthonisch» gesinnten[12] Hofprediger bzw. Privatsekretär Friedrichs III. Michael Diller und Stephan Zirler. Er stand unter der Leitung des Juristen und Kanzlers Christoph Ehem, der Friedrichs Kirchenreform und -politik mittrug und mitgestaltete.[13] Das Collegium Sapientiae erfuhr kurz nach

8 Vgl. Andreas Mühling, Heinrich Bullingers europäische Kirchenpolitik, Bern 2001 (ZBRG 19), 97–104.

9 Vgl. Wim Janse, Der Heidelberger Zwinglianer Wilhelm Klebitz (um 1533–1568) und seine Stellung im aufkommenden Konfessionalismus: Alfred Schindler/Hans Stickelberger (Hg.), Die Zürcher Reformation: Ausstrahlungen und Rückwirkungen (ZBRG 18) Bern 2001, 203–220.

10 Vgl. Walter Henss, Der Heidelberger Katechismus im konfessionspolitischen Kräftespiel seiner Frühzeit, Zürich 1983, 8–23.

11 Die evangelischen Kirchenordnungen des XVI. Jahrhunderts, hg. von Emil Seling, Vierzehnter Band: Kurpfalz, Tübingen 1969, 333–408.

12 J. F. Gerhard Goeters, Entstehung und Frühgeschichte des Katechismus: Lothar Coenen (Hg.), Handbuch zum Heidelberger Katechismus, Neukirchen-Vluyn 1963, 8.

13 Vgl. Charles D. Gunnoe, Thomas Erastus and the Palatinate. A Renaissance physician in the Second Reformation, Bd. 48, Leiden 2011, 75.

Amtsantritt Friedrichs III. eine Umgestaltung in Richtung eines Theologenkollegs.[14] Das erste Ephorusamt wurde mit Caspar Olevian besetzt, der nach kurzer Zeit von Zacharias Ursin in dieser Funktion abgelöst wurde. Wir gehen im Folgenden auf einige der Genannten und ihre Beziehungen zur «Schweizer» Reformation etwas näher ein.

1.2 Caspar Olevian

Der aus Trier stammende Caspar Olevian[15] ist durch seine Studienaufenthalte in Frankreich mit dem Wirkungskreis der Genfer Reformatoren in Berührung gekommen. Gleichsam in Calvins Spuren studierte er in Paris die Artes und anschliessend in Orleans und Bourges Recht, wo er sich einer protestantischen Gemeinde anschloss. In seinem Studienjahr 1558–59 besuchte er zunächst Genf und anschliessend Zürich, wo er die dortigen Reformatoren kennen und schätzen lernte. Zu Heinrich Bullinger und zu Peter Martyr Vermigli ergab sich gemäss der *Lebensbeschreibung* seines Schülers Johannes Piscator ein freundschaftliches Schüler-Lehrer-Verhältnis.[16] Auch nach seiner Berufung nach Heidelberg zum Professor für Dogmatik 1560 hielt er sowohl Calvin und Beza[17] als auch Heinrich Bullinger über die Ereignisse in der Pfalz brieflich auf dem Laufenden.[18]

14 Vgl. Eike Wolgast, Das Collegium Sapientiae in Heidelberg im 16. Jahrhundert: Zeitschrift für die Geschichte des Oberrheins 147 (1999), 303–318; ders. Reformierte Konfession und Politik im 16. Jahrhundert. Studien zur Geschichte der Kurpfalz im Reformationszeitalter, Heidelberg 1998.

15 Vgl. Andreas Mühling, Caspar Olevian (1536–1587). Christ, Kirchenpolitiker und Theologe, Zug 2008.

16 In der Lebensbeschreibung Olevians, verfasst von dessen Schüler Johannes Piscator, heisst es dazu: «Darnach ist er gen Genff gezogen allda Theologiam zu studieren und ist von dannen gen Zürich gezogen allda Petrum Martyrem und Bullingerum zu hören wie er dann auch bey Herrn Petro Martyre ist zu tisch gegangen und sich im predigen vor Bullingero und andern Kirchendienern geübet.» Gunther Franz/J. F. Gerhard Holtmann/Wilhelm Goeters (Hg.), Caspar Olevian: Der Gnadenbund Gottes, Faksimile-Ed. mit einem Kommentar, Bd. 2, Köln 1994, 23.

17 Die CO enthalten vier Briefe Olevians an Calvin sowie einen an Beza (vgl. CO 20, 654). Der Briefwechsel Olevians mit Beza für diesen Zeitraum ist dokumentiert: Fernand Aubert/Henri Meylan, Correspondance de Th. de Bèze, tome III (1963) und tome IV (1965), Genève 1950–1966.

18 Erhalten sind von Olevian aus den Jahren 1563–64 drei Briefe an Bullinger, dem ein Brief des Zürcher Antistes (allerdings erst von 1570) gegenübersteht. Olevians Brief an Bullinger vom 3. April 1563 ist veröffentlicht in: Sudhoff (Anm. 3), 482 f.,

Wenn Olevian im April 1563 ein Exemplar des *Heidelberger Katechismus* sowohl nach Zürich wie auch nach Genf – in diesem Fall in lateinischer Übersetzung – sandte, war dies eine logische Fortsetzung seiner Kontakte zu beiden Zentren der Reformation und Ausdruck seiner Überzeugung, in der zumindest im Grundlegenden allen gemeinsamen Sache tätig zu sein. Olevians Schrifttum bezeugt unzweideutig die Aufnahme – aber auch eigenständige Verarbeitung, wie es für die Theologen dieser Generation üblich ist – von theologischen Grundbegriffen und -gedanken, wie sie für die Zürcher Tradition charakteristisch sind, so etwa im Blick auf den Gottesbegriff, den Bundesgedanken und die Sakramentslehre.[19] Im Pfälzer Diskurs um die Abendmahlszucht lagen seine Präferenzen allerdings deutlich auf der Genfer Seite. Nach dem Tod Friedrichs III. am 26. Oktober 1576 und dem Amtsantritt von dessen Nachfolger Ludwig VI. wurde Olevian aus dem Dienst entlassen und erhielt Redeverbot und Hausarrest. Eine Berufung nach Berleburg durch Graf Ludwig den Älteren von Savigny-Wittgenstein im Januar 1577 befreite ihn aus dieser Situation.

1.3 *Zacharias Ursin*

Dass es Zacharias Ursin[20] war, der die grösste theologische Verantwortung für den gesamten Katechismus trug, kann im grossen Ganzen als Forschungskonsens betrachtet werden.[21] Ursin hat bekanntlich beim alten Melanchthon Theologie studiert und diesen als seinen Lehrer betrachtet. Dessen ungeachtet wird ihm die oft wiederholte Prädikation eines «Melanchthonschüler[s]»[22]

Nr. 6 (mit falschem Datum); vgl. auch: J.F. Gerhard Goeters, Caspar Olevianus als Theologe: Monatshefte für Evangelische Kirchengeschichte des Rheinlandes, Bd. 27/28, 1988/89, 341 f. Die weiteren Briefe befinden sich in der Sammlung der noch zu publizierenden Briefe in der Heinrich-Bullinger-Briefwechseledition, Institut für Schweizerische Reformationsgeschichte, Theologische Fakultät der Universität Zürich.

19 Vgl. dazu meinen Beitrag im Band der Emder Tagung (Anm. 1).

20 Vgl. dazu Erdmann Karl Sturm, Der junge Zacharias Ursin. Sein Weg vom Philippismus zum Calvinismus (1534–1562), Neukirchen-Vluyn 1972, 169–219.

21 Vgl. August Lang, Der Heidelberger Katechismus und vier verwandte Katechismen, unveränd. Nachdruck der Ausgabe Leipzig 1907, Darmstadt 1967, LXI ff. 152 ff. 200 ff.

22 Auch die verdienstvolle und immer noch wichtige Studie Sturms zu Ursin (Anm. 20) offenbart hier ihre Grenzen: Obwohl Sturm aufgrund der Quellenlage immer wieder die grosse Nähe Ursins zu Zwingli, Bullinger und Vermigli dokumen-

keineswegs gerecht. Wie wohl alle Gelehrten seines Ranges besass er einen weiten theologischen Kenntnishorizont und bewegte sich in den zeitgenössischen Diskursen in durchaus eigenständiger Weise.[23] Dazu gehörte schon früh eine intensive Beschäftigung mit den Schriften Zwinglis und weiterer Reformatoren aus dem «reformierten» Raum, wie den neutestamentlichen Kommentaren Peter Martyr Vermiglis. So bedeutete es keinen Bruch mit seinem theologischen Bildungsweg, wenn er bald nach seinen Studien in Wittenberg die Zentren der Schweizer Reformation Genf und Zürich besuchte (1557). In Genf lernte er Calvin kennen, in Zürich schloss er Bekanntschaft mit Peter Martyr Vermigli, Ludwig Lavater, Josias Simler und Heinrich Bullinger. Einen Sohn Bullingers (Heinrich) und zwei weitere Zürcher Studenten hatte er bereits in Wittenberg kennengelernt, wo sie mit ihm studiert hatten.

Bereits in Breslau, wo er als Lehrer tätig war, hatte sich Ursin zur reformierten Abendmahlslehre zürcherischer Prägung bekannt, und sich dabei auch von Melanchthon unterschieden.[24] Gegen Abraham Buchholzer verteidigte er Zwinglis Lehre von der «geistlichen» Gemeinschaft der Christen mit Christus im Abendmahl und zeigt sich mit allen Nuancen der schweizerisch-oberdeutschen Abendmahlslehre(n) wohlvertraut.[25] Nach Melanchthons Tod begab er sich wiederum nach Zürich, wo er Anfang Oktober 1560 eintraf, um seine theologischen Studien im dortigen «süssen Frieden

tiert, bleibt er, wenn es um die Beurteilung geht, beharrlich dabei, dass Ursin ein zum «Calvinismus» übergegangener «Melanchthonschüler» war. Sturms wiederholt geäusserte Meinung, dass die Zürcher Theologen nicht von einer «Stärkung des Glaubens» durch das Abendmahl gesprochen hätten, dass dies vielmehr erst Calvin tat (Anm. 20, 137 f.) zeigt, dass er mit den «Schweizer» Texten nicht allzu vertraut war. So versteht Zwingli in seiner Abendmahlsliturgie das «Nachtmahl» als von Gott «verordnet» «zu(o) merung des gloubens» (Huldreich Zwingli sämtliche Werke. (Corpus Reformatorum 88–101). hg. von Emil Egli et al., Berlin, Leipzig, Zürich 1905–2013 [Sigel: Z], 4, 14,13), und begründet dies ausführlicher in seiner *Fidei expositio* (6,5.158,12–160,22). Heinrich Bullinger und die «Schweizer» Katechismustradition haben diesen, von Zwingli selbstverständlich vertretenen, aber durch den Streit mit Luther in den Hintergrund gerückten Gedanken ausgebaut, vgl. unten Teil 2.

23 Besonders die ältere Literatur zeichnet gelegentlich ein allzu simples Bild von «zu Füssen des Meisters» lauschenden Jüngern, vgl. z. B. das Zitat bei Sturm, Der junge Zacharias Ursin (Anm. 20), 50.

24 Vgl. Sturm, Der junge Zacharias Ursin (Anm. 20), 158–162.

25 Vgl. Sturm, Der junge Zacharias Ursin (Anm. 20), 196–202.

Christi», wie er formuliert, vertiefen zu können.[26] Mit Sicherheit sass er in den Predigten, die Bullinger in dieser Zeit über das Johannesevangelium hielt[27] und besuchte die Vorlesungen Vermiglis über alttestamentliche Bücher.[28] Im Rückblick äussert er sich geradezu enthusiastisch: Die «wunderbaren Worte meines Martyr» liessen ihn, wie er schreibt, «das Heimweh nach meinem Philipp» mildern.[29] Dass der Hauptverfasser des *Heidelberger Katechismus* schliesslich sein Leben doch nicht in Zürich verbrachte, sondern nach Heidelberg in seine einflussreiche Stellung gelangte, verdankte er nicht zuletzt eben diesen Zürchern: Nachdem der in Zürich lehrende Peter Martyr Vermigli einen entsprechenden Ruf aus der Pfalz abgelehnt hatte, empfahlen diese an seiner Stelle den bei ihnen studierenden Ursin. Ursin verliess Zürich im August 1561 in Richtung Heidelberg und wurde dort Direktor des Collegium Sapientiae und Lehrer für Dogmatik. Damit nahm Ursin in der Zeit der Abfassung des *Heidelberger Katechismus* zweifellos eine theologische Schlüsselposition ein. Auch in dieser Position liess er sich in allen Dingen weiterhin von Zürich beraten. Die Briefkontakte von Ursin nach Zürich sind eindrücklich: Neben siebenundzwanzig erhaltenen Briefen an Heinrich Bullinger[30] stand er auch mit Conrad Gessner, Josias Simler,

26 Hans Rott, Briefe des Heidelberger Theologen Zacharias Ursinus aus Heidelberg und Neustadt a. H.: Neue Heidelberger Jahrbücher, Jahrgang XIV (1906), 53. Sein Schüler und Biograf Melchior Adam formuliert: «Da er [Melanchthon] nun tot ist, begebe ich mich zu den Zürchern, die hier zwar nicht in bestem Rufe stehen, aber in anderen Kirchen einen so berühmten Namen haben, dass er von unseren Predigern nicht verdunkelt werden kann. Es sind nämlich fromme, gelehrte und grosse Männer, mit denen zu arbeiten und das Leben zu verbringen, ich bereits beschlossen habe.» Zit. aus: Sturm, Der junge Zacharias Ursin (Anm. 20), 167. Zu Adams Theologenvita vgl. ebd., 5.

27 Emil Egli (Hg.), Heinrich Bullingers Diarium, Basel 1904, 64,2.

28 Derk Visser, Zacharias Ursinus, Controversy and conciliation. The Reformation and the Palatinate, 1559–1583, Allison Park, PA 1986, 375. Zu Vermiglis Lehrtätigkeit und Bedeutung vgl. Michael Baumann, Petrus Martyr Vermigli in Zürich (1556–1562), noch ungedruckte Dissertation an der Theol. Fakultät der Universität Zürich (2009).

29 Rott, Briefe des Heidelberger Theologen (Anm. 26), 53.

30 Aus der Korrespondenz zwischen Bullinger und Ursin sind mindestens 30 Briefe erhalten, die zwischen 1565 und 1575 verfasst wurden. Von einigen wenigen, bereits vor längerer Zeit publizierten Briefen abgesehen, befinden sie sich in der Sammlung der noch zu publizierenden Briefe in der Heinrich-Bullinger-Briefwechseledition, Institut für Schweizerische Reformationsgeschichte, Theologische Fakultät der Universität Zürich.

Johann Wolf und Ludwig Lavater in Korrespondenz. Weitere Zürcher Theologen wie Rudolf Gwalther oder den Sohn Zwinglis schloss Ursin jeweils in seine brieflichen Grüsse ein.[31]

1.4 Thomas Erast

Der dichteste erhaltene Briefkontakt zwischen der Pfalz und Zürich unter Friedrich III. ist aber derjenige zwischen dem aus dem Zürich benachbarten Baden stammenden Arzt Thomas Erast und Heinrich Bullinger. Erast war seit 1558 als Professor der Medizin in Heidelberg tätig und wurde 1559 Rektor der dortigen Universität. Theologisch war er stark von Bullinger geprägt und vertrat auch in der Pfalz engagiert eine Abendmahlslehre zürcherischer Prägung. Als Leibarzt Friedrichs III. genoss er dessen Vertrauen und besass auch theologisch-kirchenpolitisch grossen Einfluss. So wurde er 1564 zum Kolloquium von Maulbronn mit Herzog Christoph von Württemberg zur Verteidigung der Pfälzer Abendmahlslehre beigezogen. Aus Olevians und Ursins Korrespondenzen wird deutlich, wie eng sie selber mit Erast zusammenarbeiteten. Olevian nennt ihn Bullinger gegenüber seinen «Bruder und geliebten Freund».[32] Von Erast sind einhundertachtzehn Briefe an den Zürcher Antistes erhalten, denen elf Briefe Bullingers gegenüberstehen.[33]

In der neusten Studie zu Erast urteilt Charles Gunnoe, dass Erast wohl den Katechismus insgesamt, besonders aber dessen Abendmahlslehre stark mitgeprägt hat. Dies ist sowohl im Licht der erhaltenen Korrespondenzen wie angesichts des theologischen Gehalts dieser Lehre mehr als nur wahrscheinlich, zumal Erasts eigenes Zeugnis kaum anders zu verstehen

---

31 Vgl. Sudhoff, Olevianus und Ursinus (Anm. 3), 488. Seine Anrede an Bullinger deutet, in der Sprache der Zeit, die Bedeutung des Zürcher Antistes an: «Reverendo viro, pietate et doctrina praestanti, D. Henricho Bullingero, Ecclesiae Tigurinae pastori fidissimo, Domino ac fautori suo tamquam patri colendo». Gustav Adolf Benrath, Briefe des Heidelberger Theologen Zacharias Ursinus (1534–1583): Heidelberger Jahrbücher VIII (1964), 101.

32 «... Erasti, fratris et amici charissimi, in cuius diligentiam dum recumbo ...», Brief Kaspar Olevians an Bullinger vom 25. Oktober 1563 [Zentralbibliothek Zürich, Signatur: Ms F 81], 446 f.

33 Gustaf Adolf Benrath, Die Korrespondenz zwischen Bullinger und Thomas Erastus: Ulrich Gäbler/Erland Herkenrath (Hg.), Heinrich Bullinger 1504–1575. Gesammelte Aufsätze zum 400. Todestag, 2. Bd., Zürich 1975, 87–141.

ist.[34] Noch vor Olevian war es Erast, der Bullinger bereits am 30. Januar 1563 ein Exemplar des eben fertiggestellten Katechismus zusandte, mit den begleitenden Worten: «Wir haben einen Katechismus verfasst».[35] In seiner im Jahr vor dem Erscheinen des Katechismus gedruckten deutschsprachigen Schrift mit dem Titel *Gründtlicher bericht*» hatte er das «Schweizer» Abendmahlsverständnis bullingerscher Prägung erläutert und exegetisch begründet.[36]

1.5 Friedrich III.

Auch Kurfürst Friedrich III. selber korrespondierte direkt oder auch mittels seines Kanzlers Christoph Ehem brieflich mit Heinrich Bullinger.[37] Als theologisch engagierter Landesfürst hatte sich Friedrich III. durch eigenständiges Studium eine Meinung in der Abendmahlsfrage gebildet und in der Folge zumindest mit seiner Forderung nach durchgehenden biblischen Belegen der Katechismusaussagen auch persönlich zur Endgestalt des *Heidelberger Katechismus* beigetragen. Dabei war er überzeugt, mit seiner Kirchenreform und Lehre den reichsrechtlichen Rahmen der *Confessio Augustana* (variata) nicht überschritten zu haben und sich an dem von seinem Vorgänger Ottheinrich 1558 mitunterzeichneten «Frankfurter Rezess» zu orientieren.[38] Theologisch entscheidend im Abendmahl war für ihn dabei die allein geistgewirkte

34 Charles D. Gunnoe, Thomas Erastus and the Palatinate, Leiden 2011, 128–131.

35 Brief des Erastus an Bullinger vom 30. Januar 1563, Staatsarchiv Zürich (StAZ), II, 361, fol. 86: «Catechismum composuimus, in quo cum alia Doctrinae capita, tum Sacramenta aperta et (fus)e pro ratione propositi operis explicantur, quem illustrissim[us] Princeps in Scholis et Ecclesiis vult omnino doceri. Sub pressu est et intra biduum perficetur. Proxime ad te mittam. Nemo arbitror, dicet aliquid a nobis dissimulari. Iam diu in eo totus fui. Cupivi enim semper doctrinam publicam fieri.»

36 Thomas Erastus, Gründtlicher bericht/ wie die wort Christi/ Das ist mein leib/ [et]c. zuuerstehen seien/ auss den worten der einsetzung vnd der erclärung Christi selbst genom̃en: darauss ain ieder leicht lernen mag/ wessen er sich in disem zanck verhalten solle. [...] Heidelberg 1562 [VD 16 G 3575].

37 Vgl. Mühling, Heinrich Bullingers europäische Kirchenpolitik (Anm. 8), 107–115.

38 Vgl. den knappen Überblick bei: J. F. Gerhard Goeters, Entstehung und Frühgeschichte des Katechismus: Lothar Coenen (Hg.), Handbuch zum Heidelberger Katechismus, Neukirchen-Vluyn 1963, 3–23.

Gemeinschaft der Glaubenden mit Christus selbst («wesentlich re ipsa») «zur speis und trank unserer seelen».[39]

Gegenüber den unablässig gegen ihn erhobenen Anschuldigungen, er hätte sich der zwinglischen oder calvinischen Ketzerei zugewandt, betonte Friedrich III. immer wieder, dass er sich mit seiner Kirchenreform und mit dem Katechismus nicht an einem bestimmten Reformator und dessen Ideen, sondern allein an der Bibel zu orientieren bestrebt war und dabei den (einfachen) Christusglauben allein ins Zentrum stellen wolle, anstatt einer bestimmten (abgeleiteten) theologischen Lehre, wie derjenigen von der «Ubiquität» des Leibes Christi, deren Akzeptierung von einigen «gnesiolutheranischen» Theologen zum Kriterium des wahren Christenglaubens gemacht wurde. Selbstverständlich enthob die erklärte Absicht, beim «einfachen Christusglauben» bleiben zu wollen, im aktuellen theologischen Streit nicht der Notwendigkeit, Position zu beziehen. Und genau dies tat Friedrich III. durchaus: Sein pneumatologisch akzentuiertes Verständnis der «Christusgemeinschaft» im Abendmahl, sein Drängen auf einen möglichst engen Bezug der katechetischen Aussagen zu den biblischen Texten und sein Insistieren auf dem «einfachen» Christusglauben schliessen sich im innerprotestantischen Abendmahlsstreit der 1560er Jahre einer Position an, wie sie Heinrich Bullinger in zahlreichen seiner Schriften vertreten und unterstrichen hatte. So betont Friedrich III. in seinem Schreiben zur Verteidigung des neuen Katechismus vom 14. September 1563, das er nach Württemberg, Veldenz und Baden schicken liess, auf Christi Namen, «und nicht Zwingli, Calvini, Lutheri oder anderer wie sie heissen mögen, namen getauft [zu] sein»,[40] was für ihn bedeutet, wie er zu Beginn des Schreibens bekenntnishaft formuliert:

> «unser unbweglich fundament und vester grunde ist allweg uff dem gestanden und noch: das ist mein lieber sohn, den sollt ihr hören.»[41]

Das Bibelzitat, das Friedrich hier aus Mt 17 anführt, war aber zweifellos allen bekannt, die die Schriften in der theologischen Kontroverse auch schon nur von aussen kannten: Es ist der Wahlspruch und theologische Leitgedanke, den Heinrich Bullinger allen seinen Schriften auf das Titelblatt setzen liess. So auf seine 1557 gedruckte Verteidigungsschrift gegen verschiedene lutherische Kampfschriften, in denen die Verteidiger der Zürcher Abendmahlslehre

39 August Kluckhohn, Briefe Friedrich des Frommen, Kurfürst von der Pfalz, mit versandten Schriftstücken gesammelt und bearbeitet, Bd. I, Braunschweig 1868, 454.

40 Kluckhohn, Briefe Friedrich des Frommen (Anm. 39), 453.458.

41 Kluckhohn, Briefe Friedrich des Frommen (Anm. 39), 450.

als Ketzer, Gottesfeinde und Seelendiebe beschimpft wurden,[42] oder in Bullingers *Catechesis pro adultioribus*, einem Katechismus für die Zürcher Schulen, der erstmals 1559 erschienen und im Erscheinungsjahr des *Heidelberger Katechismus* erneut gedruckt wurde.[43] Auch Friedrichs Hinweis auf Christus als «Fundament» und als «vester Grund» besass Konnotationen: Heinrich Bullingers Verteidigungsschrift gegen die Angriffe des Johannes Brenz, die im Jahr des Erscheinens des *Heidelberger Katechismus* gedruckt wurde, trägt den Titel *Vester Grund Vff den ein yetlicher glo(e)ubiger sicher buwen vnd sich verlassen mag [...]*[44] und erläutert das, worauf der Kurfürst in wenigen Sätzen hinweist, in grosser Breite.

In einem Anklageschreiben, das Christoph von Württemberg am 8. März 1563 einem Brief an Herzog Wolfgang von Pfalz-Zweibrücken beilegte, wird Friedrich III. nicht nur vorgeworfen, er habe in Heidelberg die Schrift des Thomas Erast über das Abendmahl drucken lassen, sondern auch, er habe am Ende der Synode, an welcher der *Heidelberger Katechismus* den Pfälzer Theologen vorgelegt wurde, im Januar 1563, den Anwesenden

> «etliche exemplaria eines Bullingers buchlin zugestelt, das sie und ire pfarher dasselbig fleissig wollten lesen, dan in selbigem buchlin (welchs doch ein compendium der ganzen Zwinglischen lehr ist) wurden sie die grund irer confession clerlich finden».[45]

So ist es nicht verwunderlich, wenn Friedrich III. selbst, nachdem er sich nach der Einführung der Pfälzer Kirchenordnung 1563 den Vorwurf des Ausscherens aus den theologischen Rahmenbedingungen des Augsburger Religionsfriedens von 1555 zugezogen hatte, angesichts des für Januar 1566 angesetzten Reichstags durch Kaiser Maximilian II. die «reformierten» Zentren

42 Heinrich Bullinger, Uff etliche scharpffe unnd bittere Büchle Verantwortung Heinrychen Bullingers, Dieners der Kilchen zu(o) Zürych, Getruckt zu(o) Zürich, jmm Wintermon. anno 1557 [Zentralbibliothek Zürich, Signatur: Gal Tz 1192,5; persistenter Link: http://dx.doi.org/10.3931/e-rara-807].

43 Heinrich Bullinger, Catechesis pro adultioribus scripta [...], Tiguri 1563 [Zentralbibliothek Zürich, Signatur: 5.392,7, persistenter Link: http://dx.doi.org/10.3931/e-rara-613].

44 Heinrich Bullinger, Vester Grund Vff den ein yetlicher gl[oe]ubiger sicher buwen vnd sich verlassen mag/ [...] zů bericht vnd trost den einfaltigen geschriben/ durch Heinrychen Bullingern dienern der kirchen zů Zürych.Vnnd wirt hierinn [...] geantwort vff das Bůch Johannis Brentzij/ yetz zů letst wider D. Petern Martyr vñ Heinrychẽ Bullingern geschriben/ Von der Maiestat vnsers lieben Herren Jesu Christi/ zů der Ger[ae]chten Gottes. [...], Getruckt zů Zürych by Christoffel Froschouer/ M.D. LXIII. [VD 16 B 9615].

45 Bullinger, Vester Grund (Anm. 44), 373 f.

Genf und Zürich um Unterstützung anging. Dabei erbat er sich insbesondere von Heinrich Bullinger ein «Bekenntnis», das deutlich machen sollte, dass sich seine Kirchenreformen auf «apostolischer» Grundlage bewegten.[46] Aus Bullingers Diarium wissen wir zudem von einer für Friedrich III. vom Zürcher Antistes verfassten Apologie des *Heidelberger Katechismus*, die in Strassburg gedruckt wurde, aber verloren gegangen ist.[47] Der Kurfürst liess Heinrich Bullinger zum Dank für dessen Dienste am 9. September 1566 ein wertvolles «Trinkgeschirr» zukommen, was den Zürcher Antistes, der aus Prinzip keine Geschenke entgegenzunehmen bereit war, in Verlegenheit brachte. Schliesslich wurde er vom Zürcher Rat, an den er das Geschenk weitergeleitet hatte, angewiesen, in diesem Fall eine Ausnahme zu machen.[48]

2. Der Heidelberger Katechismus im Licht von Heinrich Bullingers abendmahlstheologischem Grundanliegen

Bis in die Publikationen des Jahres 2013 hinein hat die Forschungsliteratur zu den theologischen Quellen des *Heidelberger Katechismus* Heinrich Bullinger, und überhaupt der «Schweizer» Theologie im engeren Sinne, wenig Aufmerksamkeit zuteilwerden lassen. Ohne hier einen forschungsgeschichtlichen Überblick geben oder gar eine Auseinandersetzung mit einzelnen Titeln und Thesen führen zu wollen, scheinen mir doch einige Bemerkungen dazu, verbunden mit einem exemplarischen Hinweis, nicht völlig überflüssig zu sein.

Nach Gooszens kenntnisreicher niederländischer Studie von 1890, die auch die «Schweizer» Katechismustradition einbezieht,[49] scheint vor allem die Arbeit von August Lang[50] die Forschung zum *Heidelberger Katechismus*

---

46 Vgl. Emidio Campi, Confessio Helvetica posterior 1566. Einleitung: Reformierte Bekenntnisschriften, hg. von Andreas Mühling und Peter Opitz, Band 2/2, Neukirchen-Vluyn 2009, 243–246.

47 Egli, Bullingers Diarium (Anm. 27), 72,22–25;

48 Vgl. Urs Bernhard Leu, «... Schenkungen zu nemen verbotten haben ...». Kritische Überlegungen zum Bullinger-Pokal von Königin Elisabeth I., Zürich 2004, 12.

49 Maurits Albrecht Gooszen, De Heidelbergesche catechismus. Textus receptus met toelichtende teksten / bijdrage tot de kennis van zijne wordingsgeschiedenis en vat het gereformeerd protestantisme, Bd. 5, Leiden 1980.

50 August Lang, Der Heidelberger Katechismus und vier verwandte Katechismen [Leo Jud's und Micron's kleine Katechismen sowie die zwei Vorarbeiten Ursins], Nachdruck der Ausgabe Leipzig 1907, Darmstadt 1967.

geprägt zu haben und noch zu prägen. Trotz zweifellos richtiger Beobachtungen, nicht zuletzt im Blick auf den von Lang bilanzierend konstatierten «Kompromisscharakter» des *Heidelberger Katechismus*[51] und seine ausdrückliche Intention, der Vielzahl von bereits vor dem *Heidelberger Katechismus* bestehenden katechetischen Texten Rechnung tragen zu wollen,[52] scheint Langs faktische Quellenwahrnehmung doch klaren Präferenzen und Beschränkungen zu unterliegen. So bildet Calvin in seiner Analyse des *Heidelberger Katechismus* deutlich den entscheidenden Referenzpunkt (von Ursins eigenen Vorarbeiten abgesehen), zu dem andere Katechismustexte lediglich punktuell herangezogen werden. Heinrich Bullingers Katechese scheint Lang dabei kaum wirklich zur Kenntnis genommen zu haben. Zwar präsentiert er unter den «Vorarbeiten» zum *Heidelberger Katechismus* auch Bullingers *Summa* von 1556 in Form eines inhaltlichen Überblicks.[53] In der Diskussion der möglichen theologischen Quellen des *Heidelberger Katechismus* spielt der Zürcher aber kaum eine Rolle, und wo er erwähnt wird, geschieht dies häufig indirekt, unter Verweis auf Gooszen. Langs ausdrücklich formuliertes Bestreben – gegen Gooszens These eines dominanten Einflusses Bullingers auf den *Heidelberger Katechismus*, einen prägenden «calvinischen» Einfluss[54] aufzuweisen, lebt zu einem nicht geringen Grad davon, dass er die zur Diskussion gestellten Quellen in ungleichem Masse konsultiert. Einige Beispiele: Lang beobachtet die «christozentrische Richtung» des «einigen Trostes» der Christen im *Heidelberger Katechismus*, der «nicht sowohl in der Erkenntnis und im Bund Gottes, als in dem einigen Opfer Christi am Kreuz liegt», und konstatiert, nicht ganz ohne Recht, gegenüber Calvin einen «Unterschied der Stimmung und des ursprünglichen religiösen Gefühls». Er hält dies für ein wichtiges Zeichen einer «grössere[n] Annäherung an die deutsch-lutherische Reformation».[55] Demgegenüber ist schlicht darauf hinzuweisen, dass genau diese «christozentrische Richtung» das Herz von Bullingers Theologie – und Frömmigkeit – darstellt und in allen seinen Schriften mit Händen zu greifen ist,[56] und dies ungleich deutlicher als bei Melanchthon. Gegen Gooszens Argument, das Fehlen der Prädestinationslehre im *Heidelberger*

51 Lang, Der Heidelberger Katechismus (Anm. 50), CI.
52 Lang, Der Heidelberger Katechismus (Anm. 50), CIIf.
53 Lang, Der Heidelberger Katechismus (Anm. 50), LII–LIX.
54 Lang, Der Heidelberger Katechismus (Anm. 50), CI.
55 Lang, Der Heidelberger Katechismus (Anm. 50), CIII; vgl. auch XCVIII.
56 Vgl. Peter Opitz, Heinrich Bullinger als Theologe. Eine Studie zu den *Dekaden*, Zürich 2004, passim.

Katechismus sei ein Beleg für Bullingers Einfluss, macht Lang geltend, dass im *Heidelberger Katechismus* jedenfalls der Erwählungsgedanke im Hintergrund steht, und verweist auf das wichtige Motiv des «eingeleibt werden» in Christus.[57] Selbstverständlich war nicht der Erwählungsgedanke zwischen Calvin und Bullinger strittig, sondern die Lehre von der Verwerfung. Bullinger hat gegenüber dem Genfer Reformator dafür plädiert, Spekulationen über ein göttliches zweifaches Dekret zu vermeiden und sich stattdessen an eine kerygmatische Verwendung des Erwählungsgedankens, hin auf die pneumatische Christusgemeinschaft im Glauben zu halten – genau das «eingeleibt werden» ist Bullingers Pointe.[58] Nicht anders verfährt der *Heidelberger Katechismus* (vgl. HK 84). In der Besprechung der Abendmahlslehre des *Heidelberger Katechismus* zieht Lang Bullinger gar nicht erst ernsthaft als Vergleichspunkt heran. Zwar bezeichnet er es als «bemerkenswert», dass im *Heidelberger Katechismus* der Begriff «media» vermieden wird,[59] den auf der Hand liegenden Bezug zu Bullinger, dem der *Heidelberger Katechismus* darin ganz offensichtlich folgt, zieht Lang allerdings nicht. Ebenso wenig vermag er das, was er als «Lieblingsgedanken» der Sakramentslehre des *Heidelberger Katechismus* bezeichnet, die «Versiegelung der Gemeinschaft an dem einigen Opfer am Kreuz»,[60] mit Bullinger in Verbindung zu bringen – der genau dies unablässig betont.

Es kann vermutet werden, dass die bei Lang beobachteten Präferenzen und Einschränkungen in der Quellenlektüre nicht unwesentlich mit der Wirkungs- und Rezeptionsgeschichte des reformierten Protestantismus zu tun hat, wurde dieser doch nach Bullingers Tod – im Unterschied zu der über vierzigjährigen Dauer seiner Wirksamkeit – häufig geradezu mit der Linie der Genfer Reformatoren identifiziert. Es ist wohl dieser Wirkungsgeschichte zu verdanken, dass Bullingers Werke bis heute sehr viel schlechter zugänglich sind.[61]

57 Lang, Der Heidelberger Katechismus (Anm. 50), XCVIII.

58 Vgl. Heinrich Bullinger, Sermonum Decades quinque, de potissimis Christianae religionis capitibus (1552), bearb. von Peter Opitz, Zürich 2008, Dec. 4,4, 597 f.; Heinrich Bullinger Schriften, hg. von Emidio Campi, Detlef Roth, Peter Stotz, Zürich 2004–2007, Bd. 4, 452 f.

59 Lang, Der Heidelberger Katechismus (Anm. 50), XCII.

60 Lang, Der Heidelberger Katechismus (Anm. 50), XCIII.

61 So sind sie nicht in das Corpus Reformatorum aufgenommen worden, mit naheliegenden Konsequenzen für die Forschung. Zur historischen Arbeit gehört allerdings auch das Bestreben, hinter die Wirkungsgeschichte zurück und über den durch diese geformten Quellenkanon hinaus nach den im historischen Diskurs präsenten und relevanten Stimmen zu fragen, auch wenn deren Texte weder auf CD-ROM noch

Der folgende Vergleich zwischen dem *Heidelberger Katechismus* und theologischen Grundanliegen Heinrich Bullingers muss sich auf zwei Punkte beschränken, die aber im zeitgenössischen Diskurs zentral waren. Dieser umkreiste die Frage, in welcher Weise im «Sakrament des Altars» bzw. im «Nachtmahl» eine «reale» Begegnung oder Verbindung mit Christus erfolgt bzw. theologisch notwendig behauptet werden muss – erinnert sei an den unablässig wiederholten lutherischen Vorwurf der «leeren Zeichen» – und inwiefern und in welcher Weise der «Trost» der «angefochtenen» Gläubigen im Sakrament zu finden ist bzw. sein muss – das bekannte Grundanliegen Luthers und in der Folge auch der lutherischen Bekenntnisse.[62] Ich knüpfe dazu an einige wenige charakteristische Wendungen des *Heidelberger Katechismus* aus der ersten Frage und aus den Fragen zu den Sakramenten (Fragen 65–82) an.

2.1 Christus als «einiger Trost» (Heidelberger Katechismus Frage 1)

Begriff und Thema des «Trostes» spielen nicht nur bei Melanchthon und Luther eine grosse Rolle; auch die Zürcher Reformatoren verwenden den im zeitgenössischen umgangssprachlichen wie religiösen Sinn nicht seltenen Ausdruck gerne und häufig. Er zieht sich wie ein roter Faden durch Heinrich Bullingers Schriften, der damit besonders an Zwingli und Oekolampad anknüpft,[63] jeweils mit der nachdrücklich eingeschärften reformatorischen Pointe, dass als verlässlicher Grund und Bezugspunkt des «Trostes» einzig Christus selbst in Frage kommen darf – ohne weitere Ergänzung menschlicher – ethischer, ritueller oder sakramentaler – Art.[64] Bereits in seinen frü-

in englischer Sprache verfügbar sind. Immerhin geben die neusten Digitalisierungsprojekte wie VD 16 – das hier dankbar benutzt wird – Anlass zur Hoffnung, dass künftige Forschung (wieder) auf eine breitere Quellenbasis zurückgreifen wird.

62 Vgl. Die Bekenntnisschriften der evangelisch-lutherischen Kirche, hg. im Gedenkjahr der Augsburgischen Konfession 1930, Göttingen 1979, 82.

63 «Christus ist der ainig Trost der Seel». Johannes Oekolampad, Vom Sacrament der Dancksagung: von dem waren nateurlichen Verstand der Worten Christi: Das ist mein Leib / nach der gar alten Lerern Erklärung jm Latein bschriben durch Ioann. Ecolampadium; verteütscht durch Ludvigen Hätzer. [...] getruckt zu(o) Zürich: in unserem Huss zum Wyngarten [Christoph Froschauer d. Ä.], anno 1526 [VD 16 O 337; Vischer C 108 / Zentralbibliothek Zürich, Signatur: 3.110,3, persistenter Link: http://dx.doi.org/10.3931/e-rara-3021], ohne Paginierung, pdf-Seite 117 (Marginal).

64 «Veracht den fynd: gloub sinem fürgaeben nüt: halt überal nüt uff im [...] Din schutz trost und sschirm stadt gwüss gnu(o)g in Christo Jesu der dich erloest unnd

hesten theologischen Traktaten weist Bullinger entschieden auf Christus als den alleinigen Trost hin. So beginnt etwa seine «Antwort an Burchard» (ca. 1526) mit dem Hinweis auf Mt 17,5, den Bibelvers, der künftig (nahezu) als Motto und theologisches «Programm» auf das Titelblatt aller seinen Schriften gesetzt wird:

> «Der erst under minen puncten lut also: Das man Christum alein hören sölle, bezüget der vatter von hymel sprechende: ‹Das ist min lieber sun, in dem ich versönt bin; imm sind gehörig›».[65]

Ist Christus eines Wesens mit dem Vater,[66] so bedeutet dies, so Bullinger, dass alle biblischen Aussagen, die gebieten, auf den einen Gott allein zu hören, sich auch – und im Kern – auf ihn beziehen.[67] Wenn Bullinger das Verhältnis Gottes zum Menschen mit dem Bundesgedanken theologisch konzeptualisieren kann, dann mit dem Ziel, das gesamte biblisch bezeugte Sprechen Gottes zum Menschen von Gen 3,14 an als heilsames Versöhnungshandeln Gottes zu interpretieren, das im Christusgeschehen kulminiert und zutage tritt. Dabei geht es nicht um den Begriff des «Bundes» – eine begrifflich-systematisierende Theologie lag dem methodologisch stark von Erasmus geprägten Zürcher Antistes noch fern. Wohl aber um die in unterschiedlicher Terminologie aussagbare «Sache»: um die in Christus als Versöhnungsgeschehen Ereignis gewordene «Verbindung» zwischen Gott und Mensch

> «die gantz summ unsers gantzen heils in diser gar kurzen geschicht, uss deren du jetzund erlernet hast, wie Christus Jesus, gottes sun und warer messias, imm gsatzt

---

den Tüfel überwunden hat. [...] Darum [...] kommind zu(o) im alle die in aengsten und noeten sind: er ist maechtig und früntlich als der mag und och gern wil allen denen rychlich haellfen die zu(o) im kommend. zwarem so du einmal zu(o) dem Herren selbs kumpst und siner suessen volkommenheit empfindst wirst du in ewigkeit keinen anderen oder besseren trost und haelffer nachfragen. Dann an im allein wirst du gnu(o)g haben und ganz und gar ersettiget werden: diewyl du noch ander nachfragst hast des Herren noch nit raecht empfunden», Von rächter Hilff und Errettung in Nöten: ein Predig uss dem heiligen Evangelio Matthei XIIII. Cap. zu(o) Zürych des XII. Tags Julij gethon, von Heinrychen Bullinger ... Zürich 1552 [VD 16 B 9765; Vischer C 444], ohne Paginierung. Vgl. dazu auch HK 30.

65 Heinrich Bullinger, Theologische Schriften, Bd. 2: Unveröffentlichte Werke der Kappeler Zeit, hg. von Hans-Georg vom Berg/Bernhard Schneider/Endre Zsindely, Zürich 1991, 143. Vgl. dazu Joachim Staedtke, Die Theologie des jungen Bullinger, Zürich 1962.

66 Bullinger, Theologische Schriften, Bd. 2 (Anm. 65), 143.

67 Ebd.

und propheten verheissen, uns armen gott versönt und imm selbs uns vermechlet hat, das wir yn inn unseren trost setzind und inn allein hörind.»[68]

In zahllosen Schriften hat Bullinger in der Folge diese stark christologisch zentrierte Theologie entfaltet und entwickelt. Kern des christlichen Glaubens und also auch einziges Fundament wahren «Trostes» ist

> «dass der Vater durch seinen Sohn mit der Welt versöhnt worden ist und uns mit ihm ganz und gar alles gegeben hat, was zu einem seligen Leben und zum ewigen Heil notwendig ist, ist er doch für uns Mensch geworden, gestorben, von den Toten auferweckt und schliesslich in den Himmel aufgenommen worden ... darin verbergen sich die lebendigen Adern des Evangeliums, welche heilsame Wasser zum ewigen Leben hervorströmen lassen. Darin liegt nämlich der beständige Trost für die Gläubigen und ihre vollkommene Ruhe. Ohne dies gibt es kein Leben und keine Ruhe.»[69]

Dass dieses Christusgeschehen zwar ausserhalb unserer selbst geschehen ist, uns als Glaubende aber in sich begreift, dass wir somit

> «Gefährten und Miterben aller Heiligen von Adam an bis ans Ende der Zeit und Hausgenossen Gottes» sind ... gibt höchsten Trost im ganzen Leben der Menschen».[70]

So ist in den *Dekaden* eine ganze Predigt dem Thema Trost im Blick auf das christliche Leben gewidmet, dies angesichts von Sünde und geistlichen Anfechtungen ebenso wie im Blick auf Krankheiten und Verfolgung.[71] Auch das Abendmahl ist nach Bullinger zum «Trost für die bekümmerten Gewissen» eingerichtet.[72] Gleichzeitig hatte Bullinger in strenger trinitätstheologischer Fassung die spezifische Aufgabe Gottes des Geistes als «Tröster» herausgearbeitet[73] und in seinem umfangreichen Johanneskommentar im

68 Bullinger, Theologische Schriften, Bd. 2 (Anm. 65), 147 f.

69 Heinrich Bullinger, Sermonum (Anm. 58), Dec. 4,1, 497,36–498,4 (Bullinger, Schriften [Anm. 58], Bd. 4, 275).

70 Heinrich Bullinger, Sermonum (Anm. 58), Dec. 5,1, 742,11–15 (Bullinger, Schriften [Anm. 58], Bd. 4, 29).

71 Heinrich Bullinger, Sermonum (Anm. 58), Dec. 3,3, 286–312 (Bullinger, Schriften [Anm. 58], Bd. 3, 517–562).

72 Vgl. auch Heinrich Bullinger, Sermonum (Anm. 58), Dec. 5,9, 1040,6–33 (Bullinger, Schriften [Anm. 58], Bd. 4, 522).

73 Vgl. Heinrich Bullinger, Sermonum (Anm. 58), Dec. 4,3, 581,4–20 (Bullinger, Schriften [Anm. 58], Bd. 4, 423).

Kontext einer Verhältnisbestimmung von «Glaube», Christusbezug, Geist und Gemeinschaft mit dem dreieinigen Gott erläutert.[74]

Auch im innerprotestantischen kontroverstheologischen Kontext kommt dieser Zentralgedanke Bullingers zum Tragen. In der bereits erwähnten, zeitgleich mit dem *Heidelberger Katechismus* gedruckten Schrift mit dem Titel *Vester Grund*, in der Bullinger auf die Angriffe des Johannes Brenz antwortet, der mit philosophischem Werkzeug die Ubiquitätslehre als für wahre Christen notwendig zu glauben behauptet, verteidigt sich der Zürcher Antistes zwar; zugleich aber ist seine Entgegnung keine Kampfschrift. Vielmehr beginnt sie mit einem Aufruf zur Eintracht durch die Rückbesinnung auf das fundamentale Christliche. Bullinger hat dabei die einfachen Gläubigen im Blick, deren Christusglaube durch die theologischen Streitigkeiten ins Schwanken geraten kann. Wenige Theologen haben wie er den pragmatischen Selbstwiderspruch empfunden und erlitten, den die innerprotestantischen heftigen christologischen Streitigkeiten in der zweiten Hälfte des 16. Jahrhunderts darstellten. Den theologischen Weg zur Einheit sieht Bullinger einzig im Festhalten am Einen und Einfachen Evangelischen: am konsequenten «solus Christus»:

> «Mitten aber in dem, dass […] die Gelehrten mit Predigten und Schreiben gegeneinander kämpfen, einander beschimpfen und verwerfen, sehe der Gläubige einzig und unverrückt auf unseren Herrn Jesus Christus, unseren einigen Heiland, und bemühe sich mit aller Kraft Christus mit wahrem Glauben zu umfassen und in seinem Herzen zu behalten […]. Diejenigen, die sich auf Christus allein gründen, Trost und Sicherung in ihm finden, mit denjenigen halte er es …»[75]

Dass «alle glo(e)ubigen alle vollkommenheit der gera(e)chtigkeit unnd sa(e)ligkeit dermassen in Christo allein habind, das sy die usser Christo nit beo(e)rffend zu su(o)chen»[76] (vgl. HK 55), ist ein beständig wiederkehrender zentraler Gedanke Bullingers.

---

74 Heinrich Bullinger, In divinum Iesu Christi Domini nostri Evangelium secundum Ioannem Commentariorum libri X, Tiguri 1543 [VD 16 B 4929; Vischer C 321/ Zentralbibliothek Zürich, Signatur: 5.39, persistenter Link: http://dx.doi.org/10.3931/ e-rara-2338], z. B. fol. 162.

75 Bullinger, Vester Grund (Anm. 44), fol. 10v. Vgl. schon Zwingli: «Diser grund stat vest, das allein der einig got ist anzebetten, anzerueffen und aller trost zu(o) im ze haben.» Z 2, 212,1 f.

76 Heinrich Bullinger, Summa Christenlicher Religion, Zu(o) Zürych 1556, 85a [Zentralbibliothek Zürich, Signatur: Res 934, persistenter Link: http://dx.doi.org/10.3931/e-rara-3989]. Vgl. HK 1 auf dem Hintergrund von Bullingers Beschreibung der Gnade in der Summa, ebd., 74–75.

Entsprechend argumentierte Bullinger auch im abendmahlstheologischen Streit von dieser soteriologisch exklusiven, ekklesiologisch inklusiven und trinitätstheologisch verankerten Versöhnungschristologie her. Wenn der *Heidelberger Katechismus* die Frage nach dem «einige[n] Trost im Leben und im Sterben», auch als individueller Zuspruch an die «einfachen» Gläubigen verstanden, mit der Zugehörigkeit zu Christus, dessen Werk wiederum trinitarisch verankert und expliziert wird, beantwortet (HK 1), ist dies eine knappe, theologisch präzise Zusammenfassung dessen, worauf unter den Reformatoren Bullinger mit einer Beharrlichkeit aufmerksam gemacht hat, wie kaum sonst ein Reformator.[77]

Die einzige sachgemässe Entsprechung zu diesem radikalen «solus Christus» ist für Bullinger das – nicht minder radikal ernst zu nehmende – «sola fide». Der Glaube allein ist

> «das mittel ... dardurch wir der gnaden Gottes tehlhafft, das ist das wir durch den tod Christi erlösst, Gott vereiniget und von sünden gereiniget werdind, darzu die geraechtigkeit Christi und das ewig läben unsern aller kindern und erben Gottes eigen werde».[78]

Der «Glaube» ist hier – obwohl er unzweideutig «rechtfertigender» Glaube ist – nicht exklusiv im Horizont der Rechtfertigungsfrage thematisiert, sondern, charakteristisch für die gesamte Zürcher Reformation, verstanden als Teilhabe nicht nur an Gottes Gnade, sondern an Gott selbst, wodurch dem Glaubenden «Vergebung der Sünden, ewige Gerechtigkeit und Seligkeit» (vgl. HK 21) zuteilwird.[79]

77 Vgl. Heinrich Bullinger, Sermonum (Anm. 58), Dec. 5,2, 782,16–25 (Bullinger, Schriften [Anm. 58], Bd. 5, 100). Ein weiteres Beispiel: Der wahre Glaube ist der, welcher «einig dem lyden und todt Christi alle eer allein zu(o)gibt und gar nüt zu(o) im oder näben in setzt. Christus darff keines zu(o)satzes er thu(o)ts allein. Dann wir erst uss Paulo erlernet das Christus mit dem blu(o)t sines crützes uns gegen Gott den friden gemacht, und das durch sich selber gethan hat. Merckend wol das wort: Durch sich selber, das ist nit durch ein andern oder mit einem andern oder mit zu(o)thu(o)n anderer mittlen, sondern allein durch sich selber.» Heinrich Bullinger, Von der Bekehrung des Menschen zu Gott und dem wahren Glauben, Zürich 1569, 51b [ZBZ, Signatur: 5.256,2, persistenter Link: http://dx.doi.org/10.3931/e-rara-811].

78 Bullinger, Summa (Anm. 76), 81b f.

79 «d Gloub durch den wir gera(e)chtfertiget werdend» ist «nit nun ein wüssen oder verstand», sondern ein «verlassen des hertzens uff Gott und sin waarhaft wort, insonders uff die verheissung uns vonn Gott in Christo bescha(e)hen», und darüber hinaus «empfindt der ra(e)chtglo(e)ubig Christi und la(e)bt in Christo». Bullinger, Summa (Anm. 76), 86r. Vgl. dazu HK 21.

Der Gläubige «lebt in Christo»,[80] hat an ihm «Anteil» und ist in seinen geistlichen Leib «eingefügt» (vgl. HK 20.32.53.55). Die kritische Konsequenz liegt auf der Hand: Kann allein der Glaube – verstanden als allein durch Gottes Geist «im» Menschen geschaffen – als «Mittel» der Anteilhabe am Heil bezeichnet werden, sind jegliche weitere «media salutis» ausgeschlossen.

Entsprechend ist das «Evangelium» mit der Zusage der Sündenvergebung nicht hinreichend beschrieben; es zielt auf die (Wieder-)Herstellung der Gemeinschaft des Menschen mit Gott, und ist nach Bullinger als Erwählung in den Gnadenbund zu verstehen, der inhaltlich als «pneumatische», allein geistgewirkte Christusgemeinschaft zu beschreiben ist. Dies gilt auch, ohne dass der Erwählungsbegriff explizit verwendet zu werden braucht.[81] Damit will er das reformatorische «solus Christus» – im Horizont der «orthodoxen» Trinitätslehre – ernst nehmen und ist auch berücksichtigt, dass diese geistgewirkte Gemeinschaft des geschöpflichen und sündigen Menschen mit Gott stets dessen «Gerechtsprechung» wie dessen «heiligende» Erneuerung einschliesst. Der Erwählungsgedanke ist auf diesem Hintergrund für Bullinger nicht auf dem Gebiet der Spekulation über Gottes vorzeitliche Dekrete angesichts der Phänomene von Glauben und Unglauben anzusiedeln; er ist vielmehr ein Grundbegriff zur Beschreibung der Gottesbeziehung der Glaubenden und aus diesem Glauben lebenden Christenmenschen.

Indem der Erwählungsgedanke in diesem, auf das christliche Leben zielenden und aus der Perspektive des Katechumenen formulierten Sinn im *Heidelberger Katechismus* von der ersten Frage an im Hintergrund steht, von Verwerfung nicht die Rede ist und die Frage nach dem Heil mit dem Verweis auf den Glauben und nicht auf ein göttliches Dekret beantwortet wird, bewegt er sich vollkommen auf der Linie von Bullingers Umgang mit diesem schwierigen Locus.[82]

2.2 Die Sakramente als sichtbare Zeichen(handlungen) der geistlichen «Einleibung» (Heidelberger Katechismus Frage 65)

Die exklusive (trinitarisch-)christologische Antwort auf die Frage nach dem «einigen Trost» darf für Bullinger – mit der «Schweizer» Tradition – nicht durch eine Sakramentslehre verdunkelt werden, welche – die Tradition römi-

80 Bullinger, Summa (Anm. 76), 86a.
81 Vgl. Opitz, Heinrich Bullinger als Theologe (Anm. 56), 344–350.
82 Vgl. HK 1.20.32.33.34.55.64.

scher Theologie und Frömmigkeit weiterführend – den irdischen Elementen Wasser, Brot und Wein über die ihnen gemäss Gottes «ordnung» gestiftete Funktion hinaus[83] den Rang von das Heil ergänzenden oder vollendenden «media salutis» zuschreibt.[84] Sie sind sichtbare Zeichen*handlungen* für die geistliche Gemeinschaft der Glaubenden mit Christus, die diese bezeugen und so stärken.[85]

Schon in seinen frühesten Abendmahlsschriften hatte Bullinger das Abendmahl wesentlich von 1Kor 10,16 f. her interpretiert als «Zeichen der Einleibung» in Christus.[86] Auch wenn der Aspekt des Bekenntniszeichens» der Glaubenden in dieser Zeit noch dominiert, so ist dieses doch umgriffen von dem geistgewirkten Geschehen der Vereinigung Christi mit den Glau-

83 Bullinger, Summa (Anm. 76), 139b–140b.

84 Die Sakramente sind, gegen die sie verachtenden «Spirito(e)ufer», als das von Gott verordnete «gschirr» zu würdigen, aber man soll «den instrumeten nit zu(o) vil, das ist mee zu(o)ga(e)ben, dann dies gschrifft, der geist und gloub erlyden mag». Bullinger, Summa (Anm. 76), 97a.

85 «Ich glaube, dass schon aufgrund dieser oberflächlichen Behandlung der Analogie deutlich geworden ist, wie die Sakramente den Glauben bei den Gläubigen anregen und unterstützen. Denn während das Gemüt die Wohltaten Gottes, die Segnung durch Christus, seine Erlösung und seine Gaben innerlich erfasst und betrachtet, während es sie mit grossem Vergnügen des Geistes geniesst, frohlockt und sich darin erhebt, kommen nun von aussen die Sakramente hinzu, die vor die Augen und alle Sinne treten und sichtbar darstellen, was das Gemüt innerlich erfasst und betrachtet. Weil die ganze Handlung, die aus Worten und einer Zeremonie besteht, als ein Zeichen genommen wird, sehen die Augen die Zeichen und alles, was beim Vollzug der zeichenhaften Handlung getan wird, wie wenn das Zeichen redete. Die Ohren hören die Worte und das, was Christus gestiftet hat. Ebenso spüren sogar der Tastsinn und der Geschmack, wie lieblich und gütig der Herr ist [vgl. Ps 34,9], so dass jetzt der ganze Mensch, der gleichsam mit Leib und Seele in den Himmel entrückt worden ist, spürt und wahrnimmt, wie der Glaube entfacht und unterstützt wird und aus dem Glauben an Christus eine überaus süsse Frucht entsteht. Das alles vollzieht sich bei den Gläubigen; bei denen, die nicht glauben, bleiben die Zeichen unbelebt. Also geschieht das alles durch die Kraft des Glaubens und des Geistes, die in der rechtmässigen Feier der Sakramente wirkt. Ohne den Glauben und ohne den Heiligen Geist spürt man die Zeichen nicht. Die gleiche Kraft liegt auch in der Verkündung des Wortes Gottes: Wenn es nämlich den Zuhörern mit Gleichnissen, Beispielen und einer lebhaften Veranschaulichung dargelegt wird, wenn in der Seele der Geist und der Glaube erstrahlen, so meinen die Menschen, die dargelegten Dinge nicht nur zu hören, sondern auch vor ihren Augen zu sehen.» Bullinger, Schriften (Anm. 58), Bd. 5, 371 f. (Bullinger, Sermonum [Anm. 58], Dec. 5,7, 944,5–23).

86 Vgl. schon Zwingli: Z 5, 640–645.

benden als seinem «Leib» bzw. seiner Gemeinde.[87] In der überarbeiteten Fassung seiner Schrift *De origine erroris* von 1539 hatte Bullinger dann die Abendmahlslehre ganz vom «Geheimnis der Erlösung und der Verbindung der Glaubenden mit Gott durch Jesus Christus», von der geistgewirkten Christusgemeinschaft her interpretiert, die keine leere Vorstellung, sondern wirkkräftige Realität ist,[88] geht es doch nicht nur um die Teilhabe an Christi «Gaben» und den «Früchten» seiner Erlösungstat, sondern um die Gemeinschaft mit Christus, dem ewigen Gott selbst.[89] In der *Summa* von 1556 definiert Bullinger dann die «heiligen Sacramenta» als

> «heilige actione(n), würckungen oder u(e)bungen der glo(e)ubigen in der kilchen Christi: welche der Herr selbs yngesetzt hat als zeichen und sigel der wahrhafften Predig, das er unser Gott sye uns zu(o) gnaden in pündtnuss ufnaeme, von unsern sünden reinige, uns widergeba(e)re, ernüwere und als sine kind in sin gmeinschafft empfahe ...»[90]

Dieser Linie folgt die Sakramentslehre des *Heidelberger Katechismus.* Verweist die Antwort auf die Frage nach dem «Trost» auf Christus allein, kommt in der Folge das Abendmahl nicht als «Sakrament des Altars», als besonderer Ort in den Blick, wo dieser «Trost» zu finden ist,[91] sondern als von Christus verordnete Feier der Gemeinde, als «Abendmahl» (HK 75), deren Funktion es ist, auf Christus hinzuweisen. Entsprechend beginnt der *Heidelberger Katechismus* seine Sakramentslehre mit der rückblickenden Feststellung, dass «allein der Glaube uns Anteil an Christus und allen seinen Wohltaten gibt», der Glaube, der allein durch den Heiligen Geist «in unseren Herzen» gewirkt ist (HK 65). Auf dieser christologisch-pneumatologischen Grundlage sind die Sakramente zu verstehen als «sichtbare heilige Wahrzeichen und Siegel», die nicht als Elemente, sondern «durch ihren Gebrauch» (HK 65.66) den «Zuspruch des Evangeliums besser verständlich machen», dies in der Klammer

87 Der «brauch disers sacraments» ist «kein anderer dan verzeichnen den anderen in gott bruderen und schwösteren, dass ich auch deren einer bin, so sich durch das leiden Christi erlöset seyn glaubend, und ist ein zeichen der einlibung in ein einigen leib». Bullinger, Theologische Schriften Bd. 2 (Anm. 65), 61.

88 Heinrich Bullinger, De origine erroris libri duo, Tiguri 1539 [VD 16 B 9654], fol. 180–197.

89 «Christum dei filium venisse in carnem ut fideles ab omni iniquitate repurgatos reconciliatosque deo coniungeret.» Bullinger, De origine (Anm. 88), fol. 180.

90 Bullinger, Summa (Anm. 76), 137b–138a.

91 Vgl. z. B. Martin Luther, Ein Sermon von der Bereitung zu Sterben (1519): «so er anders sich trostlich verlesset und glaubt auff die Sacrament» (WA 2, 692,26 f.).

des Heiligen Geistes, der «den Glauben in unseren Herzen» wirkt (HK 65), im Evangelium «lehrt» und durch die Sakramente «bestätigt», dass «unsere ganze Seligkeit gegründet ist auf das einmalige Opfer Christi, das für uns am Kreuz geschah» (HK 67). In dieser Funktion sind sie durchaus «gewiss» machende «Wahrzeichen» (HK 79),[92] insofern sie vom Geist, der allein den Glauben schafft (HK 65.74), in Dienst genommen werden. Sie dienen, im richtigen «Gebrauch» dazu, dass die Glaubenden «mit seinem verherrlichten Leib mehr und mehr vereinigt werden» (HK 76).[93] Sie besitzen aber keine ihnen eigene Kraft oder Qualität (HK 78). Heinrich Bullinger unterstreicht in seiner *Summa* das ereignishafte, «aktualistische» Moment seines Abendmahlsverständnisses: Das Abendmahl ist in der beständigen «anruoffung Gottes» und im «gebaett zu(o) Gott» zu feiern (vgl. HK 45) und im Vertrauen darauf, dass Gott dessen Bestimmung «durch sin wort ta(e)glich ernüweret, bezüget und heiliget».[94] Das altkirchliche «sursum corda»,[95] der Blick zum

92 Bullinger spricht von «zügnussen des willens gottes», die «zu(o) der ordnung, pflantzung und meerung des gloubens» eingesetzt sind. Bullinger, Summa (Anm. 76), 138b.

93 Vgl. zum Hintergrund (um der leichteren Lesbarkeit willen in der modernen Übersetzung zitiert): Denn Gott «hat uns seine Gnade gleich zu Beginn der Welt verheissen, und sobald wir angefangen haben zu glauben, hat er angefangen, sich uns solchermassen darzureichen, und dies tut er mehr und mehr unser ganzes Leben lang. Wir aber empfangen und nehmen ihn geistig an durch den Glauben. Indem wir also an den Sakramenten teilnehmen, fährt er fort, sich uns in besonderer, den Sakramenten eigener Art mitzuteilen. Wir aber, die wir längst Christi teilhaftig geworden sind, führen diese Gemeinschaft weiter und erneuern sie geistig durch das Feiern der Sakramente und durch den Glauben, und dabei besiegeln uns die Zeichen diese Gemeinschaft sinnfällig. Wer könnte danach sagen, dass die, welche so über die Sakramente denken und sie mit diesem Glauben begehen, nur ein leeres Schauspiel veranstalten und nichts darin empfangen – auch wenn wir nicht glauben, die Gnade sei in den Zeichen eingeschlossen oder sie fliesse aus ihnen hervor. Wenn aber jemand eine andere Meinung über Gott und seine Stiftungen hat, beeinträchtigt das Gott nicht mehr oder bezichtigt ihn nicht mehr der Lüge, als wenn jemand einen gerechten Mann einer Lüge bezichtigte, weil dieser nicht das leistet, was jener erwartet hatte; dabei hatte der gerechte Mann gar nicht versprochen, was der andere erwartete, sondern dieser hatte sich in seinem irrigen Wahn nur eingebildet, jener habe es versprochen.» Bullinger, Schriften (Anm. 58), Bd. 5, 355 (Bullinger, Sermonum [Anm. 58], Dec. 5,7, 933,23–36).

94 Bullinger, Summa (Anm. 76), 140b.

95 «Uff Christum solt du mit den ougen des gloubens sa(e)hen, und nit uff den diener, oder nun uff das element [...]. Dannenhar die uralten, wenn sy das Nachtmal anheben woltend, yederman vermanenn liessend, jre hertzen oder gmu(e)t übersich in himmel zu(o) erheben und stellen, und sprachend, Sursum corda». Bullinger, Summa (Anm. 76), 148b.

erhöhten Christus, ist ein zentrales Element des gesamten «Schweizer» Sakramentsverständnisses;[96] es wird im *Heidelberger Katechismus* nicht besonders herausgestrichen, ist aber integraler Bestandteil von dessen Abendmahlslehre: Wie der Geist bewirkt, dass die Christen «suchen, was droben ist» (HK 49), blicken diese im Abendmahl auf den «zur Rechten des Vaters» erhöhten Christus, der «daselbst» angebetet werden will (HK 80; vgl. auch HK 121).

Aus dem grundlegenden Verweischarakter der Sakramente bzw. der sakramentlichen Handlungen folgt für Bullinger die notwendige deutliche Unterscheidung zwischen der Realebene der Christuswirklichkeit und -präsenz im Geist Gottes und der sie im Sinne einer Analogie[97] bezeugenden irdisch-rituellen Zeichenebene. Im Blick auf die Taufe heisst dies: «*wie das wasser* [...] den menschen reiniget, *also thu(o)t ouch die gnad* Gottes durch sinen geist mit dem Blu(o)t Christi.»[98] Im Blick auf das Abendmahl: «*wie das brot und der wyn* den menschen lyblich spysend, tra(e)nckend und erhaltend, *also* erhalt uns geistlich *der hingaben lyb und das vergossen Blu(o)t* Christi.»[99]

Die Sakramentslehre des *Heidelberger Katechismus* ist von dieser Parallelität durchgehend geprägt (vgl. HK 69–79 passim): «*Wie* die Unsauberkeit des Leibes durch Wasser [...], *so* werden unsere Sünden durch Blut und Geist Christi hinweggenommen» (HK 73); «*wie* Brot und Wein das zeitliche Leben erhalten, *so* sind sein gekreuzigter Leib und sein Blut die wahre Speise und der wahre Trank unserer Seele zum ewigen Leben» (HK 79) (Hervorhebungen vom Vf.).

96 Vgl. z. B. die Begründung und altkirchliche Verankerung bei Johannes Oekolampad, Vom Sacrament der Dancksagung : von dem waren nateurlichen Verstand der Worten Christi: Das ist mein Leib / nach der gar alten Lerern Erklärung jm Latein bschriben durch Ioann. Ecolampadium; verteütscht durch Ludvigen Hätzer. [...] getruckt zu(o) Zürich: in unserem Huss zum Wyngarten [Christoph Froschauer d. Ä.], anno 1526 [VD 16 O 337; Vischer C 108/Zentralbibliothek Zürich, Signatur: 3.110,3, persistenter Link http://dx.doi.org/10.3931/e-rara-3021], ohne Paginierung, pdf-Seite 65, 118.

97 Vgl. Bullinger, Sermonum (Anm. 58), Dec. 3,6, 351,15; Dec. 5,6, 885,14; Dec. 5,7, 944,3.

98 Bullinger, Summa (Anm. 76), 146b.

99 Bullinger, Summa (Anm. 76), 151a–b.

1.3 Calvinische oder bullingersche Abendmahlslehre des Heidelberger Katechismus?

Die Sakramentslehre des *Heidelberger Katechismus* bleibt auf dieser Basis und damit in den Grenzen dessen, was Bullinger vom Abendmahl im Blick auf den mit Luther umstrittenen Punkt zu sagen bereit war und was auch Calvin schon im *Genfer Katechismus* von 1542 betont hatte. Sie schweigt aber zu dem, was Calvin darüber hinaus auch noch hätte formuliert haben wollen, und bleibt somit innerhalb der Grenzen des Consensus Tigurinus, was zweifellos der theologischen Überzeugung des Verfasser- und Verantwortlichenkreises des *Heidelberger Katechismus* entsprach, der damit auf eine grössere Annäherung an die lutherische Seite und auf die damit verbundenen allfälligen politischen Vorteile verzichtete.[100] Ein Blick auf die Diskussion zwischen Calvin und Bullinger im Vorfeld der Abfassung des Zürcher Konsenses macht dies deutlich. Ein zentraler Streitpunkt war dort die Frage, ob man die Sakramente «Werkzeuge der Gnade Gottes» nennen darf, wie Calvin formuliert hatte. Bullinger lehnte dies ab, weil es die Sakramente in seinen Augen zu sehr in die Nähe eines notwendigen Übertragungsinstruments für die Gnade rückte (als «Gefäss», «Trichter» oder «Röhre») und damit zu verdunkeln drohte, dass Gott allein der (freie) Geber der Gnade ist. Er formuliert demgegenüber seine Anschauung:

> «Denn der Geist ist es, durch den Gott in unsere Seelen eindringt; der Glaube ist diejenige Gabe Gottes, durch die der Mensch andere Gaben Gottes aufnimmt. Die Sakramente bieten diese weder dar noch verschaffen sie sie wie Werkzeuge zum Darbieten und Verschaffen, sondern sie bezeichnen, bezeugen und besiegeln sie.»[101]

Ganz entsprechend vermeidet der *Heidelberger Katechismus* jede Formulierung, in welcher die Sakramente im Sinne eines Transportmediums der göttlichen Gnade verstanden werden könnten, und spricht konsequent von «Bezeugen», «heiligen Wahrzeichen» oder «sichtbaren Zeichen» (HK 75–80), die nicht die Teilhabe an Christi Leib und Blut vermitteln, sondern die Gewissheit stärken, dass *der Geist* (allein) diese Teilhabe bewirkt (Frage 79) und dass der durch Christi Geist (allein) im Menschen bewirkte *Glaube*

100 Lyle Biermas Deutung dieses Sachverhalts als eine «intentional silence in a confessional document whose authors were trying to avoid offense to the various Protestant factions» (Campi/ Opitz [Hg.], Heinrich Bullinger [Anm. 7], 795) leuchtet angesichts der faktischen Abendmahlskontroverse und Fronten in der Pfalz nicht wirklich ein.

101 Consensus Tigurinus (1549) (Anm. 7), 192.

(allein) die unüberbietbar vollständige und durch keinen kirchlichen Ritus ergänzbare Gemeinschaft des Menschen mit Christus ist (vgl. HK 21.32).

Allerdings bedeutet dies nicht, dass der *Heidelberger Katechismus* die gesamte Abendmahlslehre Heinrich Bullingers übernommen hätte, ist der Zürcher Reformator doch bestrebt, die verschiedenen Dimensionen des Abendmahlsgeschehens, wie er sie den biblischen Texten entnimmt, zu berücksichtigen.[102] So kommen der Bekenntnischarakter und das Ziel der Förderung der Nächstenliebe im *Heidelberger Katechismus* kaum vor. Dieser konzentriert sich stattdessen auf die durch die Auseinandersetzung mit der lutherischen Abendmahlstradition bedingte Frage nach der Funktion des Abendmahls im Blick auf die Teilhabe des Glaubenden an Christus «selbst» und somit am Heil.

Die Parallelen auch zu Calvins Abendmahlslehre und die Tatsache, dass Ursin kurz vor der Abfassung des *Heidelberger Katechismus* den *Genfer Katechismus* ins Deutsche übersetzt hatte,[103] haben Anlass zur Vermutung gegeben, dass sich auch der Heidelberger Verfasserkreis in erster Linie an Calvin orientiert hat. Die Übereinstimmung zwischen dem Genfer und dem Zürcher Reformator ist bekanntlich derart gross, dass es hier nur um Nuancen gehen kann, und dies nicht zufällig, zehrt doch auch Calvin sehr stark von der schweizerisch-oberdeutschen theologischen Tradition. Eine solche Nuance sei zum Schluss noch vorgestellt.

Calvin versuchte bekanntlich, auf der Basis des Zürcher Anliegens einer klaren Trennung zwischen der Ebene der irdischen Zeichen und der Ebene des göttlichen Geistes, zugleich, aber ohne dass Gottes Geist etwas «von seiner Bedeutung genommen wird»,[104] Luthers Anliegen stärker Rechnung zu tragen. Das Resultat ist gerade im *Genfer Katechismus* recht ambivalent. So formuliert dieser im Blick auf die Sakramente zunächst, dass diese die Wahrheit zeichenhaft darstellen und bekräftigen und so den bereits vorausgesetzten Glauben der Teilnehmenden stärken.[105] Denn bereits durch das Evange-

102 Vgl. Bullinger, Summa (Anm. 76), 147b–157; dazu: Peter Opitz, Eine Theologie der Gemeinschaft im Zeitalter der Glaubensspaltung: Emidio Campi (Hg.), Heinrich Bullinger und seine Zeit (Zwingliana Bd. 31), Zürich 2004, 199–214.

103 Catechismus. Der Euangelischen Kirchen in Franckreich/ gestelt in Frag vnd Antwort [Übers. von Zacharias Ursinus], Heidelberg 1563 [VD 16 ZV 2817].

104 Genfer Katechismus Frage 312 und Frage 313: Eberhard Busch/Matthias Freudenberg/Alisdair Heron/Christian Link/Peter Opitz/Ernst Saxer/Hans Scholl (Hg.), Calvin-Studienausgabe, 8 Bde., Neukirchen-Vluyn 1994–2011, Bd. 2, 114/115.

105 Genfer Katechismus, Frage 310–314 (Anm. 104), 114–115.

lium wird uns die «Gemeinschaft mit Christus mitgeteilt».[106] Der «Nutzen» des Abendmahls darüber hinaus ist die Festigung und Stärkung dieser allein geistgewirkten Gemeinschaft.[107] Dennoch, so formuliert Calvin, *vervollständigt* (Hervorhebung vom Vf.) das Abendmahl diese Gemeinschaft, denn in der Taufe und im Evangelium empfangen wir Christus «nicht vollständig, sondern nur zum Teil».[108] Damit aber würde das Abendmahl doch ein notwendiges quantitatives Addendum zur «vollen» Christusgemeinschaft. Der *Heidelberger Katechismus* nimmt die von Calvin und Bullinger gemeinsam betonten Gedanken auf, dass das Sakrament dem Geist nichts von seiner Bedeutung nimmt, aber den Zuspruch des Evangeliums «besser verständlich» macht und «versiegelt», den Glauben «bestätigt» (HK 65.66) und so stärkt.[109] Er stellt aber die Unterscheidung der Real- und der Signalebene nie durch ein additives Konzept von Evangelium und Sakrament im Blick auf die Gemeinschaft des Glaubenden mit Christus in Frage – im Unterschied zum *Genfer Katechismus.* Ein Blick auf Ursins deutsche Übersetzung dieser Passage des *Genfer Katechismus* zeigt nun, dass der Pfälzer Reformator den Text Calvins im Sinne Bullingers geglättet, indem er das additive Moment einfach weglässt. Wo Calvins lateinischer Text lautet: «Tametsi enim tum in baptismo, tum in evangelio nobis exhibetur Christus: eum tamen non recipimus totum, sed ex parte tantum»,[110] liest man nun in Ursins Übersetzung:

> «Was haben wir denn mehr im abendmahl als ausserhalb desselben, oder was ist es uns nütz? – Antwort: Es bringt uns diesen nutz, das dieselbe gemeinschaft Christi, darvon gesagt, uns vergewissert, bekrefftiget und gemehret wirdt. Denn ob uns gleich Christus auch in dem tauff und der predig des Evangelii wahrhafftig wird mitgeteilt: so geschicht doch solches nicht volkomen, sonder bedarff diese gemeinschafft immerdar wachsens und zunemens so lang wir auff erden leben.»[111]

Unstrittig nachweisen lässt sich der Einfluss eines bestimmten Reformators auf den *Heidelberger Katechismus* aufgrund der Quellenlage und des Charakters dieser Schrift als knapp formulierte «Elementarunterweisung» kaum. Dies gilt für Bullinger ebenso wie für alle anderen in Frage kommenden

106 Genfer Katechismus, Frage 345 (Anm. 104), 126–127.

107 Ebd.

108 «ex parte tantum», Genfer Katechismus, Frage 346 (Anm. 104), 126–127.

109 Vgl. Genfer Katechismus, Frage 310–314 (Anm. 104), 114–115.

110 Genfer Katechismus, Frage 346 (Anm. 104), 126,18 f.

111 Catechismus. Der Euangelischen Kirchen in Franckreich (Anm. 103), 163. Dessen ungeachtet meldet Olevian am 3. April 1563 an Calvin über Ursins Übersetzung seines Katechismus: «Omnia fideliter sunt reddita ...», CO 19, 684.

reformatorischen Vätergestalten. Und grundsätzlich bewegt sich die Theologie, auch die Abendmahlstheologie des Katechismus auf dem Boden dessen, was im Consensus Tigurinus festgehalten wurde. Dennoch: Liest man ihn auf dem Hintergrund des zeitgenössischen abendmahlstheologischen Diskurses in der Pfalz und dessen Nachbarn und berücksichtigt man – über vereinzelte Zitate hinaus – die christologische und abendmahlstheologische Gewichtung (und terminologische Prägung) der katechetischen Schriften Heinrich Bullingers, scheint doch die theologische Nähe des Pfälzer Katechismus zum Grundanliegen des Zürcher Antistes doch noch ein kleines Stück grösser zu sein als zu anderen führenden zeitgenössischen Reformatoren, Calvin eingeschlossen. Der kommunikationsgeschichtliche Quellenbefund scheint sich damit zu bestätigen.

3. Anhang: Tabellarischer Vergleich von Sakramentsdefinitionen

Zur Illustration seien einige sakramentstheologische Formulierungen aus dem *Heidelberger Katechismus* solchen aus Bullingers *Summa* (vgl. oben Anm. 76) und dem *Hausbuch*, der deutschen Übersetzung seiner *Dekaden* durch Johannes Haller[112] einander gegenüber gestellt:

Heidelberger Katechismus	**Bullinger:** *Hausbuch* **und** *Summa*
«Was seind die Sacrament? Es seint *sichtbare heilige warzeichen und Sigill*, von Gott darzu eingesetzt, dass er uns durch den brauch derselben, *die verheissung des Evangelions* desto besser zuverstehen gebe, und *versigele*:	«Zu(o)de dienet auch / dass die Sacrament kundtschafften / unnd gleych als sigel sind der freündtliche und gu/(o)willige gottes gegen uns […] So hat auch der Herr hierinn der menschen art braucht / und zu(o) seinem ewigen pundt / unnd zu(o) den verheissungen dess la(e)bens / zeichen gesetzt der treüw und warheit / namlich die heilige(n) Sacrament / mit denen er seine verheissunge(n) und die leer seines evangelij besiglet.» (Hausbuch, 46. Predigt, CCCXCVIIb. CCCXCIXb).

112 Heinrich Bullinger, Haussbu(o)ch [Getruckt zu(o) Bärn], 1558 [Zentralbibliothek Zürich, Signatur: WZ 26, persistenter Link: http://dx.doi.org/10.3931/e-rara-4182].

Heidelberger Katechismus	**Bullinger:** *Hausbuch* **und** *Summa*
Nemlich dass er uns von wegen der *einigen opfers Christi, am Creutz* volbracht, *vergebung der suenden, und ewiges leben* auss gnaden schencke.» (HK 66)	«das *Christus ... einmal am crütz gestorben* sye, durch sinen geist uns siner gera(e)chtigkeit ... teilhafft mache»... «das wir durch den hinga(e)bnen lyb ... erlangt habind *verzyhung der sünden und die erbschafft des ewigen la(e)bens*» (Summa, 155a–154b)
«Das *Abendmal bezeuget uns*, dass wir vollkommene vergebung aller unser sünden haben, durch das *einige opffer Jesu Christo* [...]	«also habend wir yetzt das *Nachtmal* zu(o)r *kundtschafft dz Christus kummen ist alle opffer erfüllt* und abgethon unnd das er sich ufgeopfferet und alle glo(e)ubigen der ganzen wa(e)lt Gott versünet habe.» (Summa, 156a)
Und dass wir durch den Heiligen Geist Christo werden *eingeleibt*» (HK 80)	«[...] und in sin gmeind allein *yngelybet* werden.» (Summa, 143)
«dass sein *leib so gewiss für mich am Creutz geopffert und gebrochen, und sein blut für mich vergossen sey, so gewiss* ich mit augen sehe, dass *das brod des Herrn mir gebrochen, und der Kelch mir mitgetheilet wird.*»	«*Wie das brot brochen wird zur spyss, und der wyn ussgossen zum tranck, also wirt Christi lyb geto(e)dt, und sin Blu(o)t* vergossen das sy mo(e)gind unser spyss und tranck sin.» (Summa, 151b)
Und zum andern, «dass er selbst *meine seel mit seinem gecreutzigten leib und vergossnen blut so gewiss* zum ewigen leben speise und trencke, als ich auss der hand des Dieners empfange, und leiblich niesse das brod und den Kelch des Herrn» (HK 75)	«Dann *wie* das brot und der wyn den menschen lyblich spysend, tra(e)nckend und erhaltend, *also erhalt uns geistlich der hinga(e)be(n) lyb un(d) das vergossen Blu(o)t* Christi.» (Summa, 151a–b)

Magdalene L. Frettlöh

Heilsame Zueignung

Frageantworten 1 und 2: das Therapieprogramm des Heidelberger Katechismus für befreite Christenmenschen auf dem Weg zur Mündigkeit*

Christian Link zum 75. Geburtstag am 12. Juli 2013

«Alt und fern sind Sprache und Bilder des Textes.
Ich sage nicht ‹einiger Trost› und ‹vollkömmlich bezahlet›.
Auch muss ich mir erst übersetzen, was es heisst,
dass Christus ‹mich aus aller Gewalt des Teufels erlöset hat,
dass ohne den Willen meines Vaters im Himmel
kein Haar von meinem Haupt kann fallen›.
Wertvoll ist mir die Sprache, obwohl es nicht meine ist,
weil in ihrer Gestalt so viele Menschen vor mir ihre Ängste gebannt,
ihre Leiden formuliert und ihre Sehnsucht geäussert haben.
Die alte Sprache verbindet mich mit den unabgegoltenen Sehnsüchten
und den immer noch unerfüllten Träumen der Toten.»
Fulbert Steffensky[1]

«Nicht um die Konservierung der Vergangenheit,
sondern um die Einlösung der vergangenen Hoffnung ist es zu tun.»
Max Horkheimer/Theodor W. Adorno[2]

Sehr geehrte, liebe Leserinnen und Leser des *Heidelberger Katechismus*,

lassen Sie sich mitnehmen auf Wege durch den *Heidelberger*, auf die uns seine programmatische Frageantwort (FA) 1 verweist. Sie spricht uns als ganz und gar trostbedürftige Menschen an und konfrontiert uns mit der Rede vom «einzigen Trost im Leben und im Sterben», die – so unterschiedlich die Trostlosig-

* Die Vortragsfassung wurde für die Publikation leicht überarbeitet, der Vortragsstil aber beibehalten. Den Teilnehmer/-innen des Ökumenischen Forschungskolloquiums für Fundamentaltheologie und Dogmatik im FS 2013 danke ich für die kritische Diskussion des Textes und für ebenso anregende wie überzeugende Denkanstösse.

1 Feier des Lebens. Spiritualität im Alltag, Stuttgart 1984, 34.

2 Dialektik der Aufklärung (1969): Theodor W. Adorno, GS 3, Frankfurt/M. 1997, 15 (Vorrede).

keit und die jeweiligen Trostangebote in der zweiten Hälfte des 16. Jahrhunderts und 450 Jahre später auch sein mögen – damals wie heute provokativ ist. Wer von uns geht schon davon aus, dass es nur einen einzigen Trost und eben nur diesen einzigen Trost gibt, von dem hier die Rede ist? Und wer hätte nicht von so manch anderem zu erzählen, was sie oder ihn im Leben bisher getröstet, und zwar wirksam getröstet und nicht nur vertröstet hat!

Offenbar versteht sich schon die Frage nach dem «einzigen Trost im Leben und im Sterben» nicht von selbst, geschweige denn die Antwort, die der *Heidelberger* darauf gibt. Beides – Frage wie Antwort, eher noch: Antwort wie Frage[3] – erfinden wir nicht, sondern finden sie vor. Sie sind uns vorgegeben. Nehmen wir sie für heute an und denken ihnen nach. Zunächst werde ich – auf den Spuren des Wortlauts von FA 1 – den Trost des *Heidelbergers* so kräftig wie möglich entfalten. Dann aber verschweige ich auch nicht, worin nach meiner Wahrnehmung der Katechismus selbst hinter dem Trost, zu dem er sich bekennt, zurückbleibt, worin er selbst womöglich trostlos ist.

Das letzte Wort meines Vortrags – das verrate ich Ihnen schon jetzt – lautet «untröstlich». Am Ende meines heutigen Durchgangs durch den *Heidelberger* steht die Einsicht, dass wir Christenmenschen, gerade wenn wir *bei Trost* und allemal bei dem Trost, den der Katechismus bezeugt, sind, nur *untröstlich* sein können – nicht trostlos oder ungetröstet untröstlich, sondern getrost und trotzig untröstlich, aber eben doch untröstlich.[4] Und womöglich hören Sie alles, was ich im Folgenden ausführe, ein wenig anders, wenn Sie von vornherein um dieses Schlusswort wissen, das selbstredend die Leseanweisung enthält, wieder mit dem Anfang anzufangen, sich als Untröstliche erneut auf den Weg dieses einen Trostes zu begeben. Warum auch sollten wir überhaupt den *Heidelberger* lesen, wenn wir schon rundum Getröstete sind?!

3 Siehe dazu unten Abschnitt 2.1.

4 Die Untröstlichkeit gründet aber nicht – das sei hier vorweggenommen – in den in Abschnitt 4 genannten trostlosen Motiven des Katechismus selbst. Sie hat vielmehr ihren Grund darin, dass von dem, was der *Heidelberger* vollmundig als Trost bezeugt, in unserer unerlösten Welt so wenig wahrzunehmen ist. Sie erwächst gerade aus der ungeheuren Spannung des Kontrafaktischen dieses Trostes.

1. Die These: Der Heidelberger als Therapieprogramm für befreite Christenmenschen unterwegs zur Mündigkeit – eine *soteriologische* Relektüre

Unter dem von Frageantwort 1 angeregten Titel «Heilsame Zueignung» lese ich den *Heidelberger* als ein Therapieprogramm für befreite Christenmenschen im Raum der Gemeinde auf dem Weg zu ihrer Mündigkeit. Um es gleich vorweg zu sagen: Mit dieser Lektüre, die Heil *und* Heilung, Befreitsein *und* Ermächtigtwerden, Gesunden *und* Mündigwerden, fröhliche Freiwilligkeit *und* Gehorsam, Dankbarkeit *und* Verantwortlichkeit zusammendenkt, beanspruche ich nicht, die *intentio auctoris*, die ursprüngliche Aussageabsicht der Verfasser des Katechismus, zu treffen, wohl aber eine vom Wortlaut des Textes her mögliche, also eine der *intentio operis*[5] entsprechende, elementare Lektüre des Doppel-Proömiums und einiger Grundlinien des Katechismus zu bieten. Also nicht an einer historischen, sondern an einer gegenwartsorientierten, systematisch-theologischen Auslegung des den gesamten Katechismus strukturierenden Exordiums ist mir gelegen. Genauer: Ich lese den *Heidelberger* von FA 1 her als einen reformatorisch-reformierten Beitrag zum gegenwärtigen Subjektivationsdiskurs, zur Frage also: Wie gewinnen Menschen ihre Identität, wie lernen sie, «ich» zu sagen, ohne dabei um sich selbst zu kreisen und die Alterität Gottes und ihrer Mitmenschen zu negieren? Wie werden Menschen das, was sie um Gottes Willen sein sollen, nämlich Bilder Gottes, die in ihrem Tun und Lassen Christus entsprechen?

Der *Heidelberger* begründet in FA 86 das Tun guter Werke damit, «dass Christus / nach dem er vns mit seinem blut erkaufft hat / vns auch durch seinen heiligen Geist ernewert zu seinem ebenbildt / dass wir mit vnserm gantzen leben vns dankbar gegen Gott für seine wolthat erzeigen ...»[6]. Der

5 Zur Unterscheidung der *intentio operis* von der *intentio auctoris* einerseits und der *intentio lectoris* andererseits siehe Umberto Eco, Zwischen Autor und Text. Interpretation und Überinterpretation. Mit Einwürfen von Richard Rorty, Jonathan Culler, Christine Brooke-Rose und Stefan Collini. Aus dem Englischen von Hans Günter Holl, München 1996, bes. 75–98 (87): «Zwischen der unergründlichen Intention des Autors und der anfechtbaren Intention des Lesers liegt die transparente Textintention, an der unhaltbare Interpretationen scheitern.»

6 Ich zitiere den *Heidelberger* nach: Bekenntnisschriften und Kirchenordnungen der nach Gottes Wort reformierten Kirche (BSRK). Heft 3a-b. Im Auftrag des Reformierten Bundes und Konventes der Bekenntnissynode der deutschen Evangelischen Kirche hg. von Wilhelm Niesel, München o.J., und verweise – wenn nötig – auf die revidierte Fassung, Neukirchen-Vluyn 1997.

von Christus mithilfe der Lösegeldzahlung seines eigenen Lebens[7] befreite Mensch wird zu seiner ursprünglichen Bestimmung, Bild Gottes zu sein, erneuert. An diesem durch den Heiligen Geist bewirkten Erneuerungsprozess nimmt der Mensch selbst aktiv teil – durch sein Dankbarkeit gegenüber Gott bezeugendes Tun (Wahrung der Wegweisungen Gottes und Ausdruck des bleibenden Angewiesenseins auf Gott im Gebet), mit dem er Gott die Ehre gibt.

«... es ist noch nicht zutage getreten, was wir sein werden. Wir wissen aber, dass wir, wenn es zutage tritt, ihm gleich sein werden, denn wir werden ihn sehen, wie er ist», heisst es in 1Joh 3,2. Identität ist – biblisch verstanden – ein eschatologischer Begriff: Erst wenn wir Gott schauen, werden wir auch unser selbst ganz und unverstellt ansichtig werden und vorbehaltlos erkennen, wer wir sind. Bis wir aber vom Glauben ins Schauen gelangt sein werden, lädt uns der *Heidelberger* auf heilvolle Erkenntniswege ein, auf denen wir im Erkennen Gottes wie unserer selbst wachsen und so hier und heute an Leib und Seele heiler werden.

Auf den Weg gebracht wurde meine soteriologische Relektüre des *Heidelbergers* – Sie werden es längst ahnen – durch den exponierten Gebrauch des christologischen Titels «Heiland»[8] in Frageantwort 1:

> «Das ich mit Leib vnd Seel / beyde in leben vnd in sterben nicht mein /
> sonder meines getrewen Heilands Jesu Christi eigen bin ...»

Bevor von Jesus Christus als dem *Herrn*[9] die Rede ist, bevor der Gottes- und Menschensohn als *Mittler*[10] zwischen Gott und den Menschen und als *Erlö-*

7 Siehe dazu unten Abschnitt 3.1.2.

8 Der vom altsächsischen «heliand» und mittelhochdeutschen «heilant», einer Lehnübersetzung des lateinischen «salvator», abgeleitete «Heiland» (vgl. Friedrich Kluge, Etymologisches Wörterbuch der deutschen Sprache. Bearbeitet von Elmar Seebold, 23., erw. Aufl., Berlin, New York 1999, 364 f.) korrespondiert als Christusbezeichnung mit dem seit Ignatius von Antiochien belegten «Christus medicus» – Christus als Arzt; vgl. dazu Woty Gollwitzer-Voll, Christus Medicus – Heilung als Mysterium. Interpretationen eines alten Christusnamens und dessen Bedeutung in der Praktischen Theologie, Paderborn 2007; Jörg Hübner, Christus medicus. Ein Symbol des Erlösungsgeschehens und ein Modell ärztlichen Handelns: KuD 31 (1985), 324–335; Michael Dörnemann, Krankheit und Heilung in der Theologie der frühen Kirchenväter (Studien und Texte zu Antike und Christentum 20), Tübingen 2003.

9 Zum ersten Mal begegnet der christologische Kyrios-Titel in FA 18; ausgelegt wird er in FA 34.

10 Den Mittler-Begriff verwendet der *Heidelberger* vor allem zu Beginn des zweiten Teils des Katechismus im Zusammenhang der Zwei-Naturen-Lehre, des wahren Gott- und wahren Menschseins Jesu Christi in FA 15 und 18 im Sinne der Anselm'schen

ser[11] der Menschheit identifiziert wird, bevor das Christusereignis mithilfe der Lehre vom dreifachen messianischen Amt Jesu als *Prophet, Priester und König*[12] als Wiederholung der Wege Gottes mit Israel ausgelegt wird, bekennt sich der *Heidelberger* zu Jesus als dem «getrewen Heiland».[13]

Mit dem Heilandstitel in FA 1, der in der Auslegung des Jesus-Namens in FA 29[14] und 30 wiederkehrt, sind die Weichen für die *soteriologische* Grundausrichtung des Katechismus gestellt: Dem *Heidelberger* ist Jesus als der Christus vor allem anderen *Heiland*, also einer, der Menschen heilt, indem er sie befreit und aufrichtet, zurechtbringt und in die Verantwortung nimmt, ihr Leben förderlich orientiert, sie in Lebensverbindlichkeiten stellt und ihnen Zukunftsperspektiven schenkt, die auch durch den Tod nicht zunichtewerden. In FA 1 begegnet damit eine Dienstbezeichnung Christi, die – Ingrid

---

Satisfaktionslehre, und in einer ganz anderen Metapher in FA 36: Hier besteht die Mittlerrolle Christi darin, dass er mit seiner Unschuld und Heiligkeit zwischen Gott und die Menschen tritt und Gott so den Blick auf die menschliche Sünde verstellt. Hier wird also nicht Sünde vergeben oder von Sünde befreit, sondern sie wird verborgen und dem Blick des heiligen Gottes entzogen.

Das kreuzestheologische Sprachspiel der Befreiung durch Lösegeldzahlung und die gleichsam topologische Vorstellung von der Verbergung der Sünde bleiben im *Heidelberger* unsystematisiert nebeneinander stehen und ermöglichen so die eigenverantwortliche, kreative Aneignung seiner vielfältigen soteriologischen Aussagen (siehe dazu unten Abschnitt 3.1).

11 Vom «Erlöser» ist explizit nur in FA 15 parallel zum «Mittler» die Rede; «Erlösung» (FA 2.18.24.31.74) ist nach der Dreiteilung des Credos (FA 24) die Kernkompetenz des Christus und hat an allen drei messianischen Ämtern Anteil (FA 31); «erlösen» ist durchgängig als Christi Befreiung des Menschen aus seinem Elend mittels seines Lebenseinsatzes verstanden, und zwar meist in der kreuzestheologischen Lösegeld-Zahlungs-Metapher (FA 1.2.14.34.86); anders FA 31.37: (Sühn-)Opfer; FA 44: Erlösung «von der hellischen angst vnnd pein» in der als tiefste Anfechtung gedeuteten «Höllenfahrt» Christi.

12 FA 31.

13 Darum erscheint es mir auch unzutreffend, wenn Georg Plasger schon FA 1 auf eine Christus*herrschaft* hin auslegt: «Die Christusherrschaft, von der der *Heidelberger* spricht, ist also nicht einfach als eine Fremdherrschaft bzw. als ein von aussen auf den Menschen zukommendes Geschehen zu verstehen; sie ist vielmehr eine den Menschen berührende und ihn im Innersten angehende Wirklichkeit» – «Mittler und Erlöser» Christus. Die geglaubte Realität der göttlichen Barmherzigkeit: Martin Heimbucher et al. (Hg.), Zugänge zum Heidelberger Katechismus. Geschichte – Themen – Unterricht. Ein Handbuch für die Praxis mit Unterrichtsentwürfen auf CD-Rom, Neukirchen-Vluyn 2012, 127–134 (127).

14 Explizit ist vom «Heiland» nur in der revidierten Fassung die Rede: «Warum wird der Sohn Gottes Jesus, das heisst ‹Heiland› genannt?», während die ursprüngliche Fassung vom «seligmacher» spricht.

Schoberth hat in der Diskussion ihres Vortrags ausdrücklich darauf hingewiesen – aus unserem Sprachgebrauch weithin verschwunden ist und gerade darum die Chance bietet, allzu selbstverständlich gewordene Lektüren des *Heidelbergers* zu re-vidieren, also erneut anzuschauen.

Die primäre Identifikation des Christus als *Heiland* erhellt auch die soteriologische Funktion der vor allem in der Credo-Auslegung begegnenden Fragen «*Was nützt dir ...?*» / «*Welchen Nutzen haben/bekommen wir aus ...*»,[15] «*Was hilft (es) dir ...?*»,[16] «*Was tröstet dich (das) ...?*»[17] – wir würden heute sagen: «Was bringt dir das?» –, Fragen, die auf den ersten Blick utilitaristisch imprägniert zu sein scheinen. Sie zielen darauf, dass die Gefragten sich selbst in die Befreiungsgeschichte des Christus hineinholen lassen und im Leibraum des Christus, in der Gemeinde, die ihnen geschenkte Freiheit wahrnehmen und in den Genuss der heilvollen Gaben ihres Heilands kommen.

Nur en passant: Ein empfindliches Desiderat der Erforschung des *Heidelbergers* ist seine gabetheologische Auslegung. «Geben»[18] und «Gabe(n)»[19] gehören zu den Leitworten des Katechismus. Auch das Leitmotiv des dritten Teils, die «Dankbarkeit»[20], ist konstitutives Moment im interdisziplinären Gabe-Diskurs.

Ich wende mich im Folgenden zunächst der theologischen Hermeneutik und Pragmatik des *Heidelbergers*, ausgehend von FA 1 und 2, zu (2.1–2.2), um dann in vier Schritten (3.1–3.4) die programmatische erste Frageantwort durchzubuchstabieren. Am Ende steht eine kritische Reflexion auf das Schlüsselwort des Katechismus: «Trost» (4.), die auch das nach meiner Wahrnehmung Trostlose des *Heidelbergers* in den Blick zu nehmen versucht.

15 FA 28.36.43.45.49.51.

16 FA 59.

17 FA 52.57.58.

18 FA 34.45.49.53.65.75.77.92.100.112.116.119.122.125.128.

19 FA 9.51.55.75.110.125.

20 FA 2.28.32.43.64.77.86.116.

2. Die provokative Frage nach dem «ein(z)igen Trost im Leben und im Sterben»

Der *Heidelberger* beginnt mit einem provokanten Paukenschlag, die Frage wie die Antwort betreffend.[21] Unabhängig davon, ob wir mit der ursprünglichen Fassung «*Was ist dein einiger trost in leben vnd in sterben?*» oder mit der revidierten «*Was ist dein einziger Trost im Leben und im Sterben?*» fragen – in beiden Fällen geht die Frage von *einem* Trost aus, auch wenn «einig» exklusiv oder inklusiv[22] verstanden werden kann. Dass es aber nur *einen* Trost im Leben und Sterben gibt, ist angesichts der zahlreichen Trostangebote, die es in der Entstehungszeit des Katechismus wie allemal auch heute gibt, alles andere als selbstverständlich. Schon die Frage impliziert also eine steile Gewissheit, die völlig haltlos wäre, käme sie nicht ihrerseits von der Antwort her, würde nicht die Antwort allererst die Frage aus sich heraussetzen.

2.1 Am Anfang war die Antwort, oder: gefragt sein – bei Gott wie in der Gemeinde

Natürlich und selbstverständlich ist es zu keiner Zeit gewesen, von nur *einem* Trost im Leben und im Sterben zu sprechen. Auf die Frage nach einem solchen Trost kommen wir nicht von selbst. Am Anfang steht vielmehr die Antwort; sie ist die Vor-Gabe, aus der sich die Frage allererst er-gibt.[23] Der Ein-

21 Siehe zu den folgenden beiden Abschnitten Magdalene L. Frettlöh, Trost und Trostlosigkeit im Heidelberger Katechismus (2000): dies., Worte sind Lebensmittel. Kirchlich-theologische Alltagskost (Erev-Rav-Hefte: Biblische Erkundungen 8), Wittingen 2007, 127–146.

22 Ein exklusives Verständnis des «einigen» Trostes meint, dass es nur diesen einen Trost gibt; ein inklusives geht stattdessen davon aus, dass auch anderer Trost trösten kann, sofern er nicht im Widerspruch zum in FA 1 entfalteten Trost steht, sondern mit diesem «einig» ist. Ich präferiere ein inklusives Verständnis des «einigen Trostes», mit dem auch eine Würdigung der Trostangebote ausserhalb von Kirche und Christentum religiöser wie nichtreligiöser Provenienz einhergeht, sofern sie mitwirken an der heilvollen Befreiung des Menschen aus der Abhängigkeit lebensfeindlicher Mächte und Gewalten.

23 Meine Betonung der vorgängigen Antwort verhält sich komplementär zu Ingrid Schoberths Überzeugung, dass die Fragen des Katechismus eigene Glaubensfragen evozieren oder überhaupt das Fragen lehren, zu verstehen (vgl. bes. Abschnitt 3.2.2 ihres Beitrags in diesem Band sowie dies., «Meines getreuen Heilands Jesu Christi eigen sein». Religionspädagogische Anmerkungen zur katechetischen Praxis des Heidelberger Katechismus: Nötig zu wissen. Heidelberger Beiträge zum

satz bei der Frage dagegen bliebe selbstbezüglich: Wir würden immer nur antworten können, was wir schon wüssten, und kämen dabei über unsere eigenen Erfahrungen nicht hinaus. Doch der Glaube will uns ja gerade zu neuen Erfahrungen mit Gott, der Welt und uns selbst verhelfen.

Die mit dem *Heidelberger* Gefragten *er*finden also die Antworten nicht, sondern finden sie *vor*. Warum aber folgt der Katechismus gleichwohl dem Frage-Antwort-Schema?

Die dialoglinguistische Auskunft, dass «Frage-Antwort-Sequenzen [...] als eine Art dialogischer Prototyp, teilweise sogar als Inbegriff des Dialogischen und des Gesprächs schlechthin»[24] gelten, lässt sich für den *Heidelberger* dahingehend verstehen, dass hier der Glaube ins Gespräch gezogen wird, dass Christenmenschen auskunfts- und gesprächsfähig werden im Blick auf das Beziehungsgeschehen, das sie getrost leben und sterben lässt, dass sie mündig werden, um, gefragt nach dem Logos der Hoffnung, die sie trägt, Rede und Antwort zu stehen, wie es in 1Petr 3,15 heisst. Darum versteht Thorsten Latzel den *Heidelberger* auch «primär pragmatisch als eine Anleitung zur Glaubenskommunikation», als eine «Sprachhilfe» des Glaubens, die «ihre eigenen Konstitutionsbedingungen mitkommunizier[t]», als «eine Art *Propädeutik der Muttersprache des Glaubens*»[25].

So richtig und wichtig diese Auskunft einer echten Dialogizität der Frage-Antwort-Sequenzen ist, es lässt sich noch mehr sagen. Auch das Frage-Antwort-Schema kann seinerseits als Teil des soteriologisch-therapeutischen Programms des Katechismus verstanden werden:

Zum einen sind die Fragen des Katechismus transparent darauf hin, dass wir Menschen gefragt sind – bei Gott.

Das ist im Übrigen ja eine Erfahrung, die die Bibel schon für das erste Menschenpaar und mit ihm für die ganze Menschheit bezeugt: Nach der grossen Erlaubnis, von allen Bäumen des Gartens zu essen, und der einen Grenze, nämlich nicht vom Baum der Erkenntnis von Gut und Böse (Gen 2,16f.), der ersten direkten Anrede Gottes an die Menschen in der Paradieserzählung, folgen nach der Überschreitung dieser Grenze eine Reihe von Fragen Gottes an die Menschen: «*Wo bist du?*» «*Wer hat dir gesagt, dass du*

Heidelberger Katechismus (Impulse aus der Heidelberger Universitätskirche: Theologie – Spiritualität – Ethik, hg. von Helmut Schwier und Hans-Georg Ulrichs, Heidelberg 2012, 173–190).

24 Hans-Jürgen Bucher, Frage-Antwort-Dialoge: Handbuch der Dialoganalyse, hg. von Gerd Fritz und Franz Hundsnurscher, Tübingen 1994, 239–258 (239).

25 Thorsten Latzel, Glaubenskommunikation – der theologische Ansatz des Heidelberger Katechismus: Heimbucher et al. (Hg.), Zugänge (Anm. 13), 213–223 (213.222).

nackt bist? Hast du von dem Baum gegessen …?» «Was hast du da getan?!» (Gen 3,9.11.13)

Gefragt zu sein, signalisiert Wahrnehmung und Aufmerksamkeit, Interesse und Achtung. Es ist das Gegenteil von Gleichgültigkeit oder Übersehenwerden. Zum Heilungsprozess des befreiten Menschen gehört, dass er/sie – auch und gerade nach der Übertretung des göttlichen Gebots – bei Gott gefragt ist und dass ihr/ihm die Gemeinde dies mit den Fragen des Katechismus kundtut. Gefragt zu sein, wehrt der Vereinzelung und Vereinsamung des Menschen, spricht ihn/sie auf ihre soziale Kompetenz an und ist so auch ein Antidot zu Resignation und Verzweiflung, Überforderung und Lähmung. Von und bei Gott gefragt zu sein, macht die Würde des Menschen aus und ruft sein/ihr Mündig- und Ver*antwortlich*werden als wesentliche Momente der Genesung hervor.

Und zum andern: Das Evangelium, das anspruchsvoll ist, weil Gott selbst sich in ihm den Menschen verspricht und zuspricht, wirft Fragen auf. Es stellt uns Fragen, auf dass wir die Antwort, die wir in der Schrift finden, je neu in der Gegenwart für uns wahr-nehmen, sie uns zu eigen, zu unserer eigenen Antwort machen und mit unserem Leben verantworten. Um dieser Aneignung der schon gegebenen, schon vorgefundenen Antwort willen spricht der *Heidelberger* meist den einzelnen Menschen an, ein Du und nicht jeweils die Gemeinde als Ganzes. Erst die eigene Verantwortung der vorgegebenen Antwort macht diese zum Bekenntnis.

Der *Heidelberger* führt diesen eigenverantwortlichen Umgang mit der Schrift und der Tradition vor, indem er nicht nur eine Auslegung der Traditionsstücke Credo, Unservater, Dekalog und Sakramente bietet, sondern diese in einem hochkomplexen Aufbau mit eigenen theologischen Ein-, Über- und Ausleitungen verbindet, in denen gerade das spezifische eigene Profil seiner Theologie zum Ausdruck kommt.[26] Und vor allem beginnt er ganz anders als alle anderen Katechismen:

> «Er fragt nicht in unmittelbarem Zugriff nach Gott, nach Christus oder nach der Bedeutung der Rechtfertigung […]. Er bestimmt seinen Ausgangspunkt vielmehr so, dass der zur Antwort aufgerufene Christ mit seinen eigenen Fragen, seiner Bedürftigkeit, Not und Hoffnung von vornherein in die theologischen Koordinaten einbezogen, von ihnen sozusagen umschlossen wird: ‹Was ist dein einziger Trost

26 Zur komplexen Gesamtgliederung des *Heidelbergers* vgl. Thorsten Latzel, Theologische Grundzüge des Heidelberger Katechismus. Eine fundamentaltheologische Untersuchung seines Ansatzes zur Glaubenskommunikation (MThSt 83), Marburg 2004.

im Leben und im Sterben?› Die berühmte Antwort wird als Summe neutestamentlicher christlicher Gewissheit formuliert: ‹Dass ich ... nicht mein, sondern meines getreuen Heilands Jesu Christi eigen bin› [...]. [... W]er so antworten kann, steht, ob glaubend oder zweifelnd, nicht einem Kanon dogmatisch korrekter Auskünfte gegenüber, sondern wird mit dem ersten Satz ins Thema hineingenommen. Er gehört dazu, er ist dabei.»[27]

Und noch ein Drittes kommt hinzu: Wie die Fragen erst aus den in der Schrift erlesenen Antworten erwachsen, so führen die angeeigneten Antworten ihrerseits zu neuen Fragen und mit ihnen zur Schrift zurück. Die vom Kurfürsten hinzugefügten Bibelstellen sind ja keine blossen *dicta probantia*, mit denen Aussagen belegt werden, die auch anderswo zu finden wären, sondern sie verweisen auf den Ort, wo dieser Trost bezeugt ist, mit dem der *Heidelberger* Menschen in eine trostreiche ars vivendi und moriendi[28] einüben will. Gerade mit seinem Schriftbezug[29] relativiert der *Heidelberger* sich selbst und verweist die genesenden Christenmenschen je neu an die Quelle des Trostes, an das Evangelium und die von ihm erzählte Befreiungsgeschichte, deren sie sich in der Lerngemeinschaft der Gemeinde je neu vergewissern.

2.2 Ein vergewisserter, weil über sich aufgeklärter Glaube – mündige und verantwortliche, weil verstehende und vertrauende Christenmenschen

Mit dem Stichwort «Vergewisserung» oder «Gewissmachung» aber treffen wir auf die Leitintention des Katechismus[30], denn «das wichtigste Motiv dieses Trostes ist die Vergewisserung, die sich zur *Gewissheit* steigert, als hätte

27 Christian Link, Trost und Gewissheit. Beobachtungen zur Theologie des Heidelberger Katechismus: EvTh 72/2012, 467–480 (469).

28 Dass «der Nachdruck offensichtlich auf dem zweiten, dem Sterben, liegt», kann ich nicht nachvollziehen, zielt der *Heidelberger* doch vor allem auf das dankbare *Leben* der Christenmenschen in der Gemeinde als dem Leibraum des Christus. Die Anfechtung, die die Trostbedürftigkeit der Christ/-innen ausmacht, besteht keineswegs allein darin, dass ihr Leben «dem Tod entgegen» geht (Karl Barth, Die christliche Lehre nach dem Heidelberger Katechismus. Vorlesung gehalten an der Universität Bonn im Sommersemester 1947, Zollikon-Zürich 1948, 23).

29 Zum Umgang mit der Bibel im *Heidelberger* im Horizont einer theologischen Neubewertung des Alten Testaments und des Verhältnisses zum Judentum nach der Schoa siehe Frank Crüsemann, Theologische Engführung und biblische Weite. Ein Beitrag zum Bibelgebrauch des Heidelberger Katechismus: EvTh 72/2012, 419–431.

30 Grundlegend dazu: Michael Beintker, Glaubensgewissheit nach dem Heidelberger Katechismus: ders. (Hg.), Certitudo Salutis. Die Existenz des Glaubens zwi-

die Reformation angesichts ihrer bedrückenden Negativposten [...] nun endlich den Weg zur Lebenswirklichkeit des Menschen, seinem ‹Herzen› gefunden. Denn diese Gewissheit ist das Siegel, das die hier ausgebreitete theologische Erkenntnis von aller blossen Meinung unterscheidet und sie jedem Zweifel überlegen entgegentreten lässt.»[31]

Befreit zu werden, ist das eine – es kommt aber darauf an, diese geschenkte Freiheit zu bewahren und zu bewähren. Für beides – die Bewahrung wie die Bewährung der von Christus erworbenen Freiheit – bedarf es der Gewissheit, denn unser Glaube ist von innen wie von aussen angefochten, be- und umstritten, ein zweifelnder und bisweilen gar verzweifelnder Glaube.

2.2.1 Vergewisserung als Grundbedürfnis befreiter Christenmenschen

Ebendarum gebraucht der *Heidelberger* so oft die Worte «gewiss», «gewiss machen», «gewiss sein», «gewiss werden» und «Gewissheit» (bzw. in seiner ursprünglichen Fassung «versichert» und «sicher») – in den Fragen wie in den Antworten. Schon in FA 1 heisst es, dass Christus mich durch seinen Geist des ewigen Lebens gewiss mache. Und auch der letzten Frageantwort, die dem Verständnis des «wörtlein Amen» gewidmet ist,[32] geht es um Vergewisserung – hier sogar im Komparativ:

> «Amen heist / das soll war vnd gewiss sein.
> Denn mein Gebet viel gewisser von Gott erhöret ist /
> denn ich in meinem Hertzen füle / dass ich solches von jhm begere.»

Im «Amen» drückt sich demnach eine Erhörungsgewissheit aus, die mein Begehren, von Gott erhört zu werden, noch übersteigt. Berücksichtigen wir zudem, dass das «Amen» in FA 129 nicht nur als Schlusswort des Unservater-Gebets ausgelegt wird, sondern gleichsam auch als Bekräftigung aller vorausgehenden 128 Frageantworten fungiert, erhöht sich noch sein Gewicht für die Vergewisserungsintention des gesamten Katechismus. Mit seiner letzten Antwort nimmt der *Heidelberger* Gott dafür in Anspruch, dass wir viel gewisser bei Trost sind, als wir es uns selbst jemals wünschen können. Das «Amen» am Ende macht den ganzen Katechismus zur performativen Rede[33], wie ja auch die Auslegung des Unservaters ab der ersten Bitte selbst im

schen Gewissheit und Zweifel. Symposion aus Anlass des 75. Geburtstages von Hans Helmut Esser (Studien zur Systematischen Theologie und Ethik 9), Münster 1996, 55–69.

31 Link, Trost (Anm. 27), 467.

32 Vgl. dazu den Beitrag von Matthias Zeindler in diesem Band.

33 Vgl. Latzel, Glaubenskommunikation (Anm. 25), 213.

Sprechakt des Gebets erfolgt, also kein Reden über das Gebet, sondern selbst Gebet ist (FA 122–128). Die Glaubenskommunikation des Katechismus inkludiert so neben dem Reden *von* Gott auch das Reden *mit* Gott.

Es ist darüber hinaus kein Zufall, dass sich die Gewissheitsthematik in den Frageantworten der Sakramentenlehre entscheidend verdichtet: zehn von sechzehn Gewissheitsheitsaussagen[34] begegnen allein im Sakramentenabschnitt.

> Etwa: «Wie wirstu im heiligen Taufe erinnert vund versichert / dass das einige opffer Christi am Creutz dir zu gut komme?» Antwort: «Also: dass Christus diss eusserlich wasserbad eingesetzt / vnnd darbey verheissen hat / dass ich so gewiss mit seinem blut vnd geist / von der vnreinigkeyt meiner seelen / das ist / allen meinen sünden gewaschen sey / so gewiss ich eusserlich mit dem wasser / welches die vnsauberkeyt des leiubs pflegt hinzunemmen / gewaschen bin.» (FA 69; vgl. FA 71) Ähnlich FA 73: «… dass er vns durch diss Göttlich pfand vnnd warzeichen will versichern / dass wir so warhafftig von vnsern sünden geistlich gewaschen sind / als wir mit dem leiblichen wasser gewaschen werden.»

Im rechten Gebrauch der Sakramente erfährt die heilsame Vergewisserung eine entscheidende Vertiefung[35]: Glaubensvergewisserung ist kein bloss kognitiver Akt. Sie geschieht nicht allein im Kopf oder – nach biblischer Anthropologie – im Herzen als dem Personzentrum des Menschen, sondern soll in Fleisch und Blut übergehen, durch Mark und Bein gehen, auf der Haut zu spüren, auf der Zunge zu schmecken und mit Händen zu greifen sein. Unser ganzes leibliches Selbst soll bei Trost sein. Die Sakramententheologie des Katechismus zielt auf eine Inkarnation der Glaubensgewissheit.

Von der ersten Frageantwort an lässt der *Heidelberger* keinen Zweifel daran, dass es ihm um den ganzen Menschen als leib-seelische Einheit, um die Heilung von Leib und Seele geht. Darum ist ihm auch die leibhaftige Erfahrung der Glaubensgewissheit so wichtig. Er greift das Vergewisserungsbedürfnis eines in seinem Gottvertrauen wie in seinem Selbstverständnis irritierten, verunsicherten und erschütterten Menschen gerade in der somatischen Grundkonstitution seiner Geschöpflichkeit auf und will zu einer leibhaftig-sinnlichen Teilhabe an den heilvollen Gaben Gottes anleiten. Der

34 «Gewiss» in FA 69.71.75.77.79; «gewiss machen» in FA 69.73.75.79; «gewiss werden» in FA 86. Ausserhalb der Sakramentenlehre: «gewiss» in FA 39.117.129; «gewiss machen» in FA 1; «gewiss sein» in FA 44; «Gewissheit» in FA 49.

35 Dazu ausführlicher: Magdalene L. Frettlöh, Leibhaftige Vergewisserung. «Wahrzeichen und Siegel» – Taufe und Abendmahl: Heimbucher et al. (Hg.), Zugänge (Anm. 13), 89–96.

Heidelberger zielt darauf, dass ich ins «Amen» (FA 129), in jenes Gewissheitswort in nuce, mit meinem ganzen Leib einstimmen kann.

2.2.2 Vergewisserung bedarf des Wissens

Gewissheit aber hat mit Wissen zu tun. Wir müssen viel wissen, um gewiss und bei Trost sein zu können. Darum ist FA 1 auch im untrennbaren Konnex mit FA 2 zu lesen:

> «Wieuiel stück seind dir nötig zu wissen / dass du in diesem trost seliglich leben vnd sterben mögest?» Antwort: «Drey stück. Erstlich wie gross meine sünde vnnd elend seyen. Zum andern / wie ich von allen meinen sünden vnnd elend erlöset werde. Und zum dritten / wie ich Gott für solche erlösung soll danckbar sein.»

Gewissheit setzt Wissen voraus, darum geht sie in der Sakramententheologie des *Heidelbergers* Hand in Hand mit der Erinnerung: «... *erinnert und gewiss gemacht*» (FA 69.75), darum spielt das Erkennen im ganzen Katechismus eine so grosse Rolle:

> «Woher erkennest[u] dein elend?», lautet Frage 3. Nach FA 6 ist der nach dem Bild Gottes geschaffene Mensch «in warhafftiger gerechtigkeyt ond heiligkeyt [erschaffen], auf dass er Gott seinen Schöpffer recht erkennte und von hertzen liebte ...» Für FA 117 gehört zu einem Gott gefallenden Gebet, dass «wir vnsere noth vnnd elend recht gründtlich erkennen», und in FA 122 beginnt die Auslegung der Unservater-Bitte um Namensheiligung mit dem Satz: «... gib vns erstlich dass wir dich recht erkennen».

Zum heilvollen, gewiss machenden Trost gehören rechte Gottes- und Selbsterkenntnis; zum Heilungsprozess der befreiten Christenmenschen auf dem Weg zu ihrer Mündigkeit gehört ein buchstäblich not-wendiges Wissen, das der Not der Ungewissheit und Verunsicherung, der ganzen Trostlosigkeit im Elend begegnet.

«Bist du noch bei Trost?» Das meint ja auch: «Bist du noch bei Verstand?» «Hast du noch alle fünf Sinne beisammen?» In seinem Grundzug der Vergewisserung, die des Wissens bedarf, nimmt der *Heidelberger* teil an der Grundbewegung der Anselm'schen Theologie: «*fides quaerens intellectum*»[36]. Christenmenschen sollen und können verstehen, was sie glauben. Trost ohne Wissen verkommt zur Vertröstung; Glaube ohne Verstehen pervertiert zum Aberglauben.

36 Dazu: Karl Barth, Fides quaerens intellectum. Anselms Beweis der Existenz Gottes im Zusammenhang seines theologischen Programms (GS II 1931), hg. von Eberhard Jüngel und Ingolf U. Dalferth, Zürich ^{2}1986.

Heutzutage, wo an die Stelle von Glaubensgewissheiten und einem gemeinsamen kirchlichen Bekenntnis nicht selten Privatmeinungen und subjektive Befindlichkeiten getreten sind, wo auch Theologiestudierende und Pfarrer/-innen davon sprechen, dass sie sich ihr eigenes Gottesbild nach persönlichem Gusto zurechtlegen, müsste wohl die Antwort des *Heidelbergers* auf eine seiner Kernfragen, nämlich «Was ist warer glaub?», umgekehrt werden:

Heisst es in FA 21: «*Es ist nicht allein ein gewisse erkandtnuss [...] sondern auch ein hertzliches vertrawen*», so ist es gegenwärtig an der Zeit, wieder einmal zuerst die «*gewisse Erkenntnis*» zu nennen. Gewiss: «Reformiert heisst selber denken!» Aber dieses Denken ist doch zuerst ein *Nach*- und *Durch*denken, ein *Wieder*- und *Weiter*denken dessen, was uns zu denken *vor*- und *auf*gegeben ist. Es verbindet sich – gegen ein «anything goes» – mit einer Neuentdeckung der Tradition, die in Zeiten des Traditionsabbruchs, darauf hat Albrecht Grözinger aufmerksam gemacht, geradezu revolutionär wirken kann:

> «Aus der Begegnung mit der Tradition, die ja in der nachtraditionalen Gesellschaft immer mehr zu einer Erst-Begegnung wird, ertönt jetzt nicht mehr die Stimme des Vertrauten, sondern des Fremden, des Un-gehörten und Un-erhörten. Kurz gesagt: In der Postmorderne ist die Tradition revolutionär geworden. Sie wird zum Stein, über den man stolpert und deshalb aufschaut. Sie wird zur Mühe, die zum Einhalten zwingt. Sie lenkt den Blick aus dem Vertrauten in das Mögliche.»[37]

Vermag auch der «ein(z)ige Trost im Leben und im Sterben», den FA 1 und 2 programmatisch an den Anfang des Katechismus stellen und der in den weiteren Frageantworten entfaltet wird, unseren Blick vom Vertrauten ins Mögliche zu lenken?

3. Der ein(z)ige Trost im Leben und im Sterben – eine befreiende Zueignungsgeschichte

Der im *Heidelberger* exponiert an den Anfang gestellte Trost ist ein Beziehungsgeschehen, in dem es um ein Rechtsverhältnis, genauer: um ein Eigentumsrecht geht. Ob ich getröstet bin oder nicht, entscheidet sich daran,

37 Albrecht Grözinger, Die Kirche – ist sie noch zu retten? Anstiftungen für das Christentum in postmoderner Gesellschaft, Gütersloh 1998, 81; vgl. auch oben das Motto von Fulbert Steffensky.

wohin, ja wem ich gehöre, wem ich zugeeignet bin.[38] Nicht weniger provokativ als die Rede vom «ein(z)igen Trost» ist die Identifikation dieses Trostes:

> «Das ich mit Leib vnd Seel / beyde in leben vnd in sterben nicht mein / sonder meines getrewen Heilands Jesu Christi eigen bin».

Das ist der einzige Trost im Leben und im Sterben, dass ich Eigentum meines Heilands Jesus Christus und damit mir selbst enteignet bin. Für einen nach Autonomie, gar nach Autarkie strebenden Menschen kommt dieses Bekenntnis einer empfindlichen narzisstischen Kränkung gleich: Ich habe mich nicht selbst, kann nicht über mich selbst verfügen, mich nicht selbst konstituieren, behaupten, verwirklichen, retten, rechtfertigen, erlösen ... Ich bin mir selbst entzogen – mit Leib und Seele, mit Haut und Haar, für die gesamte Dauer meines irdischen Daseins, im Leben wie im Sterben. Ich gehöre einem anderen. Was kann daran tröstlich sein?

3.1 Geiselbefreiung durch Lösegeldzahlung: der Grund der Zueignung zu Christus

Alle weiteren, den Trost erhellenden Aussagen in FA 1 sind Näherbestimmungen der Zugehörigkeit zu Christus, dem Heiland. Da wird zunächst in einem ersten Relativsatz das «Wort vom Kreuz»[39] im *befreiungstheologischen* Sprachspiel des Freikaufs von Geiseln mithilfe von Lösegeldzahlung (und also nicht mit dem kultischen Sprachspiel des stellvertretenden Sühnopfers) entfaltet: «*... der mit seinem thewren blut / für alle meine sünden volkomlich bezalet / vnd mich auss allem gewalt des Teuffels erlöset hat*». Dies ist das ebenso unverfügbare wie unhintergehbare Gründungsereignis meiner Zugehörigkeit zum Heiland Jesus Christus: die Befreiung aus der Gewaltherrschaft des Bösen, das

38 Vgl. zu dieser Knüpfung auch Magdalene L. Frettlöh, Wer ich bin, entscheidet sich daran, zu wem ich gehöre. Themapredigt «Identität» zu Ps 139 und Dietrich Bonhoeffers Gedicht «Wer bin ich»: dies., Worte sind Lebensmittel, 103–109.

39 Mit Pierre Bühler unterscheide ich in der Deutung des Kreuzestodes Jesu vier Ebenen, nämlich «das Ereignis (Kreuz), seine Bedeutung (Wort vom Kreuz), die sprachlichen Gestaltungen dieses Wortes (kreuzestheologische ‹Sprachspiele›) und das ‹für uns› (pro nobis), das als das Moment der existentiellen Aneignung das Woraufhin der Interpretation ist, das im ganzen Prozess auf dem Spiel steht». Kann ein Sühnopfer versöhnen? Grenzen und Herausforderungen der Opfervorstellung für eine heutige Kreuzestheologie: Béatrice Acklin Zimmermann/Franz Annen (Hg.), Versöhnt durch den Opfertod Christi? Die christliche Sühnopfertheologie auf der Anklagebank, Zürich 2009, 139–157 (141).

bzw. der hier mythologisch personifiziert als Teufel[40] begegnet und heute je in unseren eigenen Lebenswelten zu identifizieren ist – eine der zahlreichen Übersetzungsaufgaben, vor die uns der *Heidelberger* stellt.

Der *Heidelberger* geht in seinem ersten Teil (FA 3–11) davon aus, dass mich meine Missachtung der lebensförderlichen Weisungen Gottes in diese Gefangenschaft gebracht hat, dass ich mich also selbst durch mein Tun oder Unterlassen in die Abhängigkeit böser Mächte, die dem Tod statt dem Leben zuarbeiten, begeben habe, dass es sich aber bei dieser Abhängigkeit zugleich um ein Verhängnis handelt, so dass ich mich nicht selbst befreien kann. Beides wird im ersten Teil des Katechismus unter der sprechenden Überschrift «Von des Menschen Elend» entfaltet, ohne dass der Begriff «Elend» durch die Konnotationen von Sünde und Verhängnis schon erschöpft wäre:

Es ist beachtenswert, dass Teil 1 des *Heidelbergers* eben nicht mit «Von des Menschen *Sünde*» überschrieben ist, sondern die trostlose Situation des Menschen vor seinem Freikauf als «Elend» beschreibt und in FA 2 Sünde und Elend nicht miteinander identifiziert werden.[41] «Elend» ist ein viel umfassenderer Ausdruck für die Trostlosigkeit des Menschen als «Sünde». Das Elend des Menschen ist nicht allein durch seine Schuld und Sünde bedingt. Der von den Mächten des Bösen als Täter/-in *und* Opfer (die Rede vom Elend ist eben nicht nur täter/-innenorientiert!) gefesselte Mensch lebt im Elend, also «ausser Landes» oder «in einem andern Land»[42], in der Fremde, heimatlos, entwurzelt, verbannt, vertrieben. Die Krankheit, von der er geheilt werden muss, ist seine *Entfremdung*. Die Zugehörigkeit zu Christus kommt dadurch als Aufhebung der Entfremdung, als Zuhause- und Beheimatetsein in den Blick. Allerdings fallen, das sollte nicht verschwiegen werden, die FA 3–11 in ihrer einseitigen Täter/-innen- = Sünder/-innenorientierung gänzlich hinter die Weite des Elends-Begriffs zurück. Die der biblischen «Sündenfall»-Erzählung[43] eigene Ambivalenz von Schuldig- und Mündigwerden kennen sie nicht, sondern ihre Anthropologie ist ganz von der Erb- bzw. Ursündenlehre (FA 7) und dem Verlust der Gottesbildlichkeit bestimmt. Bernhard Schlink bringt die Einsicht, dass der *Heidelberger* in den FA 3–11

40 Zur Figur des Teufels und zu den Versuchen, mit ihr Gott von der Verursachung des Bösen zu entlasten, siehe Jürgen Ebach, Der Teufel in der Bibel: Musik und Kirche 76/2006, 78–83 (im Themenheft: Höllenlärm. Der Teufel in der Musik); zum Teufel im Hiobbuch siehe ders., Streiten mit Gott. Hiob. Teil 1: Hiob 1–20, Neukirchen-Vluyn 1995, 10–15 u. ö.

41 Vgl. dazu auch Crüsemann, Theologische Engführung (Anm. 29), 426 f.

42 Kluge, Etymologisches Wörterbuch (Anm. 8), 216 f.

43 Gen 3 wird in FA 7 im Licht von Röm 5,12–19 und Ps 51,7 gelesen.

eine Sündenfallgeschichte erzählt, die weit hinter der biblischen zurückbleibt, auf den Punkt:

> «Die Geschichte vom Sündenfall, die die Bibel erzählt, ist von ganz anderer Kraft. Sie begegnet als Metapher für die Ambivalenz des Menschen und dafür, dass Scheitern, Sündig- und Schuldigwerden der Preis der Freiheit und der Erkenntnis sind. Sie begegnet auch als Metapher dafür, dass Gott den Menschen in der Ambivalenz geschaffen oder in sie entlassen hat. Es ist eine schöne Metapher. Im Heidelberger Katechismus bleibt von der Schönheit nichts; die Metapher wird lehrhaft ab- und kleingearbeitet. [...] Wo der Heidelberger Katechismus im ersten Teil von den Menschen Elend handelt, handelt er auch von den Menschen Würde. Aber er weiss es nicht.»[44]

Inwiefern begründet nun gerade der Freikauf die Zugehörigkeit zu Christus als *Trost* im Leben und im Sterben?

3.1.1 Desillusionierung und Enttäuschung als Trost: nie Herr/-in im eigenen Haus

Die Freikauf-Metapher entlarvt die Vorstellung, dass ich jemals Herrin im eigenen Haus gewesen bin, als Illusion und Selbsttäuschung: Mutete zunächst die Alternative so an, dass ich entweder mir gehöre und damit frei und autonom bin oder Christus gehöre und damit heteronom gebunden bin, stellt sie sich auf den zweiten Blick anders dar: Wenn die Zueignung zu Christus Folge der Befreiung aus der Geiselnahme durch dem Tod dienende Mächte ist, dann gerät auch das Mir-selbst-Gehören in deren Sog, dann eignet auch ihm etwas Gewaltförmiges, dann bin ich gerade nicht frei, wenn ich mir selbst gehöre. So wird die Enteignung, mit der ich auch der Herrschaft über mich selbst entzogen werde, zu einem Akt der Befreiung.

«Nicht mir, nicht meinem Stolz, nicht meiner Verzagtheit ausgeliefert. Nicht preisgegeben an die lockenden, quälenden, knechtenden Stimmen dieser Welt. Nein, Jesu Christi eigen. Über uns hinaus. Ihm zugehörig»[45] – so paraphrasiert Gerrit Noltensmeier emphatisch die Trostbotschaft des Bekenntnisses, dass wir nicht uns selbst gehören. Und Karl Barth erkennt darin

44 Bernhard Schlink, Frage 6: Hat denn Gott den Menschen so böse und verkehrt erschaffen?: Traugott Schächtele/Christoph Schneider-Harpprecht (Hg.), Kanzel in der Welt. Fragen des Heidelberger Katechismus beantwortet für unsere Zeit. Festschrift für Landesbischof i. R. Prof. Dr. Klaus Engelhardt zum 80. Geburtstag, Leipzig 2012, 23–27 (26 f.).

45 Gerrit Noltensmeier, Der Heidelberger Katechismus – eine Komposition: Heimbucher et al. (Hg.), Zugänge (Anm. 13), 24–30 (29).

die Befreiung von jeder Selbstsorge – im Leben und im Sterben: «Ich bin also nicht mein eigener Herr und nicht mein Eigentum. Und darum ist auch die Sorge für mich selber – ‹Sorge› ist der umfassende Ausdruck für das Dasein eines ungetrösteten Menschen – nicht meine Sache.»[46]

Uns selbst zu gehören – so klärt uns der *Heidelberger* auf – heisst, von jenen Mächten abhängig zu sein, die unser Wesen vergiftet haben (FA 7), die uns unfähig gemacht haben, nach den Weisungen Gottes zu leben (FA 9), die uns angestiftet haben, Gott und Menschen (und bisweilen auch uns selbst) zu hassen (FA 5). Der eine Trost im Leben und im Sterben desillusioniert und «ent-sorgt» – und ist gerade darin heilsam.

3.1.2 Stellvertretende Lebenshingabe als Trost: Lösegeldzahlung – Satisfaktionsleistung – Sühnopfer – Bundesblut …

Nicht mir gehören – das klingt nach Beraubung, Enteignung. Doch in Wahrheit geht es um eine *Gabe*, nämlich die der Menschheit zugutekommende *Lebenshingabe* Christi im Kreuzestod. Ich halte es für einen spezifischen Ausdruck seines therapeutisch-soteriologischen Profils, dass der *Heidelberger* dabei keine monotone Befreiungsgeschichte erzählt, sondern eine Mehrzahl kreuzestheologischer Sprachspiele aufgreift und uns damit zu einer kreativen Aneignung seines Trostes einlädt:

In FA 1 begegnet die *pro nobis* geschehende Lebenshingabe in der Metapher der Geiselbefreiung durch Lösegeldzahlung: Als Heiland wirft Christus sein eigenes Leben den Mächten des Bösen in den Rachen, um deren Anspruch auf und Verfügung über die Menschheit, die sich in ihren Dienst gestellt hat, ein für alle Mal abgegolten sein zu lassen. FA 34 greift innerhalb der Auslegung des zweiten Artikels diese Deutekategorie mit der Auslegung des Kyrios-Titels noch deutlicher auf:

> «Warumb nennestu jn vnsern Herrn?
> Antwort. Dass er vns mit Leib vnd Seel von der sünden / vnd auss allem gewalt des Teuffels /
> nicht mit Gold oder Silber / sonder mit seinem thewern Blut /
> jm zum eigentumb erlöset und erkaufft hat.»

Erst die Zahlung des eigenen Lebens als Lösegeld macht den Gottessohn zu «unserem Herrn». Ist er als der Befreier, als der Heiland der Herr, dann ist seine Herrschaft das Gegenteil der Gewaltherrschaft des Bösen, die die Menschen versklavt, unfrei und unmündig macht und hält. Anders formuliert:

46 Barth, Die christliche Lehre (Anm. 28), 24.

Nur wer uns aus den Fesseln des Bösen, aus dem Elend, aus der trostlosen Entfremdung zu befreien vermag, verdient es, «unser Herr» genannt zu werden.[47] In FA 86 wird gerade dieser Loskauf zum Anlass menschlicher Dankbarkeit und menschlichen Gotteslobs.

Auch an anderer Stelle, nämlich vor allem im ersten Teil und zu Beginn des zweiten Teils des *Heidelbergers* (FA 12.13.14.16), ist davon die Rede, dass Christus mit seiner eigenen Lebenshingabe für uns bezahlt hat. Hier aber befinden wir uns in einem ganz anderen, nämlich dem juridischen Sprachspiel der Anselm'schen Satisfaktionslehre, wonach der Gottmensch mit der Hingabe seines eigenen, sündlosen Lebens jene Satisfaktions-, also Genugtuungsleistung an Gott zahlt, zu der die sündige Menschheit nicht fähig ist, die aber um der Gerechtigkeit und Wahrhaftigkeit Gottes willen nötig ist, weil Gott nicht einfach über das Unrecht hinwegsehen und hinweggehen konnte, als sei es nicht geschehen:

> «Gott will das seiner gerechtigkeyt gnug geschehe / derwegen müssen wir derselben entweder durch vns selbst / oder durch einen andern volkommene bezalung thun» (FA 12).
> Auf die Frage 40 «Warumb hat Christus den todt müssen leiden?» lautet die Antwort: «Darumb / dass von wegen der gerechtigkeyt vnd warheyt Gottes / nicht anderst für vnsere sünden mochte bezalet werden / denn durch den todt des Sons Gottes.»

Ebenso wie die Satisfaktionsleistung für menschliche Ungerechtigkeit, so wird – ein weiteres, nämlich kultisches Sprachspiel aufnehmend – das *Sühnopfer* Gott dargebracht, um bei Gott neues Leben für die zu erwirken, die durch Unrechttun ihr Leben verwirkt haben. Diese Deutekategorie des Kreuzestodes begegnet verdichtet in der Sakramententheologie des *Heidelbergers* (vgl. FA 66.67.69.70.75.80). Dabei liegt die Betonung auf der Einzigkeit und Einmaligkeit dieses Opfers, das nicht wiederholt zu werden braucht und das nicht wiederholt werden kann, ohne seine soteriologische Kraft zu unterlaufen:

> «... der heilig Geist lehret im Euangelio / vnd bestätiget durch die heiligen Sacrament / dass vnsere gantze seligkeyt stehe in dem *einigen* opffer Christi / für vns am Creutz geschehen» (FA 67).

47 Eine Analogie bietet Ps 82, wenn er den Massstab für (die) Göttlichkeit (des Gottes Israels) darin erkennt, dass den Elenden und Armen, den Bedürftigen und Geringen zu ihrem Recht verholfen wird.

Die Sühnopfervorstellung ist also zutiefst opferkritisch. Auf den als stellvertretendes Sühnopfer gedeuteten Kreuzestod Jesu kann sich niemand berufen, der im Namen Gottes oder Christi neue Opferforderungen erhebt. Die Deutung des Kreuzestodes Jesu mithilfe der Sühnopferkategorie markiert das Ende aller Opfer im Namen Gottes.

Doch die Erwähnung des der Menschheit zugute vergossenen Blutes Christi muss nicht notwendig dem sühnopfertheologischen Sprachspiel zugerechnet werden: Gemeint sein kann – so in der Aufnahme der Abendmahlsüberlieferung vom «neuen Bund in meinem Blut» (vgl. FA 77) – das Bundesblut, entsprechend dem Bundesschluss-Ritus in Ex 24,6–8 oder die von Sünden reinigende Funktion des Blutes, die im Verständnis der Taufe als eines zeichenhaften Reinigungsbades begegnet (FA 69.70.71.72.73.78).[48]

Innerhalb welcher Deutefigur des Wortes vom Kreuz die stellvertretende Lebenshingabe Christi auch begegnet, sie markiert ein Befreiungsgeschehen, das in der Auferweckung des Gekreuzigten mit einer lebensrettenden und lebensförderlichen *Gabe*, nämlich der Teilgabe an der Gerechtigkeit als dem Inbegriff der guten Gaben Gottes, einhergeht. Nicht mir, sondern Christus gehören heisst Anteil und Gemeinschaft haben an Christus und allen seinen Gaben, um diese wiederum nicht für sich zu behalten, sondern mit allen zu teilen, wie in FA 55 zu lesen ist, die die christologisch-ekklesiologische Leibmetapher aufnimmt:

> «Was verstehestu durch die gemeinschafft der Heiligen? Antwort. Erstlich dass alle vnnd jede gläubigen / als glieder an dem Herrn Christo / vnd allen seinen schätzen vnd gaben / gemein schafft haben. Zum andern / dass ein jeder seine Gaben zu nutz vnd heil der andern glieder / willig vnd mit freuden anzulegen sich schuldig wissen soll.»

48 Diese Knüpfung der Reinigungs(bad)metapher an das Blut Christi findet sich in 1Joh 1,7 (aufgenommen in FA 72); Hebr 9,13–15.22 (vgl. Hebr 1,3) und Offb 7,14 (aufgenommen in FA 73). Zwar kennt die hebräische Bibel die Metapher der Reinigung von den Sünden, doch dies geschieht durch Waschen oder Besprengen mit Wasser (vgl. etwa Num 19; Ps 51,4.9; Lev 17,15 f.). Offenbar sind bereits in der neutestamentlich bezeugten Vorstellung, dass das Blut Christi reinigende Kraft habe, zwei kultische Vorgänge miteinander verbunden worden: die Besprengung des Ortes der besonderen Präsenz Gottes mit Blut als Ritus der stellvertretend sühnenden Lebenshingabe an Gott und die reinigende Kraft des Wassers. Sühne wird als Reinigung verstanden; das im stellvertretenden Sühnetod vergossene Blut Christi wird zum Reinigungsmittel. In Hebr 9,15 ff. kommt dann auch noch die bundestheologische Bedeutung des Blutes Christi hinzu. Warum aber hat im *Heidelberger* diese reinigende Funktion des Blutes Christi ein so grosses Gewicht?

Bevor wir dieser Spur mit dem letzten Satz von FA 1, «... *vnd jm forthin zu leben von hertzen willig vnd bereit macht*», folgen (3.4), gilt es zunächst, die weiteren Näherbestimmungen zum «Heiland» in FA 1 wenigstens kurz in den Blick zu nehmen.

3.2 Die Treue des Heilands – oder: Gottes beständige Fürsorge für trostbedürftige Christenmenschen

Auch und gerade die aus der Trostlosigkeit ihres Elends befreiten Menschen bleiben trostbedürftig. Ihr Trost ist angefochten, ihre Freiheit gefährdet, ihre Rechtfertigung umstritten. Es kommt darauf an, dass sie nicht nur in einem einmaligen Rettungsgeschehen Christus, ihrem Heiland, zugeeignet werden, sondern dass sie sein Eigentum, ihm zugehörig *bleiben*. Die Treue Christi ist nicht beschränkt auf die einmalige Lebenshingabe, sondern setzt sich in täglicher Bewahrung fort und setzt so die *providentia Dei*, die Fürsorge Gottes, des Vaters, ins Werk: Der treue Heiland ist darum auch der, der mich

> «also bewahret / das one den willen meines Vatters im Himmel / kein Har von meinem haupt kan fallen / ja auch mir alles zu meiner seligkeyt dienen muss».

Vollmundig, geradezu verwegen und damals wie heute nicht selten gegen den Augenschein bekennt sich der *Heidelberger* – mit Mt 10,29–31; Lk 21,18 und Röm 8,28 – zur Fürsorge Gottes. Diese Providenzgewissheit entzündet sich nicht am Verlauf der Welt- oder auch nur unserer eigenen Lebensgeschichte. Sie muss vielmehr kontrafaktisch zu diesem bezeugt werden. Aus ihr spricht ein kräftiges Dennoch, ein Gottvertrauen mit einer gehörigen Portion Trotz, die dem Trostbegriff nicht nur des *Heidelbergers* eigen ist, wie auch Karl Barth in seiner Definition von «Trost» anmerkt:

> «Man versteht unter Trost gemeinhin eine dem Menschen zuteilwerdende vorläufige, aber wirksame und verheissungsvolle Hilfe in schwerer Situation, die ihm zu einem Grund wird [...] *dennoch* auszuharren, *dennoch* Mut zu fassen, *dennoch* fröhlich zu sein. Wer einen anderen wirklich tröstet, der bietet ihm eine Hilfe, die ein solches Dennoch begründet. Und wenn einer sich wirklich trösten lässt, so nimmt er diese Hilfe an, so lässt er sich diesen Grund geben.»[49]

Ich sehe in solcher vollmundiger Providenzgewissheit, wie sie ja auch aus vielen Kirchenliedern spricht, kein verblüffungsresistentes Die-Augen-Ver-

49 Barth, Die christliche Lehre (Anm. 28), 22 f.

schliessen vor dem Leiden und der Not in der Welt, sondern lese sie als appellative Sprechakte, die bei Gott einklagen, dass er das Bekenntnis wahrmache. Sie nehmen Gott dafür in Anspruch, dass die Trostlosigkeit wirklich ein Ende habe und nicht alles beim Alten bleibe.

Das heisst aber auch, dass solche Gewissheitsaussagen nur aus der Begegnung mit dem in ihnen bezeugten fürsorgenden Gott erwachsen können. Wer so spricht, bewegt sich bereits im Raum der «allmechtige[n] vnd gegenwertige[n] krafft Gottes» (FA 27), wie FA 27 die *providentia Dei* versteht. Darauf hat Christian Link eindrücklich aufmerksam gemacht:

> «Wenn wir erfahren wollen, was es mit dieser Kraft auf sich hat, dann müssen auch wir uns ein paar Schritte auf diesen Gott hin bewegen, statt auf der Stelle zu treten. In der Bibel jedenfalls ist die Vorsehung immer wieder die Erfahrung der Aufbrechenden und Wandernden, niemals die der Zuschauer. [...] Als Wanderer haben sie [Abraham und Jona, M. L. F.] die Spur Gottes entdeckt und ihn selbst nun auch als Wanderer wahrgenommen, der ihre Geschichte auf verborgene Weise begleitet, sich auf sie zubewegt, ihr einige Schritte vorauseilt, niemals aber aus unzugänglicher Höhe über sie verfügt. Wer diese Erfahrung machen will, kann Gott nicht durchs Fernrohr anschauen. Er muss sich ihm selbst ‹stellen›, eine Beziehung zu ihm aufnehmen und sich den Risiken einer solchen Beziehung aussetzen.»[50]

Auch die Treue des den befreiten Menschen bewahrenden Heilands hinterlässt im weiteren Katechismus ihre Spuren. Sie begegnet über die Auslegung des ersten Credo-Artikels in FA 26–28, deren ganzes Gewicht auf einer christologisch begründeten[51] Bewahrung, Begleitung und Leitung der Schöpfung durch Gott liegt (und nicht auf der Schöpfung am Anfang), hinaus im dreifachen Amt Jesu Christi, besonders im priesterlichen Dienst eines beständigen fürbittenden Eintretens für uns bei Gott, und in seiner Rolle als ewiger König,

50 Christian Link, «Kein Haar von meinem Haupt kann fallen». Vorsehung heute: Heimbucher et al. (Hg.), Zugänge (Anm. 13), 120–126 (125 f.). Mühe bereitet mir allerdings der Schlusssatz dieses ansonsten so tröstlichen Textes, wenn Ch. Link aus der Vorsehungsgewissheit von FA 28 schlussfolgert: «Dann brauchen wir als Christen nicht an den Klagemauern der Gegenwart stehen, sondern treten auf die Zinnen, von denen aus Zukunft sichtbar wird» (ebd., 126). Einmal ganz abgesehen davon, dass es nach Mt 4,5 der Teufel ist, der Jesus auf die Zinne (des Tempels) stellt – gehören wir als Christ/-innen nicht gerade an die Seite derer, die an der Klagemauer in Jerusalem und an anderen Klagemauern auf dieser Erde ihre Untröstlichkeit angesichts des Leidens in der Welt Gott ins Angesicht schreien?!

51 FA 26 bleibt nicht bei der göttlichen Erhaltung und Regierung der gesamten Schöpfung stehen, sondern bekennt: «Dass der ewig Vatter vnsers Herrn Jesu Christi [...] umb seines Sons Christi willen / mein Gott vnnd mein Vatter sey».

«der vns mit seinem wort vnd geist regiert / vnnd bei der erworbenen erlösung schützet vnd erhelt» (FA 31). Auch die Auslegung der Himmelfahrt inszeniert die Treue des Heilands, der «vns zugut daselbst ist», nämlich im Himmel (FA 46), und von dem zugleich gilt: «... nach seiner Gottheyt / Maiestet / gnad vnnd Geist / weicht er nimmer von uns» (FA 47).

Der Heiland ist nicht nur für die lebensrettende Operation der Befreiung aus dem Elend verantwortlich, er begleitet auch die Befreiten bei ihrem Genesungsprozess, geht es doch darum, dass sie selbst zu einem tatkräftigen Leben mit Lust und Liebe rehabilitiert werden. Und das entscheidende Heilmittel bei diesem Genesungsprozess ist der Heilige Geist.

3.3 Der Heilige Geist als göttliche Gabe und Geber – die Heilkraft im Genesungsprozess

Zwischen das befreiende und bewahrende Handeln des Heilands einerseits und das ihm entsprechende tapfere eigene Tun der Befreiten andererseits tritt vermittelnd das Wirken des Heiligen Geistes:

> «Darumb er mich auch durch seinen Geist des ewigen lebens versichert / vnd jm forthin zu leben von hertzen willig vnd bereit macht.»

Neben der starken, immer wieder erörterten Christologie des *Heidelbergers* bleibt in der Erforschung des Katechismus dessen Pneumatologie seltsam unterbestimmt.

Karl Barth hat zwar gesehen, dass der *Heidelberger* «ausgesprochen eine Theologie des dritten Artikels, eine Theologie des Geistes, darstellt, aufgebaut unter dem besonderen Gesichtspunkt des Werkes Gottes am Menschen»; doch wittert er darin sofort die «Gefahr des Anthropozentrismus, d.h des Abgleitens in ein einseitiges Interesse am Menschen, so dass Gott und die göttlichen Dinge bloss noch als Exponent menschlicher Erfahrung und menschlichen Erlebens erscheinen möchten», und er versteigt sich sogar zur Frage, ob der *Heidelberger* darin nicht «ein Vorläufer Schleiermachers»[52] sei. Ach ja ... Ach nein!

Auch wenn nur eine einzige Frageantwort (FA 53) ausdrücklich dem Wirken des Geistes gewidmet ist, so gehören doch zum soteriologischen Profil des Katechismus überaus vielfältige Aussagen zum göttlichen Multitalent Heiliger Geist, die – ganz schriftgemäss – zwischen einem *personalen* und

52 Barth, Die christliche Lehre (Anm. 28), 19.

einem *medialen* Profil des Geistes changieren: Der Hl. Geist ist Person *und* Medium, Geber *und* Gabe, Heil(ig)er *und* Heilkraft, Einwohnung Christi im Menschen *und* Implanteur des Menschen in den Leibraum des Christus, Tröster und Widerstandskraft, Waschmittel für die Reinigung des inneren Menschen von der Sünde und Katalysator wie Firmator des Glaubens, Lehrer des Evangeliums, Motivator eines lust- und liebevollen Lebens nach den Weisungen Gottes und bleibender Beistand der Christenmenschen in diesem und im ewigen Leben.

Der *Heidelberger* zeigt kein Interesse an der innertrinitarischen Aufgabe des Geistes, sondern konzentriert sich ganz auf die geistgewirkte intrinsische Beziehung zwischen, ja Einheit von Christus und den Christ/-innen. Diese sind nicht nur *eines* Geistes, sondern der Geist gestaltet auch in umfassender Weise das Leben der sich selbst enteigneten, weil Christus gehörenden Menschen: von der Teilgabe an der Gerechtigkeit und allen Gaben Gottes und der Vergewisserung des Trostes über die Motivation zu einem gerechten Leben mit der Widerständigkeit gegen die Mächte des Bösen bis hin zur eschatologischen Vollendung im ewigen Leben. Der Geist sorgt dafür, dass die vom *Heidelberger* überdeutlich gezeichnete Spannung zwischen dem «Schon jetzt» und dem «Noch nicht» der Erlösung überhaupt auszuhalten ist.

Kurzum: die aktiv gestaltende und die mediale Rolle des Geistes können für den Heil(ig)ungsprozess der befreiten Menschen gar nicht hoch genug eingeschätzt werden. Dass die von den Mächten des Bösen gefesselten Menschen überhaupt ihre Handlungsfähigkeit wiedergewinnen, dass sie gar zu einem freudigen und freiwilligen Tun des Gerechten sowie zum dankbaren Gotteslob ermächtigt werden, verdankt sich dem Wirken des Geistes.

Damit sind wir bei den letzten Worten von FA 1 angekommen: dass nämlich der Heiland mich durch seinen heiligen Geist «*jm forthin zu leben von hertzen willig vnd bereit macht*».

3.4 Christus zugeeignet und geistbegabt: ermächtigt zu freiwilligem und freudigem messianischen Handeln

Für gewöhnlich wird der Schluss von FA 1 direkt auf den dritten Teil des Katechismus «Von der Dankbarkeit» bezogen und mit der Achtung der Gebote wie mit der Praxis des Gebets konkretisiert. Ich möchte, da es bereits einen Beitrag zur «Ethik der Dankbarkeit» gegeben hat, die Akzente anders setzen.

3.4.1 Freiwillig und freudig, mit Lust und Liebe nach dem Willen Gottes leben

Es gibt keine Genesung, keinen nachhaltigen Heilungsprozess ohne freiwillige Mitwirkung der Patientinnen an ihrer Rehabilitation, wobei das hochmotivierte, freudige Engagement der Rehabilitanten der Heilung bekanntlich besonders förderlich sein kann. Das ist auch im *Heidelberger* nicht anders; darum betont der Katechismus so sehr, dass die, die nicht sich selbst, sondern Christus gehören, ihr Leben von Herzen willig und bereit in seinen Dienst stellen, was ja nichts anderes heisst, als Gott dankbar zu sein – nicht aus einer Verpflichtung zur Dankbarkeit, sondern weil die erfahrene *charis* sie unausweichlich zur *eucharistia* bewegt[53], etwa wie ein bezwingendes Lächeln, auf dass man nicht nicht antworten kann.

Der *Heidelberger* kennt als Ausdruck der Heilung ein prozesshaftes Aufstehen des neuen Menschen, das von seiner noch ausstehenden Auferstehung von den Toten unterschieden wird. Eben dieses ist von herzlicher Freude, von lust- und liebevoller Orientierung an den Geboten Gottes geprägt:

> «Was ist die aufferstehung des newen menschen? Antwort. Hertzliche freud in Gott durch Christum / vnd lust vnd lieb haben nach dem willen Gottes / in allen guten wercken zu leben» (FA 90).

Der im Auferstehen begriffene neue Mensch hat «lust zu aller gerechtigkeyt» (FA 113).

Darin unterscheidet sich die Lebensverbindlichkeit mit dem Christus vom Gebundensein an die Mächte des Todes, dass hier Freiwilligkeit und Freudigkeit, dort Unfreiheit und Trostlosigkeit das Leben bestimmen. Dass ich nicht mir, sondern Christus gehöre, verunmöglicht nicht, sondern begründet meine Freiheit und Freude, denn was auch immer ich an guten Werken tue – ich muss mich mit ihnen nicht selbst konstituieren und rechtfertigen.[54] Christus

---

53 «*Charis* begründet und ruft wie einem Echo der *eucharistia* des Menschen. Zwischen der Majestät Gottes und der tapferen Tat des Menschen auf Erden ist nach dem Heidelberger kein Widerspruch», hält K. Barth fest und sieht darin eine «klarere Anweisung über das Verhältnis von Dogmatik und Ethik» als in Luthers Zuordnung von Gesetz und Evangelium (Die christliche Lehre [Anm. 28], 21).

54 Das Verhältnis von Glaube, Rechtfertigung und Werken wird vor allem in den eigenständigen Scharnierpassagen des *Heidelbergers* erörtert: FA 59–64 entfalten – im Anschluss an die Auslegung des Apostolikums – die *Glaubensgerechtigkeit* und weisen dabei in FA 63 (Belohnung guter Werke aus Gnade, nicht aus Verdienst) und FA 64 (in den Leibraum des Christus implantierte Menschen können gar nicht anders, als «frucht der danckbarkeyt» zu bringen) schon darauf hin, dass diese Gabe Gottes gerade zum menschlichen *Tun des Gerechten* ermächtigt, also gute Werke ein- und nicht ausschliesst. Daran knüpft die den dritten Teil des Katechismus eröffnende

zugeeignet, werde ich ein eigener Mensch. Diese Zueignung bringt uns in jene *Lebensverbindlichkeit*, in der wir frei werden, «ich» zu sagen, «mein», «mir» und «mich». Das ist kein Heilsegoismus, und hier wird auch nicht der Mensch auf Kosten Gottes allzu wichtig genommen. Darin sprechen sich vielmehr die Ich-Stärke, die Selbstachtung, das Selbstwertgefühl des Menschen aus, der nicht sich selbst, sondern Christus gehört. Nicht mir selbst gehören heisst ja auch, nicht an meine Selbstzweifel, meine Selbsterniedrigung, meine Selbstverleugnung und Selbstzerstörung ausgeliefert zu sein.

3.4.2 Als prophetische, priesterliche und königliche Menschen zu Mündigkeit und Verantwortung genesen

Zu den stärksten Stücken des *Heidelbergers* gehört für mich FA 32, die Einbeziehung der Christ/-innen in das dreifache Amt Jesu Christi aufgrund ihrer Teilhabe an der Geistsalbung Christi, also eine Entfaltung ihres eigenen messianischen Dienstes als prophetische, priesterliche und königliche Menschen. Als Christ/-innen haben sie teil an der Dienstbezeichnung Jesu Christi und handeln ihrerseits messianisch. Dabei ist zu beachten, dass sie in ihrem eigenen messianischen Tun gerade nicht jeweils dasselbe tun (müssen/sollen) wie Christus. Vielmehr folgt ihr prophetisches, priesterliches und königliches Wirken allererst aus dem Handeln Christi, das ihr eigenes Tun begründet und sie zu diesem ermächtigt. Darum sind im Blick auf die Christenmenschen auch die jeweiligen Dienstbeschreibungen konsequent anders formuliert. Es geht um *Entsprechung*, nicht um *imitatio*:

Das *prophetische* Amt der Christ/-innen besteht im Bekenntnis des Namens Jesu Christi: sich – vor Gott und der Welt und sich selbst – zu dem bekennen, zu dem mensch gehört, die eigene Zugehörigkeit nicht verleugnen. Das Bekenntnis des Namens korrespondiert hier mit dem den Willen Gottes offenbarenden prophetischen Wirken des Christus.

Priesterlich wirken Christ/-innen in der Hingabe an Christus als lebendiges Dankopfer. Es geht also nicht um eine Wiederholung des Kreuzesweges, gar Kreuzestodes Jesu, wie es in vielen Passionsliedern zu lesen ist, sondern um ein Leben in Dankbarkeit für die Lebenshingabe des Christus (hier wird der dritte Teil des *Heidelbergers* grundgelegt). Der Ton liegt ebenso auf «Dank» wie auf «lebendig»: Christusnachfolge heisst nicht, Jesus in den Tod zu folgen. Märtyrer/-in zu werden, kann sich niemand unter Berufung auf Christus als Lebensziel setzen. Die Lebenshingabe Jesu zielt auf unser Leben,

FA 86 unmittelbar an, die das Tun guter Werke jenseits ihrer Heilsnotwendigkeit und ihres Verdienstcharakters begründet.

nicht unseren Tod. Ein lebendiges Dankopfer zu sein, heisst nicht, sich aufzuopfern.

Königlich sind Christenmenschen im Widerstand hier und heute gegen die Mächte des Bösen mit freiem, unbeschwertem Gewissen und in der ewigen Teilhabe an Christi Herrschaft (hinter diesen zweiten Punkt werde ich im letzten Abschnitt noch ein Fragezeichen setzen).

«Jesus nimmt einem die Nachfolge nicht ab, damit aber auch nicht die Verantwortung für das Ansehen, in das man ihn stellt oder öffentlich gestellt sehen möchte. In allen Benennungen Jesu engagiert man sich selbst.»[55] Jesus als Prophet, Priester und König zu bekennen, engagiert Christ/-innen ihrerseits, diesem Bekenntnis zu entsprechen. FA 32 entfaltet den letzten Satz von FA 1: «*... vnd jm forthin zu leben von hertzen willig vnd bereit macht*».

In seiner Heidelberger Predigt zu FA 31 und 32 hat Christoph Strohm darauf aufmerksam gemacht, dass der Katechismus hier «ein *mündiges Christsein* zum Ausdruck [bringt], wie wir es bei solchen Menschen finden, die sich in Sachen des Glaubens nicht so leicht etwas vorschreiben oder sich sogar entmündigen liessen. In den Fragen 31 und 32 kommen in prägnanter Weise die Überzeugungen und das Lebensgefühl dieser Menschen zum Ausdruck. [...] Durch das Wirken des Geistes Gottes bekommen wir Anteil an dem Gesalbtsein, dem Christussein. Wir werden selbst zu Propheten, Königen und Priestern; nicht im Sinne des Boulevard, vielmehr in der verborgenen Weise der Mitarbeit an der *Wegweisung*, *Fürsorge* und *Hingabe* für andere.»[56]

3.4.3 Heilvolle Entlastungs- und Entspannungsmomente zur Bewahrung der geschenkten Freiheit

Auch wo etwas mit Lust und Liebe, freudig und freiwillig getan wird, gibt es keine Garantie, dass dieses Tun vor Überanstrengung und Überforderung, Selbstüberschätzung und Selbstausbeutung geschützt ist. Darum gehört es zur Weisheit des *Heidelbergers*, dass er in den Genesungsprozess unübersehbare Entlastungsmotive eingebaut hat. Er traut den Christenmenschen viel zu, gewiss; er ist davon überzeugt, dass Gott die Menschen ursprünglich so geschaffen hat, dass sie nach allen seinen Geboten leben können (FA 9) und dass sie durch die wiedergeschenkte Freiheit auch erneut dazu in der Lage

55 Friedrich-Wilhelm Marquardt, Das christliche Bekenntnis zu Jesus, dem Juden. Eine Christologie, Bd. 2, Gütersloh 1991, 148.

56 Christoph Strohm, Propheten, Priester, Könige (Frage 31–32): Nötig zu wissen (Anm. 23), 53–60 (54.59 f.).

sind. Gleichwohl räumt er realistisch ein, dass wir in diesem Leben über einen «geringen Anfang» nicht hinauskommen, wie es in FA 114 heisst:

> «Können aber / die zu Gott bekeret sind / solche gebott volkömmlich halten? [Gemeint ist hier der in FA 92–113 zitierte und ausgelegte Dekalog]. Antwort. Nein: sonder es haben auch die aller heiligsten / so lang sie in diesem leben sind / nur einen geringen anfang dieses gehorsams: / doch also / dass sie mit ernstlichem fürsatz / nicht allein nach etlichen / sondern nach allen gebotten Gottes anfangen zu leben.»

Man kann solche Sätze als Ausdruck einer pessimistischen Anthropologie des *Heidelbergers* verstehen. Im Rahmen meiner therapeutisch-soteriologischen Relektüre des Katechismus sehe ich in ihnen stattdessen eine die Freiheit bewahrende Entlastung: Wie das Absterben des alten Menschen und das Auferstehen des neuen Menschen ein alltäglicher Prozess ist (FA 88–90), in dem es Erfahrungen des Gelingens wie des Scheiterns gibt, so beginnt auch das Gehen in den Wegen der Weisungen Gottes je von neuem. Der *Heidelberger* will mit solchen nüchternen Beobachtungen nicht lähmen, sondern eine Zu-Mutung sein, auf dass wir

> «one vnderlass vns befleissen / vnd Gott bitten vmb die gnade des heiligen geists / dass wir je lenger je mehr zu dem ebenbild Gottes ernewert werden / biss wir das ziel der volkommenheyt nach diesem leben erreichen» (FA 115).

Hier wird keine lineare Fortschrittsgeschichte einer christlichen Erziehung des Menschengeschlechts erzählt. Auch die aus den Fesseln des Bösen zum Tun des Gerechten befreiten Christenmenschen erneuern sich durch dieses Tun nicht selbst, sondern sie werden erneuert; auch setzen sie durch ihr Leben nach den Geboten Gottes nicht ihre eigene Vervollkommnung ins Werk. Beides, ihre Erneuerung zum Bild Gottes wie ihre Vervollkommnung, ihre Heil(ig)ung wie ihre endgültige Erlösung, ist Wirken des Heiligen Geistes, der die Befreiungsgeschichte des Christus zu ihrem Ziel führt.

Der *Heidelberger* unterscheidet konsequent zwischen dem Handeln des Christus und der Christ/-innen – das lässt sich paradigmatisch am Zusammenhang von FA 31 und 32 lernen. Und er lässt keinen Zweifel daran, dass der eigentliche Akteur unserer «lust zu aller gerechtigkeyt» (FA 113) der Heilige Geist ist. Darum ist die Bitte um die *charis*, um den Charme des Heiligen Geistes die entscheidende Antwort auf die Zugehörigkeit zum Christus. In ihr bekennen wir uns dazu, Ko-Subjekte zu sein, deren Identität eine geschenkte ist, deren Personzentrum ausserhalb ihrer selbst liegt, die also ex-zentrisch leben.

4. Trost als «Traute»: Getrost dem Bösen trotzen und – untröstlich sein

Das deutsche Wort «Trost» ist etymologisch, wenn auch nicht genau rekonstruierbar, verwandt mit «treu» und «trauen».[57] Es kommt mir so vor, als spiele der *Heidelberger* geradezu mit diesen Wurzelverwandtschaften. «Trost» ist etwas, was Festigkeit verleiht, was baumstark («true» ist verwandt mit «tree»), zuverlässig und beständig macht. Wer Trost spendet, erweist seine Treue, geht ein Bündnis ein (gotisch: «trausti») und weckt so Vertrauen, Zuversicht und Mut.

Thorsten Latzel hat, um die vielfältigen Konnotationen des Trostbegriffs auf den Punkt zu bringen, das Wort «Traute» gewählt:

> «... der Begriff des Trostes [...] lässt sich hier wohl am besten als ‹Traute› verstehen, als das, was einen ge-trost leben, mutig handeln und trotzig sterben lässt – eben mit der verwegenen Zuversicht, dass es mehr gibt als das, was es gibt, dass das Ganze einen Sinn hat und dass das Ende nicht das Ende ist.»[58]

Ich leihe mir dieses Wort «Traute» für die knappen Schlussgedanken meiner Vorlesung gerne aus und notiere zunächst Zusammenhänge von «Trost»/«Trösten», «Traute», «treu», «trauen»/«vertrauen», die das bisher Ausgeführte noch einmal anklingen lassen:

- Wahrhaft zu trösten vermag nur, wer treu bleiben kann; darum betont schon FA 1 die Treue Jesu Christi: «*meines getrewen Heilands Jesu Christi eigen bin*».
- Wer Treue erfahren hat, kann Zuversicht gewinnen und Vertrauen schenken: «*Das wir [...] auffs zukünftig guter zuuersicht zu vnserm getrewen Gott und Vatter sein sollen*», heisst es auf die Frage nach dem Nutzen aus der Erkenntnis der Schöpfung und Vorsehung Gottes (FA 24).
- Und vor allem: Wer getröstet ist, traut sich etwas und trotzt mutig dem Bösen, streitet «*mit freiem gewissen in diesem leben wider die sünde vnd Teuffel*» (FA 32).

Ein ermunternder, ermutigender, aufrichtender Zuspruch und zugleich ein die Not wendendes, aus Bedrängnis herausreissendes, vor dem Tod bewahrendes Eingreifen Gottes ist der Trost in der Bibel. Im hebräischen Wort für «trösten» (*nicham*) schwingt die Grundbedeutung «aufatmen lassen» mit.

57 Kluge, Etymologisches Wörterbuch (Anm. 8), 838.
58 Latzel, Glaubenskommunikation (Anm. 25), 214 f.

Trösten ist ein befreiendes Tun, das den Getrösteten wieder Luft zum Atmen gibt – und sei es zunächst in Gestalt eines tiefen Stossseufzers: «‹*Tröstet, tröstet mein Volk*›, spricht euer Gott. ‹*Redet Jerusalem zu Herzen und ruft ihm zu, dass seine Knechtschaft zu Ende, dass seine Schuld vergeben ist …*›» (Jes 40,1 f.)

Trost und Hilfe können zu Synonymen werden. So heisst *parakalein*, das griechische Wort für «trösten», vom Wortlaut her zunächst «herbeirufen», nämlich: «Hilfe herbeirufen». Dass wir *parakalein* mit «trösten» und mit «ermahnen» übersetzen können, zeigt an, dass dem Getröstetsein ein bestimmtes Verhalten entspricht. Für getröstete Menschen gibt es etwas zu tun. So lobt Paulus den «*Gott allen Trostes, der uns tröstet in aller unserer Trübsal, damit wir fähig werden, die zu trösten, die in aller Trübsal sind, durch den Trost, mit dem wir selbst getröstet werden von Gott*» (2Kor 1,3 f.).

Gibt es angesichts der so starken Trostbotschaft des *Heidelbergers* für seine *gegenwärtige* Rezeption nicht doch auch Aussagen, die diesen Trost mindern? Ich nenne über die bereits erwähnten kritischen Anfragen hinaus einige weitere:

- «*Wo bleibst du Trost der ganzen Welt, / darauf sie all ihr Hoffnung stellt?*», fragen und klagen wir sehnsüchtig im Adventslied *O Heiland, reiss die Himmel auf* (RG 361,2). Im *Heidelberger* bekennt sich die Gemeinde Jesu Christi zu ihrem einzigen Trost im Leben und Sterben, doch es kommt mir so vor, als würde sie es hinter geschlossenen Türen tun und nur sich selbst, aber nicht wirklich «der ganzen Welt» diesen Trost gönnen. Aus den Entstehungsbedingungen des Katechismus heraus mag diese Beschränkung verständlich sein, heute müssen wir hier die Kirchentüren weit öffnen. Darum plädiere ich auch für ein inklusives Verständnis des «einigen» Trostes.[59]
- Auch eschatologisch eignet dem *Heidelberger* eine unübersehbare Ekklesiozentrik, wenn er das königliche Amt der Christ/-innen darin erblickt, dass sie – über den irdischen Widerstand gegen das Böse hinaus – «*hernach in ewigkeyt mit jm [Christus] vber alle Creaturen hersche[n]*».[60] Schon

59 Der christologisch profilierte Trostbegriff des *Heidelbergers* zieht m. E. eine doppelte Grenze: Unvereinbar sind mit ihm *Ver*tröstungen aller Art, also Trostangebote, die über das wahre Elend hinwegtrösten; und unverträglich mit ihm ist auch, dass ich mich selbst trösten muss und kann. Vgl. dazu auch Ulrich Fischer, Jesus Christus zu eigen sein (Fragen 1–2): Nötig zu wissen (Anm. 23), 21–26.

60 Muss nicht das «mitherrschen» in 2Tim 2,12 von V. 10 f. her als ein Herrschen über den Tod als Folge unseres Mitgestorbenseins mit Christus verstanden werden

dass Christus in Ewigkeit herrsche, ist zu hinterfragen, allemal von der paulinischen Hoffnung in 1Kor 15,20 her, dass Gott selbst alles in allem sein werde. Ist das nicht das Ende aller Herrschaft? Auch der Christus- und der Gottesherrschaft?

- Immer wieder, insbesondere innerhalb seiner Sakramententheologie, betont der *Heidelberger* die Heilsbedeutung des Kreuzestodes Christi und ist dabei auf die (immerhin soteriologisch vielfältig konnotierte) Blutmetaphorik[61] konzentriert. Demgegenüber ist das Bekenntnis zur Auferweckung des Gekreuzigten deutlich unterbestimmt:[62] In der Auslegung des Credos fällt auf, dass der *Heidelberger* nicht nach der Bedeutung der Auferstehung Christi, sondern allein nach deren Nutzen für uns fragt. Damit wahrt er den Geheimnischarakter dieses neuschöpferischen Handelns Gottes. Wenn er aber als ersten Nutzen der Auferstehung Christi angibt, dass Christus uns durch die Überwindung des Todes in seiner Auferstehung Anteil gebe an der Gerechtigkeit, die er uns durch seinen Tod erworben habe, dann muss – gerade auch von der herbeizitierten Bibelstelle Röm 4,25 her – gefragt werden, ob die Komplementarität von Kreuzestod und Auferweckung Christi nicht darin bestehe, dass das stellvertretende Sterben Christi uns von unserer Ungerechtigkeit befreit, während wir – inkludiert in seine Auferstehung – mit Gottes Gerechtigkeit begabt werden. Ist nicht das Auferweckungsereignis jener göttliche Rechtsakt, in

und darin als Teilhabe am Heil in Christus und an seinem ewigen Glanz? Jedenfalls ist von einem Mitherrschen über andere Geschöpfe hier nicht die Rede.

61 Das Blut Christi als Lösegeld zum Freikauf der Sünde begegnet in FA 1.34.86; vom Sühnopferblut ist vermutlich in den FA 75.126 die Rede; der Gebrauch in FA 74 schillert zwischen beiden Vorstellungen; vom Bundesblut bzw. von der Gemeinschaft am Leib Christi durch symbolische Einverleibung des Blutes Christi mit dem Trinken des Abendmahlweins sprechen FA 75.76.79; vor allem aber ist es die Reinigungsmetapher, mit der sich die Berufung auf das Blut Christi im *Heidelberger* verbindet: FA 69.70.71.72.73.78. Auffällig ist die häufige Verbindung von Blut und Geist Christi bzw. Blut Christi und Hl. Geist in der Sakramententheologie des *Heidelbergers*: FA 69.70.71.72.73.74.

62 Ausser in den FA 23 und 45 zum entsprechenden Credo-Satz ist von der Auferstehung Christi im *Heidelberger* überhaupt nicht die Rede. Die Auferstehung der Menschen kennt der *Heidelberger* als doppelte Figur: zum einen als futurisch-eschatologische Auferweckung in die Teilhabe an der Herrlichkeit Christi (FA 23.57), zum anderen als prozesshaftes alltägliches Auferstehen des neuen Menschen in diesem Leben als zweiter Schritt der Busse (FA 88.90). Letzeres ereignet sich als freudiges, liebe- und lustvolles Leben nach dem Willen Gottes im Tun guter Werke und ist gleichbedeutend mit der täglichen Erneuerung zum Ebenbild Gottes durch den heiligen Geist (vgl. dazu FA 86.115).

dem Gott den Gekreuzigten, sein Leben, Leiden und Sterben ins Recht setzt und uns mit ihm? Anders gefragt: Überdeterminiert der *Heidelberger* nicht den Kreuzestod Jesu, wenn er bereits in ihm den Erwerb göttlicher Gerechtigkeit für die Menschen erkennt?

- Das beharrliche Pochen darauf, dass Gottes Gerechtigkeit sich durchsetze, dass Gott mit seiner Schöpfung zurecht-, an seinen Geschöpfen zu seinem Recht komme, gehört zu den besonders starken Trostmotiven des *Heidelbergers.* Doch muss die Providenzgewissheit unter völliger Ausblendung der Theodizeefrage, die sich an keiner Stelle meldet, geschehen? Und geht das Beharren auf Gottes Gerechtigkeit überzeugend zusammen mit einem strikten eschatologischen Dual, wie er vor allem in FA 52 bezeugt wird und impliziert, dass Gott mit einem (grossen) Teil der Schöpfung gerade nicht zurechtkommt, sondern diesen preisgibt?
- Rücken von daher nicht die vollmundigen Aussagen über die Gerechtigkeit wie über die Providenz Gottes in die Funktion appellativer Klagen ein, die bei Gott einfordern, dass er seine barmherzige Gerechtigkeit durchsetze und sich damit endlich als der erweise, als der er längst bezeugt wird?!
- Und sollte nicht neben der in jeder Körperzelle sich einnistenden leibhaftigen Glaubensvergewisserung auch Raum für den Zweifel bleiben, vielleicht gar ein Lob auf die Anfechtung gesungen werden?

Wohlgemerkt: das sind kritische Anfragen, die ich an eine heutige Rezeption des *Heidelbergers* richte. Ich bündele sie in der einen Frage, die für mich im Gegensatz zu den bisher genannten eine rhetorische ist: Können wir Christenmenschen, die wir unsern «einigen Trost» darin sehen, nicht uns selbst, sondern Christus zu gehören, angesichts der immer noch so grossen Trostlosigkeit in unserer Welt hier und heute etwas anderes sein als – untröstlich, bei Trost und gerade darum *untröstlich*?![63]

63 Für einen Trost, der die Untröstlichkeit nicht ausschliesst, wäre nicht zuletzt von den Trauerreden Jacques Derridas zu lernen: Jedes Mal einzigartig, das Ende der Welt. Aus dem Französischen von Markus Sedlaczek et al., hg. von Peter Engelmann, Wien 2007; vgl. dazu auch Jean-Luc Nancy, Trost, Trostlosigkeit: ders., Dekonstruktion des Christentums. Aus dem Französischen von Esther von der Osten, Berlin/ Zürich 2008, 169–177.

Georg Plasger

Die konsequente Christologie des Heidelberger Katechismus

«Was ist dein einziger Trost im Leben und im Sterben?» – So beginnt der *Heidelberger Katechismus* – und man könnte diese Frage zunächst so verstehen, als wäre der Ausgangspunkt dieses Textes aus dem 16. Jahrhundert eine allgemein menschliche Frage. Was ist dein Lebensentwurf? Worauf setzt du dein Leben? Was sind die dich tragenden Dinge oder Werte im Leben? Und auch im Sterben?

Aber bereits die erste Zeile der Antwort ist dann deutlich zugespitzter: «Dass ich nicht mir, sondern meinem getreuen Heiland Jesus Christus gehöre.» Gleich im ersten Satz bekommen wir es im *Heidelberger Katechismus* mit Christus zu tun. Und deutlich ist schon hier: Er wird nicht von den Menschen als mögliche Orientierungsgrösse ausgesucht, sondern Jesus Christus selber ist das Subjekt, in dessen Hand zu befinden aus Sicht des Katechismus nicht Ausdruck der Heteronomie ist, sondern eher im Bereich von Heimat und Zuhause zu verorten ist.

Der Katechismus erzählt eine einzige Geschichte. Es ist einerseits die Geschichte Gottes mit seiner Welt. Aber gleichzeitig erhebt er damit den Anspruch, auch unsere Geschichte zu erzählen – Ihre und auch meine. Denn was der Katechismus von Jesus Christus erzählt, ist kein Lehrgegenstand, den man irgendwie akzeptieren müsste. Sondern es ist der Nachvollzug einer göttlichen Rettungsaktion, die die Welt und auch uns verändert.

1. Der Blick zurück

Ausgangspunkt ist das eben genannte Bekenntnis von Frage und Antwort 1. Die Menschen, die sich diesen Wortlaut zu eigen machen, die miteinander, am ehesten wohl in der Gemeinde, bekennen, dass sie nicht sich selber gehören, sondern Jesus Christus, zeigen damit gleichsam ein Ergebnis an. Frage und Antwort 1 beschreibt nicht die Voraussetzung, sondern benennt schon das Resultat. Otto Weber hat – vielleicht in der Terminologie etwas unklar –

von einem analytischen Katechismus gesprochen.[1] Unglücklich ist die Formulierung deshalb, weil Frage und Antwort 1 nicht einfach ein Destillat des Restes darstellt oder der Rest aus Antwort 1 entwickelt werden könnte. Wohl aber ist richtig, dass der Katechismus gleichsam von dieser Frage 1 aus zu lesen ist und alle Teile des Katechismus sich aus ihr ergeben. Und da es wie gesagt um eine Befreiungsgeschichte geht, ist der Ort derer, die hier bekennen, die Freiheit. Und in drei Teilen bedenkt der Katechismus dann diese neue Verortung des Menschen. Im ersten Teil geht der Blick zurück. Der zweite Teil bedenkt dann die Frage, wie denn der Befreiungsakt im Detail aussieht. Und der dritte Teil reflektiert dann das Leben in der Freiheit.

Der erste Teil ist der kürzeste und thematisiert den Blick zurück – und ist überschrieben: «Von des Menschen Elend.» Anders als der heutige Sprachgebrauch, der das Wort «Elend» tendenziell mit «Misere» oder «Unglück» identifiziert, hat der Katechismus hier durchaus andere Konnotationen. Das aus dem Mittelhochdeutschen stammende «ellende» meint «fremd, verbannt» und im Angelsächsischen ursprünglich «in fremdem Land, ausgewiesen»: «Der Ausschluss aus der Rechtsgemeinschaft des eigenen Volkes wird als schweres Unglück empfunden: so ist ‹elend› heute noch ein kräftiger Ausdruck»,[2] heisst es im Duden. Die Erkenntnis des *Heidelberger Katechismus* ist es also, dass sich der Mensch «im Ausland, in der Fremde» befindet. Er ist also nicht zu Hause. Da der Katechismus von Anfang an nicht ein abstraktes Sein des Menschen vor Augen hat, sondern schon «als Jesu Christi Eigentum» zu verstehen ist, ist hier von der Heimatlosigkeit in dieser Gottesbeziehung auszugehen: In der Gottesbeziehung ist der Mensch zu Hause – des Menschen Heimat ist die Gotteszugehörigkeit. Der glaubende Mensch erkennt hingegen seine eigene Entfremdung von der Heimat – Sünde ist deshalb Ausdruck der Gottesentfremdung. Deutlich ist hier, dass nicht ganz bestimmte Taten im Vordergrund stehen, die als Aufweis der Sündigkeit gelten könnten – vielmehr lebt der Mensch in der Fremde. Der Mensch ist aufgrund seiner gestörten Gottesbeziehung nicht zu Hause. Ja man könnte sogar noch weiter gehen: Der Mensch ist, wenn er sich im Elend befindet, nicht da, wo er eigentlich hingehört. Wenn er nicht bei Gott ist, so ist er auch nicht bei sich selber. Der Mensch ist von Gott und von sich selbst entfremdet.

1 Vgl. Otto Weber (Hg.), Der Heidelberger Katechismus, Gütersloh ^{2}1983, 7 f.

2 Duden 7: Das Herkunftswörterbuch. Die Etymologie der deutschen Sprache, Mannheim 1963, 134. Zahlreiche Beispiele, in denen die Bedeutung des «Auslands» im Gegensatz zur Heimat deutlich werden, finden sich im Deutschen Wörterbuch von Jacob Grimm und Wilhelm Grimm, Bd. 3, Leipzig 1862, 406–411.

Aber eigentlich ist dies von der Struktur des Katechismus her keine präsentische Aussage. Sondern das ist der Ort, wo der Mensch herkommt, wo ich immer noch wäre, wenn ich mich nicht in der Hand Jesu Christi befände. Nachvollziehbar ist diese Verortung übrigens nur in der Gottesbeziehung. Denn keine empirische Beobachtung verhilft dazu, dies zu erkennen, sondern allein das Gesetz Gottes.[3] Der Mensch befindet sich in der Fremde, im Elend, auch wenn er das gar nicht weiss, ja aus sich selbst heraus auch gar nicht wissen kann. Das ist jedenfalls, so der Katechismus, die Wirklichkeit der Menschen. Aber das ist nur dann nachvollziehbar, wenn man sich als in der Gottesbeziehung stehend versteht – und also Menschen nicht einzureden.

2. Gottes Weg der Gerechtigkeit

Die Frage, die den Katechismus jetzt zunächst beschäftigt, ist die nach dem Weg aus dem Elend heraus. Wie kann es gelingen – oder genauer: wie ist es gelungen, dass der Mensch aus dem Elend, aus der Fremde, herausgekommen ist und sich jetzt in der Heimat befindet.

Und die Antwort, die der Katechismus hier gibt, gehört zu den Passagen, die in bestimmten Kreisen Menschen sehr viel Mühe machen. Sie lesen hier ein Gottesbild heraus, das ihnen zu Recht fremd ist. Und muss man nicht stutzen, wenn man im Katechismus liest: «Ist denn Gott nicht auch barmherzig? (Frage 11) «Gott ist wohl barmherzig, er ist aber auch gerecht. Deshalb fordert seine Gerechtigkeit, dass die Sünde, die Gottes Ehre und Hoheit antastet, mit der höchsten, nämlich der ewigen Strafe an Leib und Seele gestraft wird.» Ist das nicht Kennzeichen eines problematischen Gottesverständnisses? Gott ist doch barmherzig ...

Und wenn die Gerechtigkeit Gottes dann wie im *Heidelberger Katechismus* im grausamen Kreuzestod Jesu Christi gesehen wird, ist es naheliegend,

3 So formuliert es der *Heidelberger Katechismus* in Antwort 3. Hier wäre in systematisch-theologischer Perspektive die deutlich spätere Diskussion um die natürliche Theologie einzutragen. Der *Heidelberger Katechismus* geht nicht von einer Sündenerkenntnis aufgrund einer im Menschen vorhandenen innewohnenden Ahnung o.Ä. aus: Allein im Gesetz Gottes ist die Entfremdung von Gott zu erkennen. Die in anderen theologischen Entwürfen zentrale Rolle des Gewissens wird an späterer Stelle im Katechismus ausdrücklich kritisch gesehen. So warnt HK60 davor, das anklagende Gewissen ernster zu nehmen als die Zusage, sündenfrei zu sein. Glaube heisst, die Sicht Gottes über den Menschen zu erkennen und ihr zu vertrauen und nicht etwa der eigenen Sündhaftigkeit mehr an Erkenntnis zuzutrauen.

Fragen zu stellen: Fordert Gottes Gerechtigkeit diesen Tod? Braucht Gott Blut, um seine Gerechtigkeit wiederherzustellen? Was für ein Gottesbild herrscht hier vor, wenn Gott den Tod eines unschuldigen Menschen nötig hat? Sind das nicht blutrünstige und archaische Vorstellungen?

Wir haben es hier mit einem der umstrittensten Teile des Katechismus zu tun. August Lang hält sie in seiner Auslegung des Katechismus für «anerkanntermassen eine der schwächsten Partien des Katechismus»[4]; er sieht hier einen «übel konstruierenden und rein theologisierenden Charakter»[5] vorherrschend. Karl Halaski auf der anderen Seite hingegen gehört zu denjenigen, die diesen Abschnitt positiv würdigen; er sieht hier, dass der Katechismus einen «wichtigen Würdetitel Jesu Christi, nämlich den des Mittlers»[6] einführt – und damit «Person, Werk und Wirkung Jesu Christi»[7] verbindet. Für die unterschiedliche Beurteilung sehe ich vor allem zwei Punkte massgeblich, die unterschiedlich beurteilt werden – und beide hängen mit einem dritten Punkt zusammen.

Einmal wird in den Fragen 11–18 ein konstruierendes Verfahren am Werk gesehen oder anders gesagt: ein apriorisches. Das heisst: Die häufige Verwendung von «muss» in den Fragen 12 und 15–17 klingt nach einem System, das übergeordnet ist und dem sich Mensch und Gott einzufügen haben. Inhaltlich gesagt: Der Mensch hat gegen Gott gesündigt und damit gegen die Gerechtigkeit Gottes verstossen; jetzt fordert Gott eine Bezahlung, die der Mensch nicht leisten kann. Und jetzt ist Jesus Christus die Bezahlung vonseiten Gottes – er ist der Mensch, der die Bezahlung vollbringt: Jesus Christus ist der Mittler. Dieses wirkt, so die Anfrage, doch konstruiert und problematisch.

Die zweite damit zusammenhängende Anfrage bezieht sich auf das Verständnis von Barmherzigkeit und Gerechtigkeit Gottes in diesen Fragen. Wird Gottes Gerechtigkeit in HK 11 nicht bewusst im Gegensatz zur Barmherzigkeit verstanden, wenn es heisst, dass die Gerechtigkeit Gottes Strafe erfordert? Weist das «aber» nicht auf den Gegensatz zur Barmherzigkeit hin? Für sich betrachtet scheinen diese Zeilen doch nicht das Evangelium, sondern eine juristisch konzipierte Versöhnungsvorstellung zu zeigen, in der

4 August Lang, Der theologische Charakter des Heidelberger Katechismus, ThStKr 1916, 153 f.

5 August Lang, Der Heidelberger Katechismus und vier verwandte Katechismen mit einer historisch-theologischen Einleitung, Leipzig 1907, LXXXVIII.

6 Karl Halaski, Wie können wir wieder zu Gnaden kommen?, RKZ 1963, 152.

7 Karl Halaski, Wer er ist, RKZ 1963, 256.

sich Gott und Mensch wie Duellanten gegenüberstehen und Gott anstelle des Menschen selbst dafür sorgt, dass er zufriedengestellt wird. Das aber zeigt ein Gottesbild, nach dem Gott nicht der Urheber, sondern der Empfänger der Versöhnung ist.

Wichtig ist es, jetzt nicht zu schnell zu urteilen. Denn es ist zu fragen, wie der Katechismus hier genau argumentiert, um nicht mit vorschnellen Anklagen die Argumentation des Katechismus a priori zu unterdrücken. Der Katechismus fragt zurück: Wie sind die Sünder aus der Fremde in die Heimat gekommen, wie sind aus Sündern Gerechte geworden? Voraussetzung für diesen Gedanken ist zunächst, dass Menschen als Sünder benannt werden. Die in der Fremde Lebenden sind nämlich selber zu Fremden geworden; die Sünde ist nicht bloss ein fremder Ort, sondern die Menschen selbst werden als Sünder benannt. Sie sind selber affiziert worden von der Gottesferne, sie sind Teil der Gottesferne geworden.

Wenn nun die Argumentation des Katechismus darin bestünde, dass die in der Fremde lebenden Menschen einfach so aus der Fremde geholt werden würden, dann wären sie in ihrer neuen Heimat immer noch Fremde: Sie müssen selber auch verändert werden. Eine einfache Heimholung aus der Fremde reicht noch nicht aus, weil dann die Entfremdung zwischen Mensch und Gott noch nicht überwunden wäre. Und deswegen würde eine Barmherzigkeit Gottes, die einfach zum Menschen sagen würde: Deine Sünde ist dir vergeben; jetzt ist alles in Ordnung! die Situation des Menschen noch nicht grundlegend verändern. Dann wäre das Kreuz auch gar nicht nötig, dann könnte Gott zum Menschen sagen: «Lieber Mensch, Du hast zwar eine Sünde begangen – aber ich will das nicht so ernst nehmen und deshalb vergebe ich Dir.» Und dann wäre alles wieder in Ordnung. Aber der Katechismus macht es sich nicht so einfach – und zwar aus guten Gründen.

Auf die Frage 11, ob Gott denn nicht barmherzig sei und also auch so die Sünden vergeben könne, antwortet der Katechismus: Zwar ist Gott barmherzig, aber er ist auch gerecht. Bevor wir die weitere Antwort bedenken, ist hier zu überlegen, was geschieht. Werden hier zwei Eigenschaften in Gott beschrieben, die sich widersprechen oder die zumindest zwei «Gesichter» Gottes akzentuieren?[8] Dann wäre Gott so, wie wir auch sind: Mal sind wir zornig

8 In der Gotteslehre ist hier die grundlegende Frage der Erkenntnis der göttlichen Eigenschaften zu reflektieren. Werden die Eigenschaften Gottes von menschlichen Eigenschaften her verstanden (etwa via negationis oder via eminentiae), dann sind sie nur annäherungsweise Bestimmungen (attributiones) und können prinzipiell in Konflikt miteinander geraten, müssen jedenfalls nicht harmonisiert werden. Wer-

und mal sind wir nett, mal sind wir anderen gegenüber barmherzig und ein anderes Mal pochen wir auf unser Recht. So sind nicht selten die Eigenschaften Gottes verstanden worden. Das Problem bei dieser Vorstellung ist im Blick auf Gott aber, dass man dann nie genau weiss, woran man gerade ist: Ist diese oder jene Handlung Gottes gerade ein Ausdruck seiner Liebe oder eher Ausdruck seines Zorns oder seiner Gerechtigkeit? Und wenn es diese verschiedenen, sich in Spannung zueinander befindlichen Eigenschaften Gottes gibt: Welche hat dann den grösseren Anteil? Solche Fragen müssen gestellt werden, wenn man davon ausgeht, Barmherzigkeit und Gerechtigkeit seien voneinander grundsätzlich verschiedene Eigenschaften Gottes. Diesen Weg geht der Katechismus aber nicht. Vielmehr liegt ihm an der Qualität der Barmherzigkeit. Anders als die griechische Gerechtigkeitsvorstellung, die vor allem den Ausgleich vor Augen hat, ist die schon im Alten Testament zu findende Auffassung von Gerechtigkeit anders.[9] Hier geht es weniger um ein Prinzip, dem entsprochen werden muss, sondern um konkretes Handeln. Das hebräische Wort für Gerechtigkeit heisst «zedakah» – und das meint eher praktisch gelebte Gerechtigkeit und also eher Wohltat. Bibelwissenschaftler übersetzen es heute gerne mit «Gemeinschaftstreue» und machen damit deutlich, dass Gerechtigkeit im biblischen Sinn immer eine soziale Tätigkeit ist. Wenn Gott gerecht ist, dann ist er seinem zugesagten Bund mit dem Menschen treu. Und in der Geschichte Israels wird das Handeln Gottes immer wieder als gerecht beschrieben, wenn er rettend zugunsten seines erwählten Volkes eingreift. Und wenn Menschen als gerecht beschrieben werden, dann sind es diejenigen, die in der sozialen Gemeinschaft geholfen haben.

Es ist also die Absicht des Katechismus, den Charakter der Barmherzigkeit aufzuzeigen, wenn er von Gottes Gerechtigkeit redet. Deutlich wird das in der diesen Abschnitt abschliessenden Frage 18, in der es heisst, dass Jesus Christus «uns zur vollkommenen Erlösung und Gerechtigkeit geschenkt ist». An der Antwort ist zweierlei wichtig: Erstens sind Erlösung und Gerechtigkeit hier beieinander – und das heisst: Gottes Gerechtigkeit ist Erlösung. Got-

den sie hingegen von Gott her verstanden, d.h. dass sie ihre Bedeutung nicht aufgrund menschlicher «Füllungen» erlangen, sondern aufgrund der Offenbarung Gottes, dann sind die göttlichen Eigenschaften prinzipiell mit Gott selber identisch. Eine Gotteslehre, die den Ausgangspunkt bei der irdischen Wirklichkeit nimmt, wird den ersten Weg gehen, wohingegen eine bei Gott selber ansetzende Gotteslehre den zweiten Weg nur wird gehen können.

9 Vgl. aus der Fülle an Literatur etwa Hermann Spieckermann, Recht und Gerechtigkeit im Alten Testament: ders., Gottes Liebe zu Israel, Tübingen 2004, 119–140.

tes Gerechtigkeit besteht darin, dass sie Erlösung gebracht hat – Gott bleibt seiner Gemeinschaft mit dem Menschen treu. Und das zweite: Diese Gerechtigkeit ist geschenkt und also nicht vom Menschen verdient. Gottes Gerechtigkeit ist Gemeinschaftstreue – und Gottes erlösendes Handeln im Kreuz Jesu Christi ist als Vollzug dieser Gemeinschaftstreue zu verstehen.

3. Im Kreuz kommt Gott zu seinem Recht

Wenn denn die grundlegende Erkenntnis des *Heidelberger Katechismus* darin besteht, dass Christen und Christinnen bekennen, dass sie in der Gottesgemeinschaft stehen – so besteht die Strafe für die Sünder genau im Gegenteil: ohne Gottesbeziehung zu existieren. Für Menschen, die sich selber nicht als Christen oder Christenmenschen verstehen, mag dieses nicht als Strafe empfunden werden – für Christen und Christinnen ist es das höchste Mass dessen, was als nicht wünschenswert anzusehen ist: Gott ist fern von uns.

In Frage und Antwort 1 war schon bekannt worden, dass die Sündenvergebung am Kreuz geschehen ist. Aber wie genau? Und was jetzt noch geschieht ist der gedankliche Nachvollzug: Was ist denn da genau geschehen? Dazu ist es nötig, sich den Gekreuzigten vor Augen zu halten: Jesus Christus ist weder ein Mensch mit besonderen göttlichen Eigenschaften noch ein Gott, der nicht wirklich Fleisch, Mensch geworden ist. «Wahrer Gott und wahrer Mensch», so lautet die Formulierung des Konzils von Chalcedon (451). Jesus Christus ist ganz und gar Mensch. Für den *Heidelberger* ist klar: Nur als Mensch kann er für andere Menschen einstehen.[10] Kann er stellver-

10 Spätestens hier ist deutlich, dass der *Heidelberger Katechismus* dem grundlegenden Denkweg Anselms von Canterbury folgt. Allerdings ist Anselms Werk *Cur Deus homo* höchst umstritten – und wird vielfach als Satisfaktionslehre verstanden, nach der Gott im Tod Jesu für seine verletzte Ehre einen Ausgleich erhält. Ich habe in meiner Arbeit *Die Not-Wendigkeit der Gerechtigkeit. Eine Interpretation zu ‹Cur Deus homo› von Anselm von Canterbury* (Münster 1993), zu zeigen versucht, dass mit dieser Deutung eine Fehlinterpretation Anselms vorliegt: Nach Anselm kann Gottes Ehre nicht einmal verletzt werden. Das Ziel ist bei Anselm die Reinigung des Menschen und nicht die Genugtuung Gottes. Diese grundlegende Anselm-Deutung ist mittlerweile vielfach rezipiert worden; vgl. etwa Hans-Martin Rieger, Der Gottesdienst des Gekreuzigten. Zum systematisch-theologischen Problemniveau von Anselms «Cur deus homo»: NZSTh 47/2005, 173–197. Wulf Metz hat in seiner Studie *Necessitas satisfactionis? Eine systematische Studie zu den Fragen 12–18 des Heidelberger Katechismus und zur Theologie des Zacharias Ursinus* (SDGSTh 26, Zürich, Stuttgart 1970), die These aufgestellt, dass der *Heidelberger Katechismus* letztlich nicht mit Anselm über-

tretend für andere etwas tun oder erleiden. Wir werden den Begriff der «Natur», den der Katechismus verwendet, nicht überbetonen dürfen. Aber deutlich ist, dass in Jesus Christus der Mensch selber die Gottesferne und also die Entfremdung von Gott überwindet. Das geschieht, so der Katechismus, indem er sie aushält. Jesus Christus, so versteht es der Katechismus, trägt die Gottesferne aller Menschen, hält also die totale Gottesentfremdung aus. Im Schrei Jesu am Kreuz: «Mein Gott, mein Gott, warum hast du mich verlassen!» kulminiert diese Gottverlassenheit. Der Tod Jesu bedeutet also für den Katechismus die Übernahme der völligen Gottesferne.

Aber der Katechismus bleibt nicht bei der Aussage stehen, dass Jesus Christus als Mensch anzusehen ist. Vielmehr folgt, dass im Tod Jesu Christi auch Gottes Gottsein relevant ist. Auch hier werden wir wieder fragen können, ob die Formulierung der Frage nicht ein System voraussetzt – entscheidend geht es hier um Gottes Identifikation. Nur Gott, so der *Heidelberger*, ist in der Lage, die Gottesentfremdung zu tragen, auszuhalten. Der Zorn ist ja als Gottesferne zu verstehen. Gott begibt sich selber in die Situation des Menschen hinein und schenkt ihm das Leben. Und Leben meint hier mehr als nur das Dasein, sondern meint «Neues Leben», neue Gottesbeziehung, meint Leben in der Gemeinschaft mit Gott.

Damit kommt Gott im Kreuz zu seinem Recht. Nicht indem er irgendeine Strafe als Ausgleich für seine durch den Menschen geschehene Ehrverletzung erhält – das spielt im Katechismus gar keine Rolle –, sondern indem der Mensch wieder gemeinschaftsfähig wird. Gott bekommt Recht, weil sein Geschöpf, der Mensch, Bundespartner bleibt – aber nicht aus eigenen Stücken: Gott verhilft ihm selber dazu, es zu sein. Das Neue Testament nennt diesen Akt, dass Menschen zu Christen und Christinnen werden, «Neuschöpfung». Gott bleibt seiner Schöpfung treu, indem er sich selber Recht gibt – in seinem Wagnis, den Menschen zu schaffen, der ihm nicht treu ist, in seinem Weg, dem Menschen Zukunft zu geben. Der Mensch hat Zukunft, weil Gott ihm Zukunft schenkt.

Die Grundauffassung des Katechismus ist es also, dass der Mensch durch den Tod Jesu am Kreuz und durch seine Auferstehung ein anderer geworden ist. Dass er also nicht nur von Gott anders angesehen wird, sondern tatsächlich ein anderer geworden ist. Wir sind erlöst, wir sind gerecht geworden – so sieht es der Katechismus und auch bereits die Bibel: Christen sind neue

einstimme. In seiner Auslegung des *Heidelberger Katechismus* ist Metz grundlegend zuzustimmen; da seine Absetzung des *Heidelbergers* von Anselm auf traditionellen Anselm-Auslegungen beruht, ist diese nicht mehr stichhaltig.

Schöpfung Gottes. Ein hoher Anspruch, den Christen und Christinnen an sich selber nicht verifizieren können. Denn dass Menschen neue Kreaturen sind, ist nicht ablesbar – weder am Verhalten noch an der Lebenseinstellung. Aber dass das Christusgeschehen vor 2000 Jahren die entscheidende Wende der Welt war, dass sie existenziell auch an jedem einzelnen Menschen Gültigkeit gewinnt und dass das fundamentalen Realitätsanspruch hat, das ist der Anker, an dem alles hängt.

4. Christus und wir Christen

Die Frage 32 des *Heidelberger Katechismus* fragt zunächst ganz schlicht – und antwortet dann recht komplex. Die einfache Frage lautet: «Warum wirst du aber ein Christ genannt?» Dies ist letztlich die hinter den beiden Einseitigkeiten stehende Frage: Wirst du ein Christ genannt, weil du die Gebote befolgst und Christus nachfolgst? Oder wirst du ein Christ genannt, weil du gerechtfertigt bist? So antwortet der Katechismus aber nicht. Er lenkt vielmehr den Blick zurück und antwortet zunächst: «Weil ich durch den Glauben ein Glied Christi bin und dadurch an seiner Salbung Anteil habe». Und das heisst: Das Christsein wird nicht mit einem irgendwie programmatischen Satz beschrieben, sondern bestimmt sich von Christus her. Dort erkenne ich nicht nur, wer und wie Gott ist, sondern auch, wer ich bin – so jedenfalls lautet die anspruchsvolle Argumentation des Katechismus.

Dass der Mensch in Jesus Christus erkennen kann, wer er in Wirklichkeit ist, das ist nur möglich, wenn der eben schon genannte Aspekt wieder betont wird: Stellvertretung. Es ist eben im Katechismus nicht nur der für manche schwer nachzuvollziehende, aber grundsätzlich bekannte Gedanke zu finden, dass Jesus Christus in seinem Kreuzestod stellvertretend für unsere Sünde die Gottesferne übernommen hat. Vielmehr wird ebenso deutlich: Alles das, was über Jesus Christus auszusagen ist, gilt «irgendwie» auch für uns. Das formuliert der Katechismus mit dem Begriff «Anteil an der Salbung haben».

Die Formulierung, dass Jesus Christus als der Gesalbte anzusehen ist, ist naheliegend: Das griechisch verfasste Neue Testament nennt Jesus den Christus, hebräisch heisst das «maschiach» und auf Deutsch ist das «der Gesalbte». Die Begrifflichkeit «Salbung» beschreibt im Alten Testament eine spezifische Handlung: Propheten und Könige wurden gesalbt und das heisst in ihre Funktion als Prophet und König eingesetzt. Saul wurde zum König über Israel gesalbt, Aaron zum Priester, und (der dritte?) Jesaja sagt von sich, dass er von Gott zum Propheten gesalbt sei. Die Salbung ist dabei nicht alleine das Übergiessen von Salböl, sondern mehr noch die mit diesem Ritus verbundene Einsetzung in eine ganz bestimmte Aufgabe. Und zunehmend wird der Begriff «Messias» von der damit ursprünglich verbundenen Handlung gelöst und für sich verständlich: Israel wartete (und wartet bis heute) auf den Messias. Das Neue Testament sieht Jesus als eben diesen verheissenen Messias an und in der Christenheit wird die Messiasbezeichnung sogar zum Eigennamen: Jesus Christus.

Johannes Calvin hat aufbauend auf ältere Vorüberlegungen, die von Jesus Christus als Priester und König sprachen, die Lehre vom dreifachen Amt Jesu Christi entwickelt: Er hat sie um das prophetische Amt Jesu Christi erweitert. Vor allem aber hat er diese Lehre in die Mitte der Christologie gestellt.[11] Weite Teile der evangelischen und katholischen Theologie sind Calvin hierin gefolgt, ohne sie in gleicher Weise zentral zu stellen. Zu fragen ist mit Recht, ob diese Lehre nicht in Gefahr steht, die Pluralität der Salbungsverständnisse im Alten Testament vorschnell zu harmonisieren. Das wäre vor allem dann der Fall, wenn man die Inhalte der im Alten Testament erwähnten Ämter einfach auf Jesus Christus überträgt. Die Zentralstellung der Salbung Jesu Christi ist auf der einen Seite eine Anknüpfung an das Alte Testament und macht deutlich, dass Person und Werk Jesu Christi nicht ohne das Alte Testament denkbar sind. Und auf der anderen Seite findet nicht einfach eine glatte Übertragung der Inhalte der alttestamentlichen Ämter von Prophet, Priester und König auf Jesus statt, sondern sie bekommen jeweils deutlich neue Akzente. Allerdings ist richtig zu sehen, dass diese Lehre im Neuen Testament selber so nicht vertreten wird und deshalb immer nur als Interpretation von Aussagen aus dem Alten und Neuen Testament anzusehen ist. Die Stärke der Betonung des dreifachen Amtes Jesu Christi liegt darin, dass sie Person und Werk Jesu Christi zusammenbindet: Sowohl das, was das Leben Jesu Christi vor Ostern ausmachte, wie auch die im Heilsgeschehen konzentrierten Erkenntnisse werden so zusammengehalten. Es geht also sowohl um das, was Gott in Jesus Christus für uns und damit an uns getan hat wie auch um die Frage, was das für unser konkretes Leben als Menschen heute bedeutet. Das wird auch durch die verschiedenen Funktionen gewährleistet, weil nicht eine einzige Aussage oder ein Amt alles andere ausschliesst. Denn auch wenn der *Heidelberger Katechismus* zentral von der Gerechtigkeit Gottes und also auch von unserer Rechtfertigung spricht, so steht sie doch nicht allein im Mittelpunkt – eher ist es Christus, der uns auch rechtfertigt.

11 Vgl. dazu Georg Plasger, Johannes Calvins Theologie. Eine Einführung, Göttingen ^{2}2009, 59–68.

5. Christus als Prophet, Priester und König – uns zugute

Wir erkennen, wer wir in Wirklichkeit sind, in Christus – er ist der wahre, der neue Mensch. Und was ist von ihm auszusagen? Darauf antwortet die Frage und Antwort 31, in der die klassische Form der Lehre vom dreifachen Amt Jesu Christi vorgestellt wird. Jesus Christus ist zum Propheten, Hohepriester und König gesalbt – und das heisst, dass nach Auffassung des *Heidelberger Katechismus* mithilfe dieser drei Aufgaben wesentliche Dimensionen der Christologie beschrieben werden können. Anders als die Reihenfolge im Katechismus akzentuiere ich zunächst die mittlere, weil sie am ehesten in Zusammenhang mit der Frage nach der Gerechtigkeit Gottes steht und auch die «traditionellste» Antwort der Reformationszeit enthält. Ja man kann sogar sagen, dass die Reformation diese Aufgabe Jesu Christi so stark betont hat, dass alles andere weitgehend ausgeblendet wurde. Das hohepriesterliche Amt Jesu Christi ist zugleich auch am stärksten biblisch belegt – der Hebräerbrief thematisiert es ausführlich: Jesus Christus hat sich selbst als Opfer dargebracht für die Sünden der Menschen (vgl. Hebr 5,1), damit diese erlöst sind. Der Priester steht für die Sündenvergebung. Jesus Christus, so der Katechismus, hat uns erlöst und nimmt uns so hinein in seine Geschichte. Die Bedeutung für den Menschen ist deutlich: Er lebt nicht mehr unter der Sünde, sondern in der Gnade; diesen Akzent betont der *Heidelberger Katechismus* in den Fragen 12–18.

Der Katechismus akzentuiert – sogar als Erstes –, dass Jesus Christus zum obersten Propheten und Lehrer gesalbt sei. Und in dieser Funktion wird deutlich, dass die Lehre vom dreifachen Amt Jesu Christi den Blick weitet, weil der Blick nicht allein auf das Heil des Menschen gerichtet ist. Denn hier geht es um Jesus als den Lehrer und Propheten und das heisst: Er ist der, der den Willen Gottes offenbart. Und damit ist dann auch aufgenommen, dass Jesus als Lehrer des Gesetzes in den Evangelien verstanden wird: Er legt die Thora, die Weisung Gottes aus. Insbesondere die Bergpredigt, aber auch viele andere Passagen zeigen Jesus als den, der seine Jünger lehrt. Das prophetische Amt sagt also: Gottes Wille wird uns in Jesus Christus erkennbar – und das ist die Aufgabe auch der alttestamentlichen Propheten. Freilich wird man sagen müssen, dass sich der *Heidelberger Katechismus* wie die ganze Reformation auf die Erlösungsdimension konzentriert, weshalb im Vordergrund auch die Offenbarung der Erlösung steht; im weiteren Verlauf des Katechismus wird aber erkennbar, dass diese Konzentration nicht zum Ausschluss anderer Dimensionen führt. Im Blick auf uns bedeutet dies, dass wir aufgrund des Kommens Christi darum wissen dürfen, dass uns die Erlösung gilt. Anders wüssten wir es gar nicht – und hier bleibt sich der Katechismus treu, weil er als einzige Quelle der Gotteserkenntnis letztlich Christus nennt: Wir sind angewiesen darauf, dass uns gesagt wird, dass die Befreiungsbotschaft uns gilt; aus uns selber heraus wissen wir es nicht.

Das dritte Amt ist das des Königs. Christus regiert – und kein anderer. Der, dem wir unsere Erlösung verdanken, ist auch der Regent der Welt. Ein verborgenes Regieren jenseits dieses gnädigen Herrschens ist nach dem *Heidelberger Katechismus* also nicht denkbar – es ist kein anderer, der die Welt regiert, und Gott ist nicht aufteilbar in eine dunkle und eine helle Seite. Auch hier wieder ist erkennbar, dass die Konzentration des Katechismus auf dem erlösenden Handeln Gottes liegt: Sie bleibt dauerhaft gültig. Und wir werden in ihr erhalten bleiben.

Jesus Christus ist uns zum Propheten, Priester und König gemacht. Das ist gut für uns, denn wir wissen, worin unsere Erlösung besteht, wir sind erlöst und Gott lässt uns nicht aus dieser Erlösung herausfallen. Gott handelt – und wir sind letztlich die Empfänger der guten Botschaft. Zwar sind wir als Adressaten auch mit hineingenommen, wir werden auch erhalten – aber es scheint, dass hier die Rolle des Menschen tendenziell passiv bleibt. Das geschieht mit Absicht. Denn es liegt dem Katechismus alles daran, dass betont wird: Der Mensch kann sich nicht selbst erlösen. Er ist vollständig angewiesen auf Gottes freundliche Zuwendung, und aus sich selber kann er zu seiner Erlösung nichts beitragen. Augustin hat betont, dass die Gnade Gottes nur dann recht verstanden ist, wenn sie als umsonst gegeben verstanden wird: Gratia gratis data – die Gnade ist umsonst gegeben.[12]

6. Seiner Salbung teilhaftig werden

Indem Frage 31 vom dreifachen Amt Jesu Christi redet, sind wir längst mit im Boot. Denn der Katechismus bleibt nicht stehen bei der grundlegenden und dauerhaft gültigen Aussage, dass das Heil dem Menschen von aussen zuteilwird, ohne dass er daran auch nur einen Fingerbreit mitwirken könnte. Denn diese dem Menschen von aussen zukommende Gnade macht den Menschen nicht passiv, sondern setzt ihn ein in eine aktive Rolle. Nicht Passivität, sondern Aktivität prägt das Menschenbild im *Heidelberger Katechismus*. Und

12 Vgl. zu Augustins Sünden- und Gnadenlehre z. B. Wolf-Dieter Hauschild, Lehrbuch der Kirchen- und Dogmengeschichte, Bd. 1: Alte Kirche und Mittelalter, Gütersloh 1995, 225–230.

deshalb folgt auf die Frage 31, die von Christus als dem Gesalbten spricht und die drei Ämter Christi betont, sofort die Frage, inwiefern denn der Mensch als Empfänger der Gnade zu verstehen sei. Und hier wird deutlich, dass dem dreifachen Amt Jesu Christi drei menschliche Handlungen entsprechen.

Zunächst benennt der Katechismus das Bekennen des Namens Jesu Christi. Damit ist nicht ein formaler Akt eines Zugehörigkeitsbekenntnisses zur Kirche zu verstehen, sondern es setzt auf das menschliche Ja zur Barmherzigkeit Gottes. Dieses menschliche Ja ist schon im Kapitel zum Glaubensverständnis aufgegriffen worden – für den Katechismus ist das Moment der Antwort wesentlicher Bestandteil des christlichen Glaubens. Dabei hat das Bekennen einen zweifachen Adressaten: Gott und die Mitmenschen (und vielleicht sogar schliesst man sich selber dabei ein). Im Hebräischen gibt es für das Loben und das Bekennen dasselbe Verb: jadah. Wer Gott lobt, der reagiert damit auf Gottes Zuwendung – Gott loben, in Liedern oder auch in anderen Formen, ist Bestandteil des Christseins. Manchmal allerdings verbergen wir in unseren evangelischen Gemeinden dieses bekennende Loben ganz in die Innerlichkeit, und neue Formen auch des gottesdienstlichen Lobes, die uns aus anderen kirchlichen Gemeinschaften zuwachsen, sind vielen unserer Gemeindeglieder fremd. Aber es ist auch nirgendwo verboten, das Loben zu erlernen. Das Gotteslob und das Christusbekenntnis gehören zueinander – grundsätzlich und lebenslang.

Wir leben in unseren volkskirchlichen Gemeinden vielfach so, als sei die Konfirmation Abschluss und Höhepunkt der Bekenntnisbildung des Christenmenschen. Die Konfirmation ist in der Tat in der Reformationszeit von Martin Bucer eingeführt worden,[13] um das eigentlich zur Taufe gehörende Bekenntnis nachzuholen. Wir haben aber in vielen unserer Gemeinden dahingehend ein Problem, dass wir aufgrund des Charakters der Konfirmation ehrlicherweise den Konfirmanden kein äusserliches Bekenntnis abnötigen können, dem sie innerlich oft nicht zustimmen. Damit aber forcieren wir ein Verständnis des Christseins, das prinzipiell ohne Bekenntnis auszukommen vermag. Aus der Perspektive des *Heidelberger Katechismus* jedenfalls kann dieser Aspekt nicht kleingeschrieben werden oder gar ausfallen. Der christliche Glaube erschöpft sich nicht im Empfangen. Wie dann allerdings das Bekennen des Glaubens aussieht, ist eher eine Frage der Kreativität und auch

13 1539 in der Ziegenhainer Zuchtordnung. Der Text der Ziegenhainer Zuchtordnung ist online zu finden unter: http://www.ekkw.de/ziegenhain/media_ ziegenhain/Ziegenhainer_Kirchenzuchtordnung.pdf.

des Anlasses – und kann sowohl in traditionellen wie in neu zu formulierenden Worten geschehen. Der Katechismus jedenfalls selber versteht sich als Hilfe, diesem Bekennen zu dienen.

Der zweite Aspekt, den der Katechismus hier nennt, ist die menschliche Hingabe als Dankopfer, die dem priesterlichen Amt Jesu Christi entspricht. Der Begriff des Dankes beim Opfer ist wichtig, um diesen nicht als Versuch zur Umstimmung oder Besänftigung Gottes zu verstehen. Der Katechismus formuliert präzise nicht so, dass der Christ ein Opfer geben solle, sondern vielmehr, dass er sein Leben selbst als Dankopfer zu verstehen habe. Nicht selten in der Christenheit ist damit eine Demutshaltung verbunden worden, die den aufrechten Gang vieler Menschen verhindert hat. Darum kann und soll es gerade nicht gehen. Vielmehr ist damit ein Gedankengang aufgenommen, der eine ganz bestimmte Lebensperspektive umfasst. In der ersten Frage des Katechismus lautete die Antwort, dass mein Lebenstrost darin besteht, nicht mir selbst, sondern Jesus Christus zu gehören. Und dies fasst der Katechismus als Befreiung auf. Diesem Bekenntnis zur Befreiung entspricht nun die Lebenshingabe. Damit wird deutlich, dass die Gottesbeziehung nicht nur auf einen ganz bestimmten Sektor des Menschen zu reduzieren ist, sondern den ganzen Menschen umgreift. Der Christ und die Christin haben Anteil an Christus, der sich für uns dahingegeben hat – und leben dies, indem sie sich selber hingeben: für Gott und für andere. Nun klingt der Begriff der Hingabe oder des Dankopfers möglicherweise nach selbstentfremdetem Handeln: Aber genau das ist nicht intendiert, weil es um Freiwilligkeit geht – im Glauben hat der Zwang keinen Platz. Der Katechismus spricht hier vom «freien Gewissen» und betont damit die individuelle Verantwortung. Die aber ist zu erlernen. Der ganze dritte Teil des Katechismus, der von der Dankbarkeit handelt – heute nicht mein Thema. Aber in der Auslegung des Unservaters und des Dekalogs wird deutlich, dass wir Dankbarkeit nicht als Appell, sondern als Lebensprozess zu verstehen haben: Mehr und mehr werden wir hineinwachsen. Der Katechismus deutet Perspektiven an, wie hier die Kreativität im Vordergrund steht: Gebote sagen nicht primär ein Verbot aus, sondern fragen uns etwa, wie wir unserem Nächsten Gutes tun können.

Der dritte Aspekt legt das königliche Amt Jesu Christi aus – und hier unterscheidet der Katechismus zwei Ebenen: die der ewigen Herrlichkeit und die der gegenwärtigen Situation. Im Blick auf die erhoffte Ewigkeit stellt sich der Katechismus die Herrschaft gemeinsam mit Gott vor. Ohne hier schon tiefer zu dringen, wird deutlich, dass der Katechismus eine Ewigkeitsvorstellung hat, die mit Tatenlosigkeit nichts zu tun hat, sondern die menschliche Vollkommenheit immer mit einem Auftrag verbunden sieht. Der Katechismus nimmt hier die mit der Zusage der Gottebenbildlichkeit verknüpfte Beauftragung zum Verwalter der Schöpfung aus Genesis 1 auf.

In unserer Zeit aber findet ein solches ruhiges Herrschen nicht statt – der Katechismus weiss um die Mächte dieser Welt, die das Leben bedrohen. Gegen diese Mächte, die der Katechismus Sünde und Teufel nennt, ist ein lebenslanger Kampf angesagt. Das kriegerische Bild nimmt den Charakter unserer Welt ernst. Und er rechnet auch nicht damit, dass es in dieser Zeit zu einem Zustand des Friedens kommen wird, der den Einsatz gegen die gottfeindlichen Mächte überflüssig machen würde. Aber weil Jesus Christus als Herr der Welt benannt wird, ist auch der Kampf der Christen gegen die «herrenlosen Gewalten» (Karl Barth) immer wieder nötig. Und auch hier wird immer wieder neu zu überlegen sein, auf welchem Feld der Einsatz gerade am nötigsten und sinnvollsten ist. Es können dies Felder im Menschen selber, im sozialen Miteinander oder auch im globalen Kontext sein – Christen sind zum Einsatz gegen diese lebensfeindlichen Mächte gerufen.

7. Christen, aber nicht Christus

Der Christenmensch bekennt, gibt sich selber als Dankopfer hin und streitet gegen Sünde und Teufel. So lautet die Beschreibung des Christenmenschen. Als empirische Beschreibung der Christen taugt sie jedoch nichts, weil diese drei Tätigkeiten weder bei anderen noch bei uns selber einfach abzulesen sind. Vielleicht gibt es einige Christenmenschen, die uns durch ihr Handeln imponieren und vielleicht sogar zu evangelischen «Heiligen» taugen – beim genaueren Hinsehen zeigen sich jedoch auch bei diesen Brüche und Unvollkommenheiten. Unser Christsein können wir nicht an uns selber ablesen, sondern nur von Christus her verstehen. Aber dass zwischen dem, was wir im Glauben bereits sind, und dem, was wir hier in dieser Welt leben, nicht nur eine Differenz, sondern ein wenn auch unvollkommener und fragiler Zusammenhang besteht, ist dem *Heidelberger Katechismus* wichtig. Er nimmt damit einen Akzent Johannes Calvins auf, der von der Heiligung des Lebens spricht.[14] Er weiss dabei aber auch um die Unvollkommenheit und formuliert deshalb treffend: Die «meisten leiden unter solcher Schwachheit, dass sie nur wankend und hinkend, ja auf dem Boden kriechend, bescheiden

---

14 Zum Verständnis der Heiligung vgl. die 2014 im Neukirchener Verlag erscheinende Monografie von Dennis Schönberger zum Verständnis der Heiligung bei Johannes Calvin. John Wesley und Karl Barth.

voranmmen».[15] Es ist deshalb nicht als moralischer Appell zu verstehen, was hier im Katechismus über das Christsein ausgesagt wird. Und schon gar nicht bei anderen einzufordern. Sondern es ist der Blick auf unsere neue Wirklichkeit, auf uns als befreite Menschen, der wir im Leben zu entsprechen versuchen.

Christen und Christinnen haben an der Salbung Christi Anteil – mit diesem Grundgedanken verbindet der Katechismus die Geschichte Jesu Christi mit dem Geschick der Christen und Christinnen. Die grundsätzliche Differenz zwischen Christus und den Seinen bleibt dabei grundlegend bestehen, und deshalb findet nie eine Reduktion auf eine Vorbildchristologie statt. Jesus Christus hat die Befreiung des Menschen ohne dessen Dazutun vollbracht, weshalb hier die menschliche Passivität nicht hoch genug betont werden kann: Das Heil ist reines Geschenk. Aber als Befreite haben Christen und Christinnen Anteil am weltverändernden Handeln Jesu Christi – und so ist er nicht das Vorbild der Christen, wohl aber leben sie in seiner Nachfolge und ahmen ihn nach – mit Wort und Tat.

So bindet der Katechismus die beiden Dimensionen, die so oft in der Geschichte der Kirche zu vereinseitigen drohten, zusammen: die synoptische und die paulinisch-johanneische Perspektive. Vielleicht würden wir heute manchen Akzent anders setzen und die Synoptiker stärker betonen, als das in der Reformationszeit der Fall war, weil hier auch aus Abwehrgründen gegen eine gefährliche mittelalterliche Theologie so konzentriert aufgetreten wurde. Aber in der Sache selbst sind beide Linien deutlich vertreten. Christus ist für die Menschen gestorben und auferstanden und will nie ohne die Seinen sein, die er in Anspruch nimmt.

8. Trost – und Hoffnung

Ich habe begonnen mit einem Blick zurück – ins Elend. Da kommen wir her. Denn Gott hat uns nicht dort gelassen, sondern uns aus der Gottesfremde in die Gottesnähe geholt, in die wahre Heimat der Christen und Christinnen.

Anders als die von Gott entfremdeten Menschen ist Jesus Christus nach dem *Heidelberger Katechismus* der wahre Mensch. Immer wieder höre ich in christologischen Reflexionen eine Betonung des Menschseins Jesu Christi, nach der Jesus eben so einer ist wie wir. Damit gibt sich der Katechismus

15 Johannes Calvin, Institutio Christianae Religionis III,6,5.

nicht zufrieden. Christus wird Mensch, damit auch wir wahre Menschen werden. Menschen, die in Einklang mit Gott leben, die bei ihm zu Hause sind und die deshalb auch die Gemeinschaft mit den anderen Geschöpfen Gottes freudig leben. Nicht auf Kosten anderer, sondern in der communio mit Jesus Christus, der der Bruder und Herr aller anderen Menschen ist.

Und in ihm erkennen wir, wer wir selber sind. In dem, der da ist und der da war und der da kommt: Er ist unsere Gegenwart, unsere Vergangenheit und unsere Zukunft, weil wir uns in ihm verstehen dürfen. Diese drei Aspekte finden sich übrigens auch in Frage und Antwort 45, die die Auferstehung Jesu Christi bedenken:

Was nützt uns die Auferstehung Christi? Schon diese Frage macht deutlich, dass es wie vorher schon verdeutlicht nicht um Orthodoxie geht, sondern um ein Einbezogensein in die Geschichte Gottes. Und die Antwort ist schlicht und klar:

Erstens: Christus hat durch seine Auferstehung den Tod überwunden, um uns an der Gerechtigkeit Anteil zu geben, die er uns durch seinen Tod erworben hat. Zweitens: Durch seine Kraft werden auch wir schon jetzt erweckt zu einem neuen Leben. Drittens: Die Auferstehung Christi ist uns ein verlässliches Pfand unserer seligen Auferstehung.

Der *Heidelberger Katechismus* ist konsequent christologisch. Und wir treiben heute gute, den Menschen helfende Theologie, wenn wir ihm darin gemeinsam folgen: *Sequi* heisst ja folgen und *con* heisst gemeinsam: Konsequent als Christen und Christinnen leben heisst, in der Nachfolge Jesu Christi zu leben. Dauerhaft. Die Heimat, die Gottesnähe, in die wir hineingeholt wurden, wird durch unseren Tod nicht mehr in Frage gestellt. Darauf können wir, so der Katechismus, unser Vertrauen setzen – im Leben und im Sterben. Und wer in der Hand Christi ist, der ist ganz bei Gott – und bei sich selber.

Andrea Anker

Erwählt – als Gemeinde nach dem Heidelberger Katechismus

1. Erwählung heute – ein paar Beobachtungen zur Einführung

«Die Erwählungslehre ist die Summe des Evangeliums», schreibt Karl Barth im Leitsatz zu § 32 seiner *Kirchlichen Dogmatik*, «weil dies das Beste ist, was je gesagt und gehört werden kann: dass Gott den Menschen wählt, und also auch für ihn der in Freiheit Liebende ist. Sie ist in der Erkenntnis Jesu Christi begründet, weil dieser der erwählende Gott und der erwählte Mensch in einem ist. Sie gehört deshalb zur Lehre von Gott, weil Gott, indem er den Menschen wählt, nicht nur über diesen, sondern in ursprünglicher Weise über sich selbst bestimmt. Ihre Funktion besteht in der grundlegenden Bezeugung der ewigen, freien und beständigen Gnade als des Anfanges aller Wege und Werke Gottes.»[1] Erwählung ist nicht *ein* Akt Gottes neben vielen anderen, sondern die Voraussetzung, ja der Grund für Schöpfung und Erlösung, für die Heilsgeschichte überhaupt.

Diese radikale christozentrische Neuinterpretation der klassischen reformierten Erwählungslehre hat mir immer sehr eingeleuchtet. Umso merkwürdiger kommt es mir vor, dass ich als Gemeindepfarrerin bisher scheinbar problemlos durchs Kirchenjahr gekommen bin, ohne von Erwählung auch nur einmal gesprochen zu haben. Ich verkündige Gottes Liebe und Barmherzigkeit. Ich rede von Gerechtigkeit und Gericht, von Gottes erlösendem und befreiendem Handeln. Ich erzähle Berufungsgeschichten und spreche Sendungsworte, aber zu erwähnen, dass Gott *erwählt*, ja sogar, dass er sich Menschen *aus*erwählt, habe ich bislang vermieden.

Und so wie mir geht es offenbar auch vielen anderen Kolleginnen und Kollegen: Wir kommen in der pfarramtlichen Praxis ohne den Begriff der Erwählung aus. Auch in neueren Katechismen sucht man ihn oft vergeblich. Im 2012 herausgekommenen *Kritischen Katechismus* von Gerd Theissen,[2] um

1 Karl Barth, Die kirchliche Dogmatik, Bd. II/2, Zollikon-Zürich 1942, 1.
2 Gerd Theissen, Glaubenssätze. Ein kritischer Katechismus, Gütersloh ²2012.

nur ein Beispiel zu nennen, finden sich auf gut 400 Seiten Glaubenssätze zu fast allem zwischen Abtreibung und Zölibat – auch die Höllenfahrt und die Jungfrauengeburt werden abgehandelt –, doch das Stichwort Erwählung fehlt.

Der Hauptgrund für das Verschwinden der Erwählungslehre aus den evangelischen Grosskirchen, wie es sich zumindest im deutschsprachigen Raum konstatieren lässt, hat primär sicher mit der Kehr- und Schattenseite der klassischen Erwählungslehre zu tun. Diese – sich von der Barth'schen Lesart deutlich unterscheidende Version – besagt ja nicht nur, dass Gott einen Teil der Menschen – und nicht etwa weil sie besser wären als die anderen – zum Heil und ewigen Leben auserwählt habe. Sondern sie erklärt auch, dass er den anderen Teil der Menschen von Anfang dazu ausersehen habe, in der Verlorenheit und Verdammnis zu verbleiben, in die sie durch ihre Sündhaftigkeit geraten sind.

Dieser Gedanke passt aber, um es etwas salopp auszudrücken, einfach nicht mehr ins heutige Gottesbild. Gott ist Liebe: Er verstösst und verwirft nicht, er richtet nicht – oder höchstens das Böse, nie aber einzelne Menschen. Entsprechend haben auch mit der Rede vom erwählten Volk viele Christen Mühe. Das klinge, sagen beispielsweise die Teilnehmer unseres Theologiekurses, als wolle man Gott vereinnahmen. Das wirke anmassend, als wolle man etwas Besseres sein, ohne dies beweisen zu müssen. Zu behaupten, man selbst oder jemand anders sei von Gott erwählt, provoziert. Und allzu oft diente diese Provokation zur Rechtfertigung für die Verfolgung von Angehörigen des jüdischen Volkes.

Bemerkenswerterweise ist nicht der Umstand an sich, dass die einen erwählt und andere nicht erwählt werden, Stein des Anstosses. Störend ist nur das scheinbar willkürliche und ungerechte Moment daran bzw. die Behauptung, *Gott* sei der Ursprung der Erwählung und auf *seinen geheimen Ratschluss allein* sei die Erwählung zurückzuführen.

Ein solches Erwählungsverständnis schlägt dem wahlfanatischen Zeitgeist ins Gesicht. Schliesslich wählen wir nicht nur unsere Politiker und Pfarrerinnen, wir wählen auch die Miss Schweiz und The Voice of Switzerland, wir wählen den Sportler des Jahres, das beste Sachbuch 2012, ja sogar die beste Maturaarbeit in Theologie. Auf Youtube und Facebook machen wir aus manchen Menschen Stars und andere zum Gegenstand von Sitstorms. Kaum jemand reserviert noch ein Restaurant oder Hotel, ohne vorher die Ratings seiner Mitmenschen angeschaut zu haben. Tagtäglich sind wir mit Auswählen und Verwerfen beschäftigt: vor dem Kleiderschrank, in der Migros und vor dem Bildschirm sowieso.

Während das Thema «Erwählung» aus der Theologie ausgewandert ist, hat es sich im Bereich des Menschlich-allzu-Menschlichen neu etabliert. Der deutsche Religionspsychologe Sebastian Murken hat dazu einen Aufsatz mit dem schaurig-schönen Titel «Mein Wille geschehe ...» veröffentlicht.[3] In einer Sendung auf SRF 2 vertrat er die sich auf empirische Untersuchungen stützende These, dass auch und gerade *Religion* in unseren Breitengraden zunehmend der individuellen Wunscherfüllung diene und der freien Wahl des Menschen unterstehe, der sich seinen Gott, seine Schutzengel oder so etwas wie ein wohlwollendes Universum dem eigenen Gusto entsprechend auswähle. Herkömmlicher Glaube werde nicht mehr einfach übernommen. Murkens Erläuterung dazu: «Es ist nichts als verständlich, dass man sich nicht etwas aussucht, was einem Unbehagen oder Schmerzen bereitet. Wenn sie die Grundannahmen des Christentums anschauen, dann sind da natürlich auch Elemente enthalten, die Unbehagen oder Schmerzen bereiten: Nämlich ein ganz starkes ‹Du sollst›. Wenn ich mir selber etwas suche, dann suche ich mir etwas, das mir nutzt, das gut für mich ist.»[4] Spannend ist, welche problematischen Konsequenzen laut Murken diese selbst gewählte Wohlfühlreligiosität mit sich bringe: Sie helfe nicht weiter, wo sich jemand unverschuldet im Strudel von Leid und Unglück wiederfinde. Sie wisse wenig von Mitleid und Solidarität und werde oft sprachlos angesichts von Negativ-, überhaupt von Kontingenzerfahrungen, wo es keine Wahlfreiheit mehr gebe.

Diese Analyse führt zur Frage: Inwiefern kann bzw. könnte die reformierte Erwählungslehre, insbesondere in der Fassung des *Heidelberger Katechismus*, zur Bewältigung von Leid und Unglück und zur Stärkung von Solidarität beitragen? Welche lebenspraktische Bedeutung kann einer dezidiert theologischen Erwählungslehre hier und heute – vielleicht von neuem wieder – zukommen?

Ich möchte im vierten und letzten Teil auf diese Fragen zurück kommen – und jetzt dazu übergehen, den *Heidelberger Katechismus* im Kontext *seiner* Zeit zu verorten.

---

3 Sebastian Murken, «Mein Wille geschehe ...». Religionspsychologische Überlegungen zum Verhältnis von Religion und Wunscherfüllung, Zeitschrift für Religionswissenschaft 17 (2009), 165–187.

4 Vgl. http://www.srf.ch/sendungen/zwischenhalt/mein-wille-geschehe-religioese-wunscherfuellung (Radio SRF 2 Kultur, Sendung «Perspektiven» vom 3.2.2013).

2. Der erwählungstheologische Kontext im 16. Jahrhundert

Mitte des 16. Jahrhunderts sah die erwählungstheologische Landschaft ganz anders aus als heute. Zwar stand die Synode von Dordrecht, die wesentlich dazu beitrug, dass die Lehre von der Erwählung tatsächlich zu so etwas wie einem reformierten «Centraldogma» (Alexander Schweizer) wurde, und überhaupt die Auseinandersetzung mit Arminius noch bevor, doch in Calvins *Institutio* von 1559 hatte die Erwählungslehre – und zwar in der Gestalt der *praedestinatio duplex* – gegenüber den früheren Fassungen deutlich mehr Raum ein- und Gewicht angenommen. Wer dagegen argumentierte, musste sich den Vorwurf gefallen lassen, die Gnade Gottes nicht hoch genug zu schätzen, Gottes Ehre zu schmälern und also letztlich ein Gotteslästerer zu sein.

Für die besondere Bedeutung der Erwählungslehre in der reformierten Theologie gibt John Beardslee in seiner Einführung in die englische Edition der *Reformed Dogmatics* eine einleuchtende Erklärung: «Ein Grund für das Interesse der Reformierten Kirchen an diesem Dogma lag offensichtlich in der jahrhundertealten Suche nach religiöser Gewissheit. Ohne die Versicherung von Kirche, sakramentaler Gnade oder der Heiligen (welche die reformierten Theologen allesamt als illusionär einstuften): Welche Sicherheit blieb da noch übrig? Wenn die schwachen guten Werke eines Menschen nicht länger durch die Dienste der Kirche gestärkt und aufgewertet werden konnten, dann musste es diesem Menschen möglich sein, alles, wortwörtlich alles in Gottes Hand zu legen, oder er wäre wirklich verloren. Das Luthertum hatte ein anderes Sakramentsverständnis, welches die Gabe der Gnade in der Taufe und die Gegenwart Christi im Abendmahl mehr betonte; deshalb stand die reformierte Theologie alleine da mit ihrem Verlangen nach einer absoluten Sicherheit in Gott. Die Unfehlbarkeit der Schrift, die unvermittelte Gnade und die absolute Prädestination bilden eine natürliche Triade für denjenigen Denker, der zwar Luthers Konzept der menschlichen Hilflosigkeit und des Glaubens übernommen hatte, dessen Zurückweisung der Gnadenvermittlung durch die Sakramente, durch Musik und Liturgie aber extremer war. Das erklärt, wieso die Prädestination als ökumenische Lehre im Protestantismus besonders wichtig, und in der reformierten Theologie gar zu einem zentralen Problem wurde.»[5]

5 John W. Beardslee III (ed. and trans.), Reformed Dogmatics: J. Wollebius, G. Voetius, F. Turretin (Library of Protestant Thought), New York 1965, 15f. (dt. Übersetzung A. A.).

Im Weiteren erinnert Beardslee seine Leserinnen und Leser aber daran, dass, auch wenn die reformierte Theologie mit ihrer rigiden Ablehnung aller Medialisierung der Gnade die Erwählungslehre besonders gepflegt hat, im Grunde genommen alle Theologie, die von Augustinus' Paulus-Interpretation beeinflusst und antipelagianisch geprägt ist, prädestinatorische Theologie ist und sein muss: die römisch-katholische (er illustriert das am Beispiel von Thomas von Aquin) genauso wie die lutherische oder calvinistische. Eine Ausnahme bilde höchstens die Theologie der Baptisten, die einen stark arminianischen Zug habe.

Um die Eigenheiten der Erwählungstheologie im *Heidelberger Katechismus* besser zu verstehen, sind ein Blick auf Calvins Prädestinationslehre und dann ein paar Seitenblicke auf weitere Bekenntnisse hilfreich.

In Calvins *Institutio* III,21,5 steht folgende Definition der Prädestination: «Unter Vorherbestimmung verstehen wir Gottes ewige Anordnung, vermöge deren er bei sich beschloss, was nach seinem Willen aus jedem einzelnen Menschen werden sollte! Denn die Menschen werden nicht alle mit der gleichen Bestimmung erschaffen, sondern den einen wird das ewige Leben, den anderen die ewige Verdammnis vorher zugeordnet.»[6]

In der in Kapitel 23 folgenden Auseinandersetzung mit Gegenargumenten gegen seine Erwählungslehre betont Calvin, dass, wenn Gott allein die Errettung der einen zum Heil zu verdanken, auch ihm allein die Verwerfung zuzuschreiben sei. Wer die Ursache des Verworfenseins nicht in Gott suche, werde sie im Menschen selbst suchen wollen, und damit würde – so fürchtete Calvin offenbar – die Alleinwirksamkeit der Gnade in Frage gestellt. Doch sei Gott nicht der Willkür und Ungerechtigkeit anzuklagen: Denn «Gottes Wille ist die höchste Richtschnur der Gerechtigkeit; wenn er also etwas will, so ist es eben darum, weil er es will, für gerecht zu halten».[7]

Und auch wenn die Verworfenen für ihren Status als Verworfene nichts dafürkönnen, weil Gott sie von Ewigkeit her dafür bestimmt hat, so sind sie doch deswegen keineswegs unschuldig, vielmehr selbst für ihre Sünde verantwortlich, die von Gott nicht bewirkt, sondern nur zugelassen worden ist.

Ferner, argumentiert Calvin, führe die Erwählungslehre nicht, wie viele befürchteten, zu einer laxen Lebensführung, weil man ja mit dem eigenen Verhalten den ewigen göttlichen Ratschluss sowieso nicht beeinflussen

6 Johannes Calvin, Unterricht in der christlichen Religion. Institutio Christianae Religionis, nach der letzten Ausg. übers. u. bearb. von Otto Weber, Neukirchen-Vluyn [6]1997, 619.

7 Calvin, Institutio III,23,2, 636.

könne. Vielmehr sporne der «Glaube an die Erwählung» zu einem Leben in Heiligkeit an. Wer sich um ein solches Leben nicht bemühe, überführe sich nur selbst seiner Bosheit und seines Verworfenseins. Es sei deshalb entgegen mancher seelsorgerlich gut gemeinter Einwände wichtig, dass die Vorherbestimmung gepredigt werde, «damit der, der Ohren hat zu hören, sich über Gottes Gnade in *Gott* und nicht in sich *selber* rühme!».[8] Calvin war die kritische Funktion der Erwählungslehre eminent wichtig.

Calvins Schema von Erwählung und Verwerfung ist, wenn ich recht sehe, von den reformierten Bekenntnisschriften des 16. Jahrhunderts *nicht* in derselben Rigidität übernommen worden. Die *Confessio Gallicana* von 1559, an deren Entstehung Calvin selbst notabene grossen Anteil hatte, formuliert in Artikel 12:

> «Wir glauben, dass aus dieser allgemeinen Verderbnis und Verdammnis, in die alle Menschen versunken sind, Gott diejenigen entreisst, die er in seinem ewigen und unveränderlichen Ratschluss erwählt hat allein durch seine Güte und Barmherzigkeit in unserem Herrn Jesus Christus, ohne Rücksicht auf ihre Werke, indem er die anderen in eben dieser Verderbnis und Verdammnis lässt, um an ihnen seine Gerechtigkeit zu erzeigen (Ex 9,16; Röm 9,22), wie er an den ersteren den Reichtum seines Erbarmens aufleuchten lässt (Röm 3,22; 9,23). Denn die einen sind nicht besser als die anderen (Jer 10,23), bis Gott sie scheidet nach seinem unveränderlichen Ratschluss, den er in Jesus Christus gefasst hat vor Erschaffung der Welt (Eph 1,4 f.), und niemand könnte sich den Weg zu solch einem Gut durch eigene Kraft bahnen, da wir von Natur nicht eine einzige Regung noch Empfindung oder einen guten Gedanken haben können, bis Gott uns zuvorkommt und uns dazu instand setzt.»[9]

Noch zurückhaltender sind die *Confessio Scotica*, wo die Erwählung ähnlich wie bei Barth als Erwählung in Christus und als Teil der Christologie zum Thema wird, und die *Confessio Belgica*, die die göttliche Vorherbestimmung als Ausdruck seiner Barmherzigkeit und Gerechtigkeit wertet,

> «indem [Gott] von der Verdammnis und dem Untergang diejenigen befreite und erlöste, welche er in seinem ewigen und unveränderlichen Ratschluss aus reiner und unverdienter Güte durch Jesum Christum, unsern Herrn, erwählte, ohne irgendeine Rücksicht auf gute Werke derselben. Gerecht aber, indem er andere in ihrem Falle und ihrer Verderbnis liess, wohinein sie sich selbst gestürzt haben. Auf diese Weise zeigt er, dass er ein barmherziger und milder Gott sei denen, die er

8 Calvin, Institutio III,23,13, 646.

9 Reformierte Bekenntnisschriften. Eine Auswahl von den Anfängen bis zur Gegenwart, hg. von Georg Plasger und Matthias Freudenberg, Göttingen 2005, 113 f.

errettet hat, ohne es ihnen schuldig zu sein, wie er sich auch als gerechter Richter zeigt, indem er seine gerechte Strenge gegen die übrigen kundtut.»[10]

Bemerkenswert ist auch das 1566 von Heinrich Bullinger verfasste *Zweite Helvetische Bekenntnis*, wo im zehnten Kapitel zu Vorsicht und gar zu so etwas wie Optimismus im Umgang mit Erwählung und Verwerfung ermahnt wird: «Obwohl nun Gott weiss, wer die Seinen sind und da und dort [in der Schrift] die geringe Zahl der Erwählten erwähnt wird, muss man doch für alle das Beste hoffen und darf nicht vorschnell jemanden den Verworfenen beizählen.»[11]

All diese Bekenntnisse zeichnet aus, dass sie die Prädestination nicht als doppelte Prädestination vorstellen, so als ob Erwählung und Verwerfung zwei parallele göttliche Willensakte wären. Vielmehr wird deutlich, dass die Verwerfung nichts anderes ist als Nichterwählung. Gott übergeht einige Sünder bei der Erwählung und überlässt sie ihrer Bosheit bzw. der Verderbnis, in die sie sich selber gestürzt haben. Dieses Verständnis scheint mir mit dem biblischen Zeugnis – ich denke z. B. an 1Tim 2,4 («Gott will, dass alle Menschen gerettet werden») oder natürlich an Röm 5,18 – weitaus besser vereinbar zu sein als Calvins Behauptung, gewisse Menschen seien von Gott, schon als er sie erschuf, zur Verdammnis bestimmt worden.

Für unsere Fragestellung von besonderem Interesse ist sicher auch, dass nicht erst im *Heidelberger Katechismus*, sondern schon im *Genfer Katechismus* von 1545, der «formal und inhaltlich die Hauptquelle für den Heidelberger Katechismus»[12] war, die Erwählungslehre in der *Ekklesiologie* verankert ist. Die Funktion einer so verorteten Reflexion sei, so Matthias Zeindler, «die Existenz der Kirche und den Stand der Glaubenden ganz an Gott zurückzubinden».[13] Es gehe darum, «den Glaubenden von sich selbst zu lösen und seine Gewissheit in Gott zu gründen. Er verdankt, so die Konsequenz, Gott alles und sich selbst nichts.»[14] Der für uns relevante Ausschnitt des *Genfer Katechismus* lautet wie folgt:[15]

10 Confessio Belgica, Art. 16, vgl. http://www.confessio.reformata.de/drei-formeln-der-einheit/niederlaendisches-bekenntnis#16.

11 Heinrich Bullinger, Das Zweite Helvetische Bekenntnis, Zürich ^{4}1967, Kap. X, 44.

12 Plasger/Freudenberg (Hg.) Reformierte Bekenntnisschriften (Anm. 9), 59.

13 Matthias Zeindler, Erwählung. Gottes Weg in der Welt, Zürich 2009, 47.

14 Ebd.

15 Der «relevante Ausschnitt» steht in Normaldruck. In Kleindruck stehen hier und im Folgenden Artikel, die der Verständlichkeit und Vollständigkeit halber mit abgedruckt sind.

92. *Fahren wir fort.*
Es folgt der vierte Teil, in welchem wir bekennen: Ich glaube «eine heilige allgemeine christliche Kirche».

93. *Was ist die Kirche?*
Der Leib oder die Schar der Gläubigen, die Gott zum ewigen Leben auserwählt hat.

94. *Muss man an diesen Artikel glauben?*
Gewiss, wenn wir Christi Tod nicht unwirksam machen wollen und alles umsonst sein soll, was bisher dargelegt worden ist. Was daraus hervorgehen soll, ist allein die Kirche.

95. *Wir haben also bis anhin von der Grundlegung unseres Heils geredet, und du verstehst die aufgezeigten Grundlagen so, dass du erklärst, Gott habe uns durch Christi Verdienst und Vermittlung in Liebe angenommen, und die Kraft des Heiligen Geistes bestätige in uns diese Gnade. Nun solle die Wirkung von all dem erklärt werden, damit danach unser Glaube umso fester besteht.*

So verhält es sich.

96. *In welchem Sinn nennst du die Kirche «heilig»?*
Weil Gott die von ihm Erwählten rechtfertigt und zur Heiligkeit und Unschuld des Lebens neugestaltet, damit in ihnen seine Herrlichkeit aufleuchte. Das wollte auch Paulus mit der Feststellung sagen, Christus habe die von ihm erlöste Kirche geheiligt, damit sie strahlend rein von jedem Makel sei [Röm 8,30; Eph 5,25–27].

97. *Was soll die Bezeichnung «allumfassend» oder «allgemein»?*
Damit lehren wir: So wie es nur ein Haupt der Gläubigen gibt, so müssen sie alle in einen Leib zusammenwachsen, damit es eine Kirche sei, die über den ganzen Erdkreis ausgebreitet ist und nicht viele.

98. *Wozu wird nun beigefügt: «Gemeinschaft der Heiligen»?*
Das soll verdeutlichen, dass unter den Gliedern der Kirche Einheit besteht. Es weist auch darauf hin: Was Gott der Kirche an Wohltaten spendet, soll allen gemeinsam zugute kommen, da sie alle untereinander Gemeinschaft haben.

99. *Ist denn diese Heiligkeit, die du der Kirche zuschreibst, schon vollkommen?*
Noch nicht, weil sie eben noch in dieser Welt kämpft. Sie leidet immer noch unter Schwächen, und ist nie ganz von verbleibenden Übeln gereinigt, bis sie Christus, ihrem Haupt, von welchem sie geheiligt wird, vollkommen anhängt.

100. *Kann man diese Kirche nicht auch anders erkennen als indem man an sie glaubt?*
Es gibt freilich auch die sichtbare Kirche Gottes, die er uns mit zuverlässigen Zeichen und Merkmalen beschrieben hat. Hier wird aber im Besonderen von jenem Kreis gesprochen, den Gott durch seine verborgene Erwählung zum Heil angenommen hat. Er ist nicht immer für die Augen sichtbar oder an Zeichen zu unterscheiden.»[16]

16 Plasger/Freudenberg (Hg.) Reformierte Bekenntnisschriften (Anm. 9), 73 f.

Zum Schluss dieser kleinen Auslegeordnung zum theologiegeschichtlichen Kontext des *Heidelberger Katechismus* möchte ich einen Seitenblick auf Luthers *Kleinen Katechismus* werfen. Von Erwählung ist dort zwar gar nicht die Rede, nur von Berufung. Doch ist damit im Kontext der Ekklesiologie ein und dasselbe im Blick. Und der ekklesiologische Kontext ist es denn wiederum auch, der die grosse Ähnlichkeit in der Erwählungslehre dieser beiden Katechismen ausmacht.

Im dritten Artikel, überschrieben mit «Von der Heiligung», heisst es wie folgt:

> «Ich glaube an den Heiligen Geist, die heilige christliche Kirche, Gemeinschaft der Heiligen, Vergebung der Sünden, Auferstehung der Toten und das ewige Leben. Amen.
> *Was ist das?*
> Ich glaube, dass ich nicht aus eigener Vernunft noch Kraft an Jesus Christus, meinen Herrn, glauben oder zu ihm kommen kann; sondern der Heilige Geist hat mich durch das Evangelium berufen, mit seinen Gaben erleuchtet, im rechten Glauben geheiligt und erhalten; gleichwie er die ganze Christenheit auf Erden beruft, sammelt, erleuchtet, heiligt und bei Jesus Christus erhält im rechten, einigen Glauben; in welcher Christenheit er mir und allen Gläubigen täglich alle Sünden reichlich vergibt und am Jüngsten Tage mich und alle Toten auferwecken wird und mir samt allen Gläubigen in Christus ein ewiges Leben geben wird. Das ist gewisslich wahr.»[17]

Diese kleine Tour d'Horizon hat unter anderem deutlich gemacht, dass die Erwählungslehre keineswegs für die gesamte reformierte Tradition ein «Centraldogma» war, wie Alexander Schweizer es formuliert hatte. Zwar nimmt sie in der *Institutio* von 1559 und natürlich in den *Dordrechter Canones* von 1619 verhältnismässig viel Raum ein – und dies erst noch in der Gestalt der doppelten Prädestination –, doch in vielen anderen Texten des 16. Jahrhunderts ist nur am Rande von «Erwählung» die Rede und von «Verwerfung» sehr zurückhaltend.

Zu dieser zweiten Kategorie von Texten gehört auch der *Heidelberger Katechismus*, der, wie wir gleich sehen werden, sich stark anlehnt an den *Genfer* und den *Kleinen Katechismus* von Luther, aber gleichwohl das Thema Erwählung in grosser Freiheit traktiert und mit eigenen Akzenten versieht.

17 Martin Luther, Der kleine Katechismus (1529): Bekenntnisschriften der evangelisch-lutherischen Kirche, Göttingen [10]1992, 501–541 (511 f.).

3. Erwählt als Gemeinde – Ort und Sinn von «Erwählung» im Heidelberger Katechismus

Die Frage 54 im *Heidelberger Katechismus*, auf welche die Erwählungslehre Teil der Antwort ist, zitiert aus dem *Apostolikum* und lautet:

> «Was glaubst du von der ‹heiligen allgemeinen christlichen Kirche›?»[18]

Und dann steht als Antwort da:

> «Ich glaube,
> dass der Sohn Gottes
> aus dem ganzen Menschengeschlecht
> sich eine auserwählte Gemeinde
> zum ewigen Leben
> durch seinen Geist und Wort
> in Einigkeit des wahren Glaubens
> von Anbeginn der Welt bis ans Ende
> versammelt, schützt und erhält
> und dass auch ich
> ein lebendiges Glied dieser Gemeinde bin
> und ewig bleiben werde.»[19]

Auserwählt ist die Gemeinde – und der Einzelne, insofern er *Teil* ist der Gemeinde.

1. Bemerkenswert daran ist nicht nur, wie hier Erwählung verstanden und konkretisiert wird, sondern auch, was dabei mit der *Ekklesiologie* passiert. Im *Apostolikum* heisst es ja einfach: «Credo ecclesiam»: Ich glaube die Kirche. Die Frage im *Heidelberger Katechismus* lautet nun aber nicht «Glaubst du die Kirche?», sondern «Was glaubst du *von* der Kirche?». Schon der Wortlaut der Frage deutet die Neuausrichtung der Ekklesiologie an: Die Kirche ist nicht länger direktes Objekt des Glaubens, sondern sie wird zum indirekten Objekt. Was ich von der Kirche glaube, glaube ich vom Sohn Gottes. Er macht die Kirche, indem er sich eine Gemeinde auserwählt, indem er diese Gemeinde versammelt, schützt und erhält. Subjekt der Ekklesiologie ist der erwählende Sohn Gottes; und interessant wäre es, einmal zu prüfen, ob dementsprechend

18 Der Heidelberger Katechismus, Revidierte Ausgabe 1997, hg. von der Evangelisch-reformierten Kirche, von der Lippischen Landeskirche und vom Reformierten Bund, Neukirchen-Vluyn ^{5}2012, 36. Auch die folgenden Zitate aus dem *Heidelberger Katechismus* entstammen dieser Ausgabe.

19 Ebd.

nicht jeder Glaubenssatz über die Kirche ein Glaubenssatz über Jesus Christus sein müsste.

Heilig, allgemein und christlich ist die Kirche, so könnte man weiter interpretieren, insofern sie von Christus erwählte *Gemeinde* ist. Und das heisst auch, insofern sie *unsichtbar* und für Gott allein offenbar ist. Eindeutige sichtbare Zeichen von Heiligkeit, Katholizität, ja Christlichkeit kann es nicht geben. Wo sichtbare Zeichen dieser Art dargeboten und zelebriert werden, ist vom *Heidelberger Katechismus*, wie auch vom Zeugnis der Schrift her, kritisch zu fragen, ob hier nicht einfach ein grosses Theater aufgeführt wird und das Subjekt der Kirche nicht unter der Hand vertauscht worden ist.

Mit seiner Antwort auf die Frage 54 positioniert sich der *Heidelberger Katechismus* denkbar weit entfernt vom römisch-katholischen Kirchenverständnis, das die konkrete weltliche Gestalt der römisch-katholischen Kirche als gottgewirkte Grösse versteht. Wie man u. a. in der von Joseph Ratzinger verfassten Erklärung *Dominus Iesus* nachlesen kann, sei die einzige wahre von Christus selbst gestiftete Kirche verwirklicht lat. *subsistit* in der katholischen Kirche, die vom Nachfolger Petri und von den Bischöfen in Gemeinschaft mit ihm geleitet werde.[20] Die Elemente der wahren Kirche, wozu u. a. die apostolische Sukzession und die gültige, d. h. katholische Eucharistie gehörten, existierten in der vorhandenen Kirche in ihrer ganzen Fülle und in den anderen kirchlichen Gemeinschaften noch nicht in dieser Fülle.[21]

Der *Heidelberger Katechismus* hingegen sagt, so scheint es, bewusst nichts dazu, wie und wo sich die vom Sohn Gottes auserwählte Gemeinde in dieser Welt manifestiert, schon gar nicht in einer konfessionellen Engführung. Die Formulierung macht im Gegenteil deutlich, dass der Sinn von Konfessionen bzw. Katechismen auch und gerade darin bestehen kann, sich in einem die eigene Wahrnehmung übersteigenden grösseren Ganzen – in einem Zeitraum von Anbeginn der Welt bis ans Ende, das ganze Menschengeschlecht im Blick – zu verorten und gerade in diesem quasi transzendenten Gedanken Beheimatung zu finden.

Die Ekklesiologie Zinzendorfs und der Herrenhuter Brüdergemeine hat diese ja keineswegs exklusiv reformierte Idee in einer mich beeindruckenden

20 Kongregation für die Glaubenslehre, Erklärung DOMINUS IESUS – Über die Einzigkeit und die Heilsuniversalität Jesu Christi und der Kirche: Michael J. Rainer (Red.), «DOMINUS IESUS». Anstössige Wahrheit oder anstössige Kirche? Dokumente, Hintergründe, Standpunkte und Folgerungen, Münster [2]2001, 3–28 (20 f.) (Art. 17).

21 Ebd. Vgl. Johannes Paul II., Enzyklika *Ut unum sint*, Art. 14.

Art und Weise umgesetzt; und auch Zinzendorf war dazu angetrieben von einer starken Christologie oder besser gesagt einer tiefen Herzensverbundenheit mit Jesus Christus. Es zeigt sich hier, dies sei nur am Rande bemerkt, ein interessantes Phänomen: Erwählungslehren mit einer starken Christozentrik sind offener und man könnte sagen gelassener; die exklusive Universalität Christi macht viele Abgrenzungen und Abstufungen nicht nur unnötig sondern im Grunde auch unmöglich, wie man das auch bei Karl Barth und seinem Verständnis von Heilsuniversalismus studieren kann.

Damit haben wir nun den Bogen von der Ekklesiologie zurück zur Erwählung geschlagen und können einen weiteren Aspekt der *Heidelberger* Erwählungstheologie genauer unter die Lupe nehmen.

2. Es geht um die Frage nach dem Grund und nach dem Ziel und Zweck der Erwählung. Georg Plasger schreibt in *Glauben heute mit dem Heidelberger Katechismus*, dass der *Heidelberger Katechismus* Erwählung nicht im Sinne von Vorherbestimmung der einen zum Heil verstehe.[22] Im Vordergrund stehe vielmehr «die Erwählung zu einer Aufgabe. Die Kirche gibt es darum, weil Jesus Christus einen Auftrag für sie hat, weil Gott sie gebrauchen will. Erwählung ist also funktional zu verstehen.»[23] Plasger stützt seine These mit dem Hinweis, dass dieses funktionale Verständnis von Erwählung auch dem biblischen Zeugnis der Erwählung Israels entspreche. Gott habe sein Volk erwählt, damit es seinen Bund allen Völkern gegenüber bezeuge: Erwählung als Bestimmung. Die Bestimmung der Kirche sei, so leitet Plasger aus dem gesamten Duktus des *Heidelberger Katechismus* ab, «Menschen zum Leben in der Gemeinschaft mit Christus zu befähigen und zu stärken».[24]

Ich möchte nicht bestreiten, dass diese These der Theologie des *Heidelberger Katechismus* insgesamt entspricht, aber m.E. liegt der Akzent des Erwählungsverständnisses in der Antwort auf Frage 54 nicht auf der Bestimmung der Erwählten zu einem Auftrag, sei er zeugnishaft, missionarisch oder gottesdienstlich. Dazu steht schlicht nichts im Text. Auf die Frage, *wozu* der Sohn Gottes sich eine auserwählte Gemeinde versammelt, schützt und erhält, ist gemäss der 54. Frage vielmehr nur die Antwort geben: zum ewigen Leben. Mit diesem «zu» ist aber nicht die Aufgabe bzw. Sendung der Gemeinde in der Welt benannt, sondern das Ziel, das Finale der erwählten Gemeinde. Der Akzent, den der *Heidelberger Katechismus* in seiner Behand-

22 Georg Plasger, Glauben heute mit dem Heidelberger Katechismus, Göttingen 2012, 148.

23 Ebd.

24 Ebd.

lung der Erwählung setzt, liegt auf dem *Subjekt* der Erwählung: Der Sohn Gottes *allein* ist es, der sich das, was man zu Recht Kirche nennt, auswählt. Die Pointe der Erwählungslehre besteht darin, die Kirche als von Gott allein gemachte, das heisst versammelte und erhaltene Grösse zu verstehen. Nicht *wir* haben uns entschieden, Christen und Teil der Kirche zu sein, sondern Gott hat uns auserwählt. Sich dies immer wieder zu vergegenwärtigen, ist der Auftrag der Kirche.

Zeindler betont zu Recht, dass die Kirche nur so ihre Freiheit bewahren könne. Ihre Erwählung begegne der Kirche in erster Linie als Verpflichtung. «Es ist die Verpflichtung, nun tatsächlich neben dem einen keine anderen Götter zu haben, allein in Christus zu bleiben und ‹nicht die Stimme eines Fremden› zu hören. Es ist die Verpflichtung, nicht dem Mammon zu dienen und dem Kaiser lediglich das zu geben, was des Kaisers ist. Es ist die Verpflichtung, wirklich als *ek-klesia* zu existieren, herausgerufen aus den allzeit präsenten Loyalitätsansprüchen einer jeweiligen Gesellschaft. Kurz: Die Verpflichtung lautet dahin, die Freiheit zu bewahren, zu welcher Gott die Kirche erwählt hat.»[25]

Ich bin mit Zeindler einig, dass die Rede von der Kirche als erwählter Gemeinschaft «eine zutiefst antifunktionalistische Beschreibung der Kirche»[26] ist. Sie steht nicht nur den missionarischen Funktionalisierungen der Erwählungslehre entgegen, sondern erst recht den gegenwärtig so beliebten funktionalen Religionstheorien, die leider oft auch innerkirchlich zur Selbstbegründung und -legitimation verwendet werden. Dazu zählen all die Begründungen, die den Sinn von Kirche reduzieren auf ihre Sozialleistungen, ihre Wertevermittlungskompetenz, die hohe Anzahl freiwilliger Mitarbeiterinnen und überhaupt ihr Eingehen auf die Menschen und ihre Bedürfnisse. Zeindler betont, dass es entscheidend darauf ankomme, die theologische Innenperspektive von der religionssoziologischen Aussenperspektive zu unterscheiden. Und dass sich theologisch gesehen die Rechtmässigkeit einer Kirche an ihrer Konformität mit der Innenperspektive entscheide.[27] Nimmt man das ernst: Was ergibt sich dann für die aktuellen Debatten z. B. zur Besteuerung juristischer Personen oder zu den in vielen Kantonalkirchen anstehenden Strukturreformen? Lässt sich von daher überhaupt etwas sagen zu den aktuell anstehenden Fragen? – Auch darauf möchte ich im Schlussteil nochmals zurückkommen.

25 Zeindler, Erwählung (Anm. 13), 153.
26 Zeindler, Erwählung (Anm. 13), 154.
27 Zeindler, Erwählung (Anm. 13), 150.

3. Wenden wir uns nun der nächsten Zeile des Katechismus zu, wo es heisst: «... durch seinen Geist und Wort». Ist das nicht eine merkwürdige Formulierung? Müsste es nicht heissen: «... durch seinen Geist und sein Wort»? Schaut man sich die vier Bibelstellen, die angegeben werden, näher an, löst sich das Rätsel leider auch nicht auf, da in Jes 59,21 z.B. von «meinem Geist und meinen Worten», die nicht weichen werden, die Rede ist. Und die Aufzählung in Röm 10 läuft darauf hinaus, dass Glaube nur entstehen kann, wo das Wort von Christus verkündigt wird. Die einzige Erklärung, die ich mir geben konnte, war, dass Zacharias Ursinus, der Verfasser, es vermeiden wollte, dass Geist und Wort als zwei separate Grössen wahrgenommen werden. Der Geist Christi begegnet im Wort, und das Wort ist gewürdigt, Geist zu tragen.

Ob hier eine Art Gegenentwurf zu *Confessio Augustana* 7 vorliegt, möchte ich nicht behaupten, sondern als Frage in den Raum stellen. Es fällt jedenfalls auf, dass Christus sich seine Gemeinde nicht durch rechte Lehre und einsetzungsgemässe Sakramentspraxis sammelt, sondern durch Geist und Wort. Von den Sakramenten ist, wenn ich recht sehe, im *Heidelberger Katechismus* erst ab Frage 65 die Rede, und da wird ihnen eine nur bestätigende Funktion zugewiesen. In diesem Zusammenhang bemerkenswert ist auch, dass der Mystiker Jakob Böhme etwa 1620 über das Werk der Erlösung schreibt, dass Jesus Christus «durch seinen Geist und Wort, Sünd, Tod, Teufel und Höll überwindet». Es findet sich in diesem Text, der 1718 als eine Art Kompilation der wichtigsten Ideen Böhmes in Form von Fragen und Antworten herausgegeben wurde, exakt dieselbe Formulierung, wenn auch in einem christologischen, nicht in ekklesiologischem Kontext.[28]

4. Eine Zeile weiter unten im *Heidelberger Katechismus* steht, dass der Sohn Gottes die auserwählte Gemeinde «in Einigkeit des wahren Glaubens» versammelt. Dreierlei fällt auf und wiederum sind es drei Aspekte, die klar als Abgrenzung von der römischen Lehre zu erkennen sind: Erstens ist nicht von Einheit, sondern von Einigkeit die Rede; zweitens geht es nicht um die Einheit der Kirche, sondern um die des Glaubens; drittens wird die Bestimmung «wahr» dem Glauben zugeordnet und nicht der Gemeinde.

Wo der wahre *Glaube* Menschen verbindet, gibt es Einheit im Sinne von *Einigkeit*, im Sinne durchaus von «versöhnter Verschiedenheit». Diese Einigkeit ist nicht etwa eine defiziente Form von Einheit, sondern ein lebendige-

28 Jakob Böhme, Einleitung zum Wahren und gründlichen Erkänntnis des grossen Geheimnisses der Gottseligkeit, Gott geoffenbaret im Fleisch [...], Amsterdam 1718, 1239.

res, kommunikativeres, wechselseitigeres Einssein und immer neu Einswerden. Einigkeit kommt zustande, wo über den wahren Glauben gesprochen und wo einander auch widersprochen wird, und wo man sich, so Gott will, wiederfindet und versöhnt.

Die auserwählte Gemeinde, so lässt sich weiter interpretieren, kann als solche in keiner anderen Form eins sein. Die Einheit, die Grosskirchen gestalten und verwalten, sind institutionelle Einheiten, die nichts darüber aussagen, ob die Einzelnen, die Teil davon sind, sich in ihrem Herzen und ihrem Denken auch nur annähernd einig sind. Dass auf institutioneller Ebene Brücken gebaut werden und Zusammenarbeit mehr und mehr möglich wird, ist nur schon aus praktischen Gründen des Zusammenlebens (interkonfessionelle Ehen, gemeinsame Gottesdienste, Notfallseelsorge etc.) ein dringliches Desiderat. Doch selbst wenn alle Kirchen dieser Welt unter dem Dach einer einzigen grossen Organisation versammelt wären, wäre man dadurch der Einheit des *Glaubens* keinen Schritt näher gekommen. Dafür sind andere, vielleicht sogar gegenteilige Prozesse nötig, die alle gekennzeichnet sind und sein müssen durch die einigende Orientierung an Jesus Christus, dem einzigen Garanten von Einheit.

Was schliesslich die Rede vom wahren Glauben anbelangt, dürfte der *Heidelberger Katechismus* ein weiteres Mal viele provozieren: Denn wir haben es uns ja angewöhnt, im Plural zu sprechen, vor allem, wenn es um Wahrheit geht. Es gibt verschiedene Wege, sagen wir, und verschiedene Möglichkeiten, glaubend selig zu werden. Was soll man sich unter dem «einen wahren Glauben» vorstellen? – Dass darunter keine konfessionelle oder institutionell klar umrissene Grösse zu verstehen ist, also etwa nur der reformierte Glaube, der alle Aussagen des *Heidelberger Katechismus* bejaht und unterschreibt, sollte aufgrund der vorherigen Argumentation klar sein; der wahre Glaube ist einer durch den *einen* ihn wahr machenden *Bezugspunkt*, durch den *einen* Jesus Christus. Auf ihn kann man sich aber auf verschiedene Weise beziehen und je nach Kontext, in dem man sich befindet, zu unterschiedlichen Bekenntnissen kommen. Der eine wahre Glaube *muss* geradezu zu verschiedenen Zeiten und an verschiedenen Orten immer neu und anders bekannt werden. Und dies entspricht dann ja auch dem reformierten Verständnis von Bekenntnis, das nicht aus einem Kanon ein für alle Mal fixierter Normen besteht, sondern von Mal zu Mal neu auf den Punkt gebracht werden muss.

5. Im fünften und letzten Punkt in diesem dritten Abschnitt möchte ich der Frage nach dem Verhältnis zwischen der Erwählung der Gemeinde und der Erwählung des Einzelnen nachgehen.

Der Satz «Ich glaube, dass auch ich ein lebendiges Glied dieser Gemeinde bin und ewig bleiben werde» schenkt dem einzelnen Glaubenden Hoffnung, Zuversicht und Trost.

Mir gefällt insbesondere die Formulierung «ein lebendiges Glied dieser Gemeinde». Das neue, das ewige Leben hat jetzt begonnen. Ich habe Anteil daran, Anteil aber als Glied eines Leibes. Ohne die anderen Glieder des Leibes, ohne den Leib als Ganzes, könnte ich nicht leben. Auch und gerade dort, wo es um den Einzelnen geht, ruft der *Heidelberger Katechismus* uns das organische Miteinander in Erinnerung. Von der Bezogenheit des Einzelnen auf die anderen ist niemals zu abstrahieren. Insofern ist die Erwählung des Einzelnen kein Thema für sich, sondern so etwas wie ein Teilaspekt der Erwählung der Gemeinde.

Einen etwas anderen Eindruck gewinnt man allerdings bei der Lektüre der Antwort auf die Frage 52, die stärker ichbezogen ist und den Einzelnen in der Reihenfolge *vor* die auserwählte Gemeinde stellt:

> «Was tröstet dich die Wiederkunft Christi, ‹zu richten die Lebenden und die Toten›?
>
> Antwort:
> In aller Trübsal und Verfolgung darf ich mit erhobenem Haupt
> aus dem Himmel eben *den* Richter erwarten,
> der sich zuvor für mich
> dem Gericht Gottes gestellt
> und alle Verurteilung von mir genommen hat.
> Er wird alle seine Feinde,
> die darum auch meine Feinde sind,
> in die ewige Verdammnis werfen,
> mich aber mit allen Auserwählten
> zu sich in die himmlische Freude und Herrlichkeit nehmen.»

Hier ist von der Gemeinde nicht die Rede und die Auserwählten erscheinen als lauter einzelne Auserwählte. Doch geht es hier eben um die ganz persönliche Frage: *Was tröstet dich* die Wiederkunft Christi und das Gericht? Und da ist dann wohl, wie überall, wo es um den Trost geht – man denke an die berühmte erste Frage des *Heidelberger Katechismus* – eine radikale Selbstbezogenheit durchaus am Platz – auch im Sinne eines rhetorischen Stilmittels natürlich.

4. Thesen und Gedankenanstösse zur Aktualität des Themas

1. Die Erwählungslehre hat dort ihren Ort, wo *Glaubende* sich versammeln. Es macht wenig Sinn, in missionarischen Zusammenhängen, und dazu rechne ich beispielsweise auch den Konfirmandenunterricht, über Erwählung zu reden, weil das Thema allzu schnell missverstanden wird. Für die Glaubenden aber sollte das Konzept der Erwählung keine Nebensächlichkeit sein, weil es je nach Kontext tröstlich oder ermahnend sein kann.

Meines Erachtens ist die tröstliche und vergewissernde Funktion der Erwählungslehre, die im 16. Jh. im Mittelpunkt stand, für uns heute nicht mehr gleichermassen von Bedeutung. Als umso wichtiger aber könnte sich die ermahnende Funktion erweisen: ermahnend insofern, als sie uns vor Augen führt, dass wir uns die entscheidenden Dinge des Lebens nicht selbst ausgesucht haben: weder unsere Eltern, noch unseren Körper, weder das Jahrhundert, in dem wir leben, noch die Situation in unserer Kirchgemeinde, und im Grund ja auch nicht das Brot, das wir kaufen oder die Musik, die wir hören. Vor allem aber haben wir uns nicht selbst ausgesucht, Gott zu vertrauen und aus diesem Vertrauen Kraft zum Leben zu schöpfen.

2. Und insofern ist die Erwählungslehre eine Schule der Dankbarkeit, eine Erinnerung daran, dass wir nur deshalb nicht verloren sind, weil Gott uns aus der Verderbnis herausgerufen hat. Diese Dankbarkeit zieht nach sich, dass wir nicht länger so leben, als wären wir verloren. Sie schliesst ein, dass wir versuchen, gabenorientiert zu leben, und nicht darüber jammern, was uns alles fehlt, sondern den Blick darauf richten, womit unsere Körbe gefüllt sind.

3. Die These des *Heidelberger Katechismus*, dass wir als *Gemeinde* erwählt sind, lenkt unseren Blick zunächst einmal auf die Menschen in den Kirchenbänken links und rechts von uns. So wenig wie wir haben sie sich selbst dafür entschieden, mit Gott ihren Weg zu gehen. Uns verbinden vielleicht keine gemeinsamen Hobbys und Interessen, uns verbindet weder unsere Bildung noch unser Milieu. Uns verbindet – wahrnehmbar nur im Glauben – etwas, das stärker ist als alles, was Menschen auf dieser Welt miteinander und untereinander verbinden kann. Es ist die Liebe Gottes, die alle unsere sichtbaren und unsichtbaren menschlichen Abgrenzungen durchbricht, ja niederreisst, wie es in Epheser 2 so eindrücklich formuliert ist.

Ich habe selbst erlebt, wie viel Kraft und wie viel Trost in der Erfahrung solcher Gemeinschaft liegen kann. Es ist dazu aber nötig, das, glaube ich, haben die Pietisten ganz richtig erkannt, dass Menschen nicht nur in den Kirchenbänken zusammensitzen und nicht nur smalltalken beim Kirchenkaffee. Die Kraft, die aus solcher Gemeinschaftserfahrung über alle Milieugrenzen hinweg entsteht, kann sich erst dort wirklich entfalten, wo über den Glauben gesprochen, wo Gott gefeiert und angebetet und wo Menschen auf ihre Glaubensfragen Antwort und Unterstützung von anderen erhalten.

Was das Thema Strukturreformen in unseren Kantonalkirchen anbelangt, und ich denke jetzt insbesondere an die Debatte, ob sog. Profilgemeinden in Zukunft eine grössere Rolle spielen sollten, lässt sich von der Frage 54 her höchstens so viel sagen: dass Gemeindeentwürfe, die sich vorrangig am menschlichen Auswahlverhalten orientieren, in Gefahr stehen, die Gleichnishaftigkeit für Gottes versöhnendes Handeln, die dem Zusammenkommen von ungleichen Menschen eignet, zu verspielen und den *einen* Grund für das Zusammensein als Ekklesia aus den Augen zu verlieren.

4. Der Glaube an die erwählte Gemeinde als eine weltumspannende Grösse kann Menschen auch zu nationenübergreifender Solidarität bewegen. Im Anschluss an eine Feier anlässlich des Weltgebetstags der Frauen ergab sich ein Gespräch mit einer Frau, die mir erzählte, wie sie sich einsetze für einen Mann aus Algerien, der eine Schweizerin geheiratet, einen Sohn in der Schweiz habe, Christ geworden sei, jeden Sonntag bei ihnen den Gottesdienst besuche, gut integriert sei und einen Job habe und dem nun, weil seine Frau sich von ihm getrennt habe, die Ausweisung drohe. Ich finde es beeindruckend, dass sie Briefe ans Amt für Migration schreibt, dass sie für diesen Mann einsteht als wäre er ihr Bruder, ja als *für* ihren Bruder.

5. Wenn Jesus Christus Subjekt der Erwählung ist, dann kann Erwählung niemals einen triumphalen Beiklang haben: Dann heisst Erwähltsein als Gemeinde erwählt zum Dienst, erwählt zum Zeugnis und zum Leiden, erwählt zur Solidarität mit den Armen, erwählt zum Protest gegen Ungerechtigkeit, aber niemals so, dass dieses Engagement unter der Hand wieder zu einem Trumpf in der Hand wird.

6. Das scheint mir – und quasi aus der Perspektive von Frage 54 gesprochen – die vielleicht schwierigste Herausforderung für unsere Gemeinden heute zu sein: dem Druck zur dauernden Selbstdarstellung und Selbstinszenierung, dem Zwang, auf sich aufmerksam zu machen und über das Gute, das man tut, über die vielen Projekte in der Jugend- und Familienarbeit auch ja genügend zu reden, *nicht* nachzugeben und *wirklich* darauf zu vertrauen und damit zu rechnen, dass Christus sich seine Gemeinde sammelt und erhält und dass im Speziellen wir als Pfarrerinnen und Pfarrer uns nicht unsere Gemeinden «machen» müssen.

Gottfried Wilhelm Locher

«Werden Brod und Wein der wesentlich Leib und Blut Christi?»

Zur Abendmahlstheologie des Heidelberger Katechismus*

An den Anfang seiner Vorlesung (Sommersemester 1947) über die christliche Lehre nach dem *Heidelberger Katechismus* stellt Karl Barth folgenden Satz: «Uns interessiert primär die christliche Lehre als solche und nicht der Heidelberger Katechismus.»[1] Barth, wiewohl profunder Kenner des *Heidelberger Katechismus*, charakterisiert seine Auseinandersetzung mit dem Schlüsseltext der reformierten Dogmengeschichte programmatisch vorab als Auseinandersetzung mit dem Dogma selbst. Auch für den *Heidelberger Katechismus* gelte, «dass ein Text der Tradition in besonderer Weise ernst genommen und in seiner Relevanz anerkannt wird, wenn er auch auf seine gegenwärtige Tragfähigkeit hin gewürdigt wird».[2] Die Relevanz eines Textes wird demnach erkennbar an seiner inneren Konsistenz von Kontextualität und Aktualität. – In derselben Perspektive stehen auch die folgenden Überlegungen zum Abschnitt «Von den heiligen Sakramenten», also zu den Fragen 65–85. Diese Fragen bilden einen, wie Karl Barth sagt, «in mehrfacher Hinsicht merkwürdigen und interessanten Abschnitt»,[3] bestehend aus einer allgemeinen Sakramentenlehre, die dann hinsichtlich der Taufe und des Abendmahls spezifiziert wird. Im Folgenden interessiert, wie der *Heidelberger Katechismus* das Verhältnis von Predigt und Sakrament, insbesondere das Verhältnis von Predigt und Abendmahl begreift.[4]

---

* Ich danke Silvianne Bürki für ihre Mitarbeit.

1 Karl Barth, Die christliche Lehre nach dem Heidelberger Katechismus. Vorlesung gehalten an der Universität Bonn im Sommersemester 1947, Zollikon-Zürich 1948, 15.

2 Georg Plasger, Die reformierte Abendmahlslehre im Kontext konfessioneller Identitätsbildung und theologischer Entwicklung: VF 57/2012, 49–56 (52).

3 Barth, Die christliche Lehre (Anm. 1), 87.

4 Spezialuntersuchungen zur Abendmahlslehre des *Heidelberger Katechismus* sind rar. Nach wie vor grundlegend ist Walter Kreck, Die Abendmahlslehre in den reformierten Bekenntnisschriften: Ernst Bizer/Walter Kreck (Hg.), Die Abendmahlslehre in den reformatorischen Bekenntnisschriften. Referate für die Darmstädter

1. Darstellung

1.1 Ort der Sakramentenlehre im HK

In Übereinstimmung mit vielen reformatorischen Katechismen des 16. Jahrhunderts[5] behandelt der *Heidelberger Katechismus* neben Apostolikum, Dekalog und Herrengebet auch die Sakramente. Bemerkenswerterweise findet sich der Abschnitt zu den Sakramenten im zweiten Teil, also in jenem Abschnitt, der «von des Menschen Erlösung» handelt, nicht etwa im dritten Kapitel, wo «Von der Dankbarkeit» die Rede ist. Walter Kreck weist darauf hin, dass Sakramente, die auf diese Weise dem Heilshandeln Gottes zugeordnet werden, «nicht, jedenfalls nicht primär, als Aktionen des glaubenden Menschen verstanden sind, auch nicht als Bekenntnisakte der Gemeinde».[6] Vielmehr bestimmt der *Heidelberger Katechismus* des Menschen Erlösung als jenen theologischen Ort, an welchem über die Sakramente zu sprechen ist. Die Sakramente werden demnach als *in einen grösseren Erlösungszusammenhang eingebettete Teilaspekte des Erlösungsgeschehens* erkennbar. Als solche sind sie freilich nicht von der Wortverkündigung des Evangeliums losgelöst wirksam, was der *Heidelberger Katechismus* durch die gewählte Gliederung klarstellt. Den Fragen zum Sakramentsverständnis unmittelbar voran gehen Aussagen über die Rechtfertigung allein aus Glauben an Jesus Christus sowie über das Verhältnis von Glaube und guten Werken (FA 60–64). Die textliche Vorordnung von *solus Christus* (FA 60), *sola fide* (FA 61) und *sola gratia* (FA 63) kann als theologisches Programm gelesen werden. Dafür spricht insbesondere die Formulierung in Frage 65, dem Eingangstor zum Sakramentenabschnitt: «Wenn nun allein der Glaube uns Anteil an Christus und allen seinen

Tagung der «Kommission für das Abendmahlsgespräch» in der EKiD am 13./14. April 1955, München 1955, 43–71. Vgl. auch den jüngst erschienenen Aufsatz von Magdalene L. Frettlöh, Leibhaftige Vergewisserung. «Wahrzeichen und Siegel» – Taufe und Abendmahl: Martin Heimbucher/Christoph Schneider-Harpprecht/Aleida Siller (Hg.), Zugänge zum Heidelberger Katechismus. Geschichte – Themen – Unterricht, Neukirchen-Vluyn 2012, 96–98.

5 Für eine breite Übersicht über Katechismen im 16. Jahrhundert vgl. die Quellensammlungen von Johann Michael Reu (Quellen zur Geschichte des kirchlichen Unterrichts in der evangelischen Kirche Deutschlands zwischen 1530 und 1600, 10 Bände, Gütersloh 1904–1935) und Cohrs (Die evangelischen Katechismusversuche vor Luthers Enchiridion. Herausgegeben, eingeleitet und zusammenfassend dargestellt von Ferdinand Cohrs, Hildesheim, New York 1978).

6 Kreck, Die Abendmahlslehre (Anm. 4), 43.

Wohltaten gibt» – so war zuvor in Frontstellung gegen jede Form der Werkgerechtigkeit argumentiert worden –, «woher kommt solcher Glaube?» Antwort: «Der Heilige Geist wirkt den Glauben in unseren Herzen durch die Predigt des heiligen Evangeliums». Erlösung geschieht allein aus Glaube, und entsprechend ist der Glauben stiftende Akt, also die Predigt des Evangeliums, das primäre Heilsmittel des Geistes.

Karl Barth war der Meinung, diese Formulierung in Antwort 65 wecke falsche Erwartungen. Zwar thematisiere der *Heidelberger Katechismus* in den darauf folgenden Fragen das den Glauben *bestätigende* Wirken des Geistes in den Sakramenten; aber nichts werde über das den Glauben *schaffende* Wirken des Geistes in der Predigt gesagt. «Wo bleibt die Lehre von der Wirkung des Glaubens durch die Predigt des Evangeliums, von der [...] die Reformatoren Alles erwarteten?»,[7] fragt Barth.

In der Tat macht der *Heidelberger* die Predigt nicht explizit zum Thema. Doch das liesse sich durchaus auch als Indiz für deren selbstverständliche Referenzstellung lesen. Der Heilige Geist wirkt den Glauben «durch die Predigt des heiligen Evangeliums» (FA 65), hält der *Heidelberger Katechismus* fest; entsprechend nennt er auch keine alternativen Orte glaubensstiftenden Wirkens des Heiligen Geistes. Im Duktus des *Heidelberger Katechismus* erscheint die Predigt nicht bloss als ein, sondern als *der* Ort des «Zuspruch[s] des Evangeliums» (FA 66). Insofern entspricht der *Heidelberger Katechismus* der Kirchenordnung der Kurpfalz, in die er ursprünglich eingebettet war. Die Predigt wird hier als *das* Heils-Mittel beschrieben: «Zu [...] ewigem Leben seine ausserwehlten zuführen / hat der Herr Jesus Christus verordnet die Predigt der Buss / vnnd vergebung der sünden / auff dass die erkandtnuss Gottes vnnd das ewige leben durch solches mittel [...] auff dieser erden in vnsern Hertzen angefangen werde / biss das wir im Himmel one eusserliche mittel die vollkommenheyt erreichen».[8]

Die primäre, ja singuläre Bedeutung, die der *Heidelberger Katechismus* der Predigt zur Stiftung des Glaubens zuspricht, fällt auf. In einem präzisen Sinne sekundär, der Predigt in Sache und Handlung nachgeordnet, sind dementsprechend die Sakramente zu verstehen. Sowohl in theologischer als auch in liturgischer Hinsicht führen sie die geistgewirkte Bewegung der Predigt fort,

7 Barth, Die christliche Lehre (Anm. 1), 87.

8 Wilhelm Niesel (Hg.), Bekenntnisschriften und Kirchenordnungen der nach Gottes Wort reformierten Kirche. Im Auftrage des Reformierten Bundes und des Reformierten Konventes der Bekenntnissynode der Deutschen Evangelischen Kirche unter Mitarb. von Wilhelm Boudriot et al., München 1938, 142.

behalten dabei aber ihre spezifische Funktion als gemeinschaftlich vollzogene Vergewisserung des Glaubens. Der *Heidelberger Katechismus* beschreibt diesen Sachverhalt in mehreren Artikeln (FA 65–67).

1.2 Duale Beschreibung des Sakraments

Von grundlegender Bedeutung ist die Bezeichnung der Sakramente als sichtbare heilige Wahrzeichen und Siegel in Antwort 66: «Gott hat sie eingesetzt, um uns durch ihren Gebrauch den Zuspruch des Evangeliums besser verständlich zu machen und zu versiegeln». Hier wird die duale Struktur der Sakramentsdefinition ein erstes Mal erkennbar: Wahrzeichen *und* Siegel. Diese Struktur erscheint in mehrfach variierter Form in der Tauf- und Abendmahlstheologie wieder. Dabei bilden die Begriffe «Zeichen» oder «Wahrzeichen» jeweils die eine Hälfte der Definition. Vielfältig ist hingegen die Erweiterung um jene Zweitfunktion, die über die Zeichenfunktion hinausreicht. Hier findet sich neben dem Begriff des Siegels auch die Vorstellung der Bestätigung (FA 67), der Versicherung (FA 69.73.75.78) und der Begriff des Pfands (FA 73.78.79).

Woher rührt diese duale Definition, warum Zeichen *und* Siegel? Die Antwort ergibt sich aus der Unterscheidung der beiden geistgewirkten Grundvollzüge «Glauben *bewirken*» und «Glauben *bestätigen*» in FA 65. Subjekt beider Handlungen ist Gott selbst: «Der Heilige Geist wirkt den Glauben in unseren Herzen durch die Predigt des heiligen Evangeliums und bestätigt ihn durch den Gebrauch der heiligen Sakramente» (FA 65). Predigt und Sakrament korrespondieren also mit Erwirkung und Bestätigung des Glaubens. Die Funktionen des Sakraments lassen sich nun ebenfalls den beiden Wirkungsweisen des Heiligen Geistes zuordnen. In seiner Zeichenfunktion weist das Sakrament auf den in der Predigt durch den Geist gewirkten Glauben hin, während es als Siegel eben diesen Glauben in der Kraft des Heiligen Geistes bestätigt und bekräftigt. In Calvins Worten: «Ein Sakrament ist ein äusseres Merkzeichen (symbolum), mit dem der Herr unserem Gewissen die Verheissungen seiner Freundlichkeit gegen uns versiegelt».[9]

9 Johannes Calvin, Unterricht in der christlichen Religion. Institutio Christianae Religionis, nach der letzten Ausgabe von 1559 übersetzt und bearbeitet von Otto Weber, Neukirchen-Vluyn 2009, IV,14,1.

1.2.1 *Sakramente als Zeichen*

Das Sakrament ist also erstens Zeichen. In den Worten des *Heidelberger Katechismus* von 1563[10] das «sichtbare heilige warzeichen» (Taufe und Abendmahl, FA 66), «warzeichen» (Taufe, FA 73), «Göttlich warzeichen» (Abendmahl, FA 78), «diss sichtbare zeichen» und «diese heilige warzeichen» (Abendmahl, FA 79). Als Zeichen veranschaulicht das Sakrament, was in der Predigt in Worte gefasst ist und macht das dort Gesagte als über sich selbst hinausweisende Handlung in einem präzisen Sinn einsichtig. Das Sakrament eröffnet eine neue Dimension der Glaubensvermittlung, indem es das Evangelium nicht nur verbal kommuniziert, sondern liturgisch inszeniert. Es geht in den Sakramenten um eine bestimmte Gestalt der Verkündigung. Georg Plasger weist darauf hin, dass die 1997 revidierte Ausgabe des *Heidelberger Katechismus* an dieser Stelle an Prägnanz etwas verloren hat. «Den Zuspruch des Evangeliums besser verständlich zu machen», formuliert FA 66 in der Ausgabe von 1997 die Funktion des Sakraments neu. In der älteren Textausgabe steht noch, die Sakramente sollen «die Verheissung des Evangeliums desto besser zu verstehen»[11] geben. «Die Textabänderung von ‹verstehen› zu ‹verständlich› schwächt unnötig ab, denn der Katechismus zielt tatsächlich darauf, dass wir im Vollzug der Sakramente das Evangelium besser verstehen.»[12] Denn hier wird Evangelium verkündigt, indem Brot gebrochen, geteilt und gegessen, indem Wein gereicht und getrunken wird und indem Wasser fliesst. Das ist «mehr als nur ein kognitiver Akt, bei dem nur der Kopf beteiligt ist».[13] Vielmehr wird im Sakrament zeichenhaft handelnd, quasi nachvollziehend verstanden, was uns verheissen ist. Plasger nennt das – in Anführungszeichen, aber durchaus präzise – «Erlebnispädagogik»[14]. Nicht primär durch eine intellektuelle Denkleistung, sondern durch den ganzheitlichen Vollzug wird das Evangelium im Sakrament eben «zu verstehen» gegeben.

10 Catechismus oder christlicher Underricht, wie der in Kirchen und Schulen der Churfürstlichen Pfalz getrieben wirdt, Reprint des Drucks von 1563, Zürich 1983.

11 Otto Weber (Hg.), Der Heidelberger Katechismus, Gütersloh ^{5}1996, 37.

12 Georg Plasger, Glauben heute mit dem Heidelberger Katechismus, Göttingen 2012, 159.

13 Plasger, Glauben heute (Anm. 12), 160. Vgl. auch «Im rechten Gebrauch der Sakramente erfährt die Vergewisserung eine entscheidende Vertiefung: Glaubensvergewisserung ist kein bloss kognitiver Akt. Sie geschieht nicht allein im Kopf [...], sondern soll in Fleisch und Blut übergehen» (Frettlöh, Leibhaftige Vergewisserung [Anm. 4], 90).

14 Plasger, Glauben heute (Anm. 12), 160.

1.2.2 Sakramente als Siegel

Die Zeichenfunktion ist die eine Dimension des Sakraments. Die duale Beschreibung des Sakraments spricht freilich vom Sakrament noch in einer zweiten Weise, nämlich unter Berücksichtigung ihrer Funktion als Bestätigung und Versicherung. Zweimal gebraucht der *Heidelberger Katechismus* das Bild des Siegels oder des Versiegelns in FA 66. In der Originalausgabe steht hierzu, Sakramente seien «sichtbare heilige warzeichen und Sigill» und Gott habe sie eingesetzt, «dass er uns durch uns durch den brauch derselben die verheissung des Evangelions […] versiegele».[15]

Mit der Rede von Sakramenten als Siegel steht der *Heidelberger Katechismus* in der Tradition weiterer reformierter Bekenntnisschriften; nach ihm spricht insbesondere die *Confessio Helvetica posterior* (1566) dieselbe Sprache,[16] vor ihm z. B. die *Confessio Scotica* (1560).[17] Prägend für diesen Sprachgebrauch war Calvin, der «das Wesen des Sakraments von Anfang an, das heisst seit der ersten Ausgabe der Institutio Christianae Religionis von 1536, konsequent mit diesen Begriffen dargestellt [hat]»,[18] so u. a. auch im *Genfer Katechismus* von 1545.[19] Wie Ernst Saxer nachweist, ist die Siegel-

15 Catechismus (Anm. 10), 45.

16 Vgl. Heinrich Bullinger, Das zweite helvetische Bekenntnis (1566). Confessio Helvetica posterior, Zürich ^{5}1998, 100 f. (Kap. XIX): «Sakramente sind aber geheimnisvolle Wahrzeichen oder heilige Gebräuche oder geweihte Handlungen, die von Gott selbst eingesetzt sind, […] durch die er ferner seine Verheissungen besiegelt und das, was er innerlich gibt, äusserlich darstellt und gleichsam augenscheinlich macht und so unseren Glauben durch die Wirkung des Geistes Gottes in unseren Herzen stärkt und mehrt.» Sowie 102 (Kap. XIX): «Das Wort Gottes können wir ansehen als eine Art Gesetzestafel oder Brief, die Sakramente aber als die Siegel, die Gott allein dem Brief anhängt.»

17 «Wir glauben, dass diese Sakramente sowohl des Alten wie des Neuen Testaments von Gott eingesetzt sind […] in der Absicht, die Treue seiner Kinder ihm gegenüber zu üben (1Kor 10,16–22) und durch die Teilnahme an diesen Sakramenten das Vertrauen in seine Verheissungen sowie in die Verbindung, Vereinigung und Gemeinschaft, die alle Erwählten mit ihrem Haupt Jesus Christus haben, in unseren Herzen zu besiegeln. Daher werfen wir denen eine nur zu offensichtliche Oberflächlichkeit vor, die behaupten, dass die Sakramente nichts anderes als blosse Zeichen seien.» Confessio Scotica: Georg Plasger/Matthias Freudenberg (Hg.), Reformierte Bekenntnisschriften. Eine Auswahl von den Anfängen bis zur Gegenwart, Göttingen 2005, 124–150 (143).

18 Ernst Saxer, «Siegel» und «Versiegeln» in der calvinisch-reformierten Sakramentstheologie des 16. Jahrhunderts: Zwingliana 14/1977, 397–430 (397).

19 «Was ist ein Sakrament? Ein äusseres Zeugnis des göttlichen Wohlwollens gegen uns, das mit einem sichtbaren Zeichen die göttlichen Gnadengaben abbildet, um in unseren Herzen Gottes Verheissungen zu versiegeln, wodurch deren Wahrheit

Metapher im Gebrauch der Reformatoren mehrdeutig. Insbesondere lassen sich die beiden Bedeutungsstränge der *Besiegelung* einer Verheissung (im Sinne einer Vergewisserung) einerseits und der *Versiegelung* im Heiligen Geist (als Erwählung) andererseits unterscheiden. Diese werden von verschiedenen Reformatoren unterschiedlich gewichtet, was sich Calvin im Übrigen in seinen Kompromissbemühungen zu Nutze zu machen weiss.[20] Wenn der *Heidelberger Katechismus* die Sakramente also «Siegel» nennt, greift er auf einen breiten Strom reformatorischer Tradition zurück.[21]

1.2.3 Parallele Gliederung der Abschnitte zu Taufe und Abendmahl

Die beiden Kapitel zur Tauf- und Abendmahlslehre sind parallel gegliedert (FA 69–74 sowie FA 75–82). Typisch für den *Heidelberger Katechismus* ist die den Einzelnen direkt ansprechende Einstiegsfrage in beiden Teilen: «Wie wirst du in der heiligen Taufe erinnert und gewiss gemacht ...?» (FA 69) und «Wie wirst du im Heiligen Abendmahl erinnert und gewiss gemacht ...?» (FA 75). Es folgen Erläuterungen zum jeweiligen Sakrament («Was heisst, mit dem Blut und Geist Christi gewaschen sein?», FA 70 / «Was heisst, den gekreuzigten Leib Christi essen und sein vergossenes Blut trinken?», FA 76), dann die biblische Grundlage des jeweiligen Sakraments (FA 71.77). Anschliessend wird geklärt, wie sich die äusseren Elemente Wasser, Brot und Wein und die damit verbundenen sakramentalen Handlungen zum inneren Vorgang der Glaubensstärkung und -besiegelung verhalten (FA 72–73.78–79). Hier wird gefragt: «Werden Brod und Wein der wesentlich Leib und Blut Christi?», oder in der neueren Übersetzung: «Werden denn Brot und Wein in Leib und Blut Christi verwandelt?» (Frage 78).

Abgeschlossen wird die parallele Struktur der Abschnitte Taufe und Abendmahl je durch eine kontroverstheologische Frage: die Frage der Kin-

noch bekräftigt wird.» Johannes Calvin, Genfer Katechismus: Plasger/Freudenberg (Hg.), Reformierte Bekenntnisschriften (Anm. 17), 96.

20 Vgl. Saxer, «Siegel» und «Versiegeln» (Anm. 18).

21 Vgl. auch Calvin, Institutio (Anm. 9), IV,14,3: «... dass ein Sakrament nie ohne eine vorausgehende Verheissung ist, sondern dass es der Verheissung vielmehr gleichsam als Anhängsel zugefügt wird. Dies geschieht zu dem Zweck, dass es die Verheissung selbst bekräftigt und versiegelt und sie für uns besser bezeugt, ja, gewissermassen gültig sein lässt. Denn Gott sieht vor, dass es zum ersten für unsere Unwissenheit und Trägheit, zum zweiten aber auch für unsere Schwachheit dergestalt erforderlich ist.» – Mindestens als Bild für die Taufe ist die Siegel-Metapher seit dem zweiten Jahrhundert gebräuchlich; vgl. Hans Jörg auf der Maur, Art. Siegel: LThK 9, 567–568 (568).

dertaufe und die Frage nach dem Unterschied von Abendmahl und Messe (FA 74.80). Ausserhalb der Parallelität widmen sich zwei abschliessende Fragen der Zulassung zum Abendmahl (FA 81–82).[22]

1.3 Das Abendmahl als Zeichen und Siegel

Mit den Beschreibungen des Sakraments als Zeichen und Siegel wird erkennbar, was die duale Sakramentsdefinition im Speziellen für die Abendmahlslehre bedeutet.[23]

1.3.1 Äusseres und inneres Geschehen im Abendmahl

Grundlegend für die Abendmahlstheologie des *Heidelberger Katechismus* ist die Unterscheidung von äusserem und innerem Geschehen. FA 75 beschreibt den äusseren Vorgang: Zum einen, dass ich mit eigenen Augen sehe, dass das Brot mir gebrochen und der Kelch mir gegeben wird, zum andern, dass ich das Brot und den Kelch empfange und leiblich geniesse. Den inneren, geistlichen Vorgang, also die Glaubenswirkung durch den Heiligen Geist, beschreibt anschliessend FA 76. Der bzw. die Glaubende empfängt durch das Wirken des Geistes die Sündenvergebung und die Eingliederung in den Leib Christi. Das ist, was heisst, «den gekreuzigten Leib Christi essen und sein vergossenes Blut trinken». Die äusserliche Handlung bringt ein inneres Wirken des Geistes zum Ausdruck, welches freilich nicht erst zeitgleich mit der Abendmahlshandlung, sondern schon vorgängig anzusetzen ist.

1.3.2 Bezeichnete Glaubensgewissheit

Die Unterscheidung von innerem und äusserem Vorgang bedingt freilich eine Klärung der Beziehung, in welcher die beiden Dimensionen des Abendmahlsgeschehens zueinander stehen. Das schroffe «Nein» in FA 78 erteilt jeder Ver-

22 Abgeschlossen wird das Kapitel zu den Sakramenten mit Aussagen über das Schlüsselamt nach Mt 16,19 und über christliche Busszucht (FA 83–85). Diesen letzten Teil des Kapitels «Von der Erlösung» leitet keine eigene Überschrift ein, weshalb offen bleiben muss, in welchem Verhältnis dieser Abschnitt zum Vorangehenden steht. Jedenfalls bemerkenswert ist es, dass hier Amt und Sakrament in nächster Nähe behandelt werden.

23 Der *Heidelberger Katechismus* differenziert in den Fragen zu den Sakramenten allgemein (FA 65–68) wenig zwischen Taufe und Abendmahl. Anders Barth, der das *sacramentum initiationis* und das *sacramentum nutritionis* unterscheidet (Barth, Die christliche Lehre [Anm. 1], 89 f.).

mischung von innerem und äusserem Vorgang eine Absage: Für den *Heidelberger Katechismus* kommt ein Abendmahlsverständnis nicht in Frage, in welchem das zum Essen gereichte Brot erkennbar Leib Christi und der zum Trinken gereichte Wein erkennbar Blut Christi werde. Begründet wird das Nein zur Vermischung mit dem Hinweis auf die Taufe, bei welcher ja das Wasser auch nicht selbst die Sünden abwasche.[24] Es sind, so der *Heidelberger Katechismus*, gerade nicht die äusseren Elemente, welche den inneren Vorgang bewirken. Vielmehr ist das von der Gemeinde gefeierte Abendmahl gleichnishaft zu verstehen. Der Leib Christi ist «so gewiss für mich am Kreuz geopfert und gebrochen und sein Blut für mich vergossen [...], wie ich mit Augen sehe, dass das Brot des Herrn mir gebrochen und der Kelch mir gegeben wird» (FA 75).[25] Die Gewissheit des äusseren, erlebbaren Vorganges steht zeichenhaft für die Gewissheit des durch Christus erlangten Heils. Die Sakramente sind für den *Heidelberger* «die alles tragenden signa certitudinis im Leben des Christenmenschen». Mit Barth: «Die Realität des Todes Christi steht in Beziehung zur Aktion des Abendmahls: das Brot wird mir gebrochen, der Kelch wird mir gereicht. Das sehe ich mit meinen Augen. In der Beziehung dieser beiden Ereignisse: des Todes Christi für mich und der Darbietung von Brot und Kelch für mich liegt das eigentliche Geheimnis des Abendmahls.»[26]

1.3.3 Erwirkte Glaubensgewissheit

Inwiefern aber ist das Abendmahl Siegel? Das Abendmahl, so der *Heidelberger Katechismus*, besiegelt den in der Predigt vorgängig gewirkten Glauben, indem es ihn liturgisch handelnd bestätigt, und es versiegelt ihn, indem es ihn vergewissert, schützt und bewahrt. Die Funktion der Versiegelung besteht «in einer ‹Versicherung› durch eben diese Handlung, die also nicht nur veranschaulicht, sondern das hier Veranschaulichte und Gelehrte *verbürgt*».[27] Entscheidend daran ist die Einsicht, dass das Abendmahl zwar auch, aber nicht ausschliesslich als Veranschaulichung zu charakterisieren ist. Dem

---

24 Freilich bleibt das Argument, wonach «das Wasser bei der Taufe nicht in das Blut Christi verwandelt wird», etwas unscharf: Auf welchen (biblischen) Zusammenhang zwischen Taufwasser und Blut Christi liesse sich diese Absage an eine behauptete Bezogenheit denn sinnvollerweise anwenden?

25 Weitere Assoziationen von innerem und äusserem Abendmahlsgeschehen finden sich in FA 75 (doppeltes «so gewiss») und in FA 79 («wie ... so ...», «so wahrhaftig» und «so gewiss»).

26 Barth, Die christliche Lehre (Anm. 1), 100.

27 Kreck, Die Abendmahlslehre (Anm. 4), 45 (Hervorhebung G. W. L.).

Abendmahl eignet sowohl eine in der Zeichenhandlung erlebte als auch eine über die Zeichenfunktion hinausreichende Qualität. Das Abendmahl ist gleichzeitig Zeichen und mehr als Zeichen. Diese Qualität macht es neben der Predigt des Evangeliums – mit Barths Worten – zum «*zweiten Woher* des Glaubens»[28]. Barth erkennt im *Heidelberger Katechismus* ein «göttliches *confirmare*, das nicht etwa weniger dringlich und notwendig ist wie das Wirken des Glaubens».[29] Denn der Glaube ist kein ein für alle Mal gesichertes *datum*, sondern bedarf der ständigen Stärkung und Bewahrung. In dieser Perspektive steht die erlebbare Funktion des Abendmahls: Es vermag den «Glauben zu stärken» und das «Leben zu bessern» (FA 81). Die Sakramente versteht der *Heidelberger Katechismus* als «bestätigende Gnadenmittel, die das Hören des Evangeliums und den Glauben voraussetzen»,[30] wie Walter Kreck im Anschluss an FA 65 formuliert. «Der hl. Geist handelt wirklich im Sakrament an und mit uns, aber nicht erstmalig und grundlegend, sondern in Fortsetzung des Geschehens, das in der Predigt sich vollzieht, [...] das Evangelium bzw. den Glauben bestätigend.»[31] Kreck nennt hier beim Namen, was durch die gleichzeitige Betonung der sekundären, die Predigt (bloss) bestätigenden Position des Abendmahls, an Klarheit verliert: dass das Sakrament ein Gnaden*mittel* ist. Die Sakramente sind «Medien dieser Vergewisserung»,[32] indem sie der Glaubenswahrheit als sicht- und erfahrbare Handlungen zugeordnet sind. Im Abendmahl wirkt der Geist, und wo der Geist wirkt, vermag er Wirklichkeit zu verändern, eben «das Leben zu bessern». «Gott handelt wirklich im Sakrament am Menschen, aber an dem schon Glaubenden, wenn auch immer wieder schwachen und sündigen Glaubenden.»[33] Nicht nur die Einschränkung gilt es ernst zu nehmen, sondern ebenso die Tatsache der verändernden Kraft des Geistes: Gott handelt *wirklich*. Dem Zeichen eignet lebensverändernde, Hoffnung stiftende Kraft.

1.3.4 Realisierter Trost

Zeichen und Siegel: Weil und indem das Abendmahl beides in einem ist, erweist es sich im liturgischen Vollzug als Vergegenwärtigung des Heils. Dieses Heil, gewirkt und verwirklicht durch den Heiligen Geist, erfahren Men-

28 Barth, Die christliche Lehre (Anm. 1), 88 (Hervorhebung im Original).
29 Barth, Die christliche Lehre (Anm. 1), 88 (Hervorhebung im Original).
30 Kreck, Die Abendmahlslehre (Anm. 4), 46.
31 Kreck, Die Abendmahlslehre (Anm. 4), 48.
32 Frettlöh, Leibhaftige Vergewisserung (Anm. 4), 90.
33 Kreck, Die Abendmahlslehre (Anm. 4), 48.

schen unmittelbar als Glaubensgewissheit. Die Vergewisserung des Glaubens ist denn auch ein Leitgedanke des *Heidelberger Katechismus*, «nämlich die Vergewisserung eines von innen und aussen angefochtenen, be- und umstrittenen, zweifelnden und verzweifelnden Glaubens».[34] Dahinter steht freilich das erste und tiefste Motiv des *Heidelbergers*: der Trost. Dass ich meines Heils in Christus gewiss werde, ist zentraler Bestandteil jenes einzigen Trostes, von dem FA 1 spricht. Das Sakrament tröstet Menschen, weil es sie ihres Glaubens vergewissert. Die Feier des Abendmahls wird damit zur tröstlichen Erfahrung, rückbezogen auf den in der Predigt gewirkten Glauben und doch in sich selbst wirksam als Gnadenmittel. So sagt der *Heidelberger Katechismus* also zweierlei: Trost verlangt nach Glaubensgewissheit, und Glaubensgewissheit braucht Medien der Vergewisserung. Von der ersten bis zur letzten Frage des *Heidelberger Katechismus* sind Trost und Gewissheit aufeinander verwiesene Dimensionen des Glaubens.[35]

1.4 Proprium des Abendmahls

Zusammenfassend lässt sich sagen: Der *Heidelberger Katechismus* ordnet dem Abendmahl eine eigene, auf die Predigt des Evangeliums verweisende Funktion zu: Sowohl als Zeichen als auch als Vergewisserung verweist es auf schon Geschehenes, nämlich auf das Offenbarungsgeschehen in Christus und auf die Vermittlung dieses Geschehens in der Predigt. Das Abendmahl gilt ihm als nachvollziehend erlebbares Zeichen des Heilshandelns Gottes und tröstende Vergewisserung des Glaubens. Der Glaube, den das Abendmahl bestätigt, gilt dem *Heidelberger Katechismus* als schon vor dem Sakrament durch den Heiligen Geist gewirkter Glaube. Das Heil, auf welches das Abendmahl zeichenhaft verweist, ist ein schon vor dem Sakrament verwirklichtes Heil. «Nicht das Zeichen wirkt heilsam an uns. Gott, Christus, der Heilige Geist tut das – Gott nicht ohne das Zeichen, sondern unter seiner Begleitung, aber so, dass nicht die Begleitung, sondern allein der, der das Zeichen begleitet, hier uns zugute handelt»,[36] so Eberhard Busch. In der Tat, dem *Heidelber-*

34 Frettlöh, Leibhaftige Vergewisserung (Anm. 4), 89.

35 Vgl. dazu Christian Link, Trost und Gewissheit. Beobachtungen zur Theologie des Heidelberger Katechismus: EvTh 72/2012, 467–480.

36 Eberhard Busch, Der Freiheit zugetan. Christlicher Glaube heute – im Gespräch mit dem Heidelberger Katechismus, Neukirchen-Vluyn 1998, 213.

ger Katechismus gilt beides als unverzichtbar: Zeichen *und* Siegel. Es ist freilich auch dieses *junctim*, welches Fragen aufwirft, Fragen, die nun zu diskutieren sind.

2. Diskussion

Zwei Verhältnisbestimmungen des *Heidelberger Katechismus* laden zur Diskussion ein: das Verhältnis von Zeichen und Siegel und das Verhältnis von Abendmahl und Predigt.

2.1 Zum Verhältnis Zeichen – Siegel

2.1.1 Konstitutive Zeichenhaftigkeit

Das Abendmahl ist gleichzeitig Zeichen und Siegel des Heils in Christus, so der *Heidelberger Katechismus.* Dass er die Zeichenfunktion als für das Abendmahl konstitutiv begreift, ist offensichtlich. Der *Heidelberger* argumentiert in der augustinischen Unterscheidung von *signa* und *res* (resp. *res significata* und *res significans*).[37] Sakramente verweisen als *signa* auf die *res* schon geschehenen Heils. Er unterscheidet in dieser «Sache» des schon geschehenen Heils, auf die das Sakrament verweist, zwischen dem einmaligen Heilsereignis in Christus und seiner individuellen Aneignung durch den Glaubenden. «Beides – das Heilsereignis wie seine individuelle Zu- und Aneignung – geht dem Sakrament als das Handeln des dreieinigen Gottes voraus.»[38] Das Abendmahl veranschaulicht, was doch schon geschehen ist: das Heilsgeschehen des Gründonnerstags zuerst, in dessen Perspektive dann das ganze *triduum paschale* und schliesslich die in Ostern gegründete Ansage des kommenden Reiches Gottes.

Im Detail ist der Zeichenbegriff des *Heidelbergers* freilich nicht ganz eindeutig zu bestimmen, zumindest, wenn man die zu FA 66 angeführten Schriftbelege beachtet. Diese beziehen sich meist auf das Zeichen der Beschneidung im Alten Testament. Neutestamentlich wird Röm 4,11 angeführt, wo Paulus das Zeichen der Beschneidung Abrahams «Siegel der Glaubensgerechtig-

37 So auch Michael Beintker, Die Tauflehre des Heidelberger Katechismus in ökumenischer Perspektive (Fragen 69–74). Online: http://www.reformiert-info.de/daten/File/Upload/doc-2467-1.pdf (10.06.2013).

38 Frettlöh, Leibhaftige Vergewisserung (Anm. 4), 91.

keit» nennt. «Inwiefern der hier gewonnene Begriff nun auch tauglich ist, um das Wesen des Sakraments im Neuen Bund zum Ausdruck zu bringen, wird hier nicht weiter erörtert.»[39] Kreck umreisst den beim *Heidelberger* wohl vorauszusetzenden Gedankengang mit folgendem Syllogismus: «Die alttestamentlichen Bundeszeichen werden oft Zeichen oder Siegel genannt. Zwischen alt- und neutestamentlichen Bundeszeichen herrscht in den entscheidenden Punkten Übereinstimmung. Also sind auch die neutestamentlichen Sakramente als Zeichen und Siegel zu verstehen.»[40]

2.1.2 Konstitutive Wirklichkeitsveränderung

Wie aber verhält es sich mit der Siegel-Metapher, gilt die sich darin manifestierende Funktion ebenfalls als konstitutiv für das Abendmahl? Dass Sakramente Zeichen *und* Siegel seien, darin ist der *Heidelberger Katechismus* unmissverständlich. Was aber in Bezug auf das Abendmahl das Charakteristische am Siegel ausmacht, wird in zwei unterschiedlichen Nuancen formuliert. Die eine betont die Erinnerung an das in Christus offenbarte Heil: «Wie wirstu im heiligen Abendmal erinnert und versichert / dass du an dem einigen opffer Christi am Creutz / und allen seinen gütern gemeinschafft habest?» (FA 75) Hier steht die Vergewisserung des durch die Predigt schon gewirkten Glaubens im Vordergrund. Das Siegel ruft, in dieser Perspektive, in Erinnerung, was vorgängig schon gegolten hat. Das Abendmahl ist Siegel, indem es Kontinuität garantiert.

In FA 66 jedoch, der Schlüsselfrage zur Sakramentsdefinition, geht die Siegel-Metapher darüber hinaus; der *Heidelberger Katechismus* erklärt, dass das Abendmahl von Gott dazu eingesetzt sei, dass er uns «die verheissung des Evangelions desto besser zu verstehen gebe / und versiegele». Das Siegel garantiert hier also nicht nur die Erinnerung an schon geschehenes Heil, sondern ermöglicht darüber hinaus auch ein besseres Verständnis jenes Heils. Mit dem Erlebnis der Versiegelung wird eine neue, tiefere Glaubenswirklichkeit erst geschaffen. Die Versiegelungsfunktion ist also nicht nur reflexiv – erinnernd rückbezüglich –, sondern auch performativ – wirklichkeitsverändernd – zu verstehen.

Eine Deutung dieser performativen Versiegelungsfunktion findet sich bei Calvin: «Die Siegel, die man an Amtsurkunden und anderen öffentlichen Schriftstücken befestigt, sind an und für sich betrachtet nichts, weil sie ja vergebens daran aufgehängt wären, wenn auf dem Pergament nichts ge-

39 Kreck, Die Abendmahlslehre (Anm. 4), 46.
40 Kreck, Die Abendmahlslehre (Anm. 4), 46.

schrieben stünde; und doch ist es so, dass sie das Geschriebene bekräftigen und versiegeln, wenn sie solchen Schriftstücken zugefügt werden.»[41] Um in Calvins Bild zu bleiben: Eine Urkunde ist eben erst dann amtlich beglaubigt, wenn sie versiegelt ist. Ihr Text wird erst gültig durch die Versiegelung. Das Zeichen beschreibt Geschehenes, das Siegel aber verändert Geschehenes und wird dadurch selber zum Geschehen. Es belässt den Gehalt des Versiegelten, verändert aber dessen Status. Im Kern entspricht dieser Vorgang demjenigen jeder performativen Äusserung.

Vom Versiegeln und damit vom Siegel in seiner wirklichkeitsverändernden Funktion ist zwar nur in einer einzigen Antwort die Rede; insofern sollte eine dem Abendmahl zugeordnete performative Funktion im *Heidelberger Katechismus* nicht überbetont werden. Sie gänzlich zu negieren, würde dem Text jedoch auch nicht gerecht, denn vom Versiegeln ist an entscheidender, weil in Bezug auf die Sakramente definitorischer Stelle die Rede. Die darin zum Ausdruck kommende performative Handlung wird in der unmittelbar folgenden Antwort weitergeführt: «[D]er heilig Geist lehret im Evangelio / und bestetiget durch die heiligen Sacrament ...» (FA 67). Gottes Geist wirkt, so der *Heidelberger Katechismus*, auf zweifache Weise: durch die Verkündigung des Heils in der Predigt und durch die Bestätigung des Heils im Abendmahl, und beide Wirkweisen des Geistes sind aufeinander verwiesen. Das Abendmahl wird verständlich im Licht der Predigt, die Predigt aber gründet auf der Wirklichkeit des Abendmahls.[42] Beide sind sie Orte des Handeln Gottes.

Der zweifachen Wirkweise des Geistes in Predigt und Abendmahl entspricht eine doppelte Performanz des Abendmahls selbst. Zum einen verändert es die Wirklichkeit der feiernden Gemeinde, indem es sie je neu auf Christus ausrichtet. Das gefeierte Abendmahl *bewirkt* Christuszentrierung. Zum andern findet in dieser Feier eine Vergewisserung im Glauben statt. Das Abendmahl *bewirkt* Glaubensgewissheit. Als Zeichen und als Siegel verän-

41 Calvin, Institutio (Anm. 9), IV,14,5.

42 Vgl. dazu aus der Perspektive kirchlichen Handelns Dalferth, Wirkendes Wort. Handeln durch Sprechen in der christlichen Verkündigung: Hans-Günter Heimbrock/ Heinz Streib (Hg.), Magie. Katastrophenreligion und Kritik des Glaubens. Eine theologische und religionstheoretische Kontroverse um die Kraft des Wortes, Kampen 1994, 105–143 (128): «Sachgemäss ist menschliche Verkündigung vielmehr, wenn sie von Gott selbst so redet, wie Gott selbst von sich redet: in Evangelium und Gesetz. [...] Wirksam ist sie eben nur deshalb, wenn sie selbst nicht verhindert, was sie intendiert: dass den Hörern Gottes Gegenwart so gewiss wird, dass sie ihre eigene Lebenssituation im Licht der wirklichkeitsverändernden Nähe Gottes verstehen ...»

dert es die Welt der feiernden Gemeinde. Die Erinnerung an das Handeln Gottes in seinem Sohn wird zum Ort des Handelns Gottes in seinem Geist.

2.1.3 Konstitutive Heilsrelevanz

Hier liegt eine weitere Pointe der Abendmahlstheologie des *Heidelbergers*: Die Bestätigung des Heils ist gleichermassen *Verwirklichung* des Heils. Gott selbst ist handelndes Subjekt im Sakrament, indem er die Heilsbotschaft «bestätigt» (FA 67) und «versiegelt» (FA 66). Sakramente sind also in einem präzisen Sinn Heils-Mittel. Als Zeichen verweist das Abendmahl auf geschehenes Heil, als Siegel ist es selber heiliges Geschehen. Schon geschehenes Heil trifft im Abendmahl auf neu sich ereignendes Heil. Hier liegt die Spitze der Siegel-Metapher: *Abendmahl ist Heilsgeschehen,* denn Abendmahl ist Wirklichkeit schaffendes Heilshandeln Gottes. Im *Heidelberger Katechismus* wird beides erkennbar: die Vorordnung des Heilsgeschehens im Evangelium *und* die heilsrelevante Funktion des Sakraments.

Im Übrigen wäre zu überlegen, ob der *Heidelberger Katechismus* dem Sakrament Heilsrelevanz nicht nur in seiner Funktion der Versiegelung, sondern gerade auch in seiner Zeichenfunktion zuspricht. Als Zeichenhandlung bewirkt das Abendmahlsgeschehen eine evidente christologische Verortung der feiernden Gemeinde; evident deshalb, weil es die Gemeinde durch die sich selbst erklärende Handlung des Abendmahls ganz auf Christus ausrichtet. Als Versiegelung des Gotteswortes bewirkt die Abendmahlshandlung zudem eine Glaubensgewissheit, eine Versicherung im Glauben, wie sie sich nicht schon aus der Evangeliumspredigt ergibt, sondern die wesentlich an das je und je gefeierte Sakrament geknüpft ist. Beide Wirkungen des Geistes im Abendmahl sind heilsrelevant im Leben des Einzelnen und der Gemeinde.

Glaube kann nur dann Vergewisserung im Abendmahl finden, wenn dieses als unbedingtes und verlässliches Zeichen des Heils erkennbar wird; indem das Abendmahl zeichenhaft auf das Heil verweist, wird die Versiegelung des Glaubens erst möglich. Dass dieses Heil allein in Christus zu suchen ist, bringt das Abendmahl als ganzheitliche, nicht auf Sprache reduzierte Handlung in unvergleichlicher Weise zum Ausdruck. Anders als die Predigt, die verschiedene Aspekte des Glaubens bedenkt und erörtert, fokussiert das Abendmahl uneingeschränkt auf die Person Christi. Die Christuszentrierung des Glaubens erscheint damit als Kerngehalt der Zeichenfunktion.

Das Abendmahl zeigt also nicht nur auf schon geschehenes Heil, sondern wird durch sein Zeichen-Sein auch erst fähig, vergegenwärtigtes Heil in Form des versiegelten Glaubens zu schaffen. Denn versiegeln lässt sich nur, was präsent ist, und präsent wird schon geschehenes Heil erst durch die zeichenhaft vollzogene Abendmahlshandlung. Das Wahrzeichen «schafft» demnach die Vergegenwärtigung dessen, was das Siegel bekräftigt.

Als Siegel wiederum verbindet das Abendmahl die Verheissungen des Evangeliums mit dem personalen Ursprung der Verheissungen, Christus. Im Bild der versiegelten Urkunde ausgedrückt: Das Abendmahl versieht die Verheissungen des Evangeliums handelnd mit dem Namen ihres Autors; es autorisiert die feiernde Gemeinde als Gemeinde Jesu Christi.

Dabei ist ein Missverständnis zu vermeiden, zu welchem die Siegel-Metapher verleiten könnte: Mit dem Versiegeln ist zwar ein wirkliches, aber kein unwiederholbares Geschehen bezeichnet. Die Versiegelung des Glaubens im Abendmahl verändert Wirklichkeit auf Zeit, nicht auf Ewigkeit. Anders als in der Taufe schafft der Geist im Abendmahl eine Wirklichkeit, die auf kontinuierliche Neuschaffung angewiesen ist. Abendmahl ist die wieder und wieder zu erneuernde Erneuerung menschlichen Lebens durch Christuszentrierung in der Kraft des Heiligen Geistes. In der Mahlfeier erfährt die Gemeinde den Fluchtpunkt ihrer Herkunft und die Quelle kommenden Lebens.

2.1.4 Konstitutive «Gleichzeitigkeit des Heils»

Reflexives, auf die Evangeliumsverkündigung rückbezogenes Zeichen und performative, wirklichkeitsschaffende Handlung in einem: Diese Zweidimensionalität des Abendmahls erweist sich als charakteristisch für die Abendmahlslehre des *Heidelberger Katechismus.* Spannungsfrei ist sie nicht, kann sie kaum sein in einer Darstellung, die zwischen innerem Vorgang – der Glaubenswirkung durch den Heiligen Geist – und äusserem Vorgang – der je neu vollzogenen Feier des Abendmahls – so kategorisch unterscheidet, wie es der *Heidelberger Katechismus* tut. Doch die Spannung zwischen rückbezogenem Zeichen und wirklichkeitsschaffender Handlung ist als Ausdruck eines theologischen Ringens zu lesen, des Ringens um die Frage, inwiefern das Abendmahl, analog zur theologisch offensichtlich weniger kontroversen Taufe, als *medium salutis* zu begreifen ist. Dass den Sakramenten keine über die Evangeliumsverkündigung hinausreichende Heilsrelevanz zukomme, liesse sich unter Berufung auf den *Heidelberger Katechismus* jedenfalls nicht ohne weiteres behaupten. Richtig ist, dass der *Heidelberger Katechismus* das *initium fidei* vom Sakrament unterscheidet. Der primäre Ort des (liturgisch) vermittelten Heils ist die Predigt.[43] Und doch hält der *Heidelberger Katechis-*

43 Vgl. Karl Barth, Menschenwort und Gotteswort in der christlichen Predigt: Holger Finze/Hinrich Stoevesandt/Hans-Anton Drewes (Hg.), Karl Barth Gesamtausgabe, Abt. III: Vorträge und kleinere Arbeiten 1922–1925, Zürich 1990, 426–457

mus unmissverständlich fest: Es gibt einen daran anschliessenden zweiten liturgischen Ort, an welchem das eine Heil durch den einen Geist vermittelt wird. Denn auch die Versiegelung der Verheissungen des Evangeliums begreift der *Heidelberger Katechismus* offenbar als heilsrelevant, wenn er die Sakramente unter dem Titel «Von des Menschen Erlösung» behandelt und sie im gleichnamigen Abschnitt einordnet. Das Abendmahl vergegenwärtigt das in Christus Geschehene und vergewissert die Menschen dadurch in ihrem Christusglauben. Die Gleichzeitigkeit von geschehenem und geschehendem Heil ist im *Heidelberger Katechismus* konstitutiv für das Abendmahlsverständnis. Seine Christozentrierung bedeutet freilich den ebenso konstitutiven Einbezug der eschatologischen Ausrichtung des geschehenen Heils: «Die Auferstehung Christi ist uns ein verlässliches Pfand unserer seligen Auferstehung» (FA 45). Vergegenwärtigt wird Christi Handeln «für mich» (FA 75) als ein auf *meine* Hoffnung und *meine* Zukunft ausgerichtetes Handeln. Was in Christus geschehen ist und im Abendmahl vergegenwärtigt wird, ist ein auf Zukunft ausgerichtetes Heil. So wird im *Heidelberger Katechismus* eine Perspektive erkennbar, welche dem Abendmahlsgeschehen Vergangenheit, Gegenwart und Zukunft zuordnet. Sie liesse sich vielleicht so formulieren: *Das Abendmahl ist Zeichen des geschehenen, Ort des vergegenwärtigten und Quelle des kommenden Heils.* In ihm ereignet sich liturgisch ein Kairos des Heils, der die Chronologie der Welt übersteigt. Dem Abendmahl eignet eine Eigenschaft, die sprachlich unbeholfen, aber sachlich präzise als «Gleichzeitigkeit des Heils» zu beschreiben wäre.

2.2 Zum Verhältnis Predigt – Abendmahl

Eine zweite Verhältnisbestimmung betrifft Predigt und Abendmahl. «Der Heilige Geist wirkt den Glauben in unseren Herzen durch die Predigt des heiligen Evangeliums und bestätigt ihn durch den Gebrauch der heiligen Sakramente» (FA 65). Nicht nur die Unterscheidung der Glauben bewirkenden

(431): «Die Reformation hat es gewagt, das Verhältnis von Sakrament und Predigt umzukehren. Genau auf dem Höhepunkt des christlichen Gottesdienstes, auf dem in der katholischen Kirche die eucharistische Wandlung vollzogen wird, wird im Protestantismus gepredigt. Genau den ernsten, beziehungsvollen, aber gegenüber dem eigentlichen kirchlichen Zentrum dogmatisch und kultisch unverkennbar nur supplementären Charakter, den dort die Predigt hat, haben bei uns die Sakramente.»

und Glauben bestätigenden Kraft des Geistes und die daraus folgende Vor- bzw. Nachordnung von Predigt bzw. Sakrament kommt hier zum Ausdruck, sondern auch zwei weitere Unterscheidungen werden hier erkennbar.

2.2.1 Didaktik von Wort und Tat

Erstens unterscheiden sich Predigt und Abendmahl hinsichtlich der Art, wie die Kraft des Heiligen Geistes erfahren wird. Zwar sind innere und äussere Ebenen auseinanderzuhalten, aber sie folgen doch demselben zeichenhaften Vorgang; was äusserlich erkennbar ist, korrespondiert mit dem inneren Geschehen. «So gewiss», schreibt der *Heidelberger* (FA 75): So gewiss ich mit Augen sehe, dass das Brot mir gebrochen wird, so gewiss ist Christi Leib am Kreuz für mich gebrochen. Signum und res korrespondieren im zeichenhaften Ereignis des Abendmahls. In Predigt und Abendmahl werden Wort und Handlung zu den zwei Wirkweisen des einen Geistes. Anders als im Abendmahl vollzieht sich das Wirken des Geistes durch die Predigt ohne erkennbares äusseres Zeichen allein «in unseren Herzen» (FA 65). Träger dieser Vermittlung ist das gesprochene und empfangene Wort, ein Wort, dessen Kommunikation nicht von einer ihm entsprechenden Handlung begleitet wird. Wie sich das im Einzelnen gestaltet, darüber schweigt sich der *Heidelberger Katechismus* aus, wie Barth zu Recht moniert.[44] Dass es aber nicht als gemeinschaftliche Handlung, sondern in einem individuellen und kognitiven, rezeptiven und hörenden Vorgang geschieht, das unterscheidet das Erwirken des Glaubens (in der Predigt) vom Vorgang seiner Bestätigung im Abendmahl. Die Predigt kennt eine Didaktik des Wortes, das Abendmahl eine Didaktik der Handlung. Evangelium wird hier – im Wort – wie dort – in der Tat – verkündigt.

2.2.2 Zwiesprache und Gemeinschaft

Zweitens beschreibt der *Heidelberger Katechismus* das Wirken des Geistes als einen Vorgang, der sowohl die Gestalt einer Zwiesprache als auch die Form erlebter Gemeinschaft annehmen kann (FA 65). Durch das verkündigte Wort schafft der Geist Christusglauben im Herzen des und der je Angesprochenen. Das Evangelium erreicht die Gemeinde also zuerst in der Form einer Zwiesprache Gottes mit dem ihn hörenden Menschen. Es ist eine individualisierte, der jeweiligen Person angemessene Zwiesprache. Das so beschriebene Wirken des Geistes verändert Menschen zuerst innerlich, eben «in unseren Herzen».

44 Barth, Die christliche Lehre (Anm. 1), 87.

Dabei bleibt es freilich nicht. Die Zwiesprache Gottes geschieht in allen mit dem Evangelium konfrontierten Menschen, zwar je für sich, aber dabei als gemeinschaftliche Wirklichkeit individueller Zwiesprachen, m. a. W. als eine innerliche Gemeinschaft der von Gottes Geist im Evangelium Angesprochenen und Berührten. Diese innerliche Gemeinschaft wird in jeder gemeinsam erlebten Gemeindepredigt auch zur äusserlichen, sichtbaren Gemeinschaft um Kanzel und Abendmahl. Aus dem durch den Glauben veränderten Herzen wird eine durch den Glauben handelnde Gemeinschaft. Aus dem in der Seele erfahrenen Glaubenswirken des Geistes werden «*Handlungen der Gemeinde,* [...] ereignishafte Zeugnisse»,[45] wie Barth Taufe und Abendmahl beschreibt. Das Wirken des Geistes im Einzelnen wird zum Wirken des Geistes an der Gemeinschaft.

Ebenso gilt freilich, dass der Glaube durch die handelnde Gemeinschaft den einzelnen Menschen verändert. Im gefeierten Abendmahl, also in der zeichenhaft handelnden Gemeinde, erwirkt der Heilige Geist die Bestätigung des Glaubens in den einzelnen Herzen (FA 65). In der Sprache des *Heidelberger Katechismus*: Gott versiegelt den Zuspruch des Evangeliums. Das Wirken des Geistes kennt demnach auch die Bewegung durch die handelnde Gemeinschaft hin zu den einzelnen Menschen. Wie die Zwiesprache mit Gott in die Gemeinschaft des Abendmahls führt, kann umgekehrt auch das Erlebnis der eucharistischen Gemeinschaft in die glaubende Gottesbeziehung führen. Beide Male verändert Gottes Wirken die Gemeinde und schafft Einheit, Einheit im Glauben und Einheit im Handeln.

2.2.3 Einheit von Wirkung und Bestätigung

Damit scheint im *Heidelberger Katechismus* eine weitere Perspektive angelegt: Glaube stiftet der Geist Gottes in Predigt *und* Sakrament. Als Zeichen und Siegel *stiftet* und bestätigt das Abendmahl den Glauben an Jesus Christus. Ein Argument dafür, dass auch das Abendmahl glaubensstiftende Kraft besitzt, liefert der *Heidelberger Katechismus* in der schon genannten Formulierung «so gewiss wie» (FA 75). Die Gewissheit bezieht sich nicht bloss auf die Parallele von sichtbar und unsichtbar Wahrem, sondern auch auf dessen inhaltliche Entsprechung. Das im Abendmahl leiblich-sinnenhaft Erkennbare weist aus sich selbst heraus über sich selbst hinaus. Die Zeichenhandlung des Abendmahls ist nicht beliebig, sondern sachgerecht: Sie stellt die bezeichnete Sache evident dar. Das Abendmahl ist nicht erklärungsbedürftig, sondern

45 Barth, Die christliche Lehre (Anm. 1), 88 (Hervorhebung im Original).

selbstredend, es spricht durch seine eigene Handlung. (Das ist im Übrigen mit ein Grund dafür, dass «Achtsamkeit im Vollzug der Zeichenhandlung»[46] geboten ist.)

Es soll klar gesagt sein: Der *Heidelberger* zieht diese Perspektive nicht aus. Eine Glauben stiftende Funktion spricht er dem Abendmahl nicht ausdrücklich zu. Mit der Betonung der Gewissheit, welche die Zeichenhandlung von Brot und Wein im Glaubenden bewirkt, ist dennoch die Grundlage für eine Sakramententheologie gelegt, welche Predigt und Abendmahl als komplementäre Vollzüge der Glaubensvermittlung begreifen kann. Wenn das Wirken des Heiligen Geistes auch im Abendmahl die Anlage zum *initium fidei* in sich trägt, dann ändert sich das Verhältnis von Predigt und Abendmahl von einseitiger Abhängigkeit hin zu gegenseitiger Ergänzung. Beide sind weiterhin aufeinander ausgerichtet, verkündigen sie doch auf unterschiedliche Weise denselben Christus.

Ein solches Ja zur glaubensstiftenden Kraft des Sakramentes ist im *Heidelberger Katechismus* mindestens nicht ausgeschlossen. Sonst wäre die Evidenz der sakramentalen Zeichenhandlung gefährdet. Freilich, klarer als ein solches Ja ist das vielfach erwähnte Nein: Nicht Abendmahl (oder Taufe), einzig die Predigt des Evangeliums stiftet den Glauben. «Von einem Wirken der Sakramente entsprechend dem der Predigt ist nicht die Rede»,[47] urteilt denn auch Barth. Trotzdem hält ihn das nicht davon ab, vom Sakrament als vom «*zweiten Woher* des Glaubens»[48] zu sprechen. Dieses Woher des Glaubens sei aber eines, das den Glauben schon voraussetze. Hier ist Barth zu widersprechen. Inwiefern wäre ein Woher des Glaubens, das den Glauben *voraussetzt,* noch ein tatsächliches *Woher* des Glaubens? Ein zweites Woher des Glaubens, das den Glauben schon voraussetzt, wird zum Wohin des Glaubens. Das zweite Woher ist für den Glauben so ursprünglich zu verstehen wie das erste. Gerade das macht die innere Spannung der Sakramentenlehre im *Heidelberger Katechismus* aus. Barth kann sie nicht auflösen, indem er das im *Heidelberger Katechismus* angelegte zweite Woher des Glaubens als ein den Glauben voraussetzendes Woher bezeichnet. Vermutlich ist diese Spannung unumgänglich, wenn das Sakrament vor einer Wirksamkeit *ex opere operato* und vor der Abkoppelung von der Glauben stiftenden Wortverkündigung geschützt werden soll.

46 Frettlöh, Leibhaftige Vergewisserung (Anm. 4), 93.
47 Barth, Die christliche Lehre (Anm. 1), 88 (Hervorhebung im Original).
48 Barth, Die christliche Lehre (Anm. 1), 88.

Festzuhalten bleibt, dass der *Heidelberger Katechismus* dem Abendmahl der Sache nach Glauben stiftende Wirkung zuspricht, nicht aus sich selber heraus, sondern als Wirkung des Heiligen Geistes. Christus wird in der Predigt *und im Abendmahl,* im Wort *und in der (Zeichen- und Versiegelungs-) Handlung* verkündigt. Solange die Einheit von gepredigtem und gefeiertem Wort nicht aufgebrochen wird, solange das Sakrament der Predigt nicht konkurrierend gegenüber-, sondern korrespondierend zur Seite gestellt wird, ist es unnötig, die Wirkung des Heiligen Geistes kontextspezifisch auseinanderzudividieren. «Der Katechismus hält ohne Einschränkung an der Identität des Inhaltes der Predigt mit dem Inhalt der Sakramente fest.»[49] Der Geist schafft den Glauben, und er bewahrt ihn, wo immer und wie immer Christus verkündigt wird. In welcher Seele der Heilige Geist zu welchem Zeitpunkt was bewirkt, muss unbestimmt bleiben. Er ist fundamental «wirkungsautonom». Warum sollte Stärkung des Glaubens nicht auch in der Wortverkündigung geschehen? Warum soll das Erlebnis des Abendmahls nicht auch Glauben schaffen? Jede Trennung wäre künstlich, und sie ist, jedenfalls in der Logik des *Heidelberger Katechismus,* nicht zwingend – vorausgesetzt, die Einheit von gepredigtem und gefeiertem Wort Gottes bleibt gewährleistet. Das Sakrament vermittelt keine «spezielle Gnade», keine «von der Vermittlung durch die Predigt abzuhebende Gnade».[50] Ebenso gilt aber auch: Die Predigt vermittelt keine vom Abendmahl abzuhebende Gnade. Die Wirksamkeit des Abendmahls «kommt zu der Predigt hinzu und verstärkt sie».[51] Mit Barth: «Es geht hier wie dort um das eine Opfer Jesu Christi.»[52]

3. Perspektive: «der wesentlich Leib Christi»

Zeichen und Siegel: Das Abendmahl bezeichnet und versiegelt. In seiner Zeichenfunktion erinnert es Menschen daran, wo der einzige Trost im Leben und im Sterben zu finden sei. In seiner Versiegelungsfunktion versichert es Menschen im Glauben daran, dass solcher Trost wahr und wirklich sei. Beides, Erinnerung und Versiegelung, ist konstitutiv für die Abendmahlstheolo-

49 Pierre Ch. Marcel, Die Lehre von der Kirche und den Sakramenten: Lothar Coenen (Hg.), Handbuch zum Heidelberger Katechismus, Neukirchen 1963, 135–158 (155).

50 Barth, Die christliche Lehre (Anm. 1), 89.

51 Marcel, Die Lehre (Anm. 49), 155.

52 Barth, Die christliche Lehre (Anm. 1), 89.

gie des *Heidelbergers.* Sie beschreibt ein Abendmahlsgeschehen, das im Leben des Einzelnen und der Gemeinde neue Wirklichkeit schafft. Der Geist Gottes verändert im Abendmahl Menschen, indem er sie im Denken und Handeln auf Christus ausrichtet. Diese Erneuerung ist untrennbar mit dem Abendmahl verknüpft. So notwendig sie ist für das Heil des Einzelnen und für die Gemeinde, so notwendig ist demnach auch das Abendmahl.

Diesen Sachverhalt gilt es zu bedenken, wenn nun abschliessend gefragt wird, wie der *Heidelberger Katechismus* das Verhältnis vom im Abendmahl gegenwärtigen und gleichermassen leiblich auferstandenen Christus beschreibt. Wie ist das Gegenüber des Auferstandenen zur Gemeinde als Leib Christi zu begreifen? In FA 78 werden zwei Arten, vom Leib Christi zu sprechen, einander gegenübergestellt. Das Brot wird «im Abendmahl nicht der Leib Christi, auch wenn es in den Worten, die beim Abendmahl gebraucht werden, als der Leib Christi bezeichnet wird».

3.1 Wider die Verdinglichung

In FA 80 distanziert sich der *Heidelberger Katechismus* ausdrücklich von der «päpstlichen Messe», indem er hier ein Doppeltes abweist: einerseits die Vorstellung, dass das Opfer Christi nur wirksam werde, wenn es im Messopfer täglich wiederholt werde, und andererseits die Identifikation von Brot und Wein mit dem Leib und Blut Christi. Der *Heidelberger* hält diese Vorstellung und die daraus folgende Anbetung der Elemente für eine «vermaledeite Abgötterei» (FA 80).

FA 80 hat eine Geschichte:[53] Zunächst ist festzuhalten, dass sie in der allerersten Ausgabe des *Heidelberger Katechismus* vom Januar 1563 fehlte.[54] In der zweiten, im Herbst 1563 gedruckten Ausgabe erscheint sie zwar, aber noch in kürzerer Form. Erst in der dritten Ausgabe findet sich die ausführliche und verschärfte Fassung der Antwort.[55] Dass FA 80 nachträglich in den Katechismus eingefügt wurde, geschah auf Geheiss des Kurfürsten. Den Grund dafür, dass sie nochmals verschärft wurde, sah man lange in der Aus-

53 Vgl. zum Folgenden Ulrich Beyer, Abendmahl und Messe. Sinn und Recht der 80. Frage des Heidelberger Katechismus, Neukirchen 1965.

54 Die in der heutigen Textform erscheinende Parallelität zwischen FA 74 und 80 in ihrer kontroverstheologischen Ausrichtung ist also nicht von Anfang an so beabsichtigt.

55 Ein Vergleich der zweiten und dritten Ausgabe findet sich bei Beyer, Abendmahl (Anm. 53), 14.

einandersetzung mit dem Tridentinum und dessen Messopferlehre.[56] Dem kann entgegengehalten werden, dass die Promulgationsbulle der Tridentiner Dekrete erst 1564 erschien. «Als eine Frucht theologischer Auseinandersetzung mit dem Tridentinum wird man also die 80. Frage kaum ansehen können.»[57] Mit Christoph Strohm wird man eher an andere Einflüsse denken müssen, wie zum Beispiel innere theologische Entwicklungen in der Kurpfalz: Exponenten von Flüchtlingsgemeinden und deren theologischer Erfahrungshorizont steigerten ihren Einfluss.[58]

Von kirchenamtlicher Seite wurden zwei offizielle Fussnoten zu FA 80 formuliert. Das Moderamen des Reformierten Bundes in Deutschland hat 1977 in einer ersten Fussnote erklärt, dass die Unterschiede zwischen Messe- und Abendmahlsverständnis zwar nach wie vor bestünden, die Polemik des 16. Jahrhunderts allerdings dem ökumenischen Gespräch gewichen sei. Inhaltlich ergiebiger ist die 1994 beschlossene Änderung dieser Fussnote. In ihrer Neufassung hält sie fest, dass die FA 80 dem nicht gerecht werde, was im ökumenischen Gespräch bereits erreicht worden sei.[59] Jüngere ökumenische Dialoge in Deutschland gehen noch einen Schritt weiter. Der Ökumenische Arbeitskreis evangelischer und katholischer Theologen hält fest: «Beide Seiten lehren übereinstimmend, dass die Anbetung dem im Abendmahl gegenwärtigen Herrn gilt und nicht den äusserlich sichtbaren Elementen von Brot und Wein. Deshalb trifft der Vorwurf der Elementenanbetung und damit der Idolatrie nicht die katholische Lehre.»[60] Eine kirchenamtliche Rezeption die-

56 Vgl. z.B. August Lang, Der Heidelberger Katechismus. Zum 350jährigen Gedächtnis seiner Entstehung, Leipzig 1913, 30. Jüngst wieder: Busch, Der Freiheit zugetan (Anm. 36), 213f.

57 Beyer, Abendmahl und Messe (Anm. 53), 18.

58 Christoph Strohm, Entstehung des Heidelberger Katechismus, theologisches Profil und Forschungsgeschichte: EvTh 72/2012, 406–419 (415f.).

59 Im Wortlaut: «Diese Verwerfung wurde vor 400 Jahren formuliert, sie lässt sich nach Inhalt und Sprache in dieser Form nicht aufrechterhalten. Die Polemik gegen die Wiederholung des einmaligen Opfers Christi am Kreuz und die Anbetung der Elemente (Brot und Wein) wird dem nicht gerecht, was im ökumenischen Gespräch inzwischen an Verständigung erreicht werden konnte. Der Lehrunterschied besteht darin, dass die Eucharistie in der römisch-katholischen Kirche als Opfer, das Abendmahl im evangelischen Gottesdienst als Mahlfeier begriffen wird; doch sollte sich dieser Unterschied nicht kirchentrennend auswirken.» Ulrich Beyer, Ein Schritt nach vorn – Die neue Fussnote zur 80. Frage des Heidelberger Katechismus: RKZ 135/1994, 230–233 (231).

60 Karl Lehmann/Wolfhart Pannenberg (Hg.), Lehrverurteilungen – kirchentrennend?, Bd. I: Rechtfertigung, Sakramente und Amt im Zeitalter der Reformation und heute, Freiburg/Br., Göttingen 1986, 110.

ser ökumenisch überaus bedeutsamen Aussage hat m. W. bisher nicht stattgefunden. Vielmehr hat die Kritik des *Heidelberger Katechismus* an der Wandlung von Brot und Wein in Leib und Blut Christi und an der daraus folgenden Verehrung der eucharistischen Gaben die bisherigen fachtheologischen Korrekturen überlebt; sie gehört unverändert zum Abendmahlsverständnis reformierter Kirchen. Unverändert gilt, dass Christus «im Himmel zur Rechten des Vaters ist und daselbst will angebetet werden» (FA 80). Das klare «Nein» gegenüber einer Verdinglichung des Leibes Christi bleibt bestehen und ist für reformierte Abendmahlslehre charakteristisch geblieben.

3.2 Schluss

Dass das freilich kein «Nein» zur wesentlichen Leiblichkeit des Abendmahls impliziert, das wäre im *Heidelberger Katechismus* ebenfalls nachzulesen. Im *Heidelberger* findet sich ein Sakramentenverständnis, welches gerade in der konkreten Mahlfeier einer bestimmten Gemeinde an einem bestimmten Ort die Kraft des handelnden Geistes Gottes erkennt. Im Abendmahl ändert sich Wirklichkeit für die Menschen, die es miteinander feiern. Brot und Wein, essen und trinken, Mahl und Gemeinschaft: Das Abendmahl ist erlebtes Evangelium in grösstmöglicher Verdichtung. Seine Fähigkeit, das Wesentliche des Christseins anschaulich zu machen, anschaulich für Feiernde jeden Alters und jeden Bildungsstandes, gibt ihm eine Qualität, die es mit und neben der Predigt als heilsrelevant für die Menschen ausweist. Der *Heidelberger* denkt nicht in der Kategorie der Wandlung der Gaben, aber er kennt sehr wohl eine Kategorie der Verwandlung der Menschen. Im Abendmahl werden Menschen *lebensverändernd* erneuert. Diese Kraft des Abendmahls, genauer: die Kraft des Heiligen Geistes im Abendmahl, gilt es im *Heidelberger Katechismus* bewusst wahrzunehmen, bewusster vielleicht als bisher. Wer der Theologie des *Heidelbergers* folgt, dem begegnet ein Abendmahl, in dem Erinnerung, Vergegenwärtigung und Erneuerung eine Einheit bilden. Im Mittelpunkt steht Christus, an den sich die Gemeinde handelnd erinnert, den sie feiernd als Wirklichkeit erfährt und auf den hin sie sich hoffend ausrichtet. Der *Heidelberger Katechismus* versichert Christinnen und Christen darin, dass sie das Abendmahl in seinen drei Dimensionen feiern sollen: als Zeichen geschehenen, als Ort vergegenwärtigten und als Quelle kommenden Heils.

II. Ethische und praktisch-theologische Fragen

Marco Hofheinz

Wie neue Menschen leben

Ansätze zu einer Ethik der Identität im Heidelberger Katechismus

In memoriam Jürgen Fangmeier (1931–2013)

«Allein das ‹extra nos› des Heils
ist für den Menschen hoffnungsvoll.
Es bezeichnet die Zuversicht darauf,
dass *Christus auf den Menschen zukommt.*
An die Stelle des auf die Natur blickenden ‹Du sollst›,
das zu Tadel und Resignation führt,
tritt in ‹ruhiger und fröhlicher Hoffnung›
sowie in ‹freier, starker, wirklich offener [...] Erwartung›
um der Aktion Christi willen das ‹Du wirst›.»[1]

1. Einleitung: Mit dem Ende anfangen ...

Wir beginnen mit der Ethik des *Heidelberger Katechismus.*[2] Obwohl wir so, nämlich mit dem abschliessenden dritten Teil des *Heidelbergers* beginnen, tun wir dies sicherlich nicht in der Überzeugung, dass diesem Teil 3 eine Vorrangstellung gegenüber den eher dogmatischen Teilen 1 (Fragen 3–11: «Von des Menschen Elend») und 2 (Fragen 12–85: «Von des Menschen Erlösung») gebührt. Ich bin auch nicht der Überzeugung, dass die Ethik der Dogmatik grundsätzlich vorgeordnet werden sollte,[3] um so etwa den Bedingungen der

1 Jürgen Fangmeier, Erziehung in Zeugenschaft. Karl Barth und die Pädagogik, BSHSTh 5, Zürich 1964, 396.

2 Der folgende Vortrag, dessen Stil beibehalten wird, fand – anders als ursprünglich geplant – aus organisatorischen Gründen bzw. anderweitigen terminlichen Verpflichtungen nicht am Schluss, sondern zu Beginn der Berner Vortragsreihe zum *Heidelberger Katechismus* statt.

3 Zur Debatte vgl. einführend: Wolfgang Lienemann, Grundinformation Theologische Ethik, Göttingen 2008, 68–76; Hartmut Ruddies, Ethik als theologisches Problem. Eine theologisch-historische Skizze zur Ethikdebatte im neueren Protestantismus: Arnulf von Scheliha/Markus Schröder (Hg.), Das protestantische Prinzip. His-

Moderne Genüge zu leisten.[4] Nein, eine Verselbständigung der Ethik gegenüber der Dogmatik wäre fatal und würde die theologische Ethik ihrer Begründungszusammenhänge berauben, wie sich nicht zuletzt anhand des *Heidelberger Katechismus* zeigen lässt.

Im Blick auf die folgenden Ausführungen möchte ich zu einem Experiment einladen, nämlich dazu, mit mir den *Heidelberger* von hinten zu lesen. Keine Angst, es handelt sich um eine seriöse Einladung. Warum? Nun, wenn die Frage 1 des *Heidelbergers* tatsächlich mit ihrer Betonung, dass wir Jesus Christus gehören, das organisierende Zentrum des *Heidelbergers* bildet, wie behauptet worden ist,[5] dann müsste es sich doch auch an der Peripherie finden lassen. Diese Schlussfolgerung, wonach das Ende gleichsam vom Anfang bestimmt wird, ist naheliegend. Machen wir also die Probe aufs Exempel und gehen in methodischer Hinsicht von dieser Arbeitshypothese aus und fragen, ob sie sich bewahrheiten lässt. So viel zunächst zur «Versuchsanordnung».

torische und systematische Studien zum Protestantismusbegriff, Stuttgart u. a. 1998, 249–267.

4 Vgl. Trutz Rendtorff, Ethik 1: Grundelemente, Methodologie und Konkretionen einer ethischen Theologie, Stuttgart u. a. ^{2}1990, 42 ff.

5 Eberhard Busch (Der Freiheit zugetan. Christlicher Glaube heute – im Gespräch mit dem Heidelberger Katechismus, Neukirchen-Vluyn 1998, 17) in Auseinandersetzung mit Otto Weber (Analytische Theologie. Zum geschichtlichen Standort des Heidelberger Katechismus: ders., Die Treue Gotts in der Geschichte der Kirche. Gesammelte Aufsätze II, BGLRK 29, Neukirchen 1968, 131–146) spricht von der «Summe des Ganzen»: «In *dem* Sinne könnte man ihn [den *Heidelberger*] wohl ‹analytisch› nennen, dass er in allem Weiteren nur eben ausführt und erläutert, was er in Art. 1 schon gesagt hat. Ist der einzige Trost das, was Art. 1 sagt, dann lassen sich aus der Erkenntnis dessen drei Fragen erheben (vgl. Art. 2), die der folgende Katechismus dann in der Tat nacheinander bespricht, um so das in Art. 1 Gesagte im einzelnen zu entfalten: 1. Warum brauche ich diesen mir im voraus angezeigten Trost? Antwort: Darum, weil ich im *Elend* bin! 2. Wer gibt mir Trost? Antwort: Der Gott, der mich aus dem Elend *erlöst*! 3. Was bewirkt dieser Trost? Antwort: Dies, dass ich für diese Erlösung diesem Gott *dankbar* werde!» Ebd., 17 f.

2. Eine Ethik der Dankbarkeit? Zur Frage nach dem Ansatz des Heidelberger Katechismus

Der *Heidelberger Katechismus* entwickelt eine Ethik der Dankbarkeit. So hält es das kulturelle Gedächtnis fest. Dementsprechend haben viele Interpretinnen und Interpreten versucht, diesem Motiv auf die Spur zu kommen, um gleichsam den ethischen Code des *Heidelbergers* zu knacken.

Die Einordnungs- und Zuordnungsversuche bewegten sich meist im Rahmen der durch Schleiermacher geprägten typologischen Trias aus Tugend-, Pflichten- und Güterethik.[6] Bestimmte man die Dankbarkeit als eine Haltung des Menschen, so galt es als ausgemacht, dass der *Heidelberger* eine Nähe zu einem tugendethischen Konzept aufweist;[7] fasste man die Dankbarkeit hingegen als ein Gebot auf, das den Vollzug des Handelns regulieren soll, rückte man den *Heidelberger* in die Nähe einer Pflichtenethik.[8] Schliesslich sprach bereits Kant in der «Metaphysik der Sitten» von der «Pflicht der Dankbarkeit»[9]. Verstand man die Dankbarkeit indes als ein Ziel, das der Christenmensch in seinem Handeln anstreben soll, so platzierte man den *Heidelberger* in der Nähe einer Güterethik.[10] Durchgängig geschah diese Zuschreibung zu den diversen Ethik-Typen unter Verweis auf das Motiv der Dankbarkeit.

6 Vgl. zu dieser Trias etwa Svend Andersen, Einführung in die Ethik, Berlin, New York ²2005, 193–195; Johannes Fischer et al., Grundkurs Ethik. Grundbegriffe philosophischer und theologischer Ethik, Stuttgart 2007, 149–176; Martin Hailer, Theologische Ethik: Eve-Marie Becker/Doris Hiller (Hg.), Handbuch Evangelische Theologie. Ein enzyklopädischer Zugang, Tübingen, Basel 2006, 263–300, 281; Lienemann, Grundinformation Theologische Ethik (Anm. 3), 36–38.

7 Einführend zur Tugendethik aus protestantischer Perspektive: Michael Hüttenhoff, Tugend und Handlung. Ein Beitrag zur ethischen Grundlagendiskussion: ZThK 97 (2000), 463–487; Wolfgang Maaser, Tugendethik. Erwägungen aus evangelischer Sicht: GuL 12 (1997), 148–159; Notger Slenczka, «Virtutibus nemo male utitur» (Augustin). Die aristotelische Tradition der Tugendethik und die protestantische Ethik. Zugleich ein Beitrag zum Verständnis der Unfreiheit des freien Willens: Hermann Deuser/Dietrich Korsch (Hg.), Systematische Theologie heute. Zur Selbstverständigung der Disziplin, VWGT 23, Gütersloh 2004, 170–192.

8 Zur Pflichtenethik einführend: Reinhard Hütter, Freedom and Commandment: ders., Bound to Be Free. Evangelical Catholic Engagements in Ecclesiology, Ethics, and Ecumenism, Grand Rapids 2004, 145–167; Wolfhart Pannenberg, Grundlagen der Ethik. Philosophisch-theologische Perspektiven, Göttingen 1996, 43–51.

9 Immanuel Kant, MdS, A 127.

10 Zur Güterethik vgl. Hans-Richard Reuter/Torsten Meireis (Hg.), Das Gute und die Güter. Studien zur Güterethik, Münster 2007.

Ich möchte im Gegenüber zu solchen Einordnungs- und Zuschreibungsversuchen in kritischer Absicht die Frage stellen, ob die Dankbarkeit tatsächlich *das* Zentralmotiv des *Heidelbergers* darstellt. Denn wenn dies gar nicht der Fall sein sollte, dürften solche Bemühungen letztlich müssig sein.

Zunächst sei festgehalten: Natürlich ist der dritte Teil des *Heidelbergers* mit der Überschrift «Von der Dankbarkeit» versehen. Und in Frage 2, wo der Aufriss des *Heidelbergers* erläutert wird, heisst es als Antwort auf die Frage «Was musst du wissen, damit du in diesem Trost selig leben und sterben kannst?» entsprechend unter «Drittens»: «Wie ich Gott für solche Erlösung soll dankbar sein.» Der *Heidelberger* selbst versieht also anhand seiner Gliederungsfestschreibung seinen dritten Teil mit dem Stichwort «Dankbarkeit». Insofern wird man im Blick auf die Rubrizierung bzw. Charakterisierung des Ethik-Ansatzes des *Heidelbergers* als «Ethik der Dankbarkeit» nicht vorschnell von einem interpretativen Fehlgriff sprechen dürfen.

Jedoch macht bereits auf der semantischen Oberfläche ein Blick auf die Wortstatistik stutzig. Im dritten Teil taucht das Motiv der Dankbarkeit nur in drei Fragen auf, nämlich den Fragen 86, 87 und 116, die zugegebenermassen an exponierten Stellen platziert wurden, und zwar jeweils zu Beginn des gesamten dritten Abschnitts (so die Fragen 86 und 87) und zu Beginn der Unservater-Auslegung (so die Frage 116). Ausserhalb des dritten Teiles lässt sich – abgesehen von Frage 2 – nur in zwei Fragen, nämlich den Fragen 28 und 64, das Motiv der Dankbarkeit wiederfinden.

Auf die Frage, was uns die Erkenntnis der Schöpfung und Vorsehung nützt, antwortet der *Heidelberger* in Frage 28: «Gott will damit, dass wir in aller Widerwärtigkeit geduldig, in Glückseligkeit dankbar und auf die Zukunft hin voller Vertrauen zu unserem treuen Gott und Vater sind». Das Motiv der Dankbarkeit lässt sich also nicht wegdiskutieren, es tritt aber nicht signifikant gehäuft in Erscheinung – weder innerhalb noch ausserhalb des dritten Teils des *Heidelbergers*.

Abgesehen von diesem gewissermassen «exegetischen» Argumentationsstrang möchte ich fragen, ob nicht aus der Bestimmung der Dankbarkeit zum «Kern und Stern der Ethik» veritable und gravierende Schwierigkeiten resultieren. Man kann etwa kritisch zurückfragen: Ist es denn tatsächlich unmöglich, wie der *Heidelberger* in Frage 64 behauptet, dass Menschen, die Christus durch wahren Glauben eingepflanzt sind, keine Frucht der Dankbarkeit bringen? Schnell kann es hier zu jenen problematischen Rückkopplungseffekten kommen, die sich auch in Frage 86 widerspiegeln, wo vom Gewisswerden des Glaubens aus den Früchten die Rede ist. Ein solcher Rückschluss würde sich etwa in folgender Aussage manifestieren: «Ich empfinde keine Dankbarkeit und kann infolgedessen nicht nur nicht Frucht der Dankbarkeit bringen, sondern offensichtlich von Gott auch keinen wahren Glauben eingepflanzt bekommen haben». Der sog. *syllogismus practicus*,[11] den Max Weber[12] einst dem Calvinismus zuordnete, lässt hier in einer eigenen Spielart grüssen.

Ein Kollege hat seine zwiespältigen Erfahrungen mit der Dankbarkeit autobiografisch auf den Punkt gebracht: «Wenn wir uns als Kinder in den 1960er Jahren bei Tisch darüber beschwerten, dass uns die Kohlrübensuppe mit Kümmel oder der Graupeneintopf nicht schmeckte, dann hiess es: ‹Seid endlich dankbar! Ihr habt die Zeiten der Not nicht erlebt!› Heute, nachdem ich mit meiner Frau selbst zwei Kinder grossgezogen habe, kann ich die argumentative Hilflosigkeit meiner Mutter im Umgang mit mäkelnden Kindern viel besser verstehen. Aber mit diesen Holzhammerargumenten wurde eben unterschwellig auch vermittelt, dass Dankbarkeit eine Pflicht sei, die man gefällig abzuleisten habe, auch wenn die erfahrene Wohltat einem nicht gerade schmeckt.

In ähnlicher Weise ging es mir als Kind auch mit der ‹Erlösungsdankbarkeit›. Als Pfarrerkindern war uns Kirchgang unter der Kanzel des Vaters Pflicht. Und oft haben wir gesungen: ‹Nun danket alle Gott ...› und andere Dankbarkeitshymnen aus dem Gesangbuch. Aber die Dinge, über die wir dankbar sein sollten, waren mir viel zu gross, zu abstrakt, als dass sich eine freudige oder dankbare Gestimmtheit einstellte. Ich konnte diese grossen Themen mit meinem eigenen Leben nicht verknüpfen. Etwas anderes war es mit dem Erlösertod Jesu am Kreuz. Der galt ja auch mir. Wie aber sollte man darüber dankbar sein, dass da ein Mensch für die Sünden der Welt blutete, dass da Christi Leib für mich dahingegeben wurde? Gottes Erlösungswerk hat trotz aller Dankbarkeitsrhetorik bei mir keine dankbare oder

11 Vgl. Walter Kreck, Grundfragen der Dogmatik, München ^{2}1977, 337 f.; Dieter Schellong, Art. Ethik B. Aus evangelischer Sicht: NHThG 1 (1991), 408–417, 408 f.

12 Vgl. Max Weber, Die protestantische Ethik. Eine Aufsatzsammlung, hg. von Johnnes Winckelmann, München, Hamburg 1965. Vgl. zu Weber Dieter Schellong, Calvinismus und Kapitalismus. Anmerkungen zur Prädestinationslehre Calvins: Hans Scholl (Hg.), Karl Barth und Johannes Calvin. Karl Barths Göttinger Calvin-Vorlesung von 1922, Neukirchen-Vluyn 1995, 74–101; ders., Wie steht es um die «These» vom Zusammenhang von Calvinismus und «Geist des Kapitalismus»?, Paderborner Universitätsreden 47, Paderborn 1995. Fernerhin jetzt: Wolfgang Lienemann, Calvin, Calvinismus, Puritanismus – und Max Weber: Marco Hofheinz et al. (Hg.), Calvins Erbe. Beiträge zur Wirkungsgeschichte Johannes Calvins, RHT 9, Göttingen 2011, 308–337; ders., Calvins Wirtschaftsethik: Martin Sallmann et al. (Hg.), Johannes Calvin 1509–2009. Würdigung aus Berner Perspektive, Zürich 2012, 235–258.

sogar freudige Gestimmtheit ausgelöst, sondern eher Scham und schlechtes Gewissen, weil Jesus eben auch für meine Schuld sterben musste. Also habe ich mich auch im Hinblick auf die ‹Erlösungsdankbarkeit› eher an die Kohlrübensuppe erinnert, bei der uns unsere Mutter beigebracht hat, dass Dankbarkeit eben nicht nur aus der spontanen Freude entsteht, sondern auch eine Pflicht sei und man auch dankbar sein müsse für etwas, was einem nicht gerade gefällt.»[13]

Auch J.M. Lochman gibt zu bedenken: «[E]ine forcierte, von aussen erwartete und sanktionierte Dankbarkeit ist höchst bedenklich, als Motivation zum ethischen Handeln geradezu kontraproduktiv. Ich kannte in meiner Jugend einen Bettler, der Besuche in den unkirchlichen Häusern denen in bekannt kirchlichen entschieden vorzog und zwar mit der folgenden Begründung: in den unkirchlichen wird Almosengabe wenigstens nicht von der Pflichtübung frommer Dankbarkeit abhängig gemacht. Das muss uns zu denken geben: Es haben unsere Zeitgenossen durchaus beachtenswerte Gründe, wenn ihnen das Wort Dankbarkeit verdächtig erscheint. (Ähnlich übrigens in ganz säkularen Kontexten: es gab kaum eine wirksamere Methode, den Menschen spontanen ethischen und politischen Einsatz zu verleiden, als ewige Aufrufe politischer Moralisten in den sozialistischen Ländern, man sollte aus Dankbarkeit für dies oder anderes, was die Partei geleistet hatte, eine entsprechende Gegenleistung begeistert vollbringen!)».[14]

Wenn man diese Statements ernst nimmt, fällt es schwer, Dankbarkeit in theologisch-ethischer Hinsicht positiv zu denken. Wer eine Motivationsethik etabliert sehen möchte,[15] bekommt Schwierigkeiten mit dem Dankbarkeitsmotiv, zumal dann, wenn sie sich beharrlich nicht einstellen will. Eine Motivationsethik ohne motivierende Kraft, ohne Movens funktioniert nicht. Angesichts einer solchen «Dankbarkeits-Renitenz» bleibt offensichtlich nur hilflose Ohnmacht. Dankbarkeit lässt nicht qua Willensakt selbstinduzieren. Und dies hat, wie protestantischerseits bereits Philipp Melanchthon er-

13 Thomas Naumann, «Darum will ich dir danken …» (Ps 18,50). Dankbarkeit als soziale und religiöse Praxis im Alten Testament. Gemeindevortrag vom 25.11.2009 im Gemeindehaus der Martini-Gemeinde in Siegen, unveröffentlichtes Manuskript, 1–11, 2f.

14 Jan Milič Lochman, Wegweisung der Freiheit. Abriss der Ethik in der Perspektive des Dekalogs, GTB 340, Gütersloh 1979, 28.

15 Kritisch zur Motivationsethik: B. Wannenwetsch, Wovon handelt die «Materiale Ethik»? Oder: Warum die Ethik der elementaren Lebensformen theologisch unaufgebbar ist: Andreas Fritzsche/Manfred Kwiran (Hg.), Kirche(n) und Gesellschaft, Ökumenische Sozialethik 3, München 2000, 95–135 (bes. 98f.).

kannte,[16] mit der Funktionsweise menschlicher Affekte zu tun: «Man kann dem Herzen nicht befehlen, einen Affekt hervorzubringen.»[17]

Erst in den letzten drei Dekaden ist die Bedeutung von Affekten (von lat. *afficere*: in eine Stimmung versetzen) wie der Dankbarkeit in der Moralphilosophie wiederentdeckt worden. Bereits Aristoteles kommt auf die Affekte als «Leidenschaften» zu sprechen, die von Lust und Schmerz begleitet sind und so etwas wie Bewegungen der Seele und des Gemüts darstellen. Aristoteles nennt explizit: «Begierde, Zorn, Angst, Mut, Neid, Freude, Liebe, Hass, Sehnsucht, Missgunst, Mitleid».[18] Von daher verwundert es nicht, dass die «Renaissance der Affekt-Thematik»[19] vor allem mit dem sog. Neuaristotelismus und Namen wie Martha C. Nussbaum[20] und Alasdair MacIntyre[21] verknüpft ist.[22] Aber auch Immanuel Kant kann von der Dankbarkeit in seiner «Kritik der Urteilskraft» als einer der «besondere[n] Gemütsstimmungen zur Pflicht»[23] sprechen. Im Übrigen darf man nicht vergessen, dass auch die Stoa in der Antike eine philosophische Affektenlehre entwickelte,[24] wenngleich

16 Zur Affektenlehre bei Luther und Melanchthon vgl. vor allem Peter Bartmann, Das Gebot und die Tugend der Liebe. Über den Umgang mit konfliktbezogenen Affekten, Stuttgart u. a. 1998, 185–228; Bernd Wannenwetsch, Affekt und Gebot. Zur ethischen Bedeutung der Leidenschaften im Licht der Theologie Luthers und Melanchthons: Johann Anselm Steiger (Hg.), Passion, Affekt und Leidenschaft in der Frühen Neuzeit, Bd. 1, Wiesbaden 2005, 203–215. Zu Luther vgl. fernerhin: Martin Nicol, Meditation bei Luther, Göttingen ^{2}1991, 82 ff.127–135.171–174; Friedrich Mildenberger, Biblische Dogmatik. Eine Biblische Theologie in dogmatischer Perspektive, Bd. 2: Ökonomie als Theologie, Stuttgart u. a. 1992, 260–272; Oswald Bayer, Martin Luthers Theologie. Eine Vergegenwärtigung, Tübingen ^{3}2007, 167–169.

17 Loci communes (1521), I,55: «[...] cordi vero imperare non potest, ut ponat affectum».

18 Nikomachische Ethik (NE), 1105 b 21.

19 Wannenwetsch, Affekt und Gebot (Anm. 16), 203.

20 Martha C. Nussbaum, Love's Knowledge. Essays on Philosophy and Literature, Oxford 1990; dies., Upheavals of Thought. The Intelligence of Emotions, Cambridge 2001.

21 Alasdair MacIntyre, Der Verlust der Tugend. Zur moralischen Krise der Gegenwart, übers. von Wolfgang Rhiel, Frankfurt/M. 1997.

22 Neben dem Neoaristotelismus ist freilich auch die sog. kognitive Emotionstheorie zu nennen. Vgl. etwa Robert C. Roberts, Emotions. An Essay in Aid of Moral Psychology, Cambridge 2003.

23 Immanuel Kant, KdU, A 412.

24 Vgl. einführend: Bartmann, Das Gebot und die Tugend der Liebe (Anm. 16), 107–109.129–138; Günther Bien, Grundpositionen der antiken Ethik: Heiner Hastedt/Ekkehard Martens (Hg.), Ethik. Ein Grundkurs, Reinbek b. Hamburg 1994, 50–81.71–79.

eine solche, die «die Gefahr des Selbstverlustes betonte, mit den Gefühlen weggeschwemmt zu werden», und die sich deshalb beeilte, die Affekte «der Kontrolle durch die vernünftigen Seelenteile»[25] zu unterwerfen.[26]

3. Die Ethik des Heidelberger Katechismus als Ethik des neuen Menschen

Aber vielleicht ist es ja gar nicht so, dass der *Heidelberger* hier, beim Dankbarkeitsmotiv, seinen Einstieg wählt und ihn im weiteren Duktus seiner ethischen Ausführungen als argumentative Achse etabliert. Um dies zu prüfen, müssen wir uns zunächst einen Überblick verschaffen und kurz betrachten, wie der Kontext aussieht, in dem das Dankbarkeitsmotiv verortet ist. Mein Gliederungsvorschlag hinsichtlich dieses Makrokontextes sieht wie folgt aus:

> *Aufbau des 3. Teils des Heidelberger Katechismus*
> Frage 86–90: Hinführung zur Dekalogauslegung anhand der Leitfrage: Warum sollen und können wir gute Werke tun?
> Frage 91–113: Dekalogauslegung: Bestimmung der guten Werke nach dem Gesetz Gottes (Dekalog)
> Frage 114–115: Appendix: Frage nach der Vollkommenheit des Gebotsgehorsams
> Frage 116–129: Vom Gebet

Nachdem wir uns nun einen gewissen Überblick über den Makrokontext verschafft haben, gehen wir ins Detail und wenden uns dem Mikrokontext der Frage 86 zu. Sie bildet – metaphorisch gesprochen – so etwas wie das Portal des dritten Teils. Zu Beginn von Teil 3 wird mit Frage 86 die Frage aufgeworfen: «Da wir nun aus unserm Elend ganz ohne unser Verdienst aus Gnade durch Christus erlöst sind, warum sollen wir gute Werke tun?»

Diese Eingangsfrage hat es in sich. Denn hier wird nicht einfach die metaethische Gretchenfrage gestellt: «Why to be moral?» Es wird ebenso wenig die christlich-theologische Grundsatzfrage gestellt: «Can Morality be Christian?»[27] Sondern es wird unter der Voraussetzung, dass wir bereits durch Christus und nicht etwa durch unsere eigenen Werke erlöst worden

25 Wannenwetsch, Affekt und Gebot (Anm. 16), 204.

26 Vgl. Hilge Landweer, Art. Gefühl/moral sense: Marcus Düwell et al. (Hg.), Handbuch Ethik, Stuttgart/Weimar 2002, 360–365.

27 John Milbank, Can Morality be Christian?: Studies of Christian Ethics 8 (1995), 45–59. Übersetzung: Kann Moral christlich sein?: Beiheft zur BZTh 13 (1996), 41–58.

sind, nach dem Warum guter Werke gefragt.[28] Dementsprechend taucht die bereits in der Fragestellung benannte soteriologische Prämisse in der Antwort wieder auf. Dort heisst es: «Wir sollen gute Werke tun, weil Christus, nachdem er uns mit seinem Blut erkauft hat, uns auch durch seinen Heiligen Geist erneuert zu seinem Ebenbild, damit wir mit unserem ganzen Leben uns dankbar gegen Gott für seine Wohltat erweisen und er durch uns gepriesen wird.»

Man beachte, dass hier nicht einfach nur die soteriologische Prämisse mit Verweis auf die Erlösung wiederkehrt, sondern dass zugleich ein Telos dieses Tuns Gottes benannt wird, nämlich die Erneuerung des erlösten, man kann auch sagen: des gerechtfertigten Menschen, und zwar zum Ebenbild Christi. Subjekt dieses erneuernden Tuns ist nicht etwa der Mensch, sondern ist und bleibt weiterhin Gott. Gott wird dementsprechend als Subjekt der Rechtfertigung und der Heiligung verstanden. Und nun erst, nachdem dies klargestellt worden ist, kann das Telos menschlichen Tuns in den Blick genommen werden: Es besteht im lebenslangen Dankbarkeitserweis gegenüber Gott für seine Wohltat, wobei dieser Dankbarkeitserweis seinerseits wiederum dem Lobpreis Gottes dient. Der Lobpreis Gottes ist der finale Zweck. In Frage 91 heisst es dementsprechend, dass die guten Werke Gott zur Ehre geschehen.

Es geht also zunächst um ein zweifaches Telos der Rechtfertigung: Erstens um die Heiligung als Erneuerungshandeln Gottes an uns Menschen und zweitens um das Handeln des Menschen als Dankbarkeitserweis. Letzteres wird durch Gottes Heiligungshandeln aber nicht nur ermöglicht – nach dem Motto: erst handelt Gott und dann der Mensch. Nein, es steht in Gestalt des Lobpreises bzw. der Ehre Gottes nun seinerseits wiederum unter einem Telos. Insofern nämlich dem Handeln des Menschen mit dem Lobpreis bzw. der Ehre Gottes ein Telos vorgegeben wird, ist sein Handeln ein begleitetes, geleitetes und damit orientiertes Handeln. Hier zeichnet sich so etwas wie eine kleine Ordnung der Zwecke, eine «Teleologie en miniature» ab. Ich komme darauf, ebenso wie auf die beiden Begriffe «Rechtfertigung» und «Heiligung», diese klassischen Topoi, im weiteren Verlauf der Ausführungen nochmals zurück.

---

28 Zur Ethik der guten Werke vgl. Stefan Heuser, Instrumente des Guten. Konkretionen einer Sozialethik der guten Werke, Forum Systematik 42, Stuttgart (voraussichtlich) 2014; ders., The Public Witness of Good Works: Lutheran Impulses for Political Ethics, Part I–III: Journal of Lutheran Ethics 6 (2006), www.elca.org/jle (01.05.2013).

Doch halten wir zunächst fest: Die Dankbarkeit ist als Motiv eingebunden in diese spezifisch soteriologische Matrix. Dankbarkeit wird also keineswegs isoliert behandelt und nicht einfach als Motivator vorausgesetzt, sondern man kann sie nur im Kontext von Rechtfertigung und vor allem Heiligung recht verstehen. Ohne Beachtung dieser kontextuellen Einbettung gerät man bei der Bestimmung des Ansatzes des *Heidelbergers* unwillkürlich in die Aporien einer Motivationsethik. Die affektiven Dimensionen der Moral, die motivierend sind, können nicht erzwungen, etwa die Fähigkeit zur Empathie nicht mittels moralischer Regelwerke dekretiert werden.[29]

Weitet man nun wieder den Blickwinkel und betrachtet den weiteren Kontext der Frage 86, so sticht in den Fragen 87–90, die der Auslegung des Dekalogs (Frage 91–113) vorgeschaltet sind, ein Signalwort bzw. ein Gegensatzpaar hervor: Der Begriff «neu» bzw. das Begriffspaar «alt – neu». In Frage 88 ist vom «Absterben des alten Menschen» und vom «Auferstehen des neuen Menschen» als Erläuterung der Begriffe «Busse» bzw. «Bekehrung» die Rede. Das Absterben des «alten Menschen» wird daraufhin in Frage 89 als «Sich die Sünde von Herzen leid sein lassen und sie je länger je mehr [zu] hassen und [zu] fliehen» erläutert. Das «Auferstehen des neuen Menschen» erfährt in Frage 90 eine Definition als «herzliche Freude in Gott durch Christus [...] und Lust und Liebe, nach dem Willen Gottes in allen guten Werken zu leben». Nimmt man noch die bereits erwähnte Frage 86 mit ihrer Betonung der «Erneuerung» des Menschen zum Ebenbild Christi durch den Heiligen Geist hinzu, so wird eines sehr deutlich: Das Subjekt der Ethik – oder sagen wir vorsichtiger: das Subjekt des Ethos und der Moral, denn Ethik ist ja bereits die Reflexion auf Ethos und Moral hin[30] –, wie es der *Heidelberger* anvisiert, ist der neue bzw. der erneuerte Mensch. Er steht im Zentrum der Ethik des *Heidelbergers* und prägt dessen Ansatz.

Schaut man sich die Ethikentwürfe des 20. Jahrhunderts an, so gibt es einen Entwurf, der genau diese Bestimmung zu seinem Ausgangspunkt gemacht hat. Ich meine die postum erschienene «Sozialethik» des Göttinger Theologen Ernst Wolf.[31] Dort wird einleitend «Der wirkliche – neue –

29 Vgl. Ruben Zimmermann, Die Ethico-Ästhetik der Gleichnisse Jesu. Ethik durch literarische Ästhetik am Beispiel der Parabel im Matthäus-Evangelium: Friedrich Wilhelm Horn/Ruben Zimmermann (Hg.), Jenseits von Indikativ und Imperativ. Kontexte und Normen neutestamentlicher Ethik/Contexts and Norms of New Testament Ethics Bd. 1, Tübingen 2009, 235–265 (241).

30 Vgl. Lienemann, Grundinformation Theologische Ethik (Anm. 3), 14 ff.

31 Im Bereich der biomedizinischen Ethik wurde dieser Ansatz u. a. aufgegriffen von: Stefan Heuser, Die Menschheit bewahren? Eine christologische Reflexion im

Mensch als Ziel der ethischen Forderung und als Subjekt des ethischen Handelns»[32] bestimmt. Wolf stellt fest: «Wir setzen [...] im Unterschied zu anderen Ethiken ein beim Problem des ‹neuen Menschen›».[33] Dies entspricht exakt dem Ansatz des *Heidelberger Katechismus.* Nicht der allgemein sittliche Mensch wird hier zum Subjekt der Ethik bestimmt, sondern der wirkliche Mensch, der als neues Geschöpf in Christus auch wirklicher Mensch ist.

Der *Heidelberger* und Wolf verstehen theologische Ethik damit als Explikation theologischer Anthropologie, wohlgemerkt in einem spezifischen Sinne: nicht in dem Sinne, dass das Humanum dem Christianum vorgeordnet wird[34], sondern so, dass das, was das Humanum ausmacht,[35] durch Christus selbst, den wahren, wirklichen Menschen, erschlossen wird.[36] Das Humanum erfährt mit anderen Worten eine christologische Entschlüsselung, sofern

---

Anschluss an Jürgen Habermas' Thesen zur Bioethik: EvTh 64 (2004), 20–36; ders., Menschenwürde. Eine theologische Erkundung, EThD 8, Münster 2004, bes. 245–268; Marco Hofheinz, Der neue Mensch. Zur Renaissance der Apokalyptik in der aktuellen biomedizinethischen Debatte: Bernd U. Schipper/Georg Plasger (Hg.), Apokalyptik und kein Ende?, BThS 29, Göttingen 2007, 169–189; im Blick auf die bildungstheoretische Debatte: Marco Hofheinz, «Ach, bild mich ganz nach Dir». Zur bildungstheoretischen und urteilspraktischen Relevanz der Gottebenbildlichkeit Jesu Christi für eine narrative Ethik: Ingrid Schoberth (Hg.), Urteilen lernen – Grundlegung und Kontexte ethischer Urteilsbildung, Göttingen 2012, 214–230; Ingrid Schoberth, Glauben-lernen. Grundlegung einer katechetischen Theologie, CThM.C 28, Stuttgart 1998, bes. 234 f.; dies., Jesus Christus und die Bildung – Dramaturgisches zum Bildungsverständnis christlicher Religion – christologisch gebildet?: Jahrbuch für kirchliche Bildungsarbeit 5 (2011), 29–39.

32 Ernst Wolf, Sozialethik. Theologische Grundfragen, hg. von Theodor Strohm, Göttingen [3]1988, 16.

33 Wolf, Sozialethik (Anm. 32), 18.

34 Vgl. Wolfgang Trillhaas, Ethik, Berlin [2]1965, 13–17.

35 Vgl. Ernst Wolf, Peregrinatio II. Studien zur reformatorischen Theologie, zum Kirchenregiment und zur Sozialethik, München 1965, 135 f.138: Das Christianum «ist das radikale Nein zum philosophischen Menschenbild des abendländischen Humanismus, zu seinen Ideen, Idealen und Illusionen; und eben darum lässt dieses Nein wichtige Elemente dieses Menschenbildes durchaus gelten. Es macht das *humanum* nicht zum *profanum.* Die Profanisierung des *humanum,* seine Dehumanisierung überlässt es dem Humanismus selbst. – Man darf also jenes radikale Nein nicht als voreiliges Gericht über die Welt seitens der Kirche missverstehen. [...] Und sie wird von da aus offen sein müssen für alle Elemente der weltimmanenten Humanität, der humanistischen *humanitas,* wo immer sie begegnen».

36 Vgl. Wolf, Sozialethik (Anm. 32), 16: «[E] gibt nur eine Möglichkeit zu gültiger Rede über den Menschen, nämlich dass *Gott* redet. Die Rede Gottes aber heisst Christus.»

Christus nämlich in Anlehnung an das Chalcedonense als *verus homo* verstanden wird.[37] Das Motto dieses Ansatzes bildet das auf Christus bezogene Diktum des Pilatus: *Ecce homo* – seht, welch ein Mensch (Joh 19,5). Wolf bemerkt dementsprechend: «[E]rst am ecce homo enthüllt sich, was der Mensch *ist*, und doch immer wieder nicht sein will.»[38]

Es dürfte kein Geheimnis sein, dass natürlich die Barth'sche Theologie hinsichtlich dieser christologischen Grundentscheidungen in der Anthropologie Pate steht. Und so findet sich etwa der Verweis auf das Dankbarkeitsmotiv im Zusammenhang der christologischen Rede vom neuen Menschen auch bei Barth: «Kann und muss man die guten Werke des neuen Menschen gewiss (mit dem *Heidelberger Katechismus*) als Werke der Dankbarkeit verstehen, so muss man doch die Dankbarkeit, die *eucharistia* selbst als erstes und grundlegendes, von Gott gegebenes *charisma*, als Werk seines *charis* verstehen. Denn unmittelbar die Gabe selbst und als solche: die göttliche Barmherzigkeit und Vergebung, die Gotteskindschaft und ihr nach allen Dimensionen wirksamer Trost [...] ist die an den neuen Menschen gerichtete Forderung. Dieser neue Mensch lebte gar nicht, wenn er nicht unter dem Anspruch dieser Forderung stünde, wenn er sie sich nicht zu eigen gemacht hätte. Sie ist geradezu sein eigener Lebensanspruch, den er als solchen gar nicht preisgeben und verleugnen kann.»[39]

Wenn wir diese Sätze lesen, so bemerken wir gewiss: Der *Heidelberger* hat nicht Barth, sondern Barth hat den *Heidelberger* gelesen. Es ist mir wichtig zu betonen, dass es sich bei dieser christologischen Lesart nicht um eine Eintragung einer Barth'schen theologischen Grundentscheidung in den *Heidelberger* handelt. Die Frage 86 widerlegt diesen Verdacht, indem sie die Rede von der Erneuerung des Menschen durch den Heiligen Geist explizit auf Christus als das Ebenbild bezieht: «erneuert zu Christi Ebenbild» – heisst es dort. Damit wird deutlich erkennbar der biblische Sprachgebrauch von Christus als dem Ebenbild Gottes / *eikon tou theou* (Kol 1,15; 2Kor 4,4 etc.) aufgegriffen. Von Christus her, als wahrem Menschen und wahrem Gott, will die *imago Dei* und die *imago homini* verstanden werden und dies wiederum ist gemäss dem Ansatz Wolfs und des *Heidelbergers* schlechthin konstitutiv für die theologische Ethik. Mit Ernst Wolf gesprochen: «Theologische Ethik ist unter der

37 Vgl. Wolfgang Schoberth, Einführung in die Anthropologie, Darmstadt 2006, 25.113 f.129.

38 Wolf, Sozialethik (Anm. 32), 17; ders., Peregrinatio II (Anm. 35), 133.

39 Karl Barth, KD II/2, 776.

Wirklichkeit der Rechtfertigung theologische Anthropologie als Begründung der Wirklichkeit des neuen Menschen. Die Bewegung, die am Menschen, ‹mit› ihm geschieht, hat das Telos der ‹reformata et perfecta imago Dei›.»[40]

4. Die Menschwerdung des Menschen als moralische Subjektwerdung

Auch die Rede vom «neuen Menschen», die der *Heidelberger* vor allem in den Fragen 88, 89 und 90 entfaltet, entwindet er gleichsam biblischer, näherhin paulinischer Anschauung. Ich erläutere dies kurz: Paulus zufolge gibt es mitten in dieser unerlösten, ihrem Ende entgegeneilenden Welt gemäss der überlappenden Gleichzeitigkeit von altem, sukzessive absterbendem Äon und neuem, bereits begonnenem Äon,[41] welche für die Dialektik des «Schon-Jetzt» und «Noch-Nicht» konstitutiv ist, die neue Schöpfung:[42] «Ist jemand in Christus – neue Schöpfung» (2Kor 5,17; vgl. Jes 65,17–19). Der Apostel entfaltet eine «vision of Christian existence between the times»[43]: «[T]he new creation is not just a future hope, as in most forms of Jewish apocalyptic thought; rather, the redemptive power of God has already broken into the present time, and the form of this world is already passing away. »[44] Paulus

40 Strohm, Einführung: E. Wolf, Sozialethik (Anm. 32), XII.

41 In dieser Zeit bewegt sich auch die theologische Ethik: «in der Differenz zwischen Weltzeit und Neuschöpfung. [...] Es ist die Zeit einer neuen Ethik: eines neuen Lebens mit Gott, die Zeit geschöpflichen Lebens, als die in die Welt einbrechende Zeit.» Hans G. Ulrich, Wie Geschöpfe leben. Konturen evangelischer Ethik, EThD 2, Münster 2005, 441. Dort z. T. kursiv. Vgl. auch ders., Eschatologie und Ethik. Die theologische Theorie der Ethik in ihrer Beziehung auf die Rede von Gott seit Friedrich Schleiermacher, BeEvTh 104, München 1988, 178.

42 Vgl. Richard B. Hays, The Moral Vision of the New Testament. A Contemporary Introduction to New Testament Ethics, New York 1996, 20: «[F]or Paul, *ktisis* (‹creation›) refers to the whole created order (cf. Rom. 8:8–25). He is proclaiming the apocalyptic message that through the cross God has nullified the *kosmos* of sin and death and brought a new *kosmos* into being. That is why Paul can describe himself and his readers as those ‹on whom the ends of ages have met› (1 Cor. 10:11). The old age is passing away (cf. 1 Cor. 7:31b), the new age has appeared in Christ, and the church stands at the juncture between them.»

43 Hays, The Moral Vision (Anm. 42), 25.

44 Ebd., 21. Vgl. Udo Schnelle, Die Begründung und die Gestalt der Ethik bei Paulus: Roland Gebauer/Martin Meiser (Hg.), Die bleibende Gegenwart des Evangeliums. FS Otto Merk, MThSt 76, Marburg 2003, 109–131 (117 f.): «Nicht nur ein neues Seinsverständnis, sondern *das neue Sein selbst* hat in einem umfassenden Sinn bereits

sieht in der «neuen Schöpfung» eine schon gegenwärtige Realität, die er freudig jubelnd begrüsst.[45] Der an der neuen Schöpfung teilhabende Mensch ist nach Paulus der wirkliche Mensch.

Dieser Bestimmung folgt nicht nur Luther mit seiner Rede vom «inneren Menschen»,[46] sondern auch der *Heidelberger* mit seiner Rede vom «neuen Menschen». Der *Heidelberger* artikuliert näherhin den eschatologischen Vorbehalt mit seiner Rede vom Zugleich des Absterbens des alten Menschen und des Auferstehens des neuen Menschen (Frage 88).[47] Das heisst, wie Gerhard Sauter treffend hervorhebt, dass der neue Mensch einerseits bereits real im Sinne von präsentisch, andererseits noch «auf dem Wege [ist], Christus, dem wahrhaften Ebenbild Gottes, ‹gleichgestaltet› zu werden (Röm 8,29)».[48]

Es geht tatsächlich um ein Werden, nicht etwa um ein starres Seins, nicht um ein *esse*, sondern ein *fieri*.[49] So betont es Hans G. Ulrich in seinem Ethikentwurf *Wie Geschöpfe leben* und er tut dies im Anschluss an seinen Lehrer Ernst Wolf, der bereits von der «Menschwerdung des Menschen» als dem

begonnen! […] Die noch ausstehende Vollendung des Heils schmälert in keiner Weise die Überzeugung, dass der Transfer in das neue Sein bereits wirkmächtig erfolgte, denn *das bereits Geschehene* und nicht das Ausstehende ist der entscheidende Inhalt des paulinischen Evangeliums.»

45 Victor Paul Furnish (II Corinthians, AncB 32 A, Garden City, New York 1984, 333) spricht von einem «exultant cry», Hays (The Moral Vision [Anm. 42], 20) von «an exclamatory interjection».

46 Vgl. WA 7,20–38 (Von der Freiheit eines Christenmenschen, 1520). Dazu: Reinhard Hütter, Martin Luther and Johannes Dietenberger on «Good Works»: Lutheran Quaterly 6 (1992), 127–152, bes. 134–136; Bernd Wannenwetsch, Luther's Moral Theology: Donald K. McKim (Hg.), The Cambridge Companion to Martin Luther, Cambridge 2003, 120–135 (127 f.).

47 Vgl. Wolf, Sozialethik (Anm. 32), 19: «Es ist der neue Mensch als Ergebnis der Menschwerdung des Menschen und zugleich als eschatologisch zu begreifende Wirklichkeit inmitten der verwirklichten Menschlichkeit, der Nichtigkeit der ‹ktisis› (Röm 8,20), der Macht der Sünde.»

48 Gerhard Sauter, Das verborgene Leben. Eine theologische Anthropologie, Gütersloh 2011, 121. Vgl. ebd., 122: «Der innere Mensch ist keine innere Stimme, der alles Äussere gleichgültig ist oder die sich gegen Äusserliches wehrt; er hat auch nicht Christi Wort verinnerlicht, ebenso wenig wie Gottes ausgesprochenen Willen. Es ist das ‹Ich› des ‹in Christus Lebenden›, ‹welches hier von seiner Vergangenheit spricht›: Es wird sich im Lichte Christi als ‹*in* seinem Leibe Gefangenen› der Sünde ‹durchsichtig›. Und dieses Ich spricht zugleich seine Zukunft an: sein mit Christus verborgenes Leben, aus dem es existiert.» Die eschatologische Spannung bringt Sauter (ebd., 150 f.) treffend auf den Punkt, wenn er feststellt: «‹In Christus› sind sie, weil sie in seine Geschichte einbezogen wurden, doch was sie hier sein werden, hat sich noch nicht herausgestellt (1Joh 3,2).»

49 Ulrich, Wie Geschöpfe leben (Anm. 41), 47.69.98.240.322 f.332 u. ö.

eigentlichen Gegenstand der Ethik[50] sprach: «Der [...] ermittelte grundlegende Satz, der zugleich die ganze Anthropologie des stoisch-christlichen abendländischen Humanismus, die Anthropologie des ‹animal rationale et sociabile›, in Frage stellt, lautet: ‹Die menschliche Existenz ist nicht ein Sein, sondern die Möglichkeit.› ‹Das Tier ist, der Gott ist›, der Mensch ‹ist nicht einmal Mensch, er ist auf dem Wege der Menschwerdung›. Diese Menschwerdung ist aber nicht eine dem Menschen immanente und somit verfügbare Möglichkeit, sondern empfängt ihr Licht von der biblischen Rede von der Erschaffung des Menschen durch Gott.»[51]

Dieser reformatorischen Logik eines eschatologischen Realismus folgt der *Heidelberger.* Und er tut dies auf eine höchst spannende, ja aufregende Weise, indem er eine Frage thematisiert, die wir erst jüngst in den ethischen Diskursen wiederzuentdecken beginnen: Ich meine die Frage nach der moralischen Subjektwerdung.[52] Der *Heidelberger* thematisiert mit der Menschwerdung genau dies: die Frage nach der moralischen Subjektwerdung: Wie lernen wir es, Menschen zu werden, die gute Werke tun?[53] Diese Frage erweist sich nicht zuletzt im Blick auf die Moralerziehung als entscheidend.

Wie bedeutsam diese Frage ist, kann man sich am Gleichnis vom barmherzigen Samaritaner klarmachen. Es ist vielfach beobachtet worden, dass mit Jesu Verschiebung der Frage des Pharisäers: «Wer ist mein Nächster?» (Lk 10,29) zu: «Wer von diesen dreien, meinst du, ist der Nächste gewesen dem, der unter die Räuber gefallen war?» (Lk 10,36) ein Perspektivwechsel stattfindet: weg vom Objekt und hin zum Subjekt des Helfens. Ruben Zimmermann hebt indes hervor: «Aber das ist nicht alles. Es geht um einen kategorialen Sprung im ethischen System. Die Formulierung lautet genau genommen: *tis ... plesion ... gegonai*, die Übersetzung ‹Nächster gewesen› (Luther / Einheitsübersetzung) ist eigentlich unpräzise: *ginomai* heisst: ‹zum Dasein gelangen, zu etwas werden›, also ‹Wer ist Nächster geworden?›. Ich verstehe diese Formulierung [mit Ruben Zimmermann; M.H.] so, dass es weniger um die Statusbeschreibung oder die Handlungsweise eines ‹Nächsten-Subjektes›

50 So auch ebd. 48.261.282.305 u.ö.

51 Wolf, Sozialethik (Anm. 32), 16f. Vgl. ders., Peregrinatio II (Anm. 35), 132.

52 Vgl. etwa Judith Butler, Kritik der ethischen Gewalt. Adorno-Vorlesungen 2002, Frankfurt/M. 2003, 144: «*Ethik erfordert, dass wir uns eben dort aufs Spiel setzen,* in diesen Momenten des Unwissens. Wo das, was uns bedingt und uns vorausliegt, voneinander abweicht, wo in unserer Bereitschaft, anders zu werden, als dieses Subjekt zugrunde zu gehen, unsere Chance liegt, menschlicher zu werden, ein Werden, dessen Notwendigkeit kein Ende kennt.»

53 Vgl. Ulrich, Wie Geschöpfe leben (Anm. 41), 68f.

als um den Prozess der ‹Nächstenwerdung› selbst geht.»[54] Die Parabel weist uns somit darauf hin, dass die entscheidende Frage nicht etwa lautet: Was sollen wir als moralische Subjekte tun? Sondern die eigentliche Frage lautet: Wie werden wir Subjekte des guten Handelns? Daraufhin hat die Ethik zu reflektieren.

Lassen Sie uns nun genau hinsehen, wie der *Heidelberger* mit dieser Frage umgeht. Bereits der Aufbau des dritten Teils gibt eine schlüssige Antwort, indem dort der Dekalog ausgelegt und das Unservater[55] interpretiert wird. Das heisst: Als neue Menschen und in diesem Sinne als moralische Subjekte zu leben, lernen wir, indem wir uns zum einen einüben ins Geltenlassen der Gebote Gottes[56] und zum anderen, indem wir beten[57] lernen.[58] Auch der in Christus bereits neue Mensch muss dies beides noch lernen. Beides gehört zur Praxis der Lebensform des «Seins in Christus». Der neue Mensch ist zwar bereits in Christus präsent und präsentisch, aber die Vollendung dieses Seins steht noch aus. Sein Sein ist noch im Werden. Am treffendsten hat vielleicht Karl Barth dieses «Sein in Christus» umschrieben, indem er – wie zuletzt George Hunsinger gezeigt hat – aspektivisch bzw. dialektisch von ihm gesprochen hat, nämlich als zugleich «real, hidden and yet to come»[59].

54 Ruben Zimmermann, Berührende Liebe (Der barmherzige Samariter). Lk 10,30–35: ders. (Hg.), Kompendium der Gleichnisse Jesu, Gütersloh 2007, 538–555 (549). Ähnlich Wannenwetsch, Wovon handelt die «Materiale Ethik»? (Anm. 15), 120.

55 Vgl. zur Unservater-Auslegung des Heidelbergers Gottfried Wilhelm Locher, «Das vornehmste Stück der Dankbarkeit»: EvTh 17 (1957), 563–578 (569). Zum Ort des Gebets in der Ethik vgl. auch Hailer, Theologische Ethik (Anm. 6), 295–300.

56 Lienemann (Grundinformation Theologische Ethik [Anm. 3], 175) versteht die «[t]heologisch-kirchliche Ethik als Hilfe zur Einübung einer gemeinschaftlichen Praxis» bzw. als «Einübung ins Christentum». Dabei handle es sich «um einen lebenslangen Vorgang, welchen Dietrich Ritschl als ein ‹Hineinschlüpfen in die ‹story› des Gottesvolkes» bezeichnet hat – also eine teilnehmende Beobachtung und kritisch beobachtende Teilnahme an der befreienden, heilenden, immer wieder gefährlichen und irritierenden Praxis des Gottesvolkes aus Juden und Christen.» Ebd.

57 Vgl. Hans G. Ulrich, Ethik lernen mit dem Vaterunser. Das Gebet als paradigmatische Praxis einer Lebensform: Edgar Thaidigsmann/Johannes von Lüpke (Hg.), Denkraum Katechismus. FS Oswald Bayer, Tübingen 2009, 435–448.

58 Vgl. Dietrich Bonhoeffer, Widerstand und Ergebung, DBW 8, hg. von Christian Gremmels et al., Gütersloh 1998, 43: «Unser Christsein wird heute nur in zweierlei bestehen: im Beten und im Tun des Gerechten.»

59 Vgl. George Hunsinger, How to Read Karl Barth. The Shape of His Theology, Oxford 1990, 124: «The truth of our being in Christ, as Barth understands it, is not only real and hidden; it is also yet to come.»

Der neue Mensch ist also noch nicht fertig. Und der *Heidelberger* erweist sich keineswegs als an fertige Christenmenschen adressiert. Angesprochen ist nicht die *societas perfecta*, sondern angeredet werden neue, als noch der Erneuerung bedürftige Christenmenschen. Die «Wir», mit denen Frage 86 in der Antwort anhebt, sind die im *fieri*, also im Werden begriffenen neuen Menschen, die eine Gemeinschaft bilden, ja mehr noch zu einer Gemeinschaft gebildet werden.[60] Insofern, aber wirklich nur insofern vertritt der *Heidelberger community ethics*[61].

Diese *community* ist bei Lichte betrachtet eine Schulgemeinschaft, so etwas wie eine Schulklasse. Will sagen: Auch die neuen Menschen müssen noch zur Schule gehen. Aber sie sind bereits beschulbar. Den Schulweg[62] dieser beschulbaren neuen Menschen beschreibt der *Heidelberger* in seinem dritten Teil. Ja, man wird präziser noch sagen können, dass der *Heidelberger* selbst als Schulung des neuen Menschen verstanden werden will.

Wie schult uns der *Heidelberger*? Nicht, indem er uns Schläge androht. Der *Heidelberger* exekutiert keine «schwarze Pädagogik». So kommt er erst in Frage 91 auf das Gesetz zu sprechen. Erst ganz am Ende der Dekalogauslegung, nämlich in Frage 115, wird der *usus elenchticus*, der der Sünde überführende Gebrauch des Gesetzes entfaltet. Der *usus politicus* taucht auch erst in der Auslegung des 5. Gebots, des Tötungsverbots, in Frage 105 auf. Und auch hier erfolgt keine Drohung mit dem Gesetz, sondern das Gebot Gottes wird auf die Rechtsordnung des funktional interpretierten Staates[63] bezogen: «Darum hat auch der Staat den Auftrag, durch seine Rechtordnung das Töten zu verhindern.» Grundsätzlich wird man mit C. Link festhalten können, dass der *Heidelberger* in seinem dritten Teil «das Gesetz als evangelische Weisung [versteht], die den Anspruch dieser Erneuerung [zum Ebenbild Christi gemäss Frage 86; M.H] praktisch werden lässt.»[64]

60 Vgl. Ulrich, Wie Geschöpfe leben (Anm. 41), 317.

61 Vgl. Reinhard Hütter, Evangelische Ethik als kirchliches Zeugnis. Interpretationen zu Schlüsselfragen theologischer Ethik, Neukirchen-Vluyn 1993; Bernd Wannenwetsch, Ecclesiology and Ethics: Gilbert C. Meilaender/William Werpehowski (Hg.), The Oxford Handbook of Theological Ethics, Oxford 2005, 57–73.

62 Vom «Katechismus als Wegbeschreibung» spricht Wolfgang Härle in gleichnamigem Aufsatz: Thaidigsmann/von Lüpke (Hg.), Denkraum Katechismus. (Anm. 57), 55–68.

63 So auch Busch, Der Freiheit zugetan (Anm. 5), 266. Vgl. ders., Reformiert. Profil einer Konfession, Zürich 2007, 191–214.

64 Christian Link, Trost und Gewissheit. Beobachtungen zur Theologie des Heidelberger Katechismus: EvTh 72 (2012), 467–480 (478).

Die gesamte Dekalogauslegung des *Heidelbergers* kann im Sinne des dritten Gesetzesgebrauchs (*tertius usus legis*), d.h. des sog. *usus in renatis*, verstanden werden.[65] Dies kommt besonders stark in Frage 91 zum Ausdruck, wo davon die Rede ist, dass die guten Werke «nach dem Gesetz Gottes» geschehen. Es bildet so etwas wie eine Lernhilfe für die Schülerinnen und Schüler. Auf dem Schulweg möchte es gleichsam ausgeschritten werden.[66] Deshalb nimmt es in Gestalt der Dekalogauslegung so breiten Raum im Katechismus ein.

Unmittelbar bevor der *Heidelberger* zum ersten Mal im dritten Teil auf das Gesetz zu sprechen kommt, wirbt er in Frage 90 um die Aufmerksamkeit der Schülerinnen und Schüler, sprich: der neuen Menschen. Und er tut dies als guter Pädagoge, indem er nicht nur kognitive Lernzieldimensionen ins Spiel bringt, sondern auch interaktionelle bzw. soziale und vor allem affektive. In Frage 90 heisst es: «Was heisst Auferstehen des neuen Menschen? Herzliche Freude in Gott durch Christus haben und Lust und Liebe, nach dem Willen Gottes in allen guten Werken zu leben.» Man beachte die signifikante Terminologie des Emotionalen und Affektiven, die sich in dieser sprachlichen Wendung manifestiert.[67]

Mit «herzlicher Freude», mit «Lust und Liebe» bringt der *Heidelberger* die Affekte mit ins Spiel. Und er tut gut daran.[68] Wir wissen heute aus der Emotionsforschung, was den Verfassern des *Heidelbergers* vermutlich eher ihre Intuition verriet, dass nämlich Affekte Gemütserregungen sind, die eine grosse motivationale Kraft besitzen.[69]

Das kann man sich wiederum am Gleichnis vom barmherzigen Samaritaner klarmachen: «Entscheidend ist [...] das Berührtwerden, die Anteilnahme im Innersten, wie es plastisch im griechischen Text ausgedrückt wird [...].

65 Vgl. Michael Beintker, Der Ansatz der Ethik im Heidelberger Katechismus, 1–11, 10, unter: http://www.reformiert-info.de/2496-0-0-20-html (17.07.2012).

66 So anschaulich Bernd Wannenwetsch, «Walking the torah»: explorer le champ moral a la lumière des commandements de Dieu: Revue des Sciences Religieuses 82 (2008), 371–387. Fernerhin: Brian Brock, Singing the Ethos of God. On the Place of Christian Ethics in Scripture, Grand Rapids 2007, 76f.

67 Der *Heidelberger* weiss freilich auch darum, dass Gefühle trügen können, wie Frage 129 zeigt, wo davon die Rede ist, dass Gott mein Gebet «viel gewisser erhört, als ich in meinem Herzen fühle.»

68 Treffend weist Lienemann (Grundinformation Theologische Ethik [Anm. 3], 23) darauf hin, dass «sich die Prozesse der ethischen Einübung, Identitätsfindung und Urteilsbildung keineswegs nur auf der kognitiven Ebene ab[spielen]».

69 Vgl. Christian Ammann, Emotionen – Seismographen der Bedeutung. Ihre Relevanz für eine christliche Ethik, Forum Systematik 26, Stuttgart 2007.

Das Leid des anderen wird nicht nur reflektiert, sondern ganzheitlich erfahren, erlitten, ist ‹Mit-leid› im wahrsten Sinne des Wortes. In dieser Weise wird das Mitleiden-Können zum narrativen Wendepunkt der Parabel [...]. Die Kategorie des Nächsten erschliesst sich nicht über eine Bestimmung des ‹Nächsten› als Adressat oder Objekt meiner Liebesbemühungen, sondern nur indem ich durch mein Mit-leiden selbst zum Nächsten werde».[70]

Melanchthon, der – wie bereits erwähnt – betonte, dass man dem Herzen nicht befehlen kann, einen Affekt hervorzubringen, bemerkt nun auch: «Ein Affekt wird nur durch einen Affekt bezwungen.»[71] Das heisst: «Aufgeben kann [das Herz] ihn [den Affekt] [nur], wenn dieser Affekt, von dem es besetzt ist, von einer heftigeren Leidenschaft überwunden wurde.»[72] Und genau dies scheint mir die Logik des *Heidelbergers* zu sein: Wenn Dankbarkeit sich nicht einstellen will, dann nutzt es nichts, diese appellativ erzwingen zu wollen, sondern dann kann man nur affektive als effektive Gegenimpulse setzen. Durch solche Gegenimpulse ermutigt der *Heidelberger* seine Leserinnen und Leser zur Menschwerdung, d. h. zum Auf(er)stehen des neuen Menschen.

Der *Heidelberger* fordert demnach nicht einfach unvermittelt zu guten Werken auf. Nein, die «guten Werke» kommen in Frage 90 in einer sehr beachtenswerten Weise sprachlich-metaphorisch ins Spiel, die an Eph 2,10 anknüpfen dürfte,[73] wo vom «Wandeln in guten Werken» die Rede ist.[74] Auch der *Heidelberger* spricht von einem Leben «in allen guten Werken». Das

70 Zimmermann, Berührende Liebe (Anm. 54), 549. Ähnlich Bernd Wannenwetsch, Gottesdienst als Lebensform – Ethik für Christenmenschen, Stuttgart u. a. 1997, 238. Vgl. zur Mitleids-Thematik fernerhin: Ingolf U. Dalferth/Andreas Hunziker (Hg.), Mitleid. Konkretionen eines strittigen Konzepts, Tübingen 2007, bes. 289–305.

71 Loci communes (1521), I,44: «[...] affectus affectu vincitur.» Dazu: Hans-Georg Geyer, Philipp Melanchthon. Ein Geist in der Spannung zwischen Humanismus und Reformation: Rudolf Weth (Hg.), Was hat die Kirche zu sagen? Auftrag und Freiheit der Kirche in der politischen Gesellschaft, Neukirchen-Vluyn 1998, 170–187 (183); Wannenwetsch, Affekt und Gebot (Anm. 16), 213–215.

72 Loci communes (1521), I,55: «Ponit autem, cum vehementiori cupidiate victus fuerit hic affectus, quo occupatur.»

73 Zu Luthers Verständnis von Eph 2,10 vgl. Wannenwetsch, Luther's Moral Theology (Anm. 46), 129 f.

74 Vgl. Ernst Wolf, Politia Christi. Das Problem der Sozialethik im Luthertum: ders., Peregrinatio. Studien zur reformatorischen Theologie und zum Kirchenproblem, München 1954, 214–242 (239): «Die Sozialethik tritt so zuletzt unter den Nenner der ‹guten Werke›, d. h. sie ist Aufgabe des Glaubensgehorsams in dieser Welt. Auftrag der christlichen Freiheit zu Werken der Heiligung.» Fernerhin: Ulrich, Wie Geschöpfe leben (Anm. 41), 461 f.

heisst, dass die guten Werke nicht als Imperativ, nicht als jene harte Forderung eingeführt werden, die da lautet: «Tut nun endlich gute Werke!» Nein, die guten Werke erscheinen, wenn man so will, im Kasus des Lokativs. Die guten Werke haben einen Raum und bilden einen Raum, einen Ort, ein Ethos[75], eine Heimat, wo sie zu Hause sind und wo sie aufgefunden werden.[76] Diese Heimat ist das Leben «in Gott durch Christus», wie es in Frage 90 heisst. Frage 91 beschreibt diesen Raum als Raum des wahren Glaubens, insofern die guten Werke «aus wahrem Glauben» geschehen. Rechtes menschliches Tun und Trachten vollzieht sich immer «Raum-gemäss». Das christliche Leben als Glaubensleben ist der Ort der guten Werke und die guten Werke sind wiederum der Ort, wo sich das christliche Leben realisiert. Die zu diesem christlichen Leben gehörende Lebensform versteht der *Heidelberger* als «Auferstehung» (vgl. Kol 2,12; 3,1; Eph 2,6).

Wir sehen, dass der *Heidelberger* im «Klassenraum Katechismus» so etwas wie eine «kleine Topologie guter Werke» entwirft. Er ermuntert und ermutigt uns als Leserinnen und Leser, uns in diesem Raum des christlichen Lebens, der der Ort der guten Werke ist, heimisch zu werden, dort zu bleiben, am Unterrichtsgeschehen teilzunehmen und uns dort prägen zu lassen. Er weiss darum, dass es keinen besseren formativen Kontext gibt.

5. Heiligung: Das «mehr und mehr». Vom Partialaspekt des *progressus*

In diesem Zusammenhang muss nun noch eine Redewendung thematisiert werden, die gehäuft auftritt. Ich meine jenes «mehr und mehr», das man als «Komparativ der Heiligung» bezeichnen kann. Am aussagekräftigsten fällt sicherlich Frage 70 aus, wo in der Antwort auf die Frage: «Was heisst, mit dem Blut und Geist Christi gewaschen sein?», der Begriff der «Heiligung» explizit gebraucht wird: «Es heisst [...], durch den Heiligen Geist erneuert und zu einem Glied Christi geheiligt sein, so dass wir je länger je mehr der Sünde

75 Martin Heidegger (Brief über den Humanismus: ders., Wegmarken, GA 9, Frankfurt/M. 1975, 313–364 [354]) bestimmt den Begriff des «Ethos» «als Aufenthalt, Ort des Wohnens. Das Wort nennt den offenen Bezirk, worin der Mensch wohnt».

76 Link (Trost und Gewissheit [Anm. 64], 479) greift die Raum-Metapher auf und akzentuiert treffend, dass das Gebot nach Frage 86 «uns in seinen ideologiefreien Raum stellen [will], statt uns erneut problematischen menschlichen Bindungen zu unterwerfen».

absterben und ein Leben führen, das Gott gefällt.» Auch in Frage 76 ist in der Abendmahlslehre des *Heidelbergers* davon die Rede, dass wir im Abendmahl «durch den Heiligen Geist, der zugleich in Christus und in uns wohnt, mit seinem verherrlichten Leib mehr und mehr vereinigt werden». Von einem «mehr und mehr» der Stärkung im Glauben am Tisch des Herrn spricht auch Frage 81. Im uns primär interessierenden dritten Teil des *Heidelbergers* klärt Frage 89, dass das Absterben des alten Menschen meint, die Sünde «je länger, je mehr» zu hassen. Ebenfalls betont Frage 115, dass wir anhand der Zehn Gebote «unsere sündige Art je länger, je mehr erkennen» und «je länger, je mehr zum Ebenbild Gottes erneuert werden».[77] Und schliesslich wird die zweite Bitte des Unservaters «Dein Reich komme» in Frage 123 als Bitte um Gottes Wort und Geist gedeutet, auf «dass wir dir [Gott] je länger, je mehr gehorchen [...], bis die Vollendung deines Reiches kommt».

In allen diesen genannten Belegstellen manifestiert sich die Vorstellung von der Heiligung als einem Wachstum in der Gemeinschaft, in der Vereinigung mit Christus.[78] Der *Heidelberger* nimmt in diesen Passagen deutlich erkennbar den Akzent Johannes Calvins auf,[79] der den Topos der Heiligung distinkt wie kein zweiter Reformator artikuliert hat. Calvin betont dabei nachdrücklich den Zusammenhang von Rechtfertigung und Heiligung, indem er von der doppelten Gnade [*duplex gratia*] spricht: «Durch die Gemeinschaft mit ihm [Christus] empfangen wir vornehmlich eine doppelte Gnade: Einerseits werden wir durch seine Unschuld mit Gott versöhnt, so dass er jetzt nicht mehr unser Richter ist, sondern wir an ihm unseren gnädigen Vater im Himmel haben, und andererseits werden wir durch seinen Geist geheiligt und trachten nun nach Unschuld und Reinheit des Lebens.»[80]

Während Calvin allerdings die Simultanität[81] von Rechtfertigung und Heiligung betont, um so die bleibende Bedeutung der Rechtfertigung für die

77 Link (Trost und Gewissheit [Anm. 64], 479) weist zu Recht darauf hin, dass das Gebet «uns bis an die Grenze, vor der der Dekalog halt macht [führt], die Bitte um unsere Erneuerung zum Ebenbild Gottes, ‹bis wir das Ziel der Vollkommenheit nach diesem Leben erreichen› (Fr. 115)».

78 Vgl. Georg Plasger, Glauben heute mit dem Heidelberger Katechismus, Göttingen 2012, 169.

79 So auch ebd., 98.

80 Institutio (1559), III,11,1.

81 So auch George Hunsinger, A Tale of Two Simultaneities. Justification and Sanctification in Calvin and Barth: John C. McDowell/Mike Higton (Hg.), Conversing with Barth, Ashgate 2004, 68–89 (69): «Justification and sanctification, he [Calvin] argued, were given to faith ‹simultaneously› (*simul*). Since the one was never given without the other, the order in which theology presented them was flexible».

Heiligung zu hervorzuheben, denkt der *Heidelberger* den differenzierten Zusammenhang von Rechtfertigung und Heiligung eher im Sinne einer Grund-Folge- und nicht einer Grund-Ziel-Relation, wie Calvin dies tut[82]: Dies verrät etwa Frage 1 mit der Akzentuierung des «forthin» eines Lebens in der Heiligung, das auf die Erlösung folgt. Auch die einleitende Fragestellung zu Frage 86 betont die Erlösung als Grund und das Tun der guten Werke als Folge.

Der Princetoner Theologe Daniel L. Migliore bringt die Verhältnisbestimmung von Rechtfertigung und Heiligung, wie sie sich im *Heidelberger* findet, auf den Punkt: «If justification by grace through faith is the foundation of the Christian life, sanctification is the process of growth in Christian love. [...] Justification is the basis and presupposition of sanctification; sanctification is the aim and consequence of justification.»[83] Wilfried Joest pointiert das Verhältnis von Rechtfertigung und Heiligung trefflich als Miteinander des «Totalaspektes des Transitus» und des «Partialaspektes des Progressus» im Sinne eines «Kommen[s] des Christus zu uns herein»[84].

Für Calvin ist indes ebenso wie für den *Heidelberger* evident, dass Christus nicht nur das Subjekt der Rechtfertigung, sondern zugleich von Rechtfertigung und Heiligung ist. Der Mensch bleibt Objekt der Heiligung, indem Gott verändernd, erneuernd an ihm wirkt. Beide, Calvin und der *Heidelberger*, sind sich ebenfalls ganz darin einig, dass die *sanctificatio* keine *perfectio* meint. Dementsprechend wendet sich der *Heidelberger* gegen einen sich überhebenden Vollkommenheitswahn in Gestalt mannigfaltiger Hybridisierungen, wenn er in Frage 114 die Möglichkeit eines vollkommenen Gebotsgehorsams vehement negiert: «Nein, sondern es kommen auch die frömmsten Menschen in diesem Leben über einen geringen Anfang dieses Gehorsams nicht hinaus.» Ebenso hebt auch Calvin die Unvollkommenheit hervor: Die «meisten leiden unter solcher Schwachheit, dass sie nur wankend und hinkend, ja auf dem Boden kriechend, bescheiden vorankommen».[85]

82 Zu Calvin vgl. Eberhard Busch, Gotteserkenntnis und Menschlichkeit. Einsichten in die Theologie Johannes Calvins, Zürich 2005, 46–51; Dennis Schönberger, Gemeinschaft mit Christus. Eine Untersuchung der Heiligungskonzeptionen Johannes Calvins, John Wesleys und Karl Barths, unveröffentlichte Dissertation Universität Siegen 2012, 77–80.

83 Daniel L. Migliore, Faith Seeking Understanding. An Introduction to Christian Theology, Grand Rapids [2]2004, 239f.

84 Wilfried Joest, Gesetz und Freiheit. Das Problem des tertius usus legis bei Luther und die neutestamentliche Parainese, Göttingen [3]1951, 98.

85 Institutio (1559), III,6,5.

Ohne Zweifel sind diese Aussagen des *Heidelbergers* zur Heiligung auch ethisch bedeutsam, insofern es in ihnen um jene «Menschwerdung des Menschen» geht, wie sie bereits in Anlehnung an Ernst Wolf erläutert wurde. In der Heiligung geht es um die «Fassung der Erneuerung als ‹nova creatura en Christo› im Licht der Auferstehung»[86]. Nochmals Ernst Wolf: «Die Heiligung ist also die Gehorsamstat des Glaubens bzw. des neuen Menschen ‹en Christo›, worin sich seine pneumatische Neuheit manifestiert, das heisst: worin sich sein Glaube unter Anfechtung bewährt, worin sich die Neuheit des Lebens anfangsweise als Wirklichkeit erweist. Diese Manifestation, diese Bewährung und der Anbruch des neuen Lebens sind zwar in gewissen Grenzen auch erfahrbar, aber in ihrer Eigentümlichkeit, so wie sie aus dem Glauben stammen, wiederum Objekte des Glaubens, da wir im Glauben stehen und noch nicht im Schauen.»[87]

6. Der identitätsethische Ansatz des Heidelberger Katechismus

Ich komme zum Schluss nochmals auf die eingangs kurz aufgegriffene Frage zurück, mit welcher Art von Ethik wir es im *Heidelberger* zu tun haben. Wenn die Trias von Tugend-, Pflichten- und Güterethik zugrunde gelegt wird, fällt es bereits im Blick auf das Motiv der Dankbarkeit schwer, hier eine eindeutige Zuordnung zu treffen. So scheint es mir nicht abwegig zu sein, den Dankbarkeitsgebrauch im *Heidelberger* einerseits als tugendethisch zu bestimmen. Ausgerechnet der sog. «Gebotsethiker» Karl Barth dachte in diese Richtung, wenn er in seiner «Einführung in den Heidelberger Katechismus» sehr treffend formulierte: «Dankbarkeit ist die Haltung dessen, der aus Gnade lebt und nicht noch einmal in den Abgrund springt, aus dem er gerettet ist.»[88]

Andererseits hatten wir anhand von Frage 86 beobachtet, dass die Dankbarkeit durchaus als Telos der Erneuerung durch den Heiligen Geist verstanden wird. Es zeichnet sich in dieser Frage so etwas wie eine «kleine Ordnung der Zwecke» ab. Güterethisches Denken, das ja bekanntlich das Handlungsziel in den Vordergrund rückt, scheint hier durchaus im Hintergrund zu stehen. Und selbst eine gewisse Nähe zur Pflichtenethik ist nicht

86 Wolf, Sozialethik (Anm. 32), 19.

87 Wolf, Sozialethik (Anm. 32), 22.

88 Karl Barth, Einführung in den Heidelberger Katechismus, ThSt 63, Zürich 1960, 20. Vgl. auch M. Beintker, Der Ansatz der Ethik im Heidelberger Katechismus (Anm. 65), 2.

ganz von der Hand zu weisen, entfaltet der *Heidelberger* doch eine Dekalogsauslegung, sprich: eine Gebotsinterpretation unter der Überschrift «Von der Dankbarkeit».

Ich bin aufgrund dieses Befundes zu der Überzeugung gelangt, dass der Ansatz des *Heidelbergers* nicht exklusiv einem Typus innerhalb der gängigen Trias dieser Ethiktypen zugeordnet werden kann. Als Alternative schlage ich vor, den Begriff der «Identitätsethik» zur Kennzeichnung des Ethikansatzes des *Heidelbergers* zu bemühen. Dieser Terminus steht gewissermassen für einen integrativen Charakter, zumal er argumentative Anleihen bei den drei genannten Typen nicht ausschliesst.

Wenn ich es richtig sehe, so hat Christofer Frey diesen Begriff erstmals gebraucht und in die Diskussion eingeführt. Zugegebenermassen hat er es jedoch bei einigen Andeutungen belassen. Ich halte diesen Begriff dennoch für geeignet, um den Ansatz des *Heidelbergers* zu charakterisieren, denn es geht dort in der Tat um Identitätserschliessung. Den Christenmenschen soll ihr Sein als neue Menschen im Sinne jenes *fieri* erschlossen werden, das für das reformatorische Heiligungsverständnis charakteristisch ist.

Die Frage nach der Identität hat der *Heidelberger* bereits in Frage 1 indirekt behandelt und darauf die Antwort gegeben, dass ich «nicht mir, sondern meinem getreuen Heiland Jesus Christus gehöre». Der *Heidelberger* folgt hier Johannes Calvin, für den das bekannte Diktum «nostri non sumus, sed Domini»[89] zu einer Art Lebensmotto wurde. Grundsätzlich wird man festhalten können, dass wir nach reformatorischem Verständnis, wie es auch im *Heidelberger* expliziert wird, unser wahres Selbst «extra nos et in Christo»[90] haben. Gerhard Sauter hat in diesem Zusammenhang treffend von der «externen Identität»[91] gesprochen.

Wenden wir uns von hieraus nochmals dem Problem des Dankbarkeitsmotivs zu. Lässt sich über das bereits Gesagte, nämlich die integrative Zuordnung zur Tugend-, Pflichten- und Güterethik hinaus identitätsethisch noch mehr sagen? Ich denke schon. Eine Identitätsethik, sofern sie mit Ernst Wolf die «Menschwerdung des Menschen» zu ihrem Gegenstand hat, d.h. als Ethik des neuen Menschen verstanden wird, geht davon aus, dass es sich bei

89 Institutio (1559), III,7,1. Christopher Frey (Die Ethik des Protestantismus von der Reformation bis zur Gegenwart, GTB 1424, Gütersloh 1989, 65) nennt dies das «ethische Prinzip Calvins».

90 WA 56, 158,9 (Scholion zu Röm 1,1).

91 Vgl. Sauter, Das verborgene Leben (Anm. 48), 306.335. Christopher Frey (Theologische Ethik, Neukirchener Arbeitsbücher, Neukirchen-Vluyn 1990, 190) spricht von «geschenkte[r] Identität».

der Dankbarkeit um die Dankbarkeit des neuen Menschen handelt. Das ist entscheidend. Denn wenn es tatsächlich um die Dankbarkeit des neuen Menschen geht, dann heisst das zugleich, dass es nur bedingt hilfreich ist, über das allgemein-menschliche Phänomen der Dankbarkeit zu philosophieren. Die Dankbarkeit, von der der *Heidelberger* spricht, ist ein Prädikat des neuen Menschen und nicht der neue Mensch ein Prädikat der Dankbarkeit. Die meisten Interpretationen der Ethik des *Heidelbergers* aber unterstellen genau dies. Daran kranken viele der herkömmlichen Auslegungen, die sich infolgedessen in die Fallstricke einer Motivationsethik verwickeln.

Identitätsethisch können wir indes festhalten: Wenn der neue Mensch noch im Werden, im *fieri* begriffen ist, dann müssen wir es erst lernen, dankbar zu sein oder besser noch: dankbar zu werden. Danken im Sinne des *Heidelbergers* ist bedingtes Danken, nämlich ein dadurch bedingtes Danken, dass es durch die Bedingung des eschatologischen Vorbehalts, unter dem das Sein des neuen Menschen steht, konditioniert wird. Man kann vom Danken als einem «eschatologischen Sachverhalt»[92] sprechen.

Die Einsicht, die sich hier manifestiert, dass nämlich das Danken erlernt werden will und nur im Kontext des Werdens des neuen Menschen erlernt werden kann, spricht sich in der Schlusswendung des bekannten Liedes *Danke* aus. Sie lautet: «Danke, ach Herr, ich will dir danken, dass ich danken kann.» Helmut Gollwitzer hat durchaus recht, wenn er bemerkt, dass diese Schlusszeile «ein sehr unbanaler, sehr wesentlicher Teil eines Dankgebets»[93] ist. Denn der Umstand, dass ich danken kann, ist nicht selbstverständlich und kann nicht einfach vorausgesetzt werden: Das Danken im Sinne des Dankbar-Werdens will erlernt werden.

Wie lässt sich eine Identitätsethik noch ein wenig näher und konkreter charakterisieren? Nach Christofer Frey verbirgt sich folgender Leitgedanke hinter dem programmatischen Begriff «Identitätsethik»: Identitätsethik fragt nicht nur nach der Beurteilung von Handlungen, ob sie etwa gut oder böse

---

92 Beintker (Der Ansatz der Ethik im Heidelberger [Anm. 65], 7) erkennt in der Freude einen «eschatologische[n] Sachverhalt».

93 Helmut Gollwitzer, Vom Danken: ders., Auch das Denken darf dienen. Aufsätze zu Theologie und Geistesgeschichte, Bd. 1, hg. von Friedrich-Wilhelm Marquardt, Helmut Gollwitzer AW 8, München 1988, 196–213 (211). Den Charakter des Dankes im Sinne des Dankbar-Werdens hat Gollwitzer indes, wie mir scheint, noch nicht hinreichend in den Blick genommen, wie seine Bemerkung verrät: «Ich danke nicht nur für sein Werk, sondern sein Werk ist es, dass ich danke» (ebd.). Im Sinn des bislang Ausgeführten wäre das Dankbar-Werden als Werk Gottes in den Blick zu nehmen.

sind.[94] Überhaupt tritt die Frage, was ich tun soll bzw. wir tun sollen, in den Hintergrund der vorgeordneten Frage nach der Identität des handelnden Subjektes. Stanley Hauerwas bemerkt: «Die Frage, was ich tun soll, handelt tatsächlich davon, was ich bin oder sein soll».[95] Identitätsethik fragt auch nach Christofer Frey: «Wer sind wir, Betroffene und Entscheidende, in unserem gesamten Verhalten?»[96] Die Frage nach der Identität ist eine *vor*-läufige Frage und dies in einem doppelten Sinne: Zum einen geht sie der Frage nach der ethischen Beurteilung von Handlungen voraus. Und zum anderen muss sie – wie bereits gesagt – eschatologisch vorläufig bleiben, solange «noch nicht erschienen ist, was wir sein werden» (1Joh 3,2).

Wie konstituiert sich dann aber Identitätsethik? Sie fokussiert auf den Zusammenhang von Identität und Handlung: «[D]ie Identitätsethik wird nach der Integrität der Lebensführung der von meinen Handlungen und Entscheidungen Betroffenen ebenso fragen wie nach der eigenen Identität.»[97] Identitätsethik betont, dass es im Blick auf die Urteilsbildung nicht nur darum geht, die Angemessenheit der Mittel zu prüfen, «sondern vor allem die Identität und Integrität der Subjekte (ob sie nun entscheiden oder ob sie betroffen sind) [zu] berücksichtigen».[98]

Bedeutsam wird die Frage, ob es meiner Identität, meinem «Sein in Christus» (verstanden im Sinne des *fieri,* des Auferstehens des neuen Menschen und des Absterbens des alten Menschen) entspricht, wenn ich auf diese oder jene Weise handle, hinsichtlich der ethischen Urteilsbildung. Man kann diese Frage als Korrespondenzfrage[99] bezeichnen.

Über ihren Ertrag für die ethische Urteilsbildung hinaus kann man nach weiteren Merkmalen einer Identitätsethik fragen. Dem *Heidelberger* zufolge

94 Vgl. Frey, Theologische Ethik (Anm. 91), 14: «Die Ethik muss nach der *Identität* derjenigen, die sich entscheiden, sich verhalten, die handeln, fragen. […] Die Ethik behandelt nicht nur die Frage ‹*Was* sollen wir tun?›, sondern auch ‹*Wer wollen* wir in unserem Tun und Verhalten sein? Und *wer können* wir darin sein?›.»

95 Stanley Hauerwas, Selig sind die Friedfertigen. Ein Entwurf christlicher Ethik, hg. von Reinhard Hütter, Evangelium und Ethik Bd. 4, Neukirchen-Vluyn 1995, 180.

96 Christopher Frey, Konfliktfelder des Lebens. Theologische Studien zur Bioethik, hg. von Peter Dabrock/Wolfgang Maaser, Göttingen 1998, 150 f.

97 Frey, Konfliktfelder des Lebens (Anm. 96), 143.

98 Frey, Theologische Ethik (Anm. 91), 234.

99 Vgl. Dietrich Ritschl, Konzepte. Ökumene, Medizin, Ethik. Gesammelte Aufsätze, München 1986, 226; ders., Zur Logik der Theologie. Kurze Darstellung theologischer Grundgedanken, München ^{2}1988, 293 ff.298 f.; Marco Hofheinz, Gezeugt, nicht gemacht. In-vitro-Fertilisation in theologischer Perspektive, EThD 15, Münster 2008, 424–433.

wird eine Identitätsethik zugleich als eine trinitätstheologische Ethik zu konturieren sein, sind doch nach Frage 86 alle Personen der Trinität an der Identitätskonstruktion des neuen Menschen beteiligt: Der neue Mensch ist «aus Gnade durch Christus erlöst», «durch seinen Heiligen Geist erneuert zu seinem Ebenbild» und «dankbar gegen Gott». Ja, man wird sagen können, dass dieser neue Mensch seine wahre Identität dem Zusammenwirken aller drei Personen der Trinität verdankt, die ihn – wie Frage 45 sagt – «schon jetzt erweckt zu einem neuen Leben».

Man wird freilich im Blick auf den ethischen Ansatz des *Heidelbergers* bescheiden bleiben müssen: So interessant die Moralerziehung, die der *Heidelberger* intendiert, auch ist, und so verheissungsvoll sein identitätsethischer Ansatz beim neuen Menschen auch klingt, so werden im Katechismus doch nur Konturen, nicht mehr als zarte Umrisse einer weiter zu entwickelnden Ethik ansichtig. Der *Heidelberger* liefert selbstverständlich keinen ethischen Gesamtentwurf. Und man kann und muss nun natürlich kritisch fragen, ob und wie von dieser Grundlegung einer Identitätsethik aus Schritte zur materialen Ethik vollzogen werden können. Die Gebotsauslegung wäre daraufhin im Einzelnen zu befragen.[100] Dies kann hier freilich nicht ausgeführt werden.

Dies jedoch haben wir gelernt: Die zentrale Botschaft der Frage 1, dass wir «Jesus Christus gehören», kehrt auch im dritten, sog. ethischen Teil des *Heidelbergers* wieder. Jesus Christus zu gehören, meint nichts anderes, als in Christus zu sein – genauer noch: in ihm, dem wahren, neuen Menschen, nun auch zu wahren, neuen Menschen zu werden, sprich: «ihm forthin zu leben», wie es am Ende der Antwort auf Frage 1 heisst. Dieses Werden (*fieri*), dieses «ihm forthin zu leben», ist Werk des Heiligen Geistes, der (nicht nur, aber auch) durch und in unseren Affekten wirkt, indem er uns zu diesem Werden «von Herzen willig und bereit macht». Wir sehen, dass bereits in Frage 1 die Ethik des neuen Menschen intoniert wird. Der *Heidelberger* entwirft mithin keine ethikfreie Dogmatik, die damit im Übrigen ihrer Relevanz für das konkrete Leben verlustig ginge. Und er entwirft ebenso wenig eine dogmatikfreie Ethik, die damit ihrer theologischen Inhalte beraubt und gleichsam entkernt würde.

100 Vgl. Gerard den Hertog, Die Dekalogauslegung im Heidelberger Katechismus – ein Beitrag zur ethischen Urteilsbildung in der Gegenwart?: Matthias Freudenberg/Georg Plasger (Hg.), Erinnerung und Erneuerung. Vorträge der fünften Emder Tagung zur Geschichte des reformierten Protestantismus, EBzrP 10, Wuppertal 2007, 55–70.

Hinsichtlich unseres Experiments heisst dies nun: Der *Heidelberger* verlässt seine dogmatischen Begründungszusammenhänge nicht in der Ethik. Die Maschen werden nicht nach der Frage 1 fallen gelassen, sondern der *Heidelberger* strickt den Faden weiter. Hier kann, darf und soll auch die theologische Ethik heute anknüpfen.

Torsten Meireis

Die theokratische Frage

Zur politischen Ethik des Heidelberger Katechismus

1. Aufgaben des Staates nach dem Heidelberger Katechismus und die theokratische Frage

Wirft man einen oberflächlichen Blick auf den *Heidelberger Katechismus*, scheint politische Ethik darin nur eine kleine Rolle zu spielen. Der Staat bzw. die Regierung wird im Rahmen des ethischen Teils («Von des Menschen Dankbarkeit», 86–129)[1] ausdrücklich nur in den Fragen erwähnt, die eine Erläuterung des Tötungs- und Räubereiverbots, des sechsten und achten Gebots nach reformierter Zählung, enthalten. Allerdings ist sowohl in der Auslegung der Ämter Christi als auch in der des Unservaters von der Herrschaft Christi und den Wirkungen der Bitte um das Reich Gottes die Rede, so dass sich im Kontext des *Heidelberger Katechismus* die Frage stellt, wie sich diese Herrschaft und das kommende Reich eigentlich zur menschlichen Regierung verhält. Wird hier letztlich eine Art Theokratie vorgestellt, wie es reformierten politischen Ethiken – in manchen Fällen mit guten, in anderen mit weniger guten Gründen – oft nachgesagt wird?

Die Vorstellung, dass Christus als König regiere, wird bereits im Rahmen der Gnadenlehre («Von des Menschen Erlösung»[2]) im Kontext der Erläuterung des zweiten Artikels des Glaubensbekenntnisses dargestellt. In der Behandlung von Person und Werk Jesu werden zunächst Propheten- und Priesteramt als Implikat des Christustitels erklärt, danach ist dann ausdrücklich von der Herrschaft Christi die Rede: «Vnd zu vnserm ewigen König / der vns mit seinem wort vnd geist regiert / vnnd bey der erworbenen erlösung

1 Der *Heidelberger Katechismus* wird hier in der Fassung von 1563 zitiert, die Zählung der Fragen folgt dem modernen Gebrauch: Catechismus oder Christlicher Underricht wie der in Kirchen und Schulen der Churfürstlichen Pfalz getrieben wirdt. Gedruckt in der Churfürstlichen Stad Heydelberg durch Johannem Mayer, 1563, zugänglich unter http://digi.ub.uni-heidelberg. de/diglit/catechismus1563/0007 (27.04.2013).

2 Heidelberger Katechismus 12–85.

schützet vnd erhelt.»[3] Im Licht dieser Bestimmung lässt sich dann auch die im dritten Teil des *Heidelbergers* explizierte zweite Bitte des Unservaters auf die Herrschaft Christi beziehen, da hier die Vollendung dieser Herrschaft gleichsam aus menschlicher Perspektive anvisiert wird: «Zukom dein reich / das ist / regiere vns also durch dein wort vnnd geist / dass wir vns dir je lenger je mehr vnderwerffen erhalte vnd mehre deine Kirchen / vnnd zerstöre die werck des Teuffels / vnd allen gewalt der sich wider dich erhebt / vnd alle böse rahtschlege / die wider dein heiliges wort erdacht werden / biss die volkommenheyt deines Reichs herzu komme / darinn du wirst alles in allen sein.»[4]

Zwischen die Einführung des Topos der Herrschaft Christi und die Bitte um die Vollendung dieser Herrschaft im Reich Gottes fällt dann die explizite Erwähnung der menschlichen politischen Autorität, die im Rahmen der Erklärung der Zehn Gebote geschieht. Dabei wird die Rolle der menschlichen politischen Autoritäten – in der deutschen Version des *Heidelbergers* mit dem Begriff «Obrigkeit», im lateinischen mit dem Terminus «Magistratus», in modernen Versionen in der Regel mit dem des Staates wiedergegeben – vorrangig auf die Funktion der Gewaltbegrenzung im Handeln fokussiert. So heisst es in Frage 105: «Darumb auch die Oberkeit, dem todschlag zu weren, das Schwert tregt.»[5] Frage 110, in der es um das achte Gebot geht, macht die Bezogenheit des Staates auf das äussere Handeln im Gegensatz zur Gesinnung deutlich: «Was verbeut Gott im achten Gebot? Er verbeut nicht alleyn den diebstal und rauberey/ welche die Oberkeit strafft: sonder Gott nennet auch diebstal alle böse stück und anschlege/ damit wir unsers nechsten gut gedencken an uns zu bringen/ es sey mit gewalt oder schein des rechtens: als unrechtem gewicht/ Elln/ mass/ wahre/ müntz/ wucher/ oder durch einiges mittel/ das von Gott verbotten ist: Darzu auch allen geitz/ und unnütze verschwendung seiner gaben.» Während also die legale menschliche Autorität nur die Folgen des rechtswidrigen Handelns mit Sanktionen belegt, zielt Gottes Gebot auf die Gesinnung.

3 Heidelberger Katechismus 31.

4 Heidelberger Katechismus 123.

5 Die lateinische Fassung ist aktivisch gehalten und macht die Bewaffnung mit dem Schwert als Tätigkeit Gottes kenntlich: «Quocirca etiam ne caedes fierent, Magistratum gladio armauit.» Catechesis Religionis Christianae, Qvae Traditvr In Ecclesiis Et Scholis Palatinatvs, 1563, Exemplar der JALB Emden, zugänglich unter http://hardenberg.jalb.de/display_dokument.php?elementId=9262 (27.04.2013).

Nun verdankt sich die knappe Behandlung des Themas ohne Zweifel der Gattung des Katechismus, der anders als ausformulierte theologische Bekenntnisse ja auf Unterweisung und Elementarisierung zielt.

Gleichwohl erscheint diese Betonung von Gewaltbegrenzung und Ausrichtung auf das äussere Handeln im Vergleich mit den Ausführungen anderer Katechismen und Bekenntnisse sowohl als Einschränkung der Obrigkeitsorientierung als auch als Begrenzung staatlicher Funktionen. Ersteres gilt selbstverständlich im Vergleich mit Luthers *Grossem Katechismus*, in dessen Erläuterung des vierten Gebots (nach lutherischer Zählung) der bedingungslose Gehorsam gegenüber jeder Obrigkeit von dem Gehorsam gegenüber den Eltern abgeleitet und eingeschärft wird.[6] Es gilt aber auch etwa gegenüber dem *Genfer Katechismus*, der einen ähnlichen Passus kennt.[7] Zwar werden auch im *Heidelberger Katechismus* die Vorgesetzten in das Gebot der Elternehrung einbezogen, allerdings wird einerseits die Sprache der Bedingtheit verwendet, andererseits die Fehlbarkeit dieser Vorgesetzten ausdrücklich benannt: «Was wil Gott im fünfften Gebott? Dass ich meinem Vater und Mutter/ und allen die mir fürgesetzt sein/ alle ehre/ liebe und trewe beweisen/ und mich aller guten lehr und straff/ mit gebürlichem gehorsam underwerffen/ und auch mit ihren gebrechen gedult haben sol/ dieweil uns Gott durch ihre hand regieren will.»[8] Die Wendung «gute lehr und straff» lässt sich dabei – ebenso wie die des «gebührlichen Gehorsams» als synthetisches Urteil interpretieren, so dass nicht gegenüber jeder, sondern nur gegenüber guter Lehre und Strafe Unterwerfung gefordert ist. Diese ist ebenfalls nicht als unbedingt zu verstehen, sondern wird durch das Adjektiv «gebührlich», angemessen, genauer qualifiziert. Wäre hier ein analytisches Urteil gemeint, sollte also jede von «Vorgesetzten» ausgehende Zurechtwei-

---

6 Vgl. BSELK 596–599, bes. 598 f.: «Desgleichen ist auch zu reden von Gehorsam weltlicher Oberkeit, welche (wie gesagt) alle in den Vaterstand gehöret und am allerweitesten ümb sich greifet. Denn hie ist nicht ein einzeler Vater, sondern sovielmal Vater, soviel er Landsessen, Bürger oder Untertane hat. Denn Gott gibt und erhält uns durch sie als durch unsere Eltern Nahrung, Haus und Hof, Schutz und Sicherheit. Darümb, weil sie solchen Namen und Titel als ihren hochsten Preis mit allen Ehren fürhen, sind wir auch schuldig, dass wir sie ehren und gross achten fur den teuersten Schatz und köstlichste Kleinod auf Erden.»

7 Vgl. Genfer Katechismus von 1545: E.F. Karl Müller (Hg.), Die Bekenntnisschriften der reformierten Kirche. In authentischen Texten mit geschichtlicher Einleitung und Register, Zürich 1987 (Orig. Leipzig 1903) (künftig zit. als BRK), 117–153 (134, Z. 13–19).

8 Heidelberger Katechismus 105.

sung als gut gelten und unbedingter Gehorsam gemeint sein, wären beide qualifizierenden Adjektive überflüssig.

Gegenüber ausführlichen reformierten Bekenntnissen fällt zweitens hinsichtlich der staatlichen Funktionen auf, dass die Formulierungen weit zurückhaltender sind als etwa in der *Confessio Scotica*[9] oder der *Confessio Helvetica posterior*,[10] zunächst natürlich deshalb, weil im Unterschied zu diesen Bekenntnisschriften weder die umfassende Einsetzung der politischen Autorität durch Gott noch eine religionsbezogene Tätigkeit des Staates ausdrücklich erwähnt wird. Das *Schottische Bekenntnis* zählt ausdrücklich unterschiedlichste Typen von Herrschern auf, erkennt sie als von Gott eingesetzt an, bezieht ihre Kompetenz explizit auf die aktive Pflege der wahren Religion und die «Unterdrückung von Götzendienst und Aberglauben» und kann sogar formulieren, dass sie Stellvertreter Gottes seien und in ihren Räten Gott selbst sitze und richte («propterea quod cum vices Dei inter homines gerant, in eorum conciliis Deus ipse assideat et iudicet»).[11] Allerdings wird die Einsetzung der Obrigkeit an Zweckbestimmungen gebunden, die als Kriterien verstanden werden können: Die Obrigkeit soll der Offenbarung des Ruhmes Gottes sowie dem allgemeinen Wohl und der Wohlfahrt aller Menschen dienen, zudem sieht sie eine explizite Widerstandspflicht vor.[12] Die Formulierungen der *Confessio Helvetica posterior* sind gegenüber denen der *Confessio Scotica* zwar etwas zurückhaltender, jedoch weit stärker als die des *Heidelberger Katechismus.* Die Obrigkeit gilt hier als dem Frieden und der öffentlichen Ruhe verpflichtet, wobei die Intervention in religiösen Fragen ausdrücklich gefordert wird.[13]

Auch wenn die mit der Knappheit und dem elementaren Charakter des *Heidelberger Katechismus* verbundene Offenheit zur klassischen Modernität des Dokumentes beigetragen haben dürfte, gerade weil sie das präzise Verhältnis von Herrschaft Christi und weltlich-politischen Autoritäten offenlässt, erzeugt sie doch einen Klärungsbedarf. Ganz offensichtlich ist von einer Zwei-Regimenten-Lehre, wie sie im Luthertum gepflegt wird, keine Rede und auch die von Johannes Calvin rezipierte, die zwinglische Konzeption von göttlicher und menschlicher Gerechtigkeit integrierende Version, die von zwei

9 Vgl. Schottisches Bekenntnis von 1560, BRK 249–63, Art. XXIV., 261–262.

10 Vgl. Confessio Helvetica posterior von 1562, BRK 170–221, Art. XXX (De magistratu), 220–221.

11 Vgl. Schottisches Bekenntnis (Anm. 9), 261, Anm. 1.

12 Vgl. Schottisches Bekenntnis (Anm. 9), Art. XIV, 255, Z. 3.

13 Vgl. Confessio Helvetica posterior (Anm. 10), 220, Z. 30–221, Z. 1.

Regimenten Gottes im Menschen ausgeht[14] und eine gewisse Verbindung beider Regimente annimmt, sofern die Regierungen sich nach der Schrift ausrichten sollen und für das religiöse Leben der Regierten mit zuständig sind, auch wenn die Differenz durchaus gewahrt bleibt, wird hier nicht vorausgesetzt. Gerade die Offenheit des *Heidelberger Katechismus* mag an dieser Stelle dafür verantwortlich sein, dass ein Bekenntnis des zwanzigsten Jahrhunderts, das sich ganz offensichtlich an seine Formulierungen anlehnt, für die Klärung dieser Frage zum Dokument von höchster Bedeutung wird.

Zur Erhellung der Vorgeschichte dieser Anknüpfung genügt es, an die historischen Stationen der reformatorischen politischen Ethik, die vor allem im Laufe des 20. Jahrhunderts auf die Bestimmung des rechten Verhältnisses von Staat und Kirche fokussiert, knapp zu erinnern. Während die reformatorischen Konfessionen durch die politischen Entwicklungen nach den Religionskriegen des 16. und 17. Jh. eng an die jeweiligen Regierungen gekoppelt waren und die Konfliktlinien im Übergang vom 18. zum 19. Jh. vorrangig zwischen positiven und liberalen Positionen verliefen, entwickeln sich im Gefolge der gesellschaftlichen Modernisierung durch die Entstehung der modernen Nationalstaaten und die Industrialisierung unterschiedliche theologische Reaktionsweisen auf die gesellschaftlichen Veränderungen. Während lutherisch geprägte Theologen die Zwei-Regimenten-Lehre zunehmend im Sinne einer göttlich gewollten Differenz zwischen der gesellschaftlichen, durch Machtstreben, natürliche Ordnungen und Vernunft strukturierten Welt und dem überweltlichen Heil in Christus deuten, die nur in der frommen Gesinnung überwunden sei, so dass das geistliche Regiment keine unmittelbar politische Orientierungswirkung für die Christen entfalten könne,[15] entwickelt sich im reformierten Kontext eine Sicht, die eine unmittelbar gesellschaftlich orientierende Verbindung zwischen Rechtfertigung und Recht zu postulieren und damit an die engere normative Verbindung von Evangelium und Politik anzuknüpfen sucht, wie sie theologisch in der reformierten Tradition gepflegt wird.[16]

14 Johannes Calvin, Unterricht in der christlichen Religion. Institutio Christianae Religionis, nach der letzten Ausgabe übersetzt und bearbeitet von Otto Weber, Neukirchen 1937 (Original 1559), III,19,15; IV,20,2.

15 Vgl. die differenzierte und sozialwissenschaftlich informierte Auslegung des liberalen Lutheraners Ernst Troeltsch, Politische Ethik und Christentum, Göttingen 1904.

16 Vgl. etwa Karl Barth, Rechtfertigung und Recht: ders., Rechtfertigung und Recht, Christengemeinde und Bürgergemeinde, Evangelium und Gesetz, Zürich 1998, 5–45 (Original 1938; im Folgenden zitiert wird die Paginierung der Originalausgabe).

Der politisch-religiöse Streit erreicht seinen Höhepunkt im Deutschland der dreissiger Jahre des 20. Jahrhunderts. Denn auch die im sogenannten Jungluthertum entwickelte Sicht der Zwei-Regimenten-Lehre, wie sie sich etwa im sogenannten *Ansbacher Ratschlag* manifestiert, hat dezidiert politische Konsequenzen, insofern hier die Obrigkeit als Schöpfergabe betont und die christologische Perspektive unter Rekurs auf die Entzogenheit des geistlichen Regiments abgeblendet wird.[17] Demgegenüber entwickelt die federführend von Karl Barth verfasste *Barmer Theologische Erklärung* in expliziter Anknüpfung an Formulierungen des *Heidelberger Katechismus*[18] eine Sicht, die staatliche Funktionen aus christlicher Sicht begrenzt und relativiert, gleichzeitig aber auch theokratische Vorstellungen abzuweisen sucht.

In der Folge entwickelt sich ein langwieriger Streit um die Zwei-Regimenten-Lehre und die Implikationen der Herrschaft Christi.[19] Während auf der einen Seite Theokratie- und Dominanzvorwürfe gegenüber der pluralistischen Gesellschaft laut werden,[20] wird auf der anderen eine fehlende christliche Orientierung in politischen Fragen bemängelt und ein Verrat am Evangelium befürchtet.[21] Allerdings ist die Frage nach der Verhältnisbestimmung von Herrschaft Christi und politischem Gemeinwesen im Anschluss an den *Heidelberger Katechismus* durchaus noch offen. Soll sie unter Bedingungen eines demokratischen, postsäkularen und pluralistischen Staatswesens geklärt werden, lohnt sich zunächst ein Blick auf die Erwägungen Karl Barths,

17 Vgl. Ansbacher Ratschlag 1934: Gerhard Niemöller, Die erste Bekenntnissynode der Deutschen Evangelischen Kirche zu Barmen, Bd. 1, Göttingen ²1984, 144–148.

18 Vgl. Die Barmer Theologische Erklärung, Einführung und Dokumentation, hg. von Alfred Burgsmüller/Rudolf Weth, Neukirchen-Vluyn ³1984 (verfasst 1934), 30–40.

19 Vgl. dazu Heinz-Horst Schrey, Reich Gottes und Welt. Die Lehre Luthers von den zwei Reichen, Darmstadt 1969; Herbert Lindenlauf, Karl Barth und die Lehre von der «Königsherrschaft Christi». Eine Untersuchung zum christozentrischen Ansatz der Ethik des Politischen im deutschsprachigen Protestantismus seit 1934, Spardorf 1988.

20 Vgl. Franz Lau, Die Königsherrschaft Jesu Christi und die lutherische Zwei-Reiche-Lehre: Schrey, Reich Gottes (Anm. 19), 484–514.

21 Vgl. hierzu unter anderem Ernst Wolf, Königsherrschaft Christi und lutherische Zwei-Reiche-Lehre: ders., Peregrinatio II. Studien zur reformatorischen Theologie, zum Kirchenrecht und zur Sozialethik, München 1965, 207–229; Ulrich Duchrow/Wolfgang Huber/Louis Reith, Umdeutungen der Zweireichelehre Luthers im 19. Jahrhundert, Texte zur Kirchen- und Theologiegeschichte Bd. 21, Gütersloh 1975; weiterhin Ulrich Duchrow (Hg.), Zwei Reiche und Regimente. Ideologie oder evangelische Orientierung? Internationale Fall- und Hintergrundstudien zur Theologie und Praxis lutherischer Kirchen im 20. Jahrhundert, Gütersloh 1977.

mittels derer er versucht hat, die Bestimmungen der *Barmer Theologischen Erklärung* zu konkretisieren. Seiner einflussreichen Bestimmung des Verhältnisses von Kirche und Staat werden wir zunächst nachgehen, um dann offene Probleme zu benennen. Diese liegen vor allem in der Balance von christlicher und demokratischer, staatsbürgerlicher Perspektive in der Frage nach der Quelle legitimer Macht. Im Fortgang soll die These entfaltet werden, dass hier Einsichten der neueren französischen Demokratietheorie, vor allem Claude Leforts, hilfreich sein können, die in einem weiteren Abschnitt in den Blickpunkt treten sollen. Gleichzeitig erlaubt die im Anschluss an den *Heidelberger Katechismus* vorgenommene christliche Deutung die Bearbeitung einer sich in jener politischen Theorie abzeichnenden Unklarheit. In einem abschliessenden Schritt werde ich versuchen, die Aspekte zusammenzufassen und zu klären, wie die Frage nach der Vereinbarkeit des reformierten Topos der Herrschaft Christi mit einem pluralistischen, säkularen und offenen Staatswesen zu denken ist.

2. Die Unverfügbarkeit des Reiches – Karl Barths Entwurf im Anschluss an den Heidelberger Katechismus

Für die reformatorische politische Ethik im deutschsprachigen Raum stellt die Theologische Erklärung von Barmen, von Reformierten und Lutheranern verfasst, ohne Zweifel einen Meilenstein dar. Schliesst bereits ihre erste These ausdrücklich an die Eingangsfrage des *Heidelbergers* an, lässt sich auch die fünfte These, in der es um die Aufgabe des Staates geht, im Kontext der Bestimmungen des *Heidelberger Katechismus* lesen.

Eine erste Parallele ist dabei schon darin zu sehen, dass der vergleichsweise distanzierte Umgang, den die Bestimmungen des *Heidelberger Katechismus* mit der reformatorisch ja durchaus üblichen Vorstellung der Unterordnung unter die Herrschenden pflegen (HK 104), in der Barmer Theologischen Erklärung durch das der fünften These vorangestellte Schriftzitat parallelisiert wird. Denn an die Stelle des reformatorischen locus classicus, Röm 13,1–7, der sich als weitgehend bedingungslose Achtung jeder möglichen politischen Autorität verstehen lässt, setzt die Barmer Erklärung 1Petr 2,17, in der die Furcht Gottes eindeutig vor der Ehrung des Königs zu stehen kommt und dieser so übergeordnet wird. Die im *Heidelberger Katechismus* geforderte Geduld mit den Schwächen der Regierenden findet ihr Pendant in der Betonung der (fehlbaren) menschlichen Einsicht, an die der Staat zur Verwirklichung seiner Bestimmung gewiesen ist: «Die Schrift sagt uns, dass der

Staat nach göttlicher Anordnung die Aufgabe hat, in der noch nicht erlösten Welt, in der auch die Kirche steht, nach dem Mass menschlicher Einsicht und menschlichen Vermögens unter Androhung und Ausbung von Gewalt für Recht und Frieden zu sorgen.»

Eine zweite Anlehnung kann man darin sehen, dass die im Katechismus – wenn auch cum grano salis – wahrzunehmende Begrenzung der staatlichen Tätigkeit sich in der *Barmer Theologischen Erklärung* spiegelt. Denn die fünfte These betont die staatliche Funktion der Rechts- und Friedenssicherung und wehrt jede darüber hinausgehende Ordnungsfunktion des Staates strikt ab. Allerdings wird, hierin deutlich sowohl über den *Heidelberger Katechismus* als auch die oben genannten klassischen reformierten Bekenntnisse hinausgehend, eine kritische Funktion der Kirche postuliert. «Sie erinnert an Gottes Reich, an Gottes Gebot und Gerechtigkeit und damit an die Verantwortung der Regierenden und Regierten.»[22] Gleichwohl wird dabei eine Unterscheidung von Staat und Kirche gesetzt, die es dem Staat verwehrt, kirchliche Aufgaben zu übernehmen, und der Kirche, staatliches Organ zu werden. In der Folge hat sich Barth genötigt gesehen, dasjenige, was in der Barmer Theologischen Erklärung von 1934 thetisch gesetzt worden war, ausführlich zu erläutern. Das hat er vor allem in den zwei Aufsätzen *Rechtfertigung und Recht* von 1938 und *Christengemeinde und Bürgergemeinde* von 1946 getan.[23]

Der Aufsatz *Rechtfertigung und Recht* beginnt ausdrücklich mit derjenigen Fragestellung, die sich im Anschluss an die politischen Verhältnisbestimmungen des *Heidelberger Katechismus* nahelegt und die auf die positive Relationierung von Herrschaft Christi und staatlichem Handeln zielt, wobei Barth die Möglichkeit dieser Bestimmung als durch die Offenbarung in Christus gegeben voraussetzt, wie es seinem Theologieverständnis entspricht: «Gibt es eine Beziehung zwischen der Wirklichkeit der von Gott in Jesus Christus ein für allemal vollzogenen Rechtfertigung des Sünders allein durch den Glauben und dem Problem des menschlichen Rechtes: eine innere, eine not-

22 Die Barmer Theologische Erklärung (Anm. 18), 5. These, 38.

23 In welche Richtung seine politische Ethik deutet, lässt sich etwa an den nachgelassenen Fragmenten der Versöhnungsethik (Das christliche Leben) erkennen, vgl. einerseits Hans-Richard Reuter, Politische Ethik: Michael Beintker, Karl Barth-Handbuch, im Erscheinen, andererseits Torsten Meireis, Der Blick nach unten. Provokationen zur Gerechtigkeit nach Karl Barth: ZDTh 28/2012, 24–43 (36–39). Für die Zwecke dieses Aufsatzes erscheint es sinnvoll, die Texte synchron zu lesen und die Fragen interner Werkentwicklung beiseite zu lassen, ohne dass ihre Relevanz damit bestritten sein soll.

wendige, eine solche Beziehung, durch die mit der göttlichen Rechtfertigung auch das menschliche Recht in irgend einem Sinn zum Gegenstand des christlichen Glaubens und der christlichen Verantwortung und damit auch des christlichen Bekenntnisses wird?»[24] Barth setzt mit der Frage nach dem Recht ein, die er freilich in den nächsten Sätzen als der Frage nach der Beziehung der politischen Ordnung zur «Wirklichkeit der neuen Zeugung des Menschen durch Gottes Wort»[25] gleichwertig erläutert. Material entwickelt Barth seine Lösung aus der von ihm zum Paradigma erklärten biblischen Szene der Verurteilung Jesu durch Pontius Pilatus.

Zunächst ist festzustellen, dass diese Auswahl formal drei Pointen hat. Erstens eignet ihr eine unmittelbare erzählerische Evidenz, weil die Darstellung des irdischen Jesus in der Begegnung mit der römischen Staatsmacht und der daraus folgenden Hinrichtung zu ihrem katastrophalen Höhepunkt kommt – eine intensivere Staatsbegegnung gibt es in den Jesus-Erzählungen nicht. Zweitens besitzt sie eine kritische Pointe, weil sie – anders als die ambivalenten Erfahrungen etwa des Paulus, der den Staat sowohl als Unterdrückungs- wie als Appellationsinstanz kennt und den Christen prinzipiell zu staatsbürgerlicher Unauffälligkeit rät – in christlicher Perspektive eindeutig das Versagen der staatlichen Macht dokumentiert. Indem Barth weder auf die Ebene des historischen Jesus noch der historischen kirchlichen Tradition, sondern die Ebene der Jesus-Narrationen rekurriert, bringt er seine theologische Argumentationsabsicht zur Geltung, die das Verhältnis von Herrschaft Christi und Staat konsequent auf der Ebene des verkündigten Wortes Gottes loziert. Dieses Verfahren erlaubt ihm dann auch, sich in der Beschreibung der politischen Umstände auf das neutestamentliche Vokabular des Glaubens zu beziehen, indem er die staatlichen Autoritäten als für Dämonisierung anfällige «Engelmächte» konzeptualisiert, die über begrenzte Macht verfügen, welche sich auch über Jesus in seiner Eigenschaft als Bürger erstreckt, letztlich aber Christus untergeordnet bleiben.[26] «Das von der himmlischen Polis

24 Barth, Rechtfertigung (Anm. 16), 3.

25 Ebd.

26 Dass die Übersetzung von *exousiai* als Engelmächte und von *katargein* als «unterstellen» genauso wie *hypothassesthai* als «unterordnen» exegetisch nicht ganz unproblematisch ist, weist bereits darauf hin, dass dieses Verfahren einer methodologischen Reflexion bedarf, die Barth, dessen Interesse vorrangig in der Wahrung des theologischen Anliegens der Betonung der Geltungsfrage liegt, unterlässt. Denn gerade die Metaphorizität der Rede von Gottes Handeln schützt diese vor jener Unmittelbarkeit, die auch Barth im Respekt vor Gottes Unverfügbarkeit perhorresziert. Die angelologische Auslegung gibt Barth später auf, die Verwendung neutesta-

auf die irdische Ecclesia herabfallende reflektiert sich in einem von der irdischen Ecclesia auf die irdische Polis hinüberfallenden Licht in der beschriebenen, zwischen beiden stattfindenden Wechselbeziehung.» Die inhaltliche Pointe der paradigmatischen Begegnung Jesu mit Pilatus liegt Barth zufolge in der spezifischen Beziehung von menschlicher Herrschaft und Herrschaft Christi, die sich aus ihr entwickeln lässt und die Barth in den wesentlichen Zügen auch in späteren Publikationen aufrechterhält.

Einerseits ist der Staat Gottes Herrschaft prinzipiell und vollständig untergeordnet, sofern er sich dem göttlichen Auftrag verdankt, im Kontext der noch nicht erlösten Welt für Recht und Frieden zu sorgen.[27] Andererseits aber hat er in diesem Rahmen eine relative Eigenständigkeit, in der er dem göttlichen Auftrag in menschlicher Weise nachzugehen vermag und dazu auch wirklich fähig ist. Barth illustriert dies daran, dass Pilatus Jesus für nicht schuldig im Sinne der Anklage beurteilt, so dass er ihm die Verkündigungsfreiheit hätte gewähren müssen. In der – letztlich nach den eigenen Massstäben Pilatus' widerrechtlichen – Verurteilung Jesu handelt Pilatus als Vertreter des Staates gegen seinen Auftrag, und indem der Staat gegen seinen

mentlicher Begrifflichkeit (auch) für spezifisch moderne Phänomene aber nicht, was sich als systematische Absicht verstehen lässt, vgl. Meireis, Blick (Anm. 23), 33–34.

27 Barth, Rechtfertigung (Anm. 16), 16–19 – Barth erhebt die rechtsstaatlichen Aufgaben des Staates zentral an der als christliche Verkündigungsfreiheit verstandenen Religionsfreiheit (Barth, Rechtfertigung [Anm. 16], 18–19): «Von seinem eigenen Urspruch her und in seiner konkreten Begegnung mit Christus und seiner Kirche könnte er ja auch – nicht etwa selber Kirche sein, wohl aber (seiner Substanz, Würde, Funktion und Zielsetzung entsprechend und also sich selber treu, statt sich selber preisgebend!) Recht sprechen und das Recht schützen und damit dann sicher – gewollt oder ungewollt, sehr indirekt aber tatsächlich – der Botschaft von der Rechtfertigung freie, gesicherte Bahn geben.» Vgl. auch Karl Barth, Christengemeinde und Bürgergemeinde: ders., Rechtfertigung und Recht, Christengemeinde und Bürgergemeinde, Evangelium und Gesetz, Zürich 1998, 47–80 (Orig. 1946, zitiert wird nach der Paginierung der Originalausgabe), Abschnitt 9–10: «Die Bürgergemeinde hat mit der Christengemeinde sowohl den Ursprung als auch das Zentrum gemeinsam. Sie ist Ordnung der göttlichen Gnade, sofern diese – in ihrem Verhältnis zum sündigen Menschen als solchen, im Verhältnis zu der noch unerlösten Welt – immer auch Geduld ist. [...] Sie dient ja dazu, den Menschen vor dem Einbruch des Chaos zu schützen und also ihm Zeit zu geben: Zeit für die Verkündigung des Evangeliums, Zeit zur Busse, Zeit zum Glauben. Indem in ihr ‹nach dem Mass menschlicher Einsicht und menschlichen Vermögens› und ‹unter Androhung und Ausübung von Gewalt› (Barmer These 5) für die Aufrichtung menschlichen Rechtes und (in dem damit gegebenen äusserlichen, relativen, vorläufigen Sinn) für Freiheit, Frieden und Humanität gesorgt wird, steht sie unabhängig von dem Ermessen und Wollen der beteiligten Menschen faktisch in diesem bestimmten Dienst der Vorsehung und des Heilsplanes Gottes.»

göttlichen Auftrag handelt und so – in Barths Terminologie – «dämonisiert» ist, verliert er seine relative Eigenständigkeit. Noch in seinem Abfall von Gottes Auftrag aber vermag sich der Staat Gottes Herrschaft nicht zu entziehen und wird noch als dämonisierter zum göttlichen Werkzeug der Rechtfertigung des Sünders.[28] Der Staat ist also von Christus – in dem Barths Voraussetzung nach Gott allein erkannt werden kann – nicht unabhängig und darum ordnen sich Christen ihm unter, jedoch ohne die Differenz von dämonisiertem und nicht dämonisiertem Staat zu vergessen.

Die besondere Geltung des Staates ergibt sich somit Barth zufolge daraus, dass er in die Herrschaft Christi einbezogen und auf seine Vollendungsform, das Reich Gottes als allein wahrhaft existierenden Staat, bezogen ist, auch wenn das im Staat nicht gewusst wird. Insofern gilt ihm der Staat als dem Reich Gottes gleichnisfähig und gleichnisbedürftig.[29] Die Christen wissen darum und sehen sich als Bürger des Reiches Gottes als des allein wahrhaften Staates. Allerdings wissen sie auch, dass dieser noch aussteht und von Gott allein realisiert wird, so dass sich im Zusammenhang der Sünde, in dem auch die Christen stehen, eine Solidarität mit dem realen Staat ergibt, dessen Bürger sie (auch) sind.

Während Kirche und Staat darin konvergieren, dass in beiden Christen und Nichtchristen versammelt sind, beiden Wort und Geist Gottes unverfügbar bleiben[30] und beide durch eine Rechtsordnung, eine politische Form und den in ihrem Bereich vollständigen Anspruch gekennzeichnet sind, liegt die Differenz Barth zufolge in ihrem Zweck: Während sich die Mitglieder der Christengemeinde durch Christus zu einem gemeinsamen Leben im Heiligen Geist herausgerufen glauben, das äusserlich durch die Verkündigung Jesu (Bekenntnis, Anbetung, Danksagung), innerlich durch Glaube, Liebe und Hoffnung gekennzeichnet ist, besteht der Zweck des Staates in äusserem Frieden, äusserer Freiheit und äusserer Humanität, der durch eine gemeinsame Rechtsordnung in einem durch Gewaltenteilung gekennzeichneten Gemeinwesen verfolgt wird.[31] Mit der besonderen Begrifflichkeit, die Barth für Kirche («Christengemeinde») und Staat («Bürgergemeinde») verwendet, sollen beide Grössen ausdrücklich als durch die Individuen konsti-

---

28 Vgl. Barth, Rechtfertigung (Anm. 16), 11.

29 Barth, Christengemeinde (Anm. 27), 22–23 (Abschn. 14): «Es bleibt somit übrig und es drängt sich als zwingend auf: die Gerechtigkeit des Staates in christlicher Sicht ist seine Existenz als ein Gleichnis, eine Entsprechung, ein Analogon zu dem in der Kirche geglaubten und von der Kirche verkündigten Reich Gottes.»

30 Barth, Christengemeinde (Anm. 27), 6 (Abschn. 3).

31 Barth, Christengemeinde (Anm. 27), 4 (Abschn. 1).

tuiert und insofern nicht auf Ämter und Strukturen reduzierbar gekennzeichnet werden.[32]

Dabei verwendet er das berühmte Bild der konzentrischen Kreise,[33] das freilich missverständlich wird, wenn es als allgemeingültig verstanden wird statt auf die christliche Perspektive bezogen, die sich als eine unter vielen weiss und die Durchsetzung der Universalität dieser Sicht Gott überlässt. Die Kirche kann nämlich nicht zum Staat werden, sie zielt auf freie Entscheidung, hinter der Gottes freies Erwählen steht, und muss es also Gott überlassen, wie er Gott aller Menschen sein will, sie wendet sich zwar an alle, bindet aber nicht alle.[34] So verdeutlicht Barth, dass der Staat aus seiner Perspektive keine theologische Mitte kennen kann, sondern Toleranz hier das letzte Wort sein muss. Im Bild: In christlicher Perspektive stellt Christus das Zentrum von Staat und Kirche zugleich dar: Er ist das Zentrum der Kirche, die als innerer Kreis beschrieben werden kann, aber auch das Zentrum des politischen Gemeinwesens, das als äusserer Kreis aufzufassen ist.[35] Allerdings wird mit Christus das Bild der konzentrischen Kreise gleichzeitig aufgehoben, denn er

32 Barth Christengemeinde (Anm. 27), 3 (Abschn. 1).

33 Vgl. Barth, Christengemeinde (Anm. 27), 9–13 (Abschn. 5–8).

34 Barth, Rechtfertigung (Anm. 16), 31: «Es ist ohne weiteres deutlich, dass die Kirche in und mit dieser starken Beziehung ihrer Existenz zu der des Staates nicht selber Staat und dass umgekehrt der Staat nicht selber Kirche werden kann. Auch die Kirche wendet sich zwar höchst grundsätzlich an alle Menschen; sie tut es aber mit dem Wort ihrer Verkündigung und sie ruft zum Glauben; sie sammelt sie also in Form von freien Entscheidungen, hinter denen Gottes noch ganz anders freies Erwählen steht und sie wird in diesem Äon niemals damit rechnen, alle Menschen in sich versammelt zu haben. Sie muss es vertrauensvoll ihrem Gott überlassen, so oder so dennoch der Gott aller Menschen zu sein.»

35 Dabei identifiziert Barth die Dimensionen der verkündigten, der in lebensweltlichen Interaktionszusammenhängen gelebten und der organisierten Kirche, reduziert also die Komplexität zugunsten der Anschaulichkeit der Darstellung. Genau genommen wäre auch in reformierter Perspektive zu sagen, dass von Kirche als innerem Kreis im Singular nur im Sinne der verkündigten Kirche zu sprechen ist, also in Bezug auf das, was Barth als ihre innere Seite beschreibt und mit Glaube, Liebe und Hoffnung apostrophiert, während bereits in den Formen des Bekenntnisses, der Anbetung und Danksagung – nach Barth: der äusseren Seite – die konfessionellen Interaktionszusammenhänge differieren, was auch für die Kirchen als Organisationen gilt. Zu diesem dreifachen (dogmatischen, ethischen und soziologisch-juridischen) Kirchenbegriff vgl. Hans-Richard Reuter, Der Begriff der Kirche in theologischer Sicht: ders./Gerhard Rau/Klaus Schlaich (Hg.), Das Recht der Kirche, Bd. 1: Zur Theorie des Kirchenrechts, Gütersloh 1997, 23–75.

ist als Zentrum nicht menschlich verfügbar, führt also gleichsam eine dritte Dimension ein, die die Zweidimensionalität des Bildes transzendiert und die Christinnen und Christen so immer darauf aufmerksam macht, dass sie gegenüber dem Staat nicht sich oder ihre Organisation, sondern Christus zu verkündigen haben. Demgegenüber gibt es aus der Perspektive der Staatsbürger weder konzentrische Kreise noch eine identifizierbare Mitte, sondern der Staat als Kreis umschliesst eine Reihe unterschiedlichster zivilgesellschaftlicher, weltanschaulich oder religiös ausgerichteter Gruppierungen, zu denen auch die verschiedenen christlichen Gemeinschaften gehören.

Insofern ergibt sich eine wechselseitige Beziehung von Kirche und Staat: Die Kirche als Gemeinschaft der Christinnen und Christen verkündigt das Reich Gottes und hält diejenige Fürbitte für den irdischen Staat, die dieser benötigt, ohne freilich darum zu wissen, der Staat sichert Recht und Frieden und damit die Verkündigungsfreiheit, deren Gewährleistung in christlicher Perspektive die zentrale Aufgabe des Staates darstellt.

Das Verhältnis der Christen zum Staat ist so in Barths Perspektive einerseits durch die Pflicht zur Mitgestaltung und Mitverantwortung,[36] andererseits durch Selbstbegrenzung gekennzeichnet, die sich Barth zufolge im Verzicht auf die Verkirchlichung des Staates, eine spezifisch christliche Staatslehre oder die Bildung einer christlichen Partei äussern sollte.

Die Mitgestaltung der Christinnen und Christen besteht im Wesentlichen aus der Fürbitte für den Staat, die freilich Barths Auffassung zufolge nicht ohne tätigen Einsatz zu denken ist. Die Leistung der Kirche kann nicht in der abstrakten Unterordnung unter jede Staatsgewalt bestehen, sofern der Staat die Verkündigungsfreiheit nicht gewährt, protestiert die Kirche gerade im

36 Diese wird in Barth, Rechtfertigung (Anm. 16), 43–44 aus der Fürbitte abgeleitet: «Kann ein ernsthaftes Gebet auf die Länge ohne die entsprechende Arbeit bleiben? Kann man Gott um etwas bitten, das man nicht in den Grenzen seiner Möglichkeiten herbeizuführen im selben Augenblick entschlossen und bereit ist?» In Barth, Christengemeinde (Anm. 27), 12 (Abschn. 8) wird dieser Begründung noch eine christologische vorgeschaltet: «Die Christengemeinde beteiligt sich aber gerade in Erfüllung ihrer eigenen Aufgabe auch an der Aufgabe der Bürgergemeinde. Indem sie an Jesus Christus glaubt und Jesus Christus verkündigt, glaubt und verkündigt sie ja den, der wie der Herr der Kirche so auch der Herr der Welt ist. Und ihre Glieder befinden sich ja, indem sie jenem inneren Kreis angehören, automatisch auch in jenem äusseren, können also mit dem ihnen befohlenen Werk des Glaubens, der Liebe und der Hoffnung an der Grenze dieser beiden Bereiche, obwohl seine Gestalt hüben und drüben entsprechend den verschiedenen Aufgaben eine verschiedene sein wird, nicht Halt machen.»

Gehorsam zur benannten göttlichen Anordnung.[37] Man kann natürlich fragen, ob die Verkündigungsfreiheit der Christen tatsächlich genügt, um einen Rechtsstaat zu begründen:[38] denn es ist ja ein Staat denkbar, der die Verkündigungsfreiheit der Christen schützt, aber die aller anderen einschränkt. Hier ist aber die Selbstbegrenzung der Christengemeinde zu bedenken: Denn weil sie den rechten Staat im ihr unverfügbaren Reich Gottes erkennt, vermag sie keine «christliche Lehre vom rechten Staat aufzustellen.»[39] Damit wird auch deutlich, was hier als relative Eigenständigkeit des Staates zu verstehen ist. Der Rückschluss vom Staat als göttlicher Anordnung[40] auf die Offenbarung Gottes im Staat ist nämlich nicht möglich, daher «sind schon die verschiedenen politischen Gestalten und Systeme menschliche Erfindungen, die als solche nicht den Charakter der Offenbarung tragen, nicht als solche bezeugt werden und also auch nicht Anspruch auf Glauben erheben können. Indem die Christengemeinde sich für die Bürgergemeinde mitverantwortlich macht, beteiligt sie sich – von Gottes Offenbarung und von ihrem Glauben her – an dem menschlichen Fragen nach der besten Gestalt, nach dem sachgemässesten System des politischen Wesens, ist sie sich aber auch der Grenzen aller vom Menschen auffindbaren (auch der unter ihrer eigenen Mitwirkung aufzufindenden) politischen Gestalten und Systeme bewusst, wird sie sich also

37 Vgl. Barth, Christengemeinde (Anm. 27), 12–17 (Abschn. 8–10) und Rechtfertigung (Anm. 16), 35–45. Dort sucht Barth den in Röm 13,1 ff. geforderten Gehorsam gegenüber der Obrigkeit durch eine Deutung des *hypotassesthai* als «in angemessener Weise respektieren» zu qualifizieren.

38 Vgl. Barth, Rechtfertigung (Anm. 16), 46: «Und was menschliches Recht ist, das misst sich nicht an irgend einem romantischen oder liberalen Naturrecht, sondern schlicht an dem konkreten Freiheitsrecht, das die Kirche für ihr Wort, sofern es das Wort Gottes ist, in Anspruch nehmen muss. Dieses Freiheitsrecht bedeutet die Begründung, die Erhaltung, die Wiederherstellung alles – wirklich alles Menschenrechtes.»

39 Barth, Christengemeinde (Anm. 27), 14 (Abschn. 9).

40 Barth, Rechtfertigung (Anm. 16), 36 – in diesem Zusammenhang macht Barth auch schon deutlich, dass der Staat als Anordnung Gottes nicht mit der konkreten politischen Ordnung dieses Gemeinwesens verwechselt werden darf: «In was Anderem kann aber der anordnungsmässige Respekt vor den staatlichen Respektspersonen bestehen als darin, dass die Christen sich ihnen gegenüber in die Stellung von solchen begeben, die unter allen Umständen das Beste, nämlich das Recht und das heisst den Schutz der Predigt von der Rechtfertigung von ihnen erwarten, die aber u. U. auch bereit sind, diese Predigt ihrerseits damit zu vollstrecken, dass sie von jenen statt Recht zu empfangen Unrecht leiden, die also so oder so ihre ihnen von Gott gegebene [...] exousia anerkennen werden?» Sofern Barth auch dieses Unrechtleiden als Anerkennung der göttlichen Anordnung gilt, wird deutlich, dass er diese von ihrer Ausgestaltung durch die politischen Herrscher unterscheidet.

wohl hüten, *ein* politisches Konzept – und wenn es das ‹demokratische› wäre – als *das* christliche gegen alle anderen auszuspielen. Sie hat, indem sie das Reich Gottes verkündigt, allen politischen Konzepten gegenüber ihre Hoffnungen, aber auch ihre Fragen geltend zu machen.»[41] Dabei ist sich Barth darüber im Klaren, dass die Christinnen und Christen darin keineswegs alle immer einig sind. Das unstrittige Kriterium der Mitverantwortung, so Barth, sei der «Massstab ihrer Erkenntnis des Herrn»[42] – darüber aber, was dies bedeute, bedürfe es «in der Christengemeinde [...] im Einzelnen immer neuer Verständigung».[43] Während Barth die politische Selbstdurchsetzung der Kirche – hier vorrangig als Organisation verstanden – grundsätzlich ablehnt, weil er sie als der göttlichen Anordnung zuwiderlaufenden Versuch der Verkirchlichung des Staates versteht,[44] kritisiert er das Konzept christlicher Parteien aus drei Gründen: Der erste besteht in der angesprochenen möglichen Differenz der politischen Optionen unter Christinnen und Christen,[45] der zweite in der Problematik der Verfügbarmachung der Offenbarung des Reiches Gottes durch ihre verbindliche – naturrechtlich verstandene – Füllung durch menschliche Regeln, der zentrale Grund aber darin, dass die christliche Gemeinde ihre auf freie Annahme angewiesene Botschaft im politisch-rechtlichen, auf Machtbeziehungen und sanktionsbewehrte Regelungen zentrierten Raum nicht unmittelbar zur Geltung bringen kann, weil hier nicht die Gesinnung, sondern lediglich beobachtbare Handlungsfolgen thematisch sind: «Im politischen Raum kann ja die Christengemeinde gerade das Christliche, nämlich ihre Botschaft, gar nicht direkt, sondern eben nur im Spiegel ihrer politischen Entscheidungen sichtbar machen und können diese Entscheidungen nicht dadurch, dass sie christlich begründet, sondern allein dadurch, dass sie politisch besser, zur Erhaltung und zum Aufbau des Gemeinwesens faktisch heilsamer sind, einleuchtend gemacht und zum Sieg geführt werden. Sie können hier nur Zeugnis sein und als solches wirken. Der Titel und Anspruch, dass sie ein solches Zeugnis seien, macht sie aber noch nicht dazu!»[46] Wie im Staat göttliche Anordnung und konkrete menschliche Ordnung zu unterscheiden sind, so auch die Wirkung des Zeugnisses von seiner Intention: Dass Menschen sich als Christen und

41 Barth, Christengemeinde (Anm. 27), 14–15 (Abschn. 9).
42 Barth, Christengemeinde (Anm. 27), 16 (Abschn. 10).
43 Ebd.
44 Vgl. Barth, Christengemeinde (Anm. 27), 19–21 (Abschn. 12).
45 Vgl. Barth, Christengemeinde (Anm. 27), 37 (Abschn. 30).
46 Barth, Christengemeinde (Anm. 27), 38 (Abschn. 30).

eine politische Option als christlich motiviert verstehen, macht diese Option noch nicht zum Zeichen des Reiches Gottes, weil genau diese Zielbestimmung unverfügbar bleibt. Das aber bedeutet für Barth nicht, dass Christinnen und Christen nicht unter dem Zeichen des Reiches über die angemessenen politischen Optionen kontrovers nachzudenken hätten – allerdings mit dem Wissen, dass nicht ihre Begründung, sondern allein ihre Wirkung sie unter Umständen zum Zeichen des Reiches machen kann.[47] Die dazu notwendige Urteilsbildung sucht Barth[48] in einer umstrittenen Konzeption der Analogie zur christlichen Lehre zu entwickeln.[49]

Göttliche Anordnung ist es also Barth zufolge, dass es eines rechtlich organisierten, zwangsbewehrten Gemeinwesens bedarf, um – soweit im Rahmen dieser Welt möglich – Freiheit, Frieden und Humanität zu sichern, die wiederum die Basis der Verkündigungsfreiheit der Christengemeinde sind, die relative Selbständigkeit des Staates[50] besteht aber genau darin, dass die Gestalt dieser Ordnung als Ergebnis menschlicher Überlegungen und Handlungen gelten muss, in deren Zusammenhang die Christen und ihre Gemeinschaften als solche keinerlei Vorrang zu beanspruchen haben – und zwar aus theologischen Gründen. Gerade sofern nämlich Christinnen und Christen auch den säkularen Staat als Teil der Herrschaft Christi verstehen und ihr als tätige Fürbitte zu verstehendes kritisch-solidarisches Engagement darin als Moment des christlichen tätigen Lebens, erfordert es das auf angemessene Selbstbegrenzung gegenüber Gott in Christus angelegte christliche Selbstverständnis, nicht die jeweilige christlich motivierte Begründung, sondern die auch im säkularen Kontext verständliche sachliche Argumentation für

47 Dass Barth diesen Streit durchaus für legitim hält und zu führen bereit ist, lässt sich einerseits an der oben bereits erwähnten, immer wieder zu findenden Betonung der möglichen Differenzen unter Christinnen und Christen (z. B. Barth, Christengemeinde [Anm. 27], 16 [Abschn. 10]; 37 [Abschn. 30]), andererseits an Barths Eintreten für die Demokratie als in christlicher Perspektive erstrebenswerter Staatsform (z. B. Barth, Rechtfertigung [Anm. 16], 43, Anm. 30b; Barth, Christengemeinde [Anm. 27], 36 [Abschn. 29]) erkennen. Dass man als Christ auch anderer Meinung sein kann, ist bereits darin impliziert, dass Barth die Demokratie keineswegs als die einzig mögliche christliche Staatsform annonciert (Barth, Christengemeinde [Anm. 27], 15 [Abschn. 9]; 36 [Abschn. 29]).

48 In Barth, Rechtfertigung (Anm. 16), 40–41 hatte er keine eigene Urteilsbildungsmethode in politicis entwickelt, sondern argumentiert, Steuern, Eide (solange es keine Totalitätseide sind) und Militärdienst seien pflichtig.

49 Barth, Christengemeinde (Anm. 27), 24 (Abschn. 14).

50 Barth, Rechtfertigung (Anm. 16), 18.

eine bestimmte politische Option in den Fokus zu rücken.[51] Obgleich also Barth die Christinnen und Christen zu einer kritischen politischen Mittätigkeit am Massstab der christlichen Botschaft zu motivieren sucht, schärft er die strikt säkulare Struktur des Staates und seiner Organe ein.[52] Möglich wird dies durch Barths perspektivierte Sicht, die den Staat von christlicher Warte als Resultat göttlicher Anordnung, vom staatsbürgerlichen Ort aus aber als strikt säkular-pluralistische und darin gerade auf Totalitätsansprüche Verzicht übende Instanz konzeptualisiert und so die Verhältnisbestimmung des *Heidelberger Katechismus* – Herrschaft Christi hie, schmale funktionale Staatsauffassung da – entfaltet.[53]

Um diese – auf den ersten Blick verwirrende – Argumentationsfigur zu konkretisieren, ist es an dieser Stelle noch einmal instruktiv, sich Barths Plädoyer für die demokratische Staatsform vor Augen zu führen. Auch dieses ist dadurch gekennzeichnet, dass er es zunächst ausdrücklich ablehnt, die Demokratie als *die* christliche Staatsform zu bezeichnen, also eine spezifisch christliche Staatslehre zu entwickeln, was sich ihm zufolge im Respekt vor dem Reich Gottes verbietet. Konkret lassen sich drei Typen von Argumenten für die Demokratie rekonstruieren. Im Rahmen seiner Analogieschlüsse ergeben sich zunächst Bestimmungen, die eine gewisse Nähe zur Demokratie ergeben: Aus der Rechtfertigung als Gottes Rechtsgabe an den Menschen leitet er die Vorzüglichkeit des Rechtsstaates,[54] aus der göttlichen Befreiung die Ablehnung des totalitären Staates,[55] aus der Taufe die Rechts- und Partizipa-

51 Das kann im Umkehrschluss nicht bedeuten, dass christliche Argumentationsfiguren und Sprachspiele nicht in die öffentliche Debatte einzubringen wären (vgl. Torsten Meireis, Politischer Gottesdienst als öffentliche Theologie – Bedeutung, Rahmen und theologische Bedingungen: Kathrin Kusmierz/ David Plüss (Hg.), Politischer Gottesdienst?!, im Erscheinen) –, denn einerseits ist manches schlechterdings anders nicht auszudrücken, andererseits können Christinnen und Christen von ihren Vorstellungsgehalten kaum vollständig abstrahieren – Barth geht es hier vielmehr darum, dass der blosse Geltungsanspruch der Christlichkeit kein Durchsetzungsargument sein kann.

52 Zu diesem Schluss kommt auch Hans-Richard Reuter, Art. Politische Ethik: Beintker (Hg.), Karl Barth Handbuch (Anm. 23).

53 In späteren Ausführungen – den postum veröffentlichten Vorlesungen zum christlichen Leben, die als Vorstudien der Ethik der Versöhnungslehre zu verstehen sind, die Barth geplant hatte – konkretisiert Barth die irdische Gerechtigkeit noch stärker durch die Konzepte von Menschenwürde und Menschenrechte, vgl. Meireis, Blick (Anm. 23), 36–39.

54 Vgl. Barth, Christengemeinde (Anm. 27), 26 (Abschn. 16).

55 Vgl. Barth, Christengemeinde (Anm. 27), 27–28 (Abschn. 18).

tionsgleichheit ab.[56] Zweitens aber zählt er im Rahmen der Beschreibung des Staates Charakteristika auf, die sich letztlich menschlicher historischer Erfahrung über die beste Form der Sicherung von Frieden, individueller Freiheit und Humanität verdanken, wobei vor allem Rechtsstaatlichkeit und Gewaltenteilung zu nennen sind.[57] Schliesslich lässt sich argumentieren, dass die Demokratie im Rahmen der Barth'schen Staatsauffassung auch deshalb die erstrebenswerteste Regierungsform darstellt, weil der theologisch erforderliche staatliche Verzicht auf die Weltanschauungshoheit[58] und die Toleranz[59] am ehesten im institutionalisierten und prozeduralisierten Streit der Meinungen gesichert werden kann, wie er die Demokratie auszeichnet.

Damit lassen sich die Ausführungen Barths, die wir als Explikation der politisch-ethischen Ausführungen des *Heidelberger Katechismus* aufgefasst haben, vorläufig zusammenfassen. Aus christlicher Perspektive ist jedes politische Gemeinwesen letztlich Christus untertan, es basiert auf der göttlichen Anordnung, für Recht und Frieden zu sorgen, um die Verkündigungsfreiheit zu sichern, und ist letztlich als unvollständiges Gleichnis des wahren Staates, des Reiches Gottes, zu betrachten. Das macht seine Dignität, aber auch seine Kritikbedürftigkeit aus. Eine konkrete politische Ordnung lässt sich freilich aus diesen Erwägungen nicht ableiten, die politische Konkretion des Reiches Gottes – in sich eine Metapher, die im Kontext vormoderner politischer Strukturen entstanden ist und auf die Entstehungsbedingungen des Christentums zurückweist, aber schon aufgrund ihres metaphorischen Charakters keine Konkretionsansprüche generieren kann – ist aufgrund der Unverfügbarkeit Gottes verborgen und wird erst durch Gott offenbar. Weil Gott sich die Freiheit vorbehält, wie er sich zur Geltung bringen möchte, kann die Kirche als menschliche Gemeinschaft der sich durch Christus berufen Glaubenden sich nicht durch Zwangsgewalt zur Durchsetzung bringen, sondern nur

56 Vgl. Barth, Christengemeinde (Anm. 27), 29 (Abschn. 20).

57 Vgl. Barth, Christengemeinde (Anm. 27), 4 (Abschn. 1); Barth, Rechtfertigung (Anm. 16), 43–44.

58 Vgl. Barth, Rechtfertigung (Anm. 16), 42.

59 Vgl. Barth, Christengemeinde (Anm. 27), 5 (Abschn. 2): «Die Bürgergemeinde als solche ist geistlich blind und unwissend. Sie hat weder Glauben noch Liebe noch Hoffnung. Sie hat kein Bekenntnis und keine Botschaft. In ihr wird nicht gebetet und in ihr ist man nicht Bruder und nicht Schwester. In ihr kann nur gefragt werden, wie Pilatus fragte: Was ist Wahrheit? weil jede Antwort auf diese Frage ihre Voraussetzung aufheben würde. ‹Toleranz› ist in ‹religiöser› Hinsicht – ‹Religion› ist hier das letzte Wort zur Bezeichnung jener anderen Sache – ihre letzte Weisheit.»

durch freie Verkündigung – insofern ist es das, was sie als Kirche vom Staat zu fordern hat. Die Christen können aber auch als Staatsbürger nicht davon abstrahieren, dass sie Christen sind, daher orientieren sie sich in ihren sachlichen Entscheidungen an der Perspektive des Evangeliums: In der konkreten politischen Argumentation müssen sie sich dann freilich auf eine allgemeine Sachdiskussion einlassen, weil die Behauptung eines politischen Argumentes als christlich motiviert dieses Argument noch nicht aufwertet und weil im politischen pluralistischen Gemeinwesen über die Wahrheit religiöser oder weltanschaulicher Geltungsansprüche letztlich nicht entschieden werden kann. Auch die Christen können ihre Glaubenseinsichten nicht in verfügbare «christliche Politik» giessen, denn dann nähmen sie das Reich Gottes vorweg und damit Gottes Souveränität nicht ernst – insofern bleibt ihnen als Christen das Gebet für den Staat und als Bürger das staatsbürgerliche Handeln, wobei ihre Urteilsperspektive durch die christliche Botschaft gefärbt ist. Wer die Herrschaft Christi ernst nimmt, kann sie nicht durch eine menschliche Hierokratie ersetzen, sondern muss Gottes Macht als unverfügbar betrachten.

Weil Karl Barth seine Ausführungen auf der Basis seines Interesses an Geltungsfragen im Rahmen seiner strikt offenbarungsorientierten Theologie in der Regel weder im expliziten Gespräch mit anderen Disziplinen entwickelt noch seine Perspektivierungen ausdrücklich als solche kennzeichnet, kann das Missverständnis entstehen, Barth impliziere hier eine ontologisch-allgemeinverbindliche Sichtweise. Die aus dem Respekt vor Gottes Unverfügbarkeit stammende noetische Selbstbegrenzung wird in der Regel eher angedeutet als expliziert, vor allem aber nicht durch eine ausführliche Darstellung der säkular-staatlichen Perspektive ergänzt, weil sich Barth vor allem für die theologische, nicht aber die politologische Sicht interessiert. Der Einbezug einer solchen Sicht aber kann helfen, die Explikationsprobleme und Missverständnisse zu beheben, die mit Barths Sicht einhergehen und ihm das Etikett eines Neoorthodoxen eingetragen haben. Vor allem aber lässt sich so eine Auslegung der politischen Ethik des *Heidelberger Katechismus* plausibilisieren, die die Relevanz des Evangeliums für politische Fragen einschärft, ohne auf hierokratische Abwege zu geraten.

3. Claude Lefort: Die Frage der Demokratie und die leere Mitte der Macht

Die These, die im Folgenden entfaltet werden soll, lautet, dass dasjenige, was in Auslegung der politischen Ethik des *Heidelberger Katechismus* in Barths politischer Ethik als Unverfügbarkeit von Reich Gottes und Herrschaft Christi firmiert, in theologischer Sprache genau den Sachverhalt bezeichnet, der demokratietheoretisch als «Leerstelle der Macht» beschrieben werden kann. Trifft diese Sicht zu, dann lässt sich die Aufgabe der Christengemeinde neben dem – in ihrer eigenen Perspektive pflichtigen, in der Perspektive des Staates aber bestenfalls erlaubten – Gebet in der kritischen Offenhaltung dieser Leerstelle sehen.

Der Hintergrund der hier thematischen demokratietheoretischen Argumentation, die besonders Claude Lefort in Auseinandersetzung mit den totalitären Regimen des 20. Jahrhunderts entwickelt und in der er die funktional differenzierte Gesellschaft voraussetzt, ist erstens die Unterscheidung von symbolischer und institutioneller Repräsentation der gesellschaftlichen Ordnung.[60] Damit ist gemeint, dass neben die konkreten politischen Verfahren der Ausübung von Herrschaft und sozialer Gestaltungsmacht stets konkrete Bilder treten, in denen diese Ordnungsstruktur vergegenwärtigt und veranschaulicht wird.[61] So gilt die Macht in der Demokratie einerseits als durch die Akteure, aus dem Inneren der Gesellschaft, generiert, andererseits als diejenige äussere Instanz, die die Ordnung der Gesellschaft konstituiert.[62]

60 Vgl. hierzu Claude Lefort, Die Frage der Demokratie: Ulrich Rödel (Hg.), Autonome Gesellschaft und libertäre Demokratie, Frankfurt/M. 1990, 281–297 (293.295). Während in der Demokratie im Rahmen institutionalisierter Verfahren gewählte Vertreter auf Zeit regieren, also die Macht nicht besitzen, sondern lediglich verwalten und sich nicht dauerhaft mit ihr identifizieren dürfen, sind auch die Wählenden in der Wahl keineswegs als ‹machthabendes Volk› präsent, sondern als blosse Recheneinheiten vereinzelt. Die sich in der Formulierung «Alle Macht geht vom Volke aus» äussernde Vorstellung ist Lefort zufolge somit symbolischer Natur, weil die Macht als generatives, einheitsstiftendes Prinzip und somit Aussen der Gesellschaft bestimmt wird, während es ein transzendentes Aussen aber genaugenommen in der Demokratie nicht geben kann.

61 Wenn diese Bilder nicht in ihrem symbolischen Charakter verstanden, sondern als Wirklichkeit aufgefasst werden, spricht Lefort vom Imaginären, vgl. z. B. Claude Lefort/Marcel Gauchet, Über die Demokratie: Das Politische und die Instituierung des Gesellschaftlichen: Rödel (Hg.), Autonome Gesellschaft (Anm. 60), 89–122 (113–114).

62 Vgl. Claude Lefort, Die Menschenrechte und die Politik: Rödel (Hg.), Autonome Gesellschaft (Anm. 60), 239–280 (270–273) sowie Lefort/Gauchet, Demokratie

Damit ist eine mehrfache Differenz verbunden:[63] Einerseits nämlich überdeckt der scheinbar einheitsstiftende Akt der Wahl nur die Differenz zwischen den verschiedenen Interessen, sofern die Interessen der Unterlegenen zurückgestellt werden,[64] andererseits aber stehen diejenigen, die die Macht verwalten, nur temporär für eine letztlich unverfügbare Grösse, den Willen der Gesellschaft als ganzer, während diejenigen, die sie wählen, im Akt der Wahl die Macht an die Gewählten delegieren.[65] «Durch die Macht bezieht sich die Gesellschaft auf ihr Aussen als auf jenen von ihr entfernten virtuellen Ort, von dem aus die Regierung gleichsam die Macht eines absoluten Beobachters über das Gemeinwesen ausüben würde. Ihr käme so auch die Fähigkeit zu, die erreichten Resultate menschlichen Handelns mit den angestrebten Zielsetzungen in Übereinstimmung zu bringen, sich von jedem partikularen Standpunkt zu lösen, um die kollektiven Angelegenheiten in voller Kenntnis der Sachlage zu entscheiden, und schliesslich die Harmonie der Beziehungen zwischen den Einzelnen und den Gruppen zu sichern. Doch ist dieser Ort gerade in dem Sinne unbesetzbar, dass die Erprobung der Unmög-

(Anm. 61), 100–101. Lefort zielt mit seinen Erwägungen gegen totalitäre Einheitskonzepte der Gesellschaft vor allem auf die Wahrnehmung bleibender gesellschaftlicher Differenzen.

63 Vgl. hierzu auch Oliver Marchart, Die Politische Differenz. Zum Denken des Politischen bei Nancy, Lefort, Badiou, Laclau und Agamben, Berlin 2010, 118–151.

64 Vgl. Lefort/Gauchet, Demokratie (Anm. 61), 110.

65 Lefort setzt eine Reihe von Differenzen an, unter anderem die zwischen Zivilgesellschaft und institutionalisierter Macht, andererseits die zwischen den unterschiedlichen, konfligierenden Individuen- und Klasseninteressen und ihrer Bearbeitung durch die Wahlverfahren, die eine fragile Einheit herstellen, Lefort/Gauchet, Demokratie (Anm. 61), 91: «Die demokratische Herrschaftsform begründet sich in dem anfänglichen Gestus, die Legitimität des Konfliktes in der Gesellschaft anzuerkennen. Oder anders gesagt, die Demokratie kommt notwendigerweise in jenem Zeitalter auf, in dem der Klassenkampf für sich selbst identifizierbar wird. Doch indem sie dem Konflikt auf der Ebene des offenen Wettbewerbs um die Macht Ausdruck verleiht, verschafft sie ihm einen symbolischen Ausgang, der die Drohung des Auseinanderbrechens abzuwenden vermag, die bei ungehinderter Konfliktaustragung unweigerlich auf dem Gemeinwesen lasten würde. Diese Verflechtung zwischen der Teilung der Klassen und der Teilung zwischen Macht und Zivilgesellschaft hat andererseits die Wirkung, diese zu bestätigen und zur Distanzierung der Macht durch die bürgerliche Gesellschaft beizutragen. Und gleichzeitig schützt die regelmässige Wiederholung der Wahlen zum Zwecke der Ernennung der Regierenden das politische Gemeinwesen vor jener anderen Bedrohung, die die Beschlagnahmung der Macht darstellt; gemeint ist der drohende Verlust der gesellschaftlichen Identität durch die Auslöschung der inneren Teilung, die mit der Illusion aufkommt, diese Teilung auf ein blosses Faktum reduzieren zu können.» Vgl. auch ebd. 112.

lichkeit, sich dort einzurichten, sich als konstitutiv für die Vergesellschaftungsprozesse erweist. Dieser Ort gehört nicht zu unserem Handlungsfeld, doch gerade aufgrund dieser Abwesenheit zählt er in diesem Feld und organisiert es zugleich. *Und gerade weil dieser Ort abwesend ist*, umschreibt sich der gesellschaftliche Raum von ihm aus.»[66]

Es ist zweitens die Idee, dass diese symbolische Repräsentation für die institutionelle keineswegs gleichgültig ist,[67] weil sie von einer Idee der Macht ausgeht, die aus dem gemeinsamen, über symbolische Repräsentationen vermittelten Handeln von Kollektiven, nicht aber so sehr aus dem gewaltsamen Zwangshandeln stammt und darin ihre Herkunft aus dem Machtbegriff von Hannah Arendt erweist.[68]

Es ist drittens die Einsicht, dass eine permanente, deutliche Lozierung der Macht (bei einem König oder beim Volk) nicht mehr als möglich gelten kann,[69] was die Demokratie gleichzeitig mit sich bringt, aber auch fragil macht, weil natürlich an keiner Stelle auszuschliessen ist, dass jemand diese Leerstelle zu füllen versucht.[70] Dabei wertet Lefort genau diese intrinsische Fragilität als positive Qualität der Demokratie, weil sie es nicht erlaubt, sich mit einem bestimmten Stand der Konfliktlage einfach zufriedenzugeben.[71]

66 Lefort/Gauchet, Demokratie (Anm. 61), 101.

67 So etwa Lefort/Gauchet, Demokratie (Anm. 61), 92 – die institutionellen Vorkehrungen genügen nicht, es bedarf auch einer entgegenkommenden Mentalität.

68 Die Nähe zu Arendt betont Marchart, Differenz (Anm. 63), 120–122.

69 Vgl. Lefort, Frage (Anm. 60), 293.

70 Vgl. Lefort, Frage (Anm. 60), 296: «In meinen Augen ist das Wesentliche, dass die Demokratie sich dadurch instituiert und erhält, dass sie die Grundlagen aller Gewissheit auflöst. Sie eröffnet eine Geschichte, in der die Menschen die Probe auf eine letzte Unbestimmtheit machen, sowohl was die Grundlagen der Macht, des Wissens, des Rechts und des Wissens als auch der wechselseitigen Beziehungen zwischen dem Einen und dem anderen in allen Sphären des gesellschaftlichen Lebens betrifft (d. h. überall, wo zuvor die Teilung zum Ausdruck kam, namentlich die zwischen den Inhabern der Autorität und den ihnen Unterworfenen, die sich auf den Glauben an eine Natur der Dinge oder ein übernatürliches Prinzip stützte.»

71 Vgl. Lefort/Gauchet, Demokratie (Anm. 61), 93: «Diese Überlegung führt uns keineswegs dazu, die Demokratie zum Modell einer guten Herrschaftsordnung zu erheben. Vielleicht wäre es eher angebracht, die Fiktion einer solchen guten Herrschaftsordnung, einer Gesellschaft, die sich in Harmonie mit ihren Zielen, in Übereinstimmung mit sich selbst befindet, zu verbannen.» Zur Analyse der intrinsischen Probleme zwischen Anspruch und Wirklichkeit der Demokratie – mangelnde Chancengleichheit, mangelnde Wahlmöglichkeiten, Durchschlagen der ökonomischen Machtverhältnisse auf die politischen etc. – vgl. Lefort/Gauchet, Demokratie (Anm. 61), 106–108.

Die mittelalterliche und bis weit in die Neuzeit plausible Veranschaulichung der gesellschaftlichen Ordnungsstruktur hat Ernst Hartwig Kantorowicz in seiner berühmten Rekonstruktion der «zwei Körper des Königs» dargestellt.[72] Der irdische, sterbliche Körper des Königs ist dieser Vorstellung zufolge nur die vergängliche Repräsentation seines himmlischen und ewigen Körpers – die Verbindung beider steht für die Idee, dass die gegebene Ordnung der Gesellschaft nicht durch Menschen beliebig gestaltbar ist, sondern sich einer ewigen, sakralen Ordnung verdankt, für deren Durchsetzung und Repräsentation der irdische Körper des Königs steht, der insofern auch gegenüber dieser sakralen Ordnung nicht vollkommen frei ist. Weil er es aber in der Gesellschaft, deren Einheit er verkörpert, letztlich nur mit sich selbst zu tun hat, ist seine Macht faktisch dann doch unbegrenzt.[73]

Mit der Reformation freilich werden diese Vorstellungen einer Verfügbarkeit der sakralen Ordnung auf der religiös-theologischen Ebene angegriffen – dies geschieht nicht so sehr dadurch, dass die Ordnungsstruktur selbst negiert wird, als dass der Anspruch auf autoritative Auslegung der Erkenntnisbedingungen dieser ewig sakralen Ordnung und der Feststellung der Verkörperung derselben, also das Monopol der katholischen Kirche, durch das Prinzip des sola scriptura angegriffen wird.[74] Die politischen Revolutionen der frühen Moderne sorgen für die Negation des irdischen Körpers des Königs, so dass der Ort der Macht symbolisch leer bleibt.[75] Dieser symbolischen Leerstelle entspricht eine prinzipielle Geschichts- und Gestaltungsoffenheit der demokratischen Gesellschaft, die durch den Verweis auf institutionelle Verkörperungen der Macht nicht vollständig aufgehoben werden kann – durch den Verweis auf die symbolische Leerstelle entstehen immer

---

72 Vgl. Ernst H. Kantorowicz, The King's Two Bodies. A Study in Mediaeval Political Theology, Princeton 1957.

73 Vgl. Lefort, Menschenrechte (Anm. 62), 260.

74 Vgl. hierzu und insgesamt Ulrich Rödel/Günter Frankenberg/Helmut Dubiel, Die demokratische Frage. Frankfurt/M. 1989, 83–90.

75 Vgl. Lefort, Frage (Anm. 60), 293: «Die im Fürsten verkörperte Macht verlieh nun ihrerseits der Gesellschaft körperliche Gestalt. [...] Gemessen an diesem Modell zeichnet sich der revolutionäre und beispiellose Zug der Demokratie ab: Der Ort der Macht wird zu einer Leerstelle. Überflüssig, hier auf die Details der institutionellen Vorkehrungen einzugehen; wesentlich ist, dass sie den Regierenden die Aneignung und Einverleibung der Macht untersagen. [...] Dieses Phänomen schliesst eine Institutionalisierung des Konflikts ein. Leer und unbesetzbar, so dass kein Individuum, keine Gruppe ihm konsubstantiell zu sein vermag, erweist sich der Ort der Macht zugleich als nicht darstellbar.

wieder politische Bewegungen, die die Institutionen wegfegen können.[76] Das aber ist keine Garantie, sondern eine Aufgabe. Denn die grundlegende Problematik des Umgangs mit der Differenz von symbolischer Einheit und realer, konfligierender Verschiedenheit in der Realisierung der Macht muss in jedem politischen System bearbeitet werden[77] und die Gefahr des Versuchs der Usurpation der Leerstelle der Macht bleibt stets virulent.[78]

Viertens ist damit auch die These verbunden, dass die Probleme der Verkörperung des Unverfügbaren[79] auch eine strukturelle Analogie von Religion und dem Politischen (als Konstitution der Machtbeziehungen, die in der Politik [politics] umkämpft werden) implizieren, die es mit der Permanenz der Differenz zu tun hat,[80] so dass eine säuberliche epistemische Scheidung bei-

76 Lefort, Frage (Anm. 60), 291: «Von daher erweist sich die Demokratie als die geschichtliche Gesellschaft schlechthin, eine Gesellschaft, die im offenkundigen Kontrast zum Totalitarismus die Unbestimmtheit in ihre Form aufnimmt und erhält.» Die Strukturstelle, weder in einer Art von Naturrecht noch im positiven Recht verankert zu sein, besetzen im juridischen Kontext die Menschenrechte, vgl. Lefort, Menschenrechte (Anm. 62), 262–265, gleichzeitig wird an den durch das Rechtsbewusstsein verursachten Anerkennungskämpfen die Macht als Leerstelle deutlich, vgl. ebd. 267–271.

77 «Der gesellschaftliche Raum als symbolischer Raum existiert nur, insofern er kein wirklicher Raum ist. [...] Jedes politische System organisiert sich um den Verzicht, die gute Herrschaftsform darzustellen, oder um das ehrgeizige und tödliche Vorhaben, dieses Ziel zu erreichen, tödlich, da die Verwirklichung der versöhnten Totalität, die jegliche Teilung ausschliesst, das Sein des Gesellschaftlichen als Gesellschaftliches zum Verschwinden bringen würde.» (Lefort/Gauchet, Demokratie [Anm. 61], 103).

78 Vgl. Lefort/Gauchet, Demokratie (Anm. 61), 104.

79 Claude Lefort, Permanence du théologico-politique?: ders. Essais sur la politique. XIXe-XXe siècles, Paris 1986, 275–329 (329): «L'engrenage des mécanismes d'incarnation assure une imbrication de la religion et de la politique, la même où l'on ne croirait affaire qu'à des pratiques ou des représentations purement religieuses ou purement profanes.»

80 «Or, ce que la pensée philosophique veut préserver, c'est l'expérience d'une différence qui, par-delà celle des opinions, par-delà ce qu'elle suppose: le consentement à la relativité des points de vue, n'est pas à la disposition des hommes; qui n'advient pas dans l'histoire des hommes et ne saurait s'y abolir; qui les met en rapport avec leur humanité, de telle sorte que celle-ci ne saurait se rabattre sur elle-même, poser sa limite, absorber en elle son origine et sa fin. Que la société humaine n'ait une ouverture sur elle-même que prise dans une ouverture qu'elle ne fait pas, cela, justement, toute religion le dit, chacune à sa manière, de même que la philosophie, et avant elle, quoique dans un langage que celle-ci ne peut faire sien.» (Lefort, Permanence [Anm. 79], 287).

der Bereiche oder gar die Behauptung, religiöse Fragen seien für politisches Denken lediglich im Sinne einer Defizitanzeige zulässig, als hochproblematisch aufgefasst wird.[81] Wie der Politologe Philip Manow gezeigt hat, tauchen auch innerhalb der Demokratie immer wieder Verkörperungen auf,[82] die darauf hindeuten, dass die Versuche der symbolischen Bemächtigung der Macht durch den Verweis auf Transzendenzen keineswegs der Vergangenheit angehören. Eine politische Ethik aus dem Geist des *Heidelberger Katechismus* freilich wird gegenüber solchen Versuchen kritisch sein.

4. Die theokratische Frage

Folgt man der hier vertretenen Auslegung der Bestimmungen des *Heidelberger Katechismus*, die einerseits die Herrschaft Christi betonen, andererseits aber die Aufgaben des Staates auf die Gewalteinhegung im äusseren Handeln begrenzen und gerade keine theokratischen Elemente vorsehen, so ergibt sich folgendes Bild.

In theologischer Perspektive gilt, dass die Stelle der Macht von Gott in Christus eingenommen wird, der als Zentrum von Kirche und Staat gelten muss. Als allein wirklicher Staat gilt hier das kommende Reich Gottes, dem-

81 Aus der Tatsache, dass die im Ancièn Régime selbstverständliche Verbindung von Religion und Politik mit der Französischen Revolution fällt, ist nicht die politische Irrelevanz der Religion zu schliessen: «Mais de là à conclure que le religieux comme tel puisse, doive s'effacer, ou, au mieux, s'enfermer dans les limites de l'opinion privée, il y a un pas qui paraît infranchissable.» (Lefort, Permanence [Anm. 79], 287); vgl. hierzu auch Rebekka A. Klein, Das Andere in der Repräsentation: NZSThR 54/2012, 168–183 (171–175).

82 Vgl. Philip Manow, Im Schatten des Königs. Die politische Anatomie demokratischer Repräsentation, Frankfurt/M. 2008, 9.120–144. Manow trifft sich mit Lefort einerseits dort, wo er argumentiert, dass von einer Entkörperung im strikten Sinne in der modernen Demokratie keineswegs die Rede sein kann – auch Lefort macht immer wieder deutlich, dass die Demokratie in stetiger Veränderung befindlich ist und Tendenzen zu totalitärer Repräsentation niemals ausgeschlossen sind –, andererseits in der Behauptung, dass die moderne Demokratie keineswegs nur als nachmetaphysisch zu verstehen sei (119). Manow vertritt insgesamt die These, dass die demokratischen Repräsentationsvorstellungen aufgrund ihrer Herkunft aus der absolutistischen Repräsentationstheorie nach wie vor mannigfaltige Inkorporationsvorstellungen mit sich tragen. Dass auch die Demokratie auf figurative Inszenierungen angewiesen ist, auf die Manow in der Analyse der parlamentarischen Sitzordnungen rekurriert (16–56), lässt sich aber auch bereits bei Lefort/Gauchet, Demokratie (Anm. 61), 112 finden.

gegenüber irdische Staaten als pluralistische Gebilde kein religiöses oder weltanschauliches Mandat haben und nur als Gleichnisse gelten können, die der Fürbitte bedürfen und der göttlichen Anordnung zu folgen haben, nach der sie in menschlicher und damit unvollkommener Weise im Kontext der unerlösten Welt für Recht und Frieden sorgen müssen. Christinnen und Christen, die sich durch Gott in Glaube, Liebe und Hoffnung vereint hoffen und sich als Menschen zum Zweck des Bekenntnisses, der Anbetung und der Danksagung organisieren, bedürfen wie alle Menschen des Schutzes dieser Staaten, denen sie als Bürgerinnen und Bürger angehören. Sie verfügen dabei aber weder über ein dem säkularen überlegenes besonderes politisches Wissen noch über ein spezifisch christliches Ordnungssystem, auch wenn sie die politischen Fragen nicht anders als im Licht des Evangeliums zu sehen vermögen. Weil die Macht Christi aber auch den Christen nicht verfügbar ist, weil der Glaube als freies Geschenk Gottes verstanden werden muss, das in keiner Weise menschlich erzwingbar ist, und die Kirche als menschliche Organisation auftragsgemäss nur zur Verkündigung, nicht aber zur politischen Selbstdurchsetzung tätig sein kann, gilt ihnen das irdische politische Gemeinwesen als säkulare Grösse, in dem sie als Bürgerinnen und Bürger – wenn auch aus christlichem Geist – agieren. Weil und sofern das Zentrum der politischen Macht als radikal unverfügbar gedacht wird, ermöglicht gerade die Betonung der Herrschaft Christi die Begründung einer religions- und weltanschauungspluralen Staatlichkeit. Anders formuliert: Sofern das Zentrum der Macht menschlichem, politischem Handeln – auch und gerade dem der Christinnen und Christen! – radikal unverfügbar ist, ergibt sich eine Strukturanalogie zum demokratietheoretischen Konzept Claude Leforts, aus dessen säkularer Perspektive der Ort der Unverfügbarkeit als Leerstelle erscheinen muss. Dies gilt ungeachtet der Tatsache, dass dieser Ort der Unverfügbarkeit theologisch als Implikat der Majestät Gottes, bei Lefort aber als Implikat der symbolischen Konstitution repräsentativer Demokratien gedacht wird.

Die reformierte Standortbestimmung von Staat und Kirche, wie sie hier im Anschluss an den *Heidelberger Katechismus* und Barths Rekurs auf die Bestimmungen dieses Dokuments vorgenommen wird, verlangt in politischer Perspektive also genau diejenige Offenhaltung der «Leerstelle der Macht», die in der Demokratietheorie Claude Leforts beschrieben wird: Denn weder erlaubt sie eine menschlich-christliche Verfügung über eine irgendwie beschaffene transzendente Ordnung, die im politischen Kontext durchzusetzen wäre, sondern erweist jeden menschlichen Versuch der Identifikation einer solchen Ordnung als vermessen,[83] noch kann sie eine totalitäre Verfestigung dieser «Leerstelle», die das spannungsvolle Gegenüber von Zivilgesellschaft und Machtrepräsentanten zugunsten einer Einheitskonzeption auflöste, akzeptieren, und zwar weder im Namen des Christentums noch im Namen einer anderen Religion oder Weltanschauung: Im einen Falle nämlich nähmen die Christinnen und Christen in ihre Verfügung, was Gott sich in der Herbeiführung des Reiches selbst vorbehalten hat, im anderen überschritte der Staat seine Grenzen und ginge – um mit Barth zu reden – seiner relativen Selbständigkeit verlustig. Der Ort der Macht bleibt leer im Sinne von unverfügbar; die christliche Demut gegenüber Gott und dem Nächsten sowie die Einsicht in die Bedeutung der Sünde und das Ausstehen der Erlösung erfordern die Akzeptanz und bürgerliche Beförderung einer den Pluralismus schützenden und Konflikte einhegenden Partizipations- und Rechtsordnung. Insofern ist und bleibt der *Heidelberger Katechismus* präzise, weil er die Herrschaft Christi bekennt, aber den Staat – und zwar auch denjenigen, in dem mehrheitlich Christinnen und Christen leben – von jeder Implikation menschlich instrumentierter «Theokratie» freihält.

83 So ist Barths Ablehnung des Naturrechts zu verstehen, vgl. Barth, Christengemeinde (Anm. 27), 16–19, (Abschn. 11), zum Begriff der Vermessenheit vgl. Immanuel Kant, Kritik der Urteilskraft, Werkausgabe, hg. von Wilhelm Weischedel, Frankfurt/M. 1968, Bd. X, B 309, Anm.

David Plüss

Katechetische Gottesdienste?

Der Heidelberger Katechismus und die reformierte Liturgie

1. Eine «Heidelberger Agende»?

Die Reformierte Liturgie von 1999 schlägt für das Schuldbekenntnis in der ersten Form folgende Eröffnung vor:

> «Was fordert denn Gottes Gesetz von uns?
> Dies lehrt uns Christus mit folgenden Worten: ‹Du sollst den Herrn, deinen Gott, lieben von ganzem Herzen, von ganzer Seele und von ganzem Gemüt. Dies ist das höchste und grösste Gebot. Das andere aber ist dem gleich: Du sollst deinen Nächsten lieben wie dich selbst. In diesen beiden Geboten hängt das ganze Gesetz und die Propheten.›»[1]

Ich habe diesen Frage-Antwort-Dialog, diese Lesung des Gesetzes selber schon oft zur Eröffnung des Bussteils in Gottesdiensten verwendet. Er hat sich bewährt. Es handelt sich dabei um Frage 4 aus dem *Heidelberger Katechismus*, und zwar im Wortlaut. Der *Heidelberger* also als Gottesdienstbuch, als «Heidelberger Agende»? Wir zögern. Und zwar zu Recht. Denn der Zusammenhang zwischen dem *Heidelberger* und der Liturgie erschliesst sich trotz der erwähnten Übereinstimmung nicht von selbst. Denn «mit dem Katechismus wollte er [Kurfürst Friedrich III. von der Pfalz, Anm. D.P.] die schulische und kirchliche Bildung in seinem Fürstentum auf eine solide Grundlage stellen und die verschiedenen theologischen Richtungen der Reformation zusammenhalten»[2], wie Bukowski herausstreicht – nicht aber den Gottesdienst ordnen. Dieser wird an anderen Stellen der Kurpfälzer Kirchenordnung geregelt, deren Bestandteil der *Heidelberger* war.

1 Peter Bukowski/Arend Klompmaker et al., Reformierte Liturgie. Gebete und Ordnungen für die unter dem Wort versammelte Gemeinde, Neukirchen-Vluyn 1999, 55.

2 Evangelisch-Reformierte Kirche/Lippische Landeskirche et al. (Hg.), Heidelberger Katechismus. Revidierte Ausgabe 1997, Neukirchen-Vluyn 2012, 5.

Der *Heidelberger Katechismus* stellt folglich *kein* Gottesdienstbuch dar. – Oder etwa doch? Selbstverständlich nicht von der Gattung her und nicht in einem direkten, unmittelbaren Sinn verstanden, sondern in einem grundlegenden. Gibt es Gründe, die Sprödigkeit des Verhältnisses von *Heidelberger* und Liturgie in Frage zu stellen? Diese Frage soll im Folgenden erörtert werden, indem ich zuerst erörtere, wie der Gottesdienst im *Heidelberger* vorkommt und wie er bestimmt wird. Danach soll die Fragerichtung umgedreht und der *Heidelberger* in der Liturgie aufgespürt werden. Als Synthese dieser beiden Schritte werde ich den *Heidelberger* in abschliessenden Thesen als *hidden agenda*, als verborgene Agende und sublimes Leitbild des reformierten Gottesdienstes rekonstruieren.

2. Eine ‹Heidelberger› Theologie des Gottesdienstes

2.1 Der Glauben kommt durch die Predigt

Der erste theologische Anker und Legitimationsgrund des Gottesdienstes im *Heidelberger* ist die Predigt.

> Frage 65: «Wenn nun allein der Glaube uns Anteil an Christus und allen seinen Wohltaten gibt, woher kommt solcher Glaube? – Der Heilige Geist wirkt den Glauben in unseren Herzen durch die Predigt des heiligen Evangeliums und bestätigt ihn durch den Gebrauch der heiligen Sakramente.»

Wenn es nach dem *Heidelberger* geht, bewirkt die Predigt nicht von sich aus und allein den Glauben. Das wäre einseitig und überzogen. Zwar wird in der Predigt das Evangelium kommuniziert, wie Bullinger in der berühmten Randglosse des *Zweiten Helvetischen Bekenntnisses* pointiert: «praedicatio verbi dei est verbum dei»[3]. Aber die Kommunikation ist weder selbsttätig noch ausschliesslich. Sonst würden wir die Predigt überschätzen und die Predigerin überfordern. Nicht die Predigt bewirkt den Glauben, sondern der *Heilige Geist*, dieser aber *durch* die Predigt. *Und die Sakramente!*, wird man ergänzen wollen. Das sieht der *Heidelberger* auch so – jedoch wirken Predigt und Sakramente nicht in gleicher Weise. Der Geist *wirkt* den Glauben durch die Predigt und *bestätigt* ihn durch die Sakramente. Anders gesagt: Durch die

3 Heinrich Bullinger, Das Zweite Helvetische Bekenntnis (1566), Zürich 1998, 18. Vgl. dazu Isolde Karle, «Praedicatio verbi dei est verbum dei». Bullingers Formel neu gelesen: Evangelische Theologie 64/2004, 140–147.

Predigt wird der Glaube *hervorgebracht* und durch die Sakramente *eingeprägt*, durch die Predigt wird er *inspiriert* und durch die Sakramente *inkarniert*, durch die Predigt wird er *evoziert* und durch die Sakramente *habitualisiert*. Dies ganz nach der Signatur des Protestantismus: Erst das *Wort*, dann der *Ritus*. Kein wortloser Ritus. Keine Liturgie, die nicht durch Worte ins Werk gesetzt und gedeutet wird.

Predigt nach dem *Heidelberger* heisst nun aber nicht einfach *Belehrung* oder *Moral*. Sie ist nicht gleichzusetzen mit der Vermittlung von Katechismuswissen, mit theologischer Reflexion oder der Anleitung eines Gott wohlgefälligen Lebens. Denn, wie der Reformierte Schleiermacher betonte: der Glaube ist weder Metaphysik noch Moral, sondern ein eigener Bezirk im Gemüte des Menschen.[4] Der Heilige Geist wirkt ihn durch die Predigt im *Herzen* der Hörer, nicht in ihren Köpfen allein. Glaube ist eine Gemüts- und Herzenssache. Die Predigt zielt nach dem *Heidelberger* auf die *Herzen* der Menschen.

Die Predigt ist damit zugleich der Herzschlag und Ankerpunkt der Liturgie. Von der Predigt aus entwickelt sich der Gottesdienst – und wird entwickelt – in konzentrischen Kreisen, in unterschiedlichen Rhythmen und Räumen, Facetten und Klängen, Formen und Gesten. Wenn wir vom *Heidelberger* ausgehen, dann ist der Gottesdienst zwar nicht identisch mit der Predigt, aber er hat in der Predigt sein *Kraftzentrum*. Es ist demnach ganz im Sinne des *Heidelbergers*, wenn reformierte Bernerinnen sagen, «I ga z Predigt», wenn sie einen Gottesdienst besuchen. Dies ist im Sinne des *Heidelbergers* und im reformierten Verständnis theologisch korrekt. Katholische Christenmenschen können so nicht sprechen, beschreiben ihren Kirchgang mit anderen Worten. Sie gehen in die Messe, deren Glutkern nicht in der Predigt zu finden ist, sondern in der Eucharistie, deren Theologie und liturgische Dramaturgie also ganz anders beschaffen sind.

Die liturgische Zentralstellung der Predigt im reformierten Gottesdienst spiegelt sich nicht nur in der landläufigen Bezeichnung des Kirchgangs wider, sondern auch in den Curricula des evangelischen Theologiestudiums, die insgesamt auf die *Wortverkündigung* ausgerichtet sind. Studierende sollen befähigt werden, Bibeltexte exegetisch reflektiert und theologisch sachgemäss in die jeweilige Gegenwart zu übersetzen, ihnen Plausibilität und Relevanz auch für kritische Zeitgenossinnen und Zeitgenossen zu verleihen. Das Theologiestudium soll zum *Verbi Divini Ministerium* befähigen. Denn: «Der Heilige

4 Vgl. Friedrich Daniel Ernst Schleiermacher, Über die Religion. Reden an die Gebildeten unter ihren Verächtern, 1799/1806/1821, Zürich 2012, 45.

Geist wirkt den Glauben in unseren Herzen durch die Predigt des heiligen Evangeliums ...». – Bloss ist dies alles nach dem *Heidelberger* – wie auch nach den meisten andern Bekenntnissen aus der Reformationszeit – nur die halbe Wahrheit, denn der Satz geht ja weiter: «... und bestätigt ihn durch den Gebrauch der heiligen Sakramente.»

Da haben wir sie, die andere Seite der Medaille: die *sakramentale* oder *rituelle* oder *liturgische* Seite des Gottesdienstes. Es gibt nach dem *Heidelberger* somit keine Alleinstellung der Predigt, sondern zur Predigt gehört das Sakrament, zur Auslegung die Vertiefung, zum Diskurs das Ritual, zum Kopf auch die Hand und das Herz, der Bauch und die Gefühle.

Wie stehen nun aber die beiden Seiten zueinander und was bedeutet diese Zuordnung des *Heidelbergers* für die Theologie des reformierten Gottesdienstes? Zunächst ist festzuhalten, dass die «heiligen Sakramente» der Predigt *nachgeordnet* sind. Aber in welcher Weise? Bloss zeitlich oder auch sachlich? Zunächst zeitlich: denn bestätigt kann nur werden, was schon da ist, was bereits «vom Heiligen Geist durch die Predigt» bewirkt wurde. Damit aber auch sachlich, denn die sakramentale Bestätigung setzt das zu Bestätigende voraus.[5]

2.2 Sakramente als «heilige Wahrzeichen und Siegel»

Gleichwohl bleibt es bei dieser Zweiheit liturgischer Wirkkräfte, die sich nicht auf eine einzige, nicht auf nur einen Pol reduzieren lassen. Auch der reformierte Gottesdienst hat nach dem *Heidelberger* diese zwei Pole – wie die zwei Brennpunkte einer Ellipse. Denn was gepflanzt wurde, muss begossen werden, um wachsen zu können. Wie beim Pflanzen und Begiessen gibt es eine zeitliche und sachliche Nachordnung, aber keine Möglichkeit der Trennung und Separierung und Isolierung. Die Predigt ohne die «heiligen Sakramente» ist wie der Samen, der auf den Weg gefallen ist: «und Vögel kamen und frassen es auf. Anderes fiel auf felsigen Boden, wo es nicht viel Erde fand, und ging sogleich auf, weil die Erde nicht tief genug war. Als aber die Sonne aufging, wurde es versengt, und weil es keine Wurzeln hatte, verdorrte es» – so im Gleichnis vom vierfachen Acker aus dem Matthäusevan-

5 Damit postuliere ich keine wesenhafte Vorordnung der Predigt gegenüber den Sakramenten, sondern stelle fest, dass der *Heidelberger* eine solche Vorordnung vornimmt. Ich meine aber, es gebe gute Gründe, diese in Frage zu stellen und das Verhältnis anders zu bestimmen, wie ich weiter unten darlegen werde.

gelium (Mt 13,4–6). Die Pointe dieses Gleichnisses besteht bekanntlich darin, dass es nicht reicht, das Gotteswort zu hören. Man muss es auch verstehen, beherzigen, sich aneignen und einverleiben. Man muss sehen und schmecken, «wie freundlich der Herr ist» (Ps 34,8), sonst wird der Samen von der Sonne versengt, von den Raben gefressen, von den Dornen erstickt.

«Der Same, der auf guten Boden gesät wurde: Hier ist einer, der das Wort hört und versteht. Der trägt dann Frucht – sei es hundertfach, sei es sechzigfach, sei es dreissigfach» (Mt 13,23a) – heisst es weiter bei Matthäus. Das ist *biblische Weisheit*, und reformatorische und reformierte Weisheit: Das Wort der Predigt allein *reicht nicht*. Es muss vielmehr Fleisch werden und unter uns wohnen, damit wir seine Herrlichkeit sehen.[6]

Damit wird eine zutiefst *menschliche Weisheit* zum Ausdruck gebracht. Denn wir sind keine Kopffüssler, wie der reformierte Liturgiewissenschaftler James K. A. Smith aus Grand Rapids pointiert ins Feld führt, sondern *liturgical animals*: Wir sind Lebewesen, deren Identität nicht durch Konzepte und Weltanschauungen konstituiert wird, sondern durch unsere Körperlichkeit und Emotionalität, durch die Sehnsucht nach einem glücklichen, befreiten und erlösten Leben, welche nach Smith in unterschiedlichen Liturgien artikuliert und kultiviert wird: in Liturgien des Konsums oder der Wissenschaft, der Kunst oder der Religion.[7] Unter Kultur versteht Smith das Ensemble dieser Liturgien, die unseren Sehnsüchten auf ganz basaler, sinnlicher und handlungspraktischer Ebene eine Gestalt und einen Ort geben. *Die* christliche Liturgie – erstaunlicherweise vom reformierten Theologen Smith im Singular gesetzt – kultiviert und justiert die Sehnsucht nach dem Gottesreich und verhilft dem Menschen zu seiner schöpfungsgemässen Menschlichkeit.

Auch wenn Smith mit seiner Emphase für die Liturgie zuweilen den Bogen überspannt, für unser Verständnis theologischer Differenziertheit oft allzu dick aufträgt und zu dualistisch argumentiert, ist ihm und den anderen anglophonen Vertreterinnen und Vertretern der *formative liturgy* – neben Smith sind Alison Milbank, Marva J. Dawn und der aus Deutschland stammende Bernd Wannenwetsch zu nennen – zugutezuhalten, dass sie der protestantischen Christenheit die Präge- und Bildungskräfte der Liturgie in aller Deutlichkeit vor Augen malen. Wie schon der *Heidelberger* feststellt: «Der Heilige Geist wirkt den Glauben in unseren Herzen durch die Predigt des

6 Daraus folgt, wie bereits gemutmasst: Bullingers Formel ist wahr, aber einseitig und missverständlich.

7 James K. A. Smith, Desiring the Kingdom. Worship, Worldview, and Cultural Formation, Grand Rapids 2009, 40 passim.

heiligen Evangeliums und bestätigt ihn durch den Gebrauch der heiligen Sakramente.»

Sie haben es bestimmt gemerkt: Ich habe die «heiligen Sakramente» in einem *weiten Sinne* interpretiert und sie auf die *liturgische Dimension* des Gottesdienstes insgesamt bezogen – nicht nur auf Taufe und Abendmahl. Denn nur so lässt sich der konstitutive Zusammenhang von Wort und Sakrament für den reformierten Predigtgottesdienst rekonstruieren und für seine bald 500-jährige Geschichte behaupten. Ohne diese Ausweitung des Sakramentalen würden nach der Antwort auf Frage 65 die Samen in vielen unserer Gottesdienste auf den Weg fallen und von den Vögeln gefressen werden, weil ihnen die Erde fehlt und die Gemeinde das Wort weder verstehen noch sich aneignen kann.

Aber wie wird das Sakrament im *Heidelberger* genau verstanden? Und ist eine solche Ausweitung im Geiste des *Heidelbergers*? In Frage 66 heisst es:

> «Sakramente ... sind sichtbare heilige Wahrzeichen und Siegel. Gott hat sie eingesetzt, um uns durch ihren Gebrauch den Zuspruch des Evangeliums besser verständlich zu machen und zu versiegeln.»

Und in der nächsten Frage wird das Sakrament nochmals zur Lehre ins Verhältnis gesetzt:

> «... der Heilige Geist lehrt im Evangelium und bestätigt durch die heiligen Sakramente, dass unsere ganze Seligkeit gegründet ist auf das einmalige Opfer Christi, das für uns am Kreuz geschah.»

Die Sakramente sind *Wahrzeichen* und *Siegel.* Die Predigt bedarf ihrer offenbar, um «besser verständlich» oder überhaupt verständlich zu werden. Die *Bezeugung* des Glaubens, der Zuspruch der Vergebung, die Verkündigung der evangelischen Freiheit – all dies bedarf zeichenhafter Formen, sichtbarer Gestalten, des *Rituals* und *sinnlicher Handlungen.* Sie müssen zum *Zeichen* werden, um als je eigene, authentische Glaubenserfahrung «verstanden» und «versiegelt» werden zu können. Der evangelische Glaube, auch derjenige der «selber denkenden Reformierten»[8], ist kein Hirngespinst, sondern muss Hand und Fuss haben, um das Siegel der Wirklichkeit und Wirksamkeit zu erhalten.

8 Damit ist auf eine Öffentlichkeitskampagne der Reformierten Medien im Verbund mit einigen Landeskirchen aus dem Jahr 2000 angespielt. Vgl. dazu: http://www.medienheft.ch/uploads/media/k15_RickenbacherIwan_01.pdf (02.07.2013).

Heilig sind die Sakramente oder Wahrzeichen oder Siegel, weil sie, wie der *Heidelberger* betont, von Gott eingesetzt sind. Es sind keine beliebigen Zeichen, die frei erfunden oder kreativ umgestaltet werden könnten. Die Sakramente sind mehr als didaktisch planvoll eingesetzte Formen der Vermittlung kognitiver Inhalte. Es sind *herausgehobene Handlungen*, die Alltagshandlungen in sich aufgenommen, sie symbolisch aufgeladen und ritualisiert haben. Sie sind mit Schleiermacher gesprochen *nicht wirksam*, sondern *darstellend*, nicht zweckrational, sondern symbolisch. Sakramente sind herausgehobene Handlungen, die in gleicher oder ähnlicher Weise von einem Kollektiv wiederholt werden und denen eine Bedeutung zukommt, die über die Handlung hinausweist. Sakramente, wie sie im *Heidelberger* dargestellt werden, sind sozialwissenschaftlich gesprochen *Rituale*. Sie sind alt, uralt. Sie führen als Handlungen an den Anfang der Kirche zurück, sind die *Urszenen unseres Glaubens* – Szenen, die unseren Glauben zur Darstellung bringen und ihn versiegeln. Zugleich sind sie deutungsoffen. Als verdichtete symbolische Vollzüge bestätigen und versiegeln sie das durch die Predigt Gepflanzte in jeweils unterschiedlicher Weise, je nach eingepflanztem Samen, je nach Wirkweise des Geistes.

Sakramente als *heilige* Wahrzeichen und Siegel unseres Glaubens: auch wir Reformierten müssen folglich der Heiligkeit nicht gänzlich entbehren. Allerdings ist diese Heiligkeit bei uns – gegenüber den Katholiken etwa – *reduziert* und *konzentriert* auf die heilige Taufe und das heilige Abendmahl. Keine weiteren Sakrament, keine geweihten Amtsträger, keine geweihten Elemente, kein Altar mit Reliquien, keine Wallfahrten.

Die reformierte Pointe und zugleich die Modernität dieser sakramentalen Heiligkeit besteht zudem darin, dass sie als gebrochene und reflexive verstanden wird – und nicht als realistische oder dinghafte. Die den Sakramenten zugeschriebene Heiligkeit ist das Ergebnis einer *Deutung*. Die Taufe ist nach Frage 69 ein «äusserliches Wasserbad». Es reinigt nicht als solches den Täufling, etwa durch dem Taufwasser inhärente Kräfte, sondern es veranschaulicht, was durch «das einmalige Opfer Christi am Kreuz mir zugute kommt» (69). Es gilt: «wie ich äusserlich durch das Wasser gereinigt werde», so bin ich «von allen meinen Sünden (bereits) reingewaschen».

Diese durchaus moderne Pointe ist entscheidend für das reformierte Verständnis der heiligen Sakramente. Denn ihre Heiligkeit bedingt keinen sakrosankten Ritus. In der konkreten Ausgestaltung des Abendmahls wie auch der Taufe nehmen sich die Reformierten von alters her viel Freiheit. Der Umbau des Messformulars, den Zwingli in seiner 1525 formulierten und von Bullinger zehn Jahre später leicht angepassten Abendmahlsliturgie «Aktion und

Brauch des Nachtmahls» vornahm, könnte radikaler nicht sein[9]: Kein Priesterdienst am Altar, sondern eine Gemeindefeier im Kirchenschiff, an einem Holztisch mit Tonbecher für den Wein und Holzschalen für das Brot, von dem sich jeder ein Stück abreisst. Kein Hochgebet, sondern eine schlichte Liturgie, geleitet vom Diakon, im Wechsel gesprochen zwischen Diener und Gemeinde sowie zwischen Männern und Frauen. Eine eindrückliche Reinszenierung des Abschiedsmahles Jesu als Wahrzeichen und Siegel unseres Glaubens, damit der Glaube Hand und Fuss gewinne und sich mit sinnlicher Erfahrung verbinde. Eine Erfahrung allerdings, die nicht in Paketform vorliegt, sondern je und je eine andere ist, weil sie von der Situation, vom verkündigten Gotteswort und von der – geistinspirierten! – Deutungsleistung der Gläubigen abhängig ist. Es sind nicht die Materialität und Ritualität des Sakraments, die ihm seine heilige Wirksamkeit verleihen, sondern – nach Frage 76 – das «gläubige Herz» jedes Einzelnen, wenn er etwa das Abendmahl empfängt, dieses erlebt und deutet.[10]

Eine solche *Reflexivität* und *Subjektivität* des Sakramentalen ist nicht nur kompatibel mit unserer spätmodernen Befindlichkeit, sondern befreit uns auch von der Suche nach dem einen und einzig richtigen Ritual, nach dem einen wahren Gottesdienst, nach der heiligen Liturgie. Diese gibt es nicht, zumal nicht im Singular. Wenn wir im Gottesdienst in das Lob der Engel einstimmen und den himmlischen Gottesdienst vorwegnehmen, dann tun wir dies in durchaus irdenen Gefässen – nach bestem Wissen und Gewissen und ästhetisch-dramaturgischem Empfinden.

Nun sind die Sakramente aber auch für die Reformierten besonders dichte Momente der Liturgie, Wahrzeichen und Pfand des Heils in Christus, gewissermassen erfahrungsstarke Hotspots des Evangeliums. Es steht also nicht gänzlich in deren Belieben, sie im Gottesdienst so oder auch ganz anders zu deuten. Vielmehr glauben und bekennen reformierte Christenmenschen mit dem *Heidelberger*, dass sich Christus in besonderer Weise mit diesen Zeichen und Siegeln des Glaubens verbunden hat. In Frage 69 heisst es:

> «Christus hat dies äusserliche Wasserbad eingesetzt und dabei verheissen, dass ich so gewiss mit seinem Blut und Geist von der Unreinigkeit meiner Seele … reingewaschen bin, wie ich äusserlich durch das Wasser gereinigt werde.»

9 Vgl. dazu Michael Meyer-Blanck, Liturgie und Liturgik. Der Evangelische Gottesdienst aus Quellentexten erklärt, Gütersloh 2001, 152–161.

10 Vgl. zum Zusammenhang von Erlebnis, symbolischer Darstellung und Deutung David Plüss, Religiöse Erfahrung zwischen Genesis und Performanz: ZThK 105/2008 (2), 242–257.

Die Gegenwart Gottes im sakramentalen Handeln ist somit zwar eine, die abhängig ist von der Deutungsleistung des Menschen. Bloss ist diese Deutung qua Verheissung keine beliebige, sondern eine geostete, eine *orientierte*, auf Christus ausgerichtete. Das Sakrament ist nach dem *Heidelberger* keine heilige Handlung *an sich* und *materialiter*, sondern ein «Wahrzeichen», das unserem Deuten, unserem Fuss und unserer Hand die Richtung weist – wie die Feuersäule in der nächtlichen Wüste, welche den wandernden Israeliten eine Richtung und eine Hoffnung gab.

Wie sollen wir nun aber die «Versiegelung» durch die Sakramente verstehen? Weist die Metapher nicht darauf hin, dass Form und Inhalt sakrosankt und jeglicher Veränderung enthoben sind? Gegen eine solche Deutung spricht, dass die Reformatoren den Gottesdienst zwar von missverständlichen und irreführenden Zeichen gereinigt, sich aber unisono für die Freiheit liturgischer Gestaltung in dem Sinne ausgesprochen haben, dass die Wirksamkeit des Evangeliums nicht an einem bestimmten Ritus hängt. Wir haben nach Luther «die Freiheit, wenn uns der Sabbat oder auch der Sonntag nicht gefällt, so können wir den Montag oder auch einen anderen Tag in der Woche nehmen und einen Sonntag daraus machen».[11] Diese evangelische Freiheit ist allerdings weder willkürlich noch beliebig, sondern entspricht präzisen Kriterien: «Doch so, dass es ordentlich dabei zugehe und es ein Tag oder eine Zeit sei, die uns allen gelegen ist, und dass es nicht in eines jeden Gewalt stehe, für sich etwas Besonderes zu machen in Dingen, welche die ganze Gemeinde oder sogar die ganze Kirche angehen.»[12] Die Freiheit eines Christenmenschen ist folglich eine *geordnete Freiheit*. Aus ihr ergibt sich aber kein sakrosankter Ablauf des Abendmahls oder der Taufe für die ganze Christenheit. Dies kann also mit der Versiegelung nicht gemeint sein. Versiegelt wird nicht das Sakrament, sondern der Glaube durch das Sakrament: «Gott hat sie eingesetzt, um uns durch ihren Gebrauch den Zuspruch des Evangeliums besser verständlich zu machen und zu versiegeln» (Frage 66).

11 Luther Deutsch, Bd. 8: Die Predigten, Göttingen 1965, 441. Vgl. dazu auch Luthers Vorrede zur Deutschen Messe: «Vor allen Dingen will ich gar freundlich gebeten haben, auch um Gottes Willen, dass alle diejenigen, die diese unsere Ordnung im Gottesdienst sehen oder befolgen wollen, ja kein notwendig Gesetz draus machen, noch jemands Gewissen darein verstricken oder damit fangen, sondern sie, der christlichen Freiheit entsprechend, nach ihrem Gefallen gebrauchen, wie, wo, wann und wie lange es dies Sache mit sich bringt und fordert.» (Martin Luther, Kirche und Gemeinde, Göttingen 1991, 86)

12 Luther Deutsch, Predigten (Anm. 11), 441.

Nun kann damit aber auch nicht gemeint sein, dass *Glaubenssätze*, wie sie der *Heidelberger* oder andere Katechismen und Bekenntnisse formulieren, versiegelt werden. Dies ist ja gerade nicht die Wirkung einer sakramentalen Handlung, sondern allenfalls eines oberflächlich erfolgreichen Katechismusunterrichts. Das Sakrament versiegelt in anderer Weise. Es versiegelt nicht den Glauben als Aussagesatz in der Gestalt eines Bekenntnisses, sondern den Glauben als – zugeeignete! – *Haltung* und *Ausrichtung*, den Glauben mit Hand und Fuss, den Glauben als Vollzug des Bekennens. Es geht hier also nicht um die Versiegelung der *fides quae creditur*, sondern der *fides qua creditur*. Und versiegelt wird er beim Sakrament des Abendmahls nicht dadurch, dass es einmalig, sondern dadurch, dass es immer wieder vollzogen wird, dass es eingeübt wird und eine innere und äussere Haltung, einen Habitus ausprägt, der unser Verhalten, unser Denken und Fühlen prägt und bestimmt. Der einladende Christus beim Abendmahl als Feuersäule[13], welche die feiernde Gemeinde auf die Auferstehung hin ausrichtet und deren Habitus der evangelischen Freiheit und Liebe einüben hilft.

Dasselbe gilt *mutatis mutandis* auch für das Sakrament der *Taufe*, wobei deren Versiegelung qua Habitualisierung nicht durch die Wiederholung geschieht, sondern durch den mimetischen Nachvollzug bei jeder mitgefeierten Taufe, aber auch in Formen der *Tauferinnerung* – etwa wenn der Gottesdienst «im Namen des Vaters, und des Sohnes, und des Heiligen Geistes» eröffnet wird: mit der Taufformel, welche die Teilnehmenden an ihre eigene Taufe erinnern, sie der durch die Taufe dargestellten Befreiung vergewissern und deren lebenspraktische Habitualisierung bekräftigen soll. – Bekanntlich gibt es weit erlebniskräftigere Formen sakramentaler Mimesis und Vergegenwärtigung, wenn etwa katholische Christenmenschen sich beim Eintreten in eine Kirche mit dem Taufwasser bekreuzigen und die Geste der Bekreuzigung an unterschiedlichen Stellen der Liturgie wiederholen. Dem vergewissernden Erinnern zuträglich scheinen mir aber auch Erwachsenentaufen mit Untertauchen in der Osternacht, wie sie etwa in der Kirche von Münchenbuchsee seit einigen Jahren praktiziert werden und auch distanzierten Mitgliedern oder skeptischen Jugendlichen den Sinn und Geschmack fürs Unendliche in der Gestalt der Taufe eindrücklich vor Augen führen und sogar zu diesem Schritt zu motivieren vermögen.

13 Wie die Feuersäule in der Wüste, die die Wanderung der Israeliten in der Nacht orientiert und sie auf einem Umweg erst zum Sinai und später ins gelobte Land führte. Vgl. Ex 13,21 f.

Die Sakramente also als Glauben mit Hand und Fuss, aber auch mit Kopf und Herz. Sakramente, die dazu verhelfen, die evangelische Freiheit, welche den Glaubenden verheissen und zugesprochen ist, einzuüben und zu habitualisieren – und sie dadurch versiegeln. Wenn wir das Sakrament mit dem *Heidelberger* in der Weise verstehen, dann spricht wenig dagegen, ein solches Verständnis des Wahrzeichens und der praktischen und körperlichen Ausrichtung auch auf andere Teile des Gottesdienstes anzuwenden – Teile, die der *Heidelberger* selber als Ankerpunkte und Schlüsseltexte des christlichen Glaubens präsentiert und erklärt: Das *Unservater*, das *Glaubensbekenntnis* und die *Zehn Gebote*. Auch sie stellen – neben Taufe und Abendmahl – Hotspots dar, die unser Beten und Bekennen, unser Denken und unser Fühlen, unser Tun und unsere Haltung orientieren und formen.

2.3 Das Gebet als Grundgestus der Theologie und der Liturgie

Das dritte liturgische Element, welches im *Heidelberger* ausführlicher behandelt wird, ist das Gebet. Dieses umfasst die Fragen 116 bis 127 und somit den letzten Teil des Katechismus. Es handelt sich dabei um eine Auslegung des Unservaters mit Einführung. Dass das Gebet im *Heidelberger* an letzter Stelle behandelt wird, bedeutet nicht, dass ihm die geringste Bedeutung zukomme. Das Gegenteil ist der Fall: Das Gebet, zumal das Unservater, summiert gewissermassen das bisher Gesagte und nimmt es ins Gebet.[14] Denn tatsächlich fällt auf, dass die Auslegung des Unservaters – im Unterschied zum übrigen Katechismus – in Gebetsform erfolgt. Dies scheint mir kein Zufall zu sein. Vielmehr wird hier diejenige Sprachform und Sprechhandlung verwendet, die religiöser Rede am nächsten liegt: die *euchologische* und *doxologische*, die direkte Anrede Gottes in Bekenntnis und Dank, Lob und Bitte. Die Grammatik christlichen Glaubens wird nicht mehr am grünen Tisch verhandelt, sondern angewandt und eingeübt. Theologie wird hier ins Gebet genommen – so wie bei Aurelius Augustinus in seinen *Confessiones*[15].

14 In ähnlicher Weise urteilt auch Christoph Strohm in Bezug auf Luthers Kleinen Katechismus, der dieselbe Abfolge der verhandelten Stücke aufweist: «Das Vaterunser als exemplarisches Gebet erscheint so als Konkretion dessen, was christliche Existenz insgesamt kennzeichnet» (Christoph Strohm, «Was musst du wissen ...?». Das Anliegen der reformatorischen Katechismen: Martin Heimbucher/Christoph Schneider-Harpprecht/Aleida Siller [Hg.], Zugänge zum Heidelberger Katechismus. Geschichte – Themen – Unterricht, Neukirchen-Vluyn 2012, 58–64 [62]).

15 Aurelius Augustinus, Bekenntnisse, München 1982.

Das Gebet ist authentischer Sprechakt des Glaubens und zugleich Urszene des Liturgischen. Die Formulierung, die der alte Martin Luther in seiner Torgauer Kirchweihpredigt zur Bestimmung des Gottesdienstes gefunden hat – die sogenannte *Torgauer Formel* – bringt die Bedeutung des Gebets für den reformatorischen Gottesdienst in einer kaum zu überbietenden Prägnanz zum Ausdruck. Die Weihehandlung wird durch Luther von einem sakramentalen Priesterdienst zu einem doxologischen Gemeindedienst transformiert, wenn er sagt, sie gebühre nicht ihm allein, «sondern ihr sollt auch zugleich mit angreifen, auf dass dieses neue Haus dahin gerichtet werde, dass nichts anderes darin geschehe, als dass unser lieber Herr selbst mit uns rede durch sein heiliges Wort und wir umgekehrt mit ihm reden durch unser Gebet und Lobgesang»[16]. – Eine Kirchweihe und ein Gottesdienst überhaupt als Wort-Antwort-Geschehen: das ist auf den Punkt und auf die Formel gebracht auch das Konzept des *Heidelbergers*. Das Gebet steht nicht am Anfang, sondern am Schluss. Zuerst wird das Wesen und die Grammatik des Evangeliums entfaltet, bevor das Gebet zum Thema und ins Werk gesetzt wird.

Das Gebet, welches den *Heidelberger* krönt und in das Wort-Antwort-Geschehen des Glaubens hinein aufhebt, bestimmt auch das Verhalten und die Haltung der Gemeinde im Gottesdienst, von Anfang bis Ende, vom liturgischen Gruss bis zum Segen. Liturgie ist ein Wort-Antwort-Geschehen, sie ist Kommunikation des Evangeliums in einem dialogischen Fortschreiten: *ein Gebet in Schritten und Stufen.* Dies ist zumindest dann der Fall, wenn Luther recht hat und im Gottesdienst nichts anderes geschehen soll, als dass Christus spricht und die Gemeinde antwortet «durch Gebet und Lobgesang».

Nun liesse sich einwenden, dass im letzten Teil des *Heidelbergers* gar nicht vom liturgischen Gebet, sondern vom Gebet im stillen Kämmerlein, von der je individuellen Frömmigkeit und Spiritualität die Rede sei. Dagegen ist zu sagen: Selbstverständlich sollen das Unservater und die Ausführungen des *Heidelbergers* dazu das Gebetsleben des Frommen justieren und kultivieren. Zugleich ist der Sitz im Leben des Unservaters zunächst der Gottesdienst und das *gemeinsame* Beten. Es ist das Gebet eines Kollektivs, das hier vorgestellt und doxologisch erläutert wird. Denn auch für die selberdenkenden Reformierten gilt, was Bullinger im *Zweiten Helvetischen Bekenntnis* schreibt: «Obwohl es allen erlaubt ist, die heiligen Schriften zu Hause für sich zu lesen und einander gegenseitig durch Belehrung im wahren Glauben zu erbauen, sind heilige Versammlungen oder kirchliche Zusammenkünfte dennoch

16 Zit. nach Meyer-Blanck, Liturgie (Anm. 9), 32.

durchaus nötig, um dem Volke das Wort Gottes ordnungsgemäss zu verkündigen, um öffentlich Bitte und Gebet zu tun, die Sakramente ordnungsgemäss zu feiern. [...] So oft man diese gering schätzt und sich davon absondert, verachtet man den wahren Glauben.»[17]

Das eine ist nach dem *Helvetischen Bekenntnis* erlaubt, das andere ist nötig. Auch wenn wir in Rechnung stellen, dass diese apodiktische Formulierung nicht zuletzt der Abwehr und Eindämmung des Sektierertums geschuldet ist, und auch wenn wir heute die Akzente deutlich anders setzen würden, so ist von den Reformatoren über Schleiermacher bis in die Gegenwart mit guten Gründen immer wieder auf den konstitutiven Zusammenhang zwischen der liturgisch-kollektiven und der individuellen Frömmigkeit hingewiesen worden. Beim reformierten Schleiermacher lautet die Begründung folgendermassen: «Dieses Hervorheben des religiösen Bewusstseins muss aber ein gemeinsames sein; anachoretische Betrachtung bringt immer krankhafte Einseitigkeit hervor.»[18] Zur Kultivierung und Justierung individueller Spiritualität ist das kollektive Beten im Rahmen der Liturgie und am Muster und Weggeländer des Unservaters nicht nur dienlich, sondern auch nötig – und für den *Heidelberger* schlicht selbstverständlich und keiner weiteren Begründung bedürftig! So interpretiere ich das Fehlen expliziter Äusserungen zu diesem Zusammenhang.[19]

So weit zur *Theologie des Gottesdienstes* nach dem *Heidelberger*, zum *Gottesdienst im Heidelberger*. Dazu könnte gewiss noch mehr gesagt werden. Ich habe mich auf die wesentlichen Punkte beschränkt: auf die Verkündigung, die Sakramente und das Gebet. Nun soll die Fragerichtung umgedreht und nach dem *Heidelberger im Gottesdienst* gefragt werden – danach also, wie der *Heidelberger* im heutigen Gottesdienst der reformierten Kirchen vorkommt.

17 Bullinger, Das Zweite Helvetische Bekenntnis (Anm. 3), 118 f.

18 Friedrich Daniel Ernst Schleiermacher, Die Praktische Theologie nach den Grundsäzen der evangelischen Kirche im Zusammenhange dargestellt von Dr. Friedrich Schleiermacher, Berlin 1850, 131.

19 Dieser Sachverhalt stellt sich heute gänzlich anders dar: Derzeit ist das individuelle Beten weit selbstverständlicher als das kollektive, wie etwa der Religionsmonitor der Bertelsmannstifung zeigt. Gleichwohl gilt m. E. noch immer, was Marcel Mauss vor mehr als hundert Jahren postulierte: «C'est le rituel qui reste la base même de la prière la plus individuelle» (Marcel Mauss, La Prière, Québec 1909, 23).

3. Der Heidelberger im Gottesdienst

3.1 Der Katechismus als liturgischer Taktstock

Wer die von der Lippischen Landeskriche und dem Reformierten Bund herausgegebene Ausgabe des *Heidelbergers* aufschlägt, dem fällt die Aufteilung der Fragen auf die Sonntage des Kirchenjahres auf. Diese will anregen, den ganzen Katechismus im Verlaufe eines liturgischen Jahres kursorisch zu lesen und zu vermitteln: in Gottesdiensten, in Andachten oder in der kirchlichen Unterweisung. Die Unterteilung und liturgische Einbindung ist so alt wie der *Heidelberger* selbst. So sieht die Ordnung der kurpfälzischen Landeskirche von 1563 vor, «dass an allen Sonn- und Feiertagen – ‹ehe man mit der Predigt beginnt› – ein Abschnitt aus dem Katechismus vorgelesen werden solle»[20]. Allerdings war der *Heidelberger* zunächst nicht in 52, sondern bloss in 9 Sonntage aufgeteilt, so dass die Abschnitte viel umfangreicher waren und der ganze *Heidelberger* im Jahr mehrfach verlesen und dadurch besser memoriert werde konnte. Hinzu kamen die *Auslegungen* in Katechismuspredigten jeweils am Sonntagnachmittag und während der Woche. Die Dortrechter Synode von 1619 hat die Maschen des Unterrichts noch enger geknüpft, indem sie den Gemeinden eine *dreifache Katechese* ans Herz legte: «eine häusliche von den Eltern, eine in den Schulen von den Lehrern und eine kirchliche von den Predigern und Ältesten».[21]

Bemerkenswert und zugleich typisch reformiert ist der Umstand, dass hier eine Strukturierung des liturgischen Jahres durch eine *lectio continua* vorgenommen wurde, die keinen direkten Bezug zu jenem hatte, sondern vor allem dem Anliegen geschuldet war, das *Verständnis* des christlichen Glaubens (i. S. von Glaubens*grundsätzen*) auch im Rahmen des Gottesdienstes nach Kräften zu fördern. Die Adressaten waren somit nicht nur die Jugend, sondern die ganze Gemeinde. Die Predigt, welche in der frühen Neuzeit ohnehin die Bildungsinstitution *par excellence* darstellte,[22] wurde in dieser Funktion durch den systematischen Einbezug des Katechismus zusätzlich profiliert.

20 Walter Herrenbrück, Der Heidelberger Katechismus in Predigt und Gottesdienst: Heimbucher/Schneider-Harpprecht/Siller (Hg.), Zugänge (Anm. 14), 206–212 (206).

21 Vgl. Herrenbrück, Heidelberger Katechismus (Anm. 20), 206.

22 So auch Hans-Georg Ulrichs, «Akkurat orthodox», doch von «relativer Autorität». Wirkungsgeschichte des Heidelberger Katechismus: Heimbucher/Schneider-Harpprecht/Siller (Hg.), Zugänge (Anm. 14), 65–76 (66).

3.2 Der Heidelberger als liturgisches Propädeutikum

Nun wurde der *Heidelberger* aber nicht für die kursorische Lektüre und Auslegung im Gottesdienst konzipiert, sondern zuerst und vor allem für die Unterweisung der Jugend, damit diese, nach bestandener Katechismusprüfung, zum Abendmahl zugelassen werden konnte. Der *Heidelberger* hat somit – dies wird auch an seiner Stellung innerhalb der Kurpfälzer Kirchenordnung zwischen Tauf- und Abendmahlsformular deutlich – die Funktion, in die Sakramente einzuführen und deren Verständnis und rechten Gebrauch zu fördern. Damit erfüllt er eine Funktion, die Katechismen bereits in der Alten Kirche erfüllten: nämlich die der Vorbereitung auf die Teilnahme an der Eucharistie. Nur wer in die Geheimnisse des Glaubens eingeführt war und dies durch verständige Antworten und ein orthodoxes Bekenntnis unter Beweis gestellt hatte, wurde getauft und zum Abendmahl zugelassen.

Diese propädeutische Funktion für das rechte Verständnis der Taufe und des Abendmahls kommt auch dem *Heidelberger* zu. Er ist *liturgisches Propädeutikum* in diesem Sinne, aber auch in einem weiteren, der über die Sakramente hinausgeht. Denn im *Heidelberger* werden bekanntlich nicht nur die Sakramente vorgestellt und erläutert, sondern auch der *Dekalog*, das *Glaubensbekenntnis* und das *Unservater*. Dabei handelt es sich um zentrale Texte der Bibel und des christlichen Glaubens, um die unumstrittenen *basics* der Christentumskunde, die Christenmenschen kennen und verstehen sollten, und zwar nach Möglichkeit *par cœur*. Sie stellen darum die Grundelemente der meisten Katechismen dar, weil sich mit ihnen der christliche Glaube in verdichteter Weise zur Darstellung bringen und vermitteln lässt. Aber es handelt sich zugleich oder vor allem um *liturgische Texte*, um Texte, die ihren Sitz im Leben zuerst und vor allem im Gottesdienst hatten und haben. Das *Unservater* ist zuerst Gebet und wird von der Gemeinde oder vom Liturgen in jedem Gottesdienst gebetet, bevor es ausgelegt und vermittelt wird. Die Auslegung und Vermittlung desselben in einer Unterrichtssituation oder auch im Rahmen des Gottesdienstes stellt eine durchaus *sekundäre* und der Sprachgattung und Sprechhandlung fremde und verfremdende Verwendungsweise dar. Dasselbe gilt für das *Bekenntnis*, das zunächst eben dies ist: gemeinsames, im Gottesdienst laut und vernehmlich gesprochenes *Bekenntnis des Glaubens*, welches diesen in symbolisch verdichteter Weise, formelhaft und ritualisiert zum Ausdruck bringt. Dadurch erhält der Glaube eine gemeinsame Stimme, gemeinsame Worte und eine gemeinsame Form. Der gemeinsam stimmhaft verbalisierte Glaube *verbindet* und gewinnt Verbindlichkeit. Es ist diese Form, diese gemeinsame Bewegung und Stimme, welche die bekennende oder betende Gemeinde eint und die vielgliedrige Einheit des Leibes Christi zum sinnenfälligen und erfahrungsstarken Ausdruck bringt. Es ist diese gemeinsame Form und Geste des Bekennens und Betens im Rahmen des Gottesdienstes, welche der primären Pragmatik und Semantik dieser Texte entspricht. Die Bedeutung dieser Texte verbindet sich zunächst mit ihrer primären Verwendungsweise. Sie verbindet sich mit ihr und wird den Bekennenden und Betenden jeweils nur zu Teilen bewusst. Sie kann zudem beträchtlich variieren: von Situation zu Situation, von Beter zu Beterin. Denn der Geist weht, wo und wie er will. Bei jedem und in jeder Situation anders und neu.

Der *Heidelberger* und andere Katechismen – wie etwa Luthers *Kleiner Katechismus* – stellen den Versuch dar, die in den jeweiligen liturgischen Vollzügen verkörperten Bedeutungen und Wissensbestände *explizit zu machen* und die Vielzahl möglicher Deutungen zu *orientieren* und unsachgemässe, widersinnige Bedeutungen *abzuwehren*. Für eine solche Deutung spricht unter anderem auch der Sachverhalt, dass sich der *Heidelberger* mehrheitlich auf liturgische oder liturgiebezogene Stücke beschränkt und etwa die Ekklesiologie oder die Erwählungslehre auslässt.

Wenn nun dieser Interpretation zugestimmt wird, dann ist der Bezug zwischen dem *Heidelberger* und dem reformierten Gottesdienst denkbar eng. Dem *Heidelberger* kommt dann die Funktion eines *liturgischen Propädeutikums* oder einer *Liturgiedidaktik* zu, deren spezifisch protestantische Prägung darin zum Ausdruck kommt, dass das Abendmahl nicht nur gefeiert, sondern eben auch *verstanden* werden soll; dass das *Unservater* nicht nur gebetet, sondern immer wieder auch im Herzen bewegt und reflektiert werden soll. Die *Ritualität* der Liturgie wird mit einer voraus- und mitlaufenden *Reflexivität* verbunden. Mit dem Einbezug des *Heidelbergers* in die Liturgie wird diese Reflexivität auf Dauer gestellt – was dem Feiercharakter der Liturgie bekanntlich nicht immer gut bekommt.

Damit ist zunächst ein *historischer Sachverhalt* rekonstruiert. Seit rund 40 Jahren ist dieser Zusammenhang von *Heidelberger* und Liturgie – zumindest in den westeuropäischen reformierten Kirchen – nicht mehr gegeben. Der *Heidelberger* gehört nicht mehr zum memorierten und bewussten Gedächtnisraum der Reformierten. Was heisst das nun für die liturgische Propädeutik zum einen und für das Verständnis der Liturgie und deren Reflexivität zum anderen? In den folgenden Abschnitten will ich knapp auf die beiden Fragen eintreten, auch wenn diese grundsätzlicher Natur sind und einer gründlichen Diskussion bedürften.

3.3 The missing links

Seit dem 19. Jh. gibt es bekanntlich zwei *missing links* zwischen dem *Heidelberger* und der Liturgie der reformierten Kirchen der Deutschschweiz:[23] den *Dekalog* und das *Glaubensbekenntnis*. Der Bekenntnisstreit des 19. Jahrhunderts hat zu einer Bekenntnisfreiheit geführt, welche zur Folge hatte, dass das Credo liturgisch immer weniger in Gebrauch genommen wurde und inzwischen aus unseren Gottesdiensten weitgehend verschwunden ist. Damit ist es aber auch aus den Köpfen und Herzen der Gemeinden verschwunden. Es ist nicht nur liturgisch weggebrochen, sondern auch als memorierte Verdichtung des christlichen Glaubens. Das eine hängt mit dem anderen zusammen: Weil es nicht mehr Bestandteil der Liturgie ist, wird es nicht mehr durch die liturgische Mimesis, durch Wiederholung und Einübung angeeignet. Es wird zu einem sperrigen Text, orts- und kontextlos, ohne spirituellen Verwendungszusammenhang, ohne seinen gattungsspezifischen Sitz im Leben. Wenn das Bekenntnis etwa in theologischen Vorlesungen, in Glaubenskursen oder in Predigten dennoch erläutert wird, so leuchtet einiges auf. Die Grammatik des Glaubens lässt sich daran trefflich erläutern. Gleichwohl führt die Katechese, führen die Erläuterungen zum Credo zu einem abstrakten und reduzierten Verständnis desselben, wenn es nicht erinnernd und vorausgreifend verbunden werden kann mit einer vertrauten Handlung, mit dem Sprechakt des Bekennens *par cœur*, indem es diesen Sprechakt erschliesst und reflektiert.

Dasselbe gilt *mutatis mutandis* für den *Dekalog*. Wer etwa in Paris an einem reformierten Gottesdienst teilnimmt, begegnet dem Dekalog – in gewissen Gemeinden jeden Sonntag – in der Eröffnungsliturgie, die dem Schuldbekenntnis und dem Zuspruch der Gnade vorausgeht – in der gleichen Funktion wie die eingangs zitierte Matthäus-Perikope aus Frage 4: in der Funktion eines Beichtspiegels. Ein solcher Bussteil findet sich zwar auch in den sogenannten Gottesdienstgerüsten im aktuellen Gesangbuch der evangelisch-reformierten Kirchen der Deutschschweiz unter der Nr. 152. Bloss kommt dieser kaum zur Anwendung. Dabei gehört das kollektive *Schuldbekenntnis* oder die *Offene Schuld*, wie der Teil auch genannt wird, zum reformierten Urgestein. Das Verschwinden desselben aus unseren Gottesdiensten

23 In der Romandie war die liturgische Entwicklung eine andere. Vgl. dazu Bruno Bürki, Gottesdienst im reformierten Kontext: Hans-Christoph Schmidt-Lauber (Hg.), Handbuch der Liturgik. Liturgiewissenschaft in Theologie und Praxis der Kirchen, Leipzig, Göttingen 1995, 162–174.

hat unterschiedliche Gründe, die hier nicht erläutert werden können, und es ist jüngeren Datums als dasjenige des Credos. Aber auch für den Dekalog gilt, dass er in wichtiger Funktion liturgisch in Verwendung und durch regelmässigen Umgang vertraut war, entweder als Lesung oder in Liedform. «Bei Calvin und in einigen reformierten Liturgien war das Zehn-Gebote-Lied Bestandteil des Abendmahlsgottesdienstes, das aber in diesem Zusammenhang keine katechetische Funktion hatte, sondern als Ermahnung in Verbindung mit der Busse zu verstehen war»[24], wie die beiden Hymnologen Heike und Udo Wennemuth bemerken. Diese Unterscheidung zwischen *liturgischer* und *katechetischer Verwendung* des Dekalogs, aber auch anderer zentraler christlicher Texte scheint mir grundlegend. Nicht, um die beiden Verwendungsweisen zu separieren, sondern um deren jeweilige Funktion zu klären und damit auch deren Verhältnis deutlicher zu bestimmen. Wenn der *Dekalog* im Gottesdienst verlesen oder gesungen wird, geht es darum, innezuhalten und sich darüber klar zu werden, wie es um einen steht und wie die eigenen Beziehungen zu Gott und zu den Mitmenschen beschaffen sind. Es geht um einen Prozess der Selbstreflexion, darum, neue Freiheitsräume zu gewinnen und sein Leben verantwortlich gestalten zu können. Letztlich geht es um einen Prozess der Läuterung und Neuwerdung durch Busse und Vergebungszuspruch. In der *katechetischen Verwendung* des Dekalogs wird in erster Linie die Plausibilisierung der liturgischen Funktion desselben versucht. Es wird verdeutlicht, dass und warum das Gesetz nicht knechtet, sondern befreit. Und schliesslich wird versucht, moralistische Lesarten und Verwendungsweisen des Gesetzes als solche zu erkennen, zu kritisieren und zu korrigieren.

Wenn nun der Dekalog als liturgischer Text und dessen Verlesung oder Gesang als liturgische Handlungen entfallen, bleibt seine Behandlung im Katechismus zwar immer noch durchaus sinnvoll. Allerdings verliert auch er seinen Bezug zur gelebten Religion einer Gemeinschaft, zu seinem authentischen Ort etwa im Rahmen eines liturgischen Schuldbekenntnisses.

Diese beiden *missing links* weisen uns somit auf einen doppelten Verlust hin: Einerseits fehlen der Liturgie Elemente, die sich mit theologisch wie anthropologisch elementaren Funktionen verbinden. Andererseits verlor der *Heidelberger* und verloren die im *Heidelberger* verhandelten Zentraltexte des Christentums ihre gattungsspezifische Verwendungsweisen und werden in diesem Sinn orts- und kontextlos.

24 Heike Wonnemuth/Udo Wonnemuth, Gesungene Lehre – Katechismus in Liedern. Katechismuslied und Heidelberger Katechismus: Heimbucher/Schneider-Harpprecht/Siller (Hg.), Zugänge (Anm. 14), 77–86 (78).

3.4 Liturgie und Reflexivität

Wie steht es nun aber über die genannten *missing links* hinaus um das *Verhältnis von Liturgie und Reflexivität* im reformierten Gottesdienst und welche Rolle spielt der *Heidelberger* für dasselbe? Der Praktologe muss sich zunächst der Anfrage stellen, ob und in welcher Weise das vorgetragene Konzept einer liturgischen Propädeutik noch von Bedeutung sei oder eine solche wieder gewinnen könne. Zunächst ist festzuhalten, dass der *Heidelberger* diese Bedeutung in den letzten Dezennien nachhaltig eingebüsst hat, da er im Religionsunterricht kaum mehr vermittelt wird und auch in der religiösen Erwachsenenbildung kaum vorkommt. Er ist in unseren Kirchen zu einem historischen Dokument geworden, ohne Funktion für das liturgische und gemeindliche Leben.

Was bedeutet diese Feststellung für das protestantische Anliegen des informierten und verständigen Glaubens, der aufgeklärten und reflektierten Hoffnung? Die selber denkende Reformierte soll und will verstehen, was sie liest und was sie tut. Dies gilt auch heute noch. Es entspricht auch heute sowohl dem Selbstverständnis reformierter Theologie als auch reformierter Frömmigkeit. Daraus folgt, dass dem Anliegen des *Heidelbergers*, in die *basics* und die Zentraltexte des Christentums einzuführen, damit diese verstanden, angeeignet und *par cœur* gesprochen, gesungen, bekannt und gebetet werden können, für die Kirche noch immer oder wieder neu eine grundlegende Bedeutung zukommt. Sie gehören zum Gedächtnis- und Lebensraum des Christentums, und zwar als angeeignete, verstandene und authentisch vollzogene – im Rahmen des Gottesdienstes.

Dies kann mit dem *Heidelberger* geschehen, aber auch – gut reformiert! – mit neueren Versuchen, die Zentraltexte des Glaubens und deren Grammatik zu erschliessen. Ich denke etwa an den «neuen Heidelberger»: den *Zacharias Ursinus* gewidmeten kritischen Katechismus des Heidelberger Neutestamentlers *Gerd Theissen*.[25]

25 Vgl. Gerd Theissen, Glaubens Sätze. Ein kritischer Katechismus, Gütersloh 2012.

4. Der Heidelberger als *hidden agenda* des reformierten Gottesdienstes: ein Fazit

In den folgenden Thesen sollen die vorgetragenen Analysen zusammengefasst und einige Folgerungen für die Gegenwart gezogen werden.

1. Das Herzstück des Gottesdienstes ist für den *Heidelberger* die Predigt. Diese zielt allerdings nicht auf den Kopf und nicht auf die Moral, sondern auf das Herz. Sie ist eine Herzenssache. Und es ist anthropologisch nur sachgemäss, dass sie sich nicht auf kognitive und memorierbare Inhalte – etwa auf Katechismuswissen – beschränkt, sondern sich in mehrfacher Weise mit liturgischen Handlungen verbindet: mit der Sprechhandlung des Predigens und mit den Sakramenten, aber auch mit den Gebeten und dem Segen, mit den Liedern und Lesungen. Sie ist nach dem *Heidelberger* immer nur die eine Seite der Medaille und bedarf zu ihrer Ergänzung auch der anderen: der Handlung, des Sakraments und der Liturgie. Der *Heidelberger* nimmt zwar – gut protestantisch – eine Priorisierung der Predigt vor, aber nur, um sie in ein sakramentstheologisch sorgfältig bestimmtes Verhältnis zur Liturgie zu stellen.

2. Aus der doppelten Bestimmung des Gottesdienstes – durch die Predigt auf der einen und die Sakramente auf der anderen Seite – folgt die Notwendigkeit, den reformierten Gottesdienst sowohl in seiner *diskursiven* wie in seiner *rituellen Dimension* wahrzunehmen, zu reflektieren und zu gestalten. Dies ist einem fast ausschliesslich auf die Reflexion kognitiver Inhalte fokussierten Protestantismus – zumal reformierter Prägung – ins Stammbuch zu schreiben.

3. Die vom *Heidelberger* vorgenommene Zuschreibung der *Heiligkeit* der Sakramente weist auf deren herausgehobene Bedeutung als Wahrzeichen und Siegel des Glaubens und damit zugleich auf deren Unterscheidung von vergleichbaren Handlungen im Alltag hin. Sie weist auf die Bedeutung der rituellen Dimension unseres Glaubens hin, mithin auf den Sachverhalt, dass die Kommunikation und Darstellung des Evangeliums auf handfeste Symbole und begehbare Rituale verwiesen und angewiesen ist, dass auch die selber denkenden Reformierten der tradierten Formen und Formeln der Darstellung, der Einübung und der Habitualisierung ihres Glaubens bedürfen. Formen und Formeln, die das Denken nicht aussetzen, sondern immer wieder zu denken geben, ohne vom Denken absorbiert zu werden.

4. Zugleich führt das reformierte Verständnis des Sakraments und des Sakramentalen nicht zu einem sakrosankten Ritus, sondern zu unterschiedlichen Formen liturgischer Gestaltung, mithin zur Freiheit und Kreativität

liturgischer Darstellung. Eine Freiheit und Kreativität allerdings, die der Bibel, der Tradition und der Gemeinschaft der Feiernden verpflichtet ist und nicht der religiösen Subjektivität des Liturgen allein. Huldrych Zwingli hat mit seiner Abendmahlsliturgie *Aktion und Brauch des Nachtmahls* von 1525 die Balance zwischen Kreativität und Traditionsbezug exemplarisch vorgeführt. Diese mehrdimensionale Verantwortlichkeit liturgischer Gestaltung und Ordnung zu betonen, scheint mir in der reformierten Theologie und Liturgie der Gegenwart dringlicher denn je.

5. Die *Versiegelung* durch die Sakramente bezieht sich nach dem Verständnis des *Heidelbergers* auf den Glauben der feiernden Menschen. Versiegelt wird weder ein bestimmter Ritus noch ein bestimmter Inhalt, sondern der Glaube als existenzielle Ausrichtung und Haltung. Die Versiegelung erfolgt von *extra nostrum*, von aussen nach innen – aber nicht plötzlich und unvermittelt, sondern durch wiederholte liturgische Praxis, durch Einübung, Variation und Aneignung. Auch für die Reformierten gilt, dass der Glaube nicht verstanden ist, wenn er *bloss verstanden* ist. Auch der reformierte Glaube bedarf der liturgischen und sakramentalen Inkarnation, bedarf der gelebten Religion, der praktizierten Frömmigkeit im Rahmen des Gottesdienstes.

6. Damit ist gerade kein substantialistisches oder gar metaphysisches Verständnis von Liturgie verbunden. Es gibt bei uns Reformierten nicht die eine heilige Liturgie im Singular. Liturgien sind vielmehr theologisch verantwortete und reflektierte Formen symbolischer Darstellung unseres Glaubens, die idealerweise von einer feiernden Gemeinde – durch Bibel und Tradition inspiriert – hervorgebracht und weiterentwickelt werden. Die sakramentale «Versiegelung» erfolgt nicht durch einen sakrosankten Ritus, sondern stellt eine geistinspirierte Deutungsleistung der Menschen dar, die einen Gottesdienst feiern.

7. Die Versiegelung des Glaubens durch die Sakramente und durch die sakramentale Dimension der Liturgie erfolgt durch den konkreten, leibhaften und wiederholten Vollzug, durch die Praxis, durch Nachahmung, Variation und Aneignung, durch mimetische Prozesse. Die Versiegelung erfolgt als Habitualisierung des Glaubens. Zwar weht der Geist, wo er will. Doch wird er durch allzu sporadischen Mitvollzug der Liturgie nicht unwesentlich gedämpft. Auch die Reformierten sind darauf angewiesen, ihren Glauben immer wieder liturgisch zum Ausdruck zu bringen, zu kultivieren und zu justieren.

8. Das *Gebet* als *verkörperte Urszene des Glaubens* bestimmt auch den reformierten Gottesdienst vom Votum bis zum Segen. Das Gebet bestimmt

ihn zunächst und vor allem als Grundhaltung des liturgischen Feierns: als Haltung der *Responsivität*, des Antwortens auf das befreiende Gotteswort, welches dem Antworten der Gemeinde prinzipiell vorausgeht und dieses ermöglicht; als *Haltung der Offenheit* dafür, dass Gott Menschen begegnet, dass er sie berührt und verändert. Das Gebet bestimmt den Gottesdienst aber auch als *Gattung* und *Sprechhandlung*: im Sammlungsgebet und im Psalmengesang, im Schuldbekenntnis und im Dankgebet, in den Lesungen, im Kanzelgruss und Kanzelsegen, in den Fürbitten und im Schlusssegen. Das liturgische Gebet ist, so lernen wir vom *Heidelberger*, zunächst ein *kollektives Gebet* in festen Formen, prägnant und bildhaft, kräftig und dicht. Als solches ist es fähig, das Gebet des religiösen Subjekts im stillen Kämmerlein zu kultivieren und zu orientieren, aber auch sein theologisches Nachdenken anzuregen.

9. Auch der reformierte Gottesdienst lebt davon, dass die Gemeinde die Grundtexte des Christentums kennt, sich angeeignet und verstanden hat, damit sie sie *par cœur* sprechen, bekennen und beten kann. Wenn das Subjektsein der Gemeinde nicht theologisches Postulat bleiben, sondern gelebter Glaube werden soll, dann ist eine liturgische und katechetisch-theologische Vermittlung derselben unabdingbar, dann braucht es eine liturgische Propädeutik, eine Liturgiedidaktik, welche in die Texte und Formen der Liturgie einführt, sie reflektiert und einübt. Dass sich diese Forderung in einer volkskirchlichen Situation, in welcher der sporadische oder seltene Gottesdienstbesuch den Normalfall darstellt, nur für einen kleinen Teil der Gemeinde realisieren lässt, spricht nicht gegen sie.

Zugleich ist von zentraler Bedeutung, dass der Gottesdienst der Volkskirche die Bildungsfunktion nicht delegiert, sondern integriert. Die Spannung zwischen Reflexivität und Ritualität, zwischen Kommunikation und Darstellung zeichnet den protestantischen Gottesdienst gerade aus. Denn, um mit Christoph Schwöbel zu schliessen: «Der Gottesdienst ist die primäre Bildungsinstitution des christlichen Lebens, weil er in *verstehender Initiation und Partizipation* die personale Identität und soziale Identität der Glaubenden konstituiert und so zum Leben in der Urteils- und Handlungskraft des christlichen Glaubens anleitet.»[26]

26 Christoph Schwöbel, Was ist ein Gottesdienst? Theologische Kriterien zur Angemessenheit der gottesdienstlichen Feier: Hans-Joachim Eckstein/Ulrich Heckel/Birgit Weyel (Hg.), Kompendium Gottesdienst. Der evangelische Gottesdienst in Geschichte und Gegenwart, Tübingen 2011, 145–165 (164).

Ingrid Schoberth

Wissen, was wir glauben

Der Heidelberger Katechismus und das Lernen des Glaubens

1. Wissen, was wir glauben, und das Lernen

Wissen, was wir glauben – um dieser *Selbstverständigung* christlichen Glaubens nachzugehen, die dem Glauben immer auch eignet, möchte ich mich mit Ihnen heute auf eine katechetische Suchbewegung begeben: Sie beginnt damit, dass der *Heidelberger Katechismus* als Elementardogmatik verstanden werden kann, aber die dogmatisch-inhaltliche Seite ist nicht meine Aufgabe, sondern die der Systematischen Theologie. Diese Suchbewegung, zu der ich Sie auffordern möchte, soll vielmehr die Dimensionen einbeziehen, die das «Wissen, was wir glauben» von einer Grundbewegung des *Lernens* her wahrnimmt. Ich will also eine katechetische Suchbewegung an und mit dem *Heidelberger Katechismus* unternehmen, die sich dann der praktisch theologischen Aufgabe zuwendet und sich auf die Lernenden zu beziehen sucht, also auf diejenigen, die sich bis heute anschicken, im *Heidelberger* zu lesen – Kinder und Jugendliche und diejenigen, die sich in die Tradition stellen, die der Katechismus entfaltet hat. Denn es gibt eine reiche Tradition seines Gebrauchs: «In den Gottesdiensten wurde sonntäglich vor der Predigt ein Abschnitt und auf diese Weise der ganze Text in einem Jahr gelesen. Im Unterricht diente er der elementaren Glaubensunterweisung. Für die Pfarrer war er die der Heiligen Schrift untergeordnete Lehrnorm. Und in den Familien diente er als Erbauungsbuch.»[1] Dieser Doppelcharakter macht ihn aus; er ist für den Unterricht gedacht, aber zugleich auch Bekenntnis.[2] Diesem unterrichtlichen Gebrauch will ich heute genauer nachgehen.

1 Heidelberger Katechismus von 1563: Reformierte Bekenntnisschriften. Eine Auswahl von den Anfängen bis zur Gegenwart, hg. von Georg Plasger und Matthias Freudenberg, Göttingen 2005, 151–186 (153, Einleitung). Die im Folgenden zitierten Stellen aus dem *Heidelberger Katechismus* übernehme ich aus dieser Ausgabe von Plasger und Freudenberg.

2 Vorrede zum Heidelberger Katechismus; Karl Koch verweist darauf, dass der Katechismus freilich nicht nur Unterrichtsbuch ist, «sondern zugleich ‹form und

Dass ich das als *Heidelberger* Professorin und also Praktische Theologin aus Heidelberg heute tun darf, freut mich besonders, und für die Einladung hier sprechen zu dürfen möchte ich mich sehr herzlich bedanken. Freilich möchte ich unbedingt festhalten, dass der *Heidelberger* ja nicht nur regionale, sondern über Landesgrenzen hinweg überregionale Bedeutung gewonnen hat durch seinen besonderen Rang, den er auf der Dordrechter Synode 1618/19[3] erhalten hat. Und doch gibt die Herkunft des Katechismus wertvolle Hinweise auf das, was ihn besonders macht und wodurch er sich auch in Hinsicht eines Lernens in besonderer Weise auszeichnet; denn er war darauf angelegt, integrativ zu wirken und ein Regulativ vorzulegen, das der reformatorischen Entwicklung zuarbeitet und zu eigenwilligen Separationen entgegenwirken sollte.

Das stellt Eberhard Busch heraus, wenn er den historischen Anlass der Abfassung des *Heidelberger Katechismus* berücksichtigt, ohne diesen wiederum bloss allein historisch zu bewerten.[4] Denn mit dem *Heidelberger Katechismus* geht es eben nicht allein darum, ein Erbe zu verwalten: Vielmehr führt der Anlass des Jubiläums des *Heidelberger Katechismus* dazu, die spezifische Aufmerksamkeit auf das Lernen zu reflektieren, die die ganze Reformation kennzeichnet. Das bestimmt den *Heidelberger Katechismus* als reformatorisches Erbe, dass er nicht die Wahrheit konserviert, was es im christlichen Glauben ja gar nicht geben kann, sondern dass er dazu anleitet, aus und mit diesem Ringen um die Wahrheit immer neu zu leben und leben zu lernen.

mass› der Unterweisung, das heisst Bekenntnis zur Wahrung der rechten Abwehr der falschen Lehre» (Karl Koch, Der Heidelberger Katechismus als Bekenntnis und Lehrbuch: Warum wirst du ein Christ genannt? Vorträge und Aufsätze zum Heidelberger Katechismus im Jubiläumsjahr 1963, hg. von Walter Herrenbrück und Udo Smidt, Neukirchen-Vluyn 1965, 177–188 [185]).

3 Heidelberger Katechismus von 1563, 153.

4 Vgl. Eberhard Busch, Der Freiheit zugetan. Christlicher Glaube heute – im Gespräch mit dem Heidelberger Katechismus, Neukirchen-Vluyn 1998, 9–10: «Der 1563 in Heidelberg für die Kurpfalz veröffentlichte Katechismus ist eine späte Frucht am Baum der Reformation. Er steht an der Schwelle, an der die Erneuerung der Kirche zu einer erneuerten Kirche wurde. Es kam jetzt für die Kirche darauf an, mit der von den Reformatoren errungenen Erkenntnis zu leben und sie zu bewähren. Das war gewiss ein gefährlicher Augenblick, in dem der Heidelberger entstand. [...] Denn es konnte nun der Eindruck entstehen, dass mit der von der ersten Generation erkämpften Wahrheitserkenntnis umgegangen werden könne wie mit einem Wahrheitsbesitz, um den man nicht mehr zu ringen und zu bitten haben, den man nur noch festhalten und aufbewahren müsse, den man eigentlich nicht mehr zu erkennen, sondern nur noch näherzubestimmen habe. Immerhin ist es zweierlei, eine errungene Wahrheit zu konservieren oder mit ihr zu leben.»

Schliesslich ist der *Heidelberger Katechismus* selbst Ausdruck der je neuen Antwort auf die reformatorischen Herausforderungen. Wenn der *Heidelberger Katechismus* oft in Konkurrenz zum Kleinen Katechismus Luthers verstanden wurde, dann ist das insofern irreführend, als beide auf ihre Weise die Grundbewegung der Auseinandersetzung abbilden, um die es im Glauben immer neu zu tun ist: Beide markieren wesentliche Momente reformatorischen Glaubens, der immer auch ein Lernen ist. Darum verweigert sich der *Heidelberger* auch, als ein statisches und fest umrissenes Wissen verstanden zu werden; vielmehr zeigt er einen spezifischen Inhalt, ist Orientierung und eröffnet Perspektiven, die ohne eine kritisch weiterführende Lektüre nicht wirklich ausgeschöpft werden. Was aber heisst in diesem Zusammenhang dann Lernen am und mit dem *Heidelberger*?

Nun ist die katechetische Tradition in der Religionspädagogik lange in den Hintergrund gedrängt worden; die Religionspädagogik konstituierte sich nicht zuletzt in der Absetzung von der Katechetik. In der Tat gabe es problematische Entwicklungen im Lernen des christlichen Glaubens, in denen die Katechismen zum starren Lern- und Memorierstoff wurden. In den letzten Jahren ist allerdings ein neues Interesse an den Katechismen zu beobachten, das auch die tradierten Texte neu beleuchtet. In diesem Sinne möchte ich nach der Bedeutung der Katechismen fragen, die, wie im Falle des *Heidelberger Katechismus*, neben «Thesen, Glaubenserklärungen, Konsenserklärungen und Kirchenordnungen»[5] auch zu den Bekenntnisschriften gezählt werden. Warum sind es gerade auch Texte der Gattung Katechismus, die eine besondere Wertschätzung in den evangelischen Kirchen hatten und wieder neu erfahren?

2. Religiöses Lernen mit und an Katechismen

Bis heute und als Ausdruck des reformatorischen Aufbruchs im 15. und 16. Jahrhundert dienen Katechismen dazu, in den Glauben einzuführen und denjenigen, der sich dem Weg des jeweiligen Katechismus anvertraut, hineinzuführen in die Logik christlichen Glaubens.[6] Es gibt sie immer wieder

5 Einführung zum Band: Plasger/Freudenberg (Hg.), Reformierte Bekenntnisschriften (Anm. 1), 8.

6 Vgl. Aufbruch zur Reformation. Perspektiven zur Praxis der Kirche 500 Jahre danach, hg. von Alexander Deeg, Leipzig 2008; vgl. insbesondere in diesem Band: Ingrid Schoberth, Ein pädagogischer Aufbruch mit der Reformation. «Und muss ein

neu, diese Katechismen, den Kleinen Katechismus Luthers, den evangelischen Erwachsenenkatechismus in je neuen Auflagen und viele andere mehr, die bis heute inmitten der aktuellen religiösen Gegenwartskultur einen Anspruch formulieren, durch die je bestimmte Gestalt und Form für die Gegenwart wirksam sein zu können und das entfalten zu vermögen, was christlichen Glauben trägt.

Diese bleibende Aufgabe, der sich eine Kirche als *ecclesia semper reformanda* immer neu verpflichtet sieht, bildet sich in den immer neuen Versuchen ab, Katechismen auszuformulieren. Dabei geht es einerseits darum, die bleibenden Einsichten und Gewissheiten des christlichen Glaubens angemessen zu entfalten und je und je neu einzuüben. Es geht andererseits darum, mit und durch die Lektüre der Katechismen dazu anzuregen und zu befähigen, die je neue Auseinandersetzung mit dem christlichen Glauben und den in den Katechismen mitgeteilten Orientierungen und Perspektiven zu führen. Darin gewinnen die Katechismen ihre Zeitgemässheit, die das Bekenntnis immer ausmacht und dazu führt, die tragenden Bezüge und Entfaltungen des Glaubens, die die Katechismen verantworten, kritisch und auch konstruktiv zu prüfen und je neu auszutesten, ob sie für die jeweilige Gegenwart tragen. Eberhard Busch erkennt das vor allem an der anregenden und lebendigen Darstellung des *Heidelbergers* wie auch daran, dass das das eigentliche Kriterium ist, das einen Katechismus erst zu einem Katechismus macht. Sonst könnte er also nicht Katechismus heissen, wenn er nicht auf Lernprozesse angelegt wäre.[7]

2.1 Die Zeitgemässheit der Katechismen

Es ist in dem theologischen Begriff von Bekenntnis begründet, dass die Bekenntnisaussagen immer in ihrer Zeitgemässheit verstanden werden müssen. Im Fall des *Heidelberger Katechismus* ist dieser notwendig kritische Rekurs auf das im Katechismus Dargelegte wie bereits erläutert ja auch im historischen Anlass seiner Abfassung begründet; denn der *Heidelberger* verfolgt als Kompromisspapier die Zielsetzung, «die in der Kurpfalz auseinanderstreben-

kind und schueler des Catechismus bleiben und bleib's auch gerne» (WA 30, 1,126), 121–138.

7 Busch, Freiheit (Anm. 4), 16: «Das beweist einerseits das Anregende und Lebendige dieses Textes wie auch dies, dass ein Stück wie dieses nur dann lebendig bleibt, wenn seine Botschaft je zu seiner Zeit neu bedacht wird.»

den evangelischen Strömungen zusammenzuführen».[8] Das Diffundieren der verschiedenen evangelischen Positionen sollte also gleichsam durch den *Heidelberger Katechismus* verhindert werden. Insofern kommt dem *Heidelberger* eine regulative Funktion inmitten dieser Auseinandersetzung zu, ohne seine Zeitgemässheit in Frage zu stellen. Dieser historische Anlass verweist zugleich auf seinen Gebrauch bis heute, seine Dynamik, die diese Bekenntnisaussagen bestimmen; das macht sie aber darum «nicht unerheblich oder belanglos, denn die Kirchen nehmen ihre Verantwortung gegenüber den Bekenntnissen gerade dann ernst, wenn sie sie immer wieder neu prüfen».[9]

Dann, wenn neu um die sprachliche Gestalt gerungen wird, die ein Katechismus heute haben soll, und dann, wenn immer neu das Argument ins Feld geführt wird, dass die Darlegungen christlichen Glaubens damit begründet werden, dass die Leser den Katechismus doch ohne Anstrengung *verstehen können sollen,* steht seine Gestalt auf dem Spiel. Leider wird oft zu schnell dabei vergessen, wie sperrig und widerständig Katechismen ihrem Selbstverständnis nach immer auch sein müssen; denn sie bilden das ab, was sie ausmacht: das *Wissen, was wir glauben*, und das wiederum so, dass dieses Wissen, diese Lehre und also dogmatische Gestalt des Glaubens eben nicht bloss Information über Glauben sein kann und darf. In ihrer besonderen Form und Gestalt zeigt sich vielmehr, dass die Katechismen so angelegt sind, dass sie in ein *lebenslanges Lernen* führen, eingedenk der Tatsache, dass das, was hier präsentiert wird, eben nicht mit einem Mal umfassend, sondern nur immer neu *in Spuren* erfasst werden kann.

In Sachen des Glaubens hat man eben nie ausgelernt und Glauben kann man nicht so lernen, wie man eine mathematische Formel lernt und anwendet. Darum ist auch das Lesen der Katechismen immer schon mehr als nur ein schnelles Überfliegen seiner Texte. Letztlich wird erst dann etwas zu lernen möglich, wenn man sich auch dem Nichtverstandenen aussetzt, sich von dem gerade nicht leicht Zugänglichen und manchmal auch Fremden herausfordern lässt und immer neu und immer genauer christlichen Glauben in seiner Unverfügbarkeit inmitten allen Verstehens lesen und also verstehen lernt.

8 Heidelberger Katechismus von 1563, 152. Vgl. dazu J.F. Gerhard Goeters, Entstehung und Frühgeschichte des Katechismus: Handbuch zum Heidelberger Katechismus, hg. von Lothar Coenen, Neukirchen-Vluyn 1963, 3–23: Goeters zeigt eindrücklich die disparate Landschaft auf, die im Herausgabejahr des *Heidelbergers* hinsichtlich dessen, was evangelisch heisst, wahrgenommen werden kann (bes. 7–9).

9 Einführung zum Band: Plasger/Freudenberg (Hg.), Reformierte Bekenntnisschriften (Anm. 1), 10–11.

Ich will das als ein Grundmoment festhalten: *Es ist diese Unverfügbarkeit des Glaubens selbst, die die Formulierungen, Interpretationen und Reflexionen des Glaubens in katechetischer Gestalt bestimmen muss; wie auch umgekehrt die strukturelle Gestalt der Katechismen darauf ausgerichtet sein muss, diese Unverfügbarkeit zur Sprache zu bringen.* Darum ist freilich immer auch nach dem zu fragen, was das für ein Wissen ist, das sich in dieser Gestalt und Form der Katechismen mitteilt.

2.2 Der Heidelberger Katechismus im Vergleich mit dem Kleinen Katechismus

Dass dabei je eigene und eigenwillige Formen von Katechismen entstehen, zeigt etwa der Vergleich des Kleinen Katechismus mit dem *Heidelberger Katechismus*; wichtiger noch sind freilich ihre Gemeinsamkeiten: Beide stehen für die Tradition der Reformation und ihre Entdeckungen; sie entwickeln dabei eine je eigene katechetische Struktur und Gestalt, um diese Tradition weiterzugeben; sie favorisieren eine je spezifische Gestalt des Lernens des Glaubens und beziehen sich beide auf die wichtigsten Stücke des Glaubens, wie sie jeder Christenmensch kennen und verstehen soll. Sie tun dies freilich in je spezifischer Weise.

Die Unterschiede zwischen dem *Kleinen* und dem *Heidelberger Katechismus* hängen mit den unterschiedlichen Zielsetzungen und den unterschiedlichen Kontexten zusammen; sie führen zu einer je eigenen Gattung. Es ist von daher kein Manko, wenn man sagen kann, dass der *Heidelberger Katechismus* das Werk eines Gelehrten ist:[10] eben das soll er sein. Die dogmatischen Unterschiede will ich nicht weiter verfolgen;[11] mir geht es um die jeweilige Lehrpraxis.

Luthers *Kleiner Katechismus* ist Elementarunterricht in dem Sinn, dass er auf die Einübung der Hauptstücke des Glaubens abzielt; dem entsprechend folgt er ganz den Stücken, um sie zu verstehen und zu erläutern. Das war für

10 Vgl. Ulrich Asendorf, Luther's Small Catechism and the Heidelberg Catechism – The Continuing Struggle: The Catechism's Role as a Confessional Document in Lutheranism: Luther's Catechisms- 450 Years. Essays Commemorating the Small and Large Catechisms of Dr. Martin Luther, hg. von David P. Scaer und Robert D. Preus, Fort Wayne 1979, 1–7 (6): «As a whole the Heidelberg Catechism is a typical product of a scholar. Luther speaks with the authority of his charisma. Therefore his words are striking and classical far beyond comparison.»

11 Vgl. Asendorf, Catechism (Anm. 10), 7.

Martin Luther ein fundamentales Anliegen neben seinen wichtigen theologisch-materialen Schriften, dass er auch durch pädagogisch ausgerichtete Veröffentlichungen Einfluss nehmen wollte auf die religiöse Bildung seiner Zeit; bekanntlich hatten die Visitationen ihm deutlich gemacht, dass mit dem reformatorischen Aufbruch auch der Aufbruch in pädagogischer Hinsicht geleistet werden muss. Zum einen gab es den Orientierungsbedarf für die Lehrenden, um zu wissen, was zu lernen notwendig war und welche inhaltliche Form und auch sprachliche Gestalt dieses Lernen des Glaubens haben sollte; dazu sollte sein *Grosser Katechismus* dienen. Zum anderen war es ihm um die konkrete Gestalt einer Lernpraxis zu tun, die es allen Christinnen und Christen ermöglicht, unmittelbar in das Lernen des Glaubens einzusteigen und selbst zu entdecken, dass der christliche Glaube ihr eigenes Leben ergreift; dies ist vor allem die Aufgabe des Kleinen Katechismus.

Dabei tritt im Kleinen Katechismus das Wie, die Frage nach der konkreten Ausgestaltung der Lehr- und Lernpraxis in den Vordergrund, während die Gestalt und Form des *Heidelberger Katechismus* eine etwas andere Absicht verfolgt; der *Heidelberger* entwickelt nicht so sehr eine Lehr- und Lernpraxis des Glaubens und seiner Vollzüge, sondern er ist konzipiert als ein *dogmatischer* Katechismus, der zunächst das Anliegen verfolgt, das Elementare des Glaubens, die elementaren und unveräusserlichen Begründungen des Glaubens und Bezüge in seinen 129 Fragen und ihrer Beantwortung aufzubereiten, wobei freilich die christologische Ausrichtung des *Heidelberger Katechismus* insgesamt den Zusammenhang der Fragen und die Zuordnung der Fragen zueinander bestimmt.[12] Das Grundmotiv der Reformation im Hinblick auf das Glaubenlernen, nämlich dass das, was Schrift und Glaubenslehre bezeugen, so verstanden wird, dass es um jedes Einzelnen willen geschrieben ist,[13] leitet freilich Luthers Katechismen ebenso wie den *Heidelberger*; die dezidierte Formulierung schon der ersten Frage in der zweiten Person steht dafür.

12 Vgl. auch Otto Weber, Analytische Theologie. Zum geschichtlichen Standort des Heidelberger Katechismus: Warum wirst du ein Christ genannt? Vorträge und Aufsätze zum Heidelberger Katechismus im Jubiläumsjahr 1963, hg. von Walter Herrenbrück und Udo Smidt, Neukirchen-Vluyn 1965, 24–39 (30): «Der Heidelberger ist, aufs Ganze gesehen, nicht anthropologisch, sondern christologisch bestimmt.»

13 Vgl. Ingrid Schoberth, «und muss ein Kind und Schüler des Katechismus bleiben und bleib's auch gerne» – die Praxis des Glauben-lernens im Kleinen Katechismus als Impuls für den Religionsunterricht: Die Gegenwartsbedeutung der Katechismen Martin Luthers, hg. von Norbert Dennerlein, Klaus Grünwaldt und Martin Rothgangel, Gütersloh 2005, 78–95 (85).

In beiden Katechismen geht es um die Erfassung der wichtigsten Stücke des Glaubens,[14] die den Einzelnen in Hinsicht des je eigenen Glaubens auskunftsfähig machen wollen. Diese Auskunftsfähigkeit wird in den Katechismen Luthers in der Arbeit an den Stücken gelernt, während der *Heidelberger* sie in den umfassenden Rahmen, der sich aus der ersten Frage ergibt, einfügt. Die Auslegungen, die der Kleine Katechismus vorlegt und jeweils die Frage «Was ist das?» aufnehmen, sind so aufbereitet, dass sie zunächst allein Geltung beanspruchen. Die so angestossene katechetische Praxis richtet sich auf ein Lernen, das den Lernenden eine Sprache für den Glauben zuarbeitet; mit dieser gleichsam neu erworbenen Sprache des Glaubens wird aber wiederum jeder Lernende herausgefordert, je neu und auch kritisch den eigenen Glauben zu formulieren, auskunftsfähig zu werden und auch immer wieder neu die je eigenen Perspektiven und Orientierungen mit immer neuen Fragen zu konfrontieren. Darum hat man im Glauben nie ausgelernt, sondern bleibt, wie das auch Luther von sich selbst sagen konnte, immer ein Schüler des Katechismus.[15]

Wenn der *Heidelberger* «in freier, nicht beliebiger Paraphrase die Zehn Gebote, das Gebet Jesu und das apostolische Glaubensbekenntnis auslegt»,[16] präsentiert er sich nicht gleichermassen unmittelbar auf eine spezifische Lehrpraxis bezogen, sondern als ein Text, dem es um die Regulation des evangelischen bzw. reformatorischen Erbes geht. Das zeigt auch schon die Voranstellung und betonte Stellung der beiden einleitenden Fragen. Die Lernenden werden von Beginn an darauf ausgerichtet, sich in den spannungsvollen Zusammenhang der trinitarischen Reflexion des Lebens aus Christus hineinzubegeben: Von Christus her und auf Christus hin werden dann die damit verbundenen und darauf bezogenen Fragen in ihrem systematischen Zusammenhang ausgelotet. Es ist das Grundanliegen des *Heidelbergers*, dass er in

14 Lothar Coenen, Jugend- und Erwachsenenunterricht mit dem Heidelberger Katechismus: ders. (Hg.), Handbuch (Anm. 8), 200–212 (203): «Und uns scheint, dass der Heidelberger eben dieses leistet, und zwar nicht in der Form von nebeneinandergestellten thesenartigen Aussagen, sondern indem er solche Lehre in einem festen und konsequenten Zusammenhang darbietet, wobei deutlich wird, dass hier eines notwendig aus dem anderen folgt und das andere bedingt. Gerade dieser Umstand aber, dass er nicht bloss mit einer Anzahl von ‹Hauptstücken› zu tun hat, sollte den mit diesem Buch Unterrichtenden hindern, die einzelnen Fragen oder Abschnitte des Katechismus als Einzelstücke zu betrachten oder nach Belieben in ihrer Reihenfolge zu vertauschen.»

15 WA 30, 1, 126: «Und mus ein kind und schueler des Catechismus bleiben und bleib's auch gerne.»

16 Busch, Freiheit (Anm. 4), 9.

allen Darlegungen das Handeln Gottes in Jesus Christus an den und für die Menschen als orientierende und also systematische Perspektive im Blick hat, und es bleibt auch dann, so Karl Koch, «Christus noch das ‹Subjekt›, wenn von dem Wirken des Heiligen Geistes nach dem dritten Artikel die Rede ist, durch das er einmal die Heilsgewissheit begründet und ferner das Herz zum Dienst für Christus willig und bereit macht. Neben das Werk Christi ausserhalb von uns tritt sein Werk in uns durch den Heiligen Geist.»[17] In 129 Fragen wird «das Handeln des dreieinigen Gottes am Menschen, für ihn und mit ihm»[18] nicht bloss abstrakt dargelegt, sondern differenziert entfaltet.

Darin unterscheiden sich beide Katechismen formal, dass die systematische bzw. analytisch angelegte Ausrichtung des *Heidelbergers* es eben möglich macht, exemplarisch zu lernen, ohne der Versuchung erliegen zu müssen, den ganzen Katechismus zu kennen und *können zu müssen.*[19] Anders freilich der Kleine Katechismus, der zunächst weniger die Systematik im Blick hat als vielmehr den Lernenden erste Zugänge zum Verstehen des Glaubens mit und an den einzelnen elementaren Stücken des Glaubens zu eröffnen sucht.

Das Grundanliegen *zu wissen, was wir glauben,* worauf der *Heidelberger Katechismus* insistiert, bzw. zu erfassen, wie es der Kleine Katechismus be-

---

17 Karl Koch, Der Heidelberger Katechismus als Bekenntnis und Lehrbuch: Herrenbrück/Smidt (Hg.), Warum wirst du (Anm. 12), 177–188 (183). Koch zeigt in der Interpretation der Frage 26 diesen trinitarischen Zusammenhang auf. Und so fasst Koch zusammen: «Das Ganze des göttlichen Werks an uns wird in dieser Frage zusammengefasst: von Christus her wird die Einheit und der innere Zusammenhang der verschiedenen Akte des Vaters, Sohnes und Heiligen Geistes aufgezeigt.» (ebd., 183)

18 Busch, Freiheit (Anm. 4), 21.

19 Eberhard Busch, Freiheit (Anm. 4), verweist auf die dreiteilige Grundstruktur, die für Katechismen üblich war und wohl auch die Darstellung des *Heidelbergers* bestimmte: «Ist der einzige Trost das, was Art. 1 sagt, dann lassen sich aus der Erkenntnis dessen drei Frage erheben (vgl. Art. 2), die der folgende Katechismus dann in der Tat nacheinander bespricht, um so das in Art. 1 Gesagte im einzelnen zu entfalten: 1. Warum brauche ich diesen mir im voraus angezeigten Trost? Antwort: Darum, weil ich im *Elend* bin! 2. Wer gibt mir Trost? Antwort: Der Gott, der mich aus meinem Elend *erlöst.* 3. Was bewirkt dieser Trost? Antwort: Dies, dass ich für diese Erlösung diesem Gott dankbar werde! Das sind die drei ‹Stücke›, in die der Katechismus gegliedert ist.» (17) Freilich ist sie charakteristisch überarbeitet; das macht besonders die Vorrangstellung der Zusage des dem Menschen zukommenden Trostes durch Gottes Handeln deutlich: «Die Rede von der erlösenden Gnade ist hier [...] das entscheidende Wort». (18) Anders als im Kleinen Katechismus wird darum die Auslegung zu den Zehn Geboten nicht zu Beginn, sondern erst im dritten und letzten Teil des *Heidelbergers* ausführlich vorgenommen.

tont, *was zu wissen Not tut und also unverzichtbar ist*, teilen beide Katechismen; *es ist ihre Intention, im Lernen des Glaubens dazu anzuleiten, auskunftsfähig zu sein bzw. auskunftsfähig zu werden in Hinsicht des je eigenen Glaubens. Gerade darin aber erweisen beide Katechismen ihre Aktualität, dass sie gerade mit dieser Intention in der aktuellen religiösen Gegenwartslage sich Gehör zu verschaffen vermögen*, weil sie auf ein Lernen setzen, das eben nicht Wahrheit bzw. Tradition *verwaltet*, sondern den Diskurs darüber anleiten will.

2.3 Die katechetische Gestalt des Lernens – weder blosse Information noch Reduktion

Beide Katechismen drängen auf ein Lernen, das sich eben nicht in Information *über* den Glauben erschöpft noch aufgeht in einer *reduzierten Form von Lernen*, die die Komplexität der Logik des Glaubens unterbietet. Auf diese Weise würde das Lernen entweder dazu führen, Wissen über den Glauben zu akkumulieren, oder aber in Stimmungen, Gefühlen und Lebensweisheiten steckenzubleiben. Glaube ist weder Wissen noch Gefühl, jedenfalls im gängigen Sinn des Wortes; dem muss das Lernen des Glaubens entsprechen. Dafür sind die reformatorischen Katechismen ein Muster. Die Notwendigkeit, die *komplexen Zusammenhänge des Glaubens* zu berücksichtigen, ist gerade auch in didaktischer Hinsicht das, was den *Heidelberger* auszeichnet: Wenn nämlich Schülerinnen und Schüler in reduzierten und reduktiven Lernformen christlichen Glauben kennenlernen, dann wird ihnen seine innere Logik und sein Zusammenhang unerkennbar, damit aber Glaubenlernen im Ansatz unmöglich.

Um nur ein Beispiel zu nennen: Wenn ausschliesslich scheinbar «kindgerechte Gottesbilder» unterrichtet werden, dann folgt daraus eine Verharmlosung christlicher Gottesrede, die dann nicht mehr in der Lage ist, den Erschütterungen des Lebens standzuhalten. Wenn Schüler nur den *lieben Gott* kennengelernt haben, dann wird es sehr schwer, auch dann ernsthaft von Gott noch reden zu können, wenn biografische Brüche zu verarbeiten sind. Ein Lernen, das die Komplexität des Glaubens berücksichtigt, kann und muss umfassend mit der Rede von Gott arbeiten, um es dann auch den Lernenden zu ermöglichen, etwa mit dem Reden von Gott im Hiobbuch, sich zurechtzufinden. Diese Komplexität wird freilich nicht mit einem Mal gelernt; um ihr innezuwerden, braucht es immer neue Lernwege, ihr immer genauer nachgehen zu lernen.

Der *Heidelberger* lässt sich an diesem Aspekt des Lernens des Glaubens messen. Er ist in *je eigener spezifischer Weise darauf ausgerichtet, in eine lebendige Partizipation an dem hineinzuführen, was zur Selbstverständigung des Glaubens gehört*, dem *Wissen, was wir glauben*. Dieses Wissen ergibt sich weder durch die Reduktion eines spezifischen Lehrbestandes noch durch die blosse Information über den Glauben. Es ist vielmehr ein Wissen, das in der gemeinsamen Partizipation an dem erwächst, wovon die Heilige Schrift zeugt: In dieser Hinsicht ist es ein Wissen, das inhaltlich vom Evangelium bestimmt ist, und es ist ein Wissen, mit dem Menschen nie allein für sich Genüge haben, sondern das in die gemeinsame Auseinandersetzung drängt. Indem die Lernwege die systematischen Zusammenhänge des Glaubens wahrnehmen lassen, befähigen sie die Leser zu theologischer Kompetenz, die sich darin mitteilt, dass sie mit jeder neuen Lektüre vertieft an den Zusammenhängen partizipieren lernen. Sie erfahren die bleibende Aufgabe des Glaubenlernens und lernen dabei zu verstehen, dass Glauben eben nie ausgelernt ist und es eben nie sein Bewenden damit haben kann, weil man meint, alles zu wissen.[20]

2.4 Die Bibelstellen im Heidelberger Katechismus

In der besonderen Würdigung des *Heidelberger Katechismus* ist aber doch auch seine *Bescheidenheit* hervorzuheben, denn er wird immer nur ein *Begleitbuch*[21] sein: Lernen mit dem *Heidelberger Katechismus* ist darum immer auf die Heilige Schrift bezogen.[22] Die Bibelstellen, die den Gesamttext bestimmen, verweisen auf diese besondere Stellung des Katechismus zur Heiligen Schrift. Die Verwiesenheit auf die Schrift macht nun wiederum die Dynamik des Katechismus deutlich: denn es wird nicht einfach bloss *zitiert*, sondern vielmehr führt diese katechetische Präsentation der Schrift die Lesenden dazu, vom Katechismus aus auf die Schrift zuzugehen, sie aufzuschlagen und an der je entsprechenden Stelle nicht nur nachzulesen, sondern sich vom Katechismus her in die Schrift ziehen zu lassen. Mit der Lektüre der

---

20 Was hier für die Arbeit am Katechismus gilt, gilt wohl in gleicher Weise für die Theologie als Wissenschaft: Vgl. dazu bes. Karl Barth, Einführung in die evangelische Theologie, Gütersloh [2]1977.

21 Busch, Freiheit (Anm. 4), 9.

22 Vgl. insbesondere die didaktische Ausarbeitungen zur Frage 32 in: Herrenbrück/Smidt, Warum wirst du (Anm. 12).

Schrift ist dann immer wieder der Leser des Katechismus veranlasst, sich von der Schrift her dem *Heidelberger* zuzuwenden. Diese Dynamik ist insofern gewollt, als sie dem Lesenden zeigt, dass sich der Katechismus nicht selbst genügt und er im Grund sich immer neu vor der Schrift bewähren muss. Zugleich ist aber von hier aus wiederum die Bedeutung des Katechismus zu erkennen; denn Glauben heisst auch *lernen* zu wissen, was wir glauben.[23]

Es gehört zur spezifischen Gestalt des Heidelberger Katechismus, dass er von sich weg weist und einweist in das Lesen der Heiligen Schrift; zugleich bietet er eine Summe dessen, was wir aus der Schrift hören.

3. Reformatorisches Lernen entfaltet

Nach diesen Klärungen, die die katechetische Tradition in ihrer Bedeutung für das Glaubenlernen zu beschreiben versucht hat, möchte ich die elementare Gestalt aufsuchen, die diese reformierte Elementardogmatik auszeichnet. Lassen sich also in Spuren elementare Zusammenhänge ausweisen, die der *Heidelberger Katechismus* trotz seiner dogmatisch dichten sprachlichen Gestalt es auch Kindern und Jugendlichen möglich macht, in ihn einzusteigen? Oder bleibt der *Heidelberger Katechismus* für seine Leser und die an und mit ihm Glauben lernen wollen eine *Zumutung?* Wie also führt der *Heidelberger* in ein Lernen des Glaubens, indem er darauf abzielt, das reformatorische Erbe mitzuteilen und den Lernenden daran Anteil zu geben versucht? Dieses Lernen bleibt aber eine Zumutung, weil es gute Gründe dazu gibt; denn in Sachen christlicher Religion gibt es nicht das einfache Wissen *über* den Glauben. Darin bleibt es eine Zumutung, dass es eben nicht den *Mitteilungscharakter* des Glaubenlernens übergeht. Mit den folgenden Aspekten will ich dieser besonderen Gestalt des Lernens genauer nachgehen.

23 Dass der Schriftbezug des *Heidelbergers* wiederum zu Auseinandersetzung um die Geltung des Katechismus bzw. der Schrift führte (Coccejaner), sei hier nur angemerkt; vgl. dazu die Darlegung bei Heinrich Graffmann, Die Erklärung des Heidelberger Katechismus in Predigt und Unterricht des 16. bis 18. Jahrhunderts: Coenen (Hg.), Handbuch (Anm. 14), 63–77 (73).

3.1 Elementares Lernen am Heidelberger – die anfängliche, peregrinatorische und eschatologische Grundstruktur des Lernens

In der systematischen Gestalt des Katechismus liegt zugleich die elementare Gestalt vor, auf die sich das Lernen am Katechismus ausrichten kann. An der Fragestruktur zeigt sich das Elementare, das sich dann erschliesst, wenn man in die inneren Zusammenhänge, ausgehend von einer bestimmten Frage, hineinzugehen versucht. Dieser Zugang verbietet es, nur an einer Frage zu bleiben. Er fordert dazu heraus, im Lernen auch weiterzugehen. Ganz abgesehen davon, dass es sicher auch diejenigen gibt, die im *Heidelberger* ganz zu Hause sind und ihn sicherlich Frage für Frage aufzusagen vermögen und damit einen reichen Sprachschatz des Glaubens besitzen, auf den sie immer neu zurückgreifen können, gibt es sicher vor allem auch diejenigen Lernenden, die hier von einer gewissen Heimatlosigkeit betroffen sind: Sie sind nur noch wenig in der eigenen Konfession bzw. Religion beheimatet und die Lebensform des Lesens und Lernens am Katechismus hat wohl eher wenig Raum in ihrem Leben. Für Schülerinnen und Schüler gilt das heute ja in gleicher Weise, dass die Heimatlosigkeit in Hinsicht der eigenen religiösen Verortung zu beklagen ist und sie weniger in ihrer Religion beheimatet scheinen. Das heisst freilich nicht, dass sie nicht auf Religion ansprechbar wären; vielmehr zeigt sich nach wie vor ein hohes Interesse an Religion, gar eine spirituelle Sehnsucht, die etwa Charles Taylor in seinen Überlegungen zur gegenwärtigen Verfasstheit der Lebenswelt von Jugendlichen diagnostiziert.[24] Hier stellen sich ihnen Fragen und sie lassen sich auch gerne auf die Auseinandersetzung mit Religion ein.

Das lässt also auch in Hinsicht der Beschäftigung und Bearbeitung des *Heidelberger Katechismus* hoffen, auch wenn er immer eine Zumutung darstellt, weil er auf ein Lernen rekurriert, das nicht in dem aufgeht, was Schülerinnen und Schüler mit Lernen verbinden. Das will ich an drei Momenten umreissen, die das Lernen des Glaubens charakterisieren.

1. Am *Heidelberger* ist zu erkennen, was als ein *anfängliches Lernen* verstanden werden kann. Die Fragestruktur, die so auf die je neuen Herausforderungen aus dem Glauben verweist, gibt das zu erkennen, dass ich eben nicht mit einem Mal damit fertig bin. Das Lernen ist nie abgeschlossen, aber stets so angelegt, dass es in die Entdeckung führt, die vor allem auch in anth-

24 Charles Taylor, Ein säkulares Zeitalter. Aus dem Englischen von Joachim Schulte, Frankfurt/M. 2009, 845.

ropologischer Hinsicht das aufzeigen kann, was den Anlass für solches Lernen überhaupt ausmacht: Diese Würde des Menschen, auf die dieses Lernen verweist und zu der der Katechismus den Leser hinführen will, zeigt die beständige Suche Gottes nach dem Menschen. Weil, wie es die erste Frage herausstellt, es um diese beständige Suche Gottes nach dem Menschen geht, darum bedarf es auch eines Lernens, durch das Menschen dieser Suche Gottes nach ihm immer genauer teilhaftig werden. Denn so hält der *Heidelberger* in der Antwort auf die erste Frage fest, dass «*ohne den Willen meines Vaters im Himmel kein Haar von meinem Haupt kann fallen (Mt 10,29ff.; Lk 21,18), ja, dass mir alles zu meiner Seligkeit dienen muss (Röm 8,28).*»[25]

2. Das elementare Lernen mit dem *Heidelberger* führt auch in ein Lernen, das sich durch einen kritisch-diskursiven Weg der Auseinandersetzung mit dem auszeichnet, was christlichen Glauben *ausmacht*, ohne gleich nur Zustimmung dazu erzeugen zu wollen; zu solchem Lernen lädt der Katechismus ein. Das, was bisher gelernt worden ist, ist dabei immer auch einbezogen, meine Biografie, meine religiösen Prägungen gewinnen in der Auseinandersetzung Raum und müssen nicht aussen vor bleiben; jeder neue Lernschritt vollzieht sich dann auf Erweiterung und Vertiefung hin; er enthält Neuausrichtungen, Korrekturen wie Bestätigungen etc. und macht immer deutlicher, was es heisst, aus der Zugehörigkeit zu Christus zu leben. Diese *peregrinatorische Gestalt* des Lernens am *Heidelberger* führt hin zum Elementaren des Katechismus, das darin erfasst ist, dass es um eine Existenz aus der Zugehörigkeit zu Christus geht, die im Lernen am Katechismus immer genauer vor Augen gestellt wird: «*Dass ich mit Leib und Seele im Leben und im Sterben (Röm 14,7f.) nicht mir (1Kor 6,19), sondern meinem getreuen Heiland Jesus Christus gehöre (1Kor 3,23).*»[26]

3. Schliesslich bildet das Elementare des Lernens, das sich in der ersten und zweiten Frage und den Antworten zeigt, die Grundlage für ein immer genaueres Verstehen des Glaubens selbst. Hier wird weder bloss zusammengefasst noch bloss zitiert, sondern in der Bewegung, immer genauer zu lernen, zu *wissen, was wir glauben*, eröffnet sich mit dem Katechismus eine gleichsam christologische Existenz, die Gestalt eines Lebens aus Christus, um die immer neu gerungen werden muss. Damit ist das Elementare des Lernens zusammengefasst, dass die anfängliche wie peregrinatorische Gestalt des Lernens das zum Ziel hat, diese Existenz immer genauer vor Augen zu füh-

25 Teil der Antwort zu Frage 1: Heidelberger Katechismus von 1563, 154.
26 Ebd.

ren. Eine Dimension ist dabei noch einzubeziehen, wenn es um das Spezifikum des Lernens des Glaubens mit dem Katechismus geht, dass er eine Perspektive einnimmt, die gleichsam mit der in Christus eröffneten Wirklichkeit bekannt macht: Es handelt sich um die *eschatologische* Logik des Glaubens, die das Lernen am *Heidelberger* in vielfältigen Facetten eröffnet. Das Lernen, auf das der *Heidelberger* gerichtet ist, geht also nicht nur in die je aktuelle Gegenwart hinein, sondern greift auch aus auf die Zukunft des Menschen bei Gott. Auch darin schult die Auseinandersetzung mit dem Katechismus, dass er uns immer genauer und immer klarer in diese Wirklichkeit hineinnimmt. Und so ist in der Teilantwort zur ersten Frage zu lesen: «*Darum macht er mich auch durch seinen Heiligen Geist des ewigen Lebens gewiss (2Kor 1,21f; Eph 1,13f) und von Herzen willig und bereit ihm forthin zu leben (Röm 8,14ff).*»[27]

Der *Heidelberger Katechismus* ist darum für heutige religiöse Lernprozessen in besonderer Weise geeignet, weil er das exemplarische Nachgehen der Reflexionen des Glaubens ermöglicht. Dabei wäre m. E. auszugehen von den ersten beiden Fragen des Katechismus und es führte wohl zu einer Überforderung der Schüler, das Ganze mit einem Mal zu lernen. Wenn, ausgehend von den ersten beiden Fragen, für die Lernenden diese in Christus eröffnete Wirklichkeit des Lebens[28] aufgeht, wenn sie davon eine Ahnung gewinnen könnten, was es für sie heissen könnte, dem Vertrauen zu schenken, dann wäre didaktisch schon viel erreicht. Auf dem Hintergrund der aktuellen Verfasstheit der Schüler muss darum didaktisch bei Lernprozessen notwendig auf eine Langsamkeit geachtet werden, die eben die ersten Zugänge zum Glauben so ermöglicht, dass die Schüler aus einer grossen Distanz dazu herangeführt werden; und das braucht Zeit. Insofern hat der *Heidelberger Katechismus* mit der Vorordnung der ersten beiden Fragen didaktisch etwas aufbereitet, was bis heute wirksam ist: An und mit diesen beiden Fragen wird der gesamte Horizont eröffnet, ohne ihn bereits in Details abschreiten zu können oder gleich abschreiten zu müssen. Um der Heimatlosigkeit unserer

27 Ebd.

28 Vgl. Michael Beintker, Glaubensgewissheit nach dem Heidelberger Katechismus: Certitudo Salutis. Die Existenz des Glaubens zwischen Gewissheit und Zweifel, hg. von Michael Beintker (Studien zur systematischen Theologie und Ethik 9), Münster 1996, 55–69 (55): «Im Rahmen unserer Überlegungen konzentrieren wir uns auf ein exzeptionelles Trostbüchlein und katechetisches Vademecum der reformatorischen Theologie, den 1563 erstmals veröffentlichten Heidelberger Katechismus. Er gehört trotz seines zeitlichen Abstandes zu den Anfängen der Reformation zu den prominenten Dokumenten des reformatorischen Erbes.»

Schüler willen wäre m.E. diese exemplarische Arbeit an den ersten beiden Fragen ein guter Anfang, hineinzugehen in christliche Religion; daran kann dann auch weiter gearbeitet werden, kann das Bisherige dann auch mit anderen Fragen ins Verhältnis gesetzt, konfrontiert oder aber auch vertieft werden. Mit jeder Frage beginnt das Lernen darum immer neu, bleibt so immer anfängliches Lernen im eschatologischen Horizont.

3.2 Lernformen im Katechismus

Eingangs habe ich bereits darauf hingewiesen, dass die Rezeptionsgeschichte der reformatorischen Katechismen gerade in religionspädagogischer Hinsicht durchaus problematische Züge aufweist. Die protestantische Tradition hat sich in ihrer Lehrform oft nicht auf die innere Bewegung der Katechismen eingelassen, sondern sie selbst vielmehr zu abgeschlossenen *corpora doctrinae* gemacht; das führte pädagogisch dazu, dass man auf die blosse Repetition des fixierten Textes setzte. Dies hat Johann Heinrich Pestalozzi gerade gegen den unterrichtlichen Gebrauch des *Heidelbergers* polemisch auf den Punkt gebracht: «Gott ist nicht ein Gott, dem Dummheit und Irrtum, Gott ist nicht ein Gott, dem Heuchelei und Maulbrauchen gefällt. Ich habe es ohne Scheu gesagt.» Damit richtet er sich gerade nicht gegen die Glaubenstradition, sondern gegen das «papageienartige Auswendiglernen des Heidelbergers», in dem er geradezu «Hindernisse der Frömmigkeit» erkennt, die es auszuräumen gelte.[29] Aber auch die Überbetonung subjektiver Aspekte wie etwa diejenige, dass der Katechismus auch zu Herzen gehen müsse, führte zu einer sehr einseitigen Rezeption des Katechismus, die die Bedeutung und also den Reichtum der Katechismustradition für das Lernen des Glaubens nicht zureichend zur Geltung brachte.

29 Johann Heinrich Pestalozzi, Wie Gertud ihre Kinder lehrt. Ein Versuch den Müttern Anleitung zu geben, ihre Kinder selbst zu unterrichten (II. Brief), Bern 1801, 45.

Ich möchte an einigen Aspekten zeigen, wie demgegenüber diese katechetische Form, wie sie der *Heidelberger* präsentiert, auch heute ein Lernen zu eröffnen vermag, das sich einerseits dem reformatorischen Erbe verpflichtet weiss und andererseits gerade darin die Fülle reformatorischer Tradition auch vor und mit Schülerinnen und Schülern in der Gegenwart zur Geltung bringen kann.

3.2.1 Wiedererinnerung

Wie bereits kurz erwähnt, spielt ja der *Heidelberger Katechismus* in verschiedenen Kontexten eine je spezifische Rolle: Er wurde und wird in der Familie gelesen, er begründet den Trost, der insbesondere auch für die Seelsorge grundlegend ist; er wird in Abschnitten oft über das Kirchenjahr verteilt in den Gottesdiensten gelesen; er wird aber auch nicht nur gelesen, sondern auch im Hören wahrgenommen und je neu angeeignet. Das Lernen des Katechismus ist darum ausgerichtet auf ein Kennen und zugleich immer neues Hören des Katechismus; diese Lernform lebt aus der *Wiedererinnerung*, die mit jedem neuen Lernen in eine immer grössere Vertrautheit mit dem Katechismus führt.[30]

30 Coenen, Jugend- und Erwachsenenunterricht (Anm. 14), 209: «Je früher auswendig gelernt wird, desto besser; es muss dann nur auch des öfteren wiederholt werden, was ja im übrigen auch für Bibelworte und Lieder bzw. Psalmen gilt.» Vgl. dazu auch Graffmann, Erklärung (Anm. 23), 74 f., der in diesem Zusammenhang auf die durch den Voetianismus angeregte Katechismustradition verweist, die auf eine seelsorglichen Interpretation des Katechismus ausgerichtet war und die schliesslich auch seltsame Blüten trieb, weil etwa «die individuellen Unterschiede der Zuhörer» zu berücksichtigen wären: «Gewöhnlich werden erst die Ketzer, dann die grosse Masse und endlich der kleine Haufe der Gemeinde angeredet. Bei den letzteren wurden dann wieder Zweifelnde, Bekümmerte, hin und wieder Bekümmerte, Sichere, Halbsichere, Wankelmütige, Besorgte, Überzeugte, Gefestigte, Bekehrte, und hier wiederum Erwählte, Wiedergeborene, dauerhaft, nur für einen Tag und sicher und vollkommen Bekehrte unterschieden. Während die Ketzer und der grosse Haufe mit Tod und verderben, Hölle und Verdammnis bedroht und der Gnade Gottes anbefohlen wurden, brauchte man im Blick auf die Gottesfürchtigen blumige Ausdrücke. Man sprach von ihren ‹Fehlerchen›, ‹Sündchen›, ‹Talentchen›, Gebrechlein› usw.» (75)

3.2.2 Die Fragen des Katechismus lehren das Fragen[31]

In der Formulierung der Fragen zeigt sich eine spezifische Lernform des *Heidelberger Katechismus*:[32] In dem Abschnitt zur Auslegung des zweiten Artikels des Glaubensbekenntnisses finden sich beispielsweise folgende Frageformen:

- Fragen, die auf Darlegung von inhaltlichen *Begründungen* ausgerichtet sind: Warum wird genannt …? (Frage 29)
- Fragen, die auf *Information* abzielen: Was bedeutet …?
- *Rhetorische bzw. auch polemische Fragen,* die um Antworten ringen und auf ein Urteil gerichtete sind. Vgl. Frage 30.
- Fragen, die zu einer *Einschätzung* führen: Was nützt es dir …? (Frage 36) Der Lernende und Lesende wird dabei unmittelbar in die Frage einbezogen.
- Fragen, die das Ganze des Glaubens *in einem Punkt konzentrieren,* wie etwa die regierende erste Frage: Was tröstet dich? Dies wird wieder aufgenommen in der Frage 57: Was tröstet dich die Auferstehung der Toten?

3.2.3 Einübung in den Perspektivenwechsel

Der *Heidelberger Katechismus* führt in ein spannungsvolles Wahrnehmen von Perspektiven und übt darin ein, je neu Perspektiven zu wechseln. Dieser Wechsel der Perspektiven bereitet auf den Diskurs in einer Lebenswelt vor, die durch eine Vielfalt von differierenden Perspektiven gekennzeichnet ist.

31 Vgl. dazu auch Graffmann, Erklärung (Anm. 23), 65 f. Graffmann stellt heraus, wie eng die didaktische Fragestruktur auf den «Aristoteliker und Melanchthonschüler *Ursin*» hinweist, der «den katechetischen Stoff nach systematischen Gesichtspunkten» zusammenstellt. (65) Dabei bezieht Ursinus bereits gedanklich die zukünftigen Schüler ein, indem er die am scholastischen Verfahren ausgerichtete Zergliederungsmethode als didaktische Methode wählt: «Biete ich meinen Schülern einen Text dar, so empfangen sie von ihm zunächst einen gewissen Eindruck. Er erscheint ihnen aber als ungegliederte Einheit. Sie dringen tiefer in ihn ein, wenn ich sie durch Fragen anleite, sich seiner Teilinhalte im einzelnen bewusst zu werden und sich ihre Stellung als Glieder des Ganzen klarzumachen. So wird der Aufbau des Textes durchsichtig.» (66)

32 Weber, Analytische Theologie (Anm. 12), 30: «Das ‹Subjekt› ist stets fragend und antwortend ‹dabei› – das zeigen die Fragen nach dem ‹Nutzen› der Erkenntnis, welche die Überlieferung darbietet, Fragen, die übrigens namentlich seit Bucer immerfort auftreten. Niemals besteht Glaube nur im Annehmen gegenständlicher Sachverhalte. Immer ist der Mensch nach sich selbst gefragt. Aber wenn das geschieht, so ist der Mensch nach Christus gefragt, nach dem ‹Mittler›, ohne welchen der Mensch für Gott, Gott für den Menschen verschlossen wäre.»

Etwa Frage 4: Was nützt uns die Auferstehung? Vgl. dazu die Frage 57: Was tröstet dich die Auferstehung der Toten? In diesen beiden Fragen zeigt sich dieser eindrückliche Wechsel zwischen mir und meiner je eigenen Auseinandersetzung mit dem Glaubensbekenntnis und der gemeinsam geteilte Bemühung darum, wie angemessen von der Auferstehung gesprochen werden kann.

3.2.4 Vermittlung des Glaubens nur als Mitteilung

Vermittlung des Wissens des Glaubens ist im *Heidelberger* nur im Rahmen der Mitteilung des Glaubens zu verstehen. In der blossen Vermittlung kann und darf das Lernen nie aufgehen; neben der Aneignung elementarer Kenntnisse ist die Einübung der Reflexion des Glaubens auf verschiedenen Lernwegen grundlegend für das Lernen des Glaubens. Mit dem *Heidelberger* und seiner Tradition zeigt sich diese Spannung von Vermittlung und Wissen, was wir glauben, die auch den Katechismus selbst durchzieht: Geht es also um ein *Durchgehen* des Katechismus bis hin zum *Katechismusverhör*, oder um ein *Erklären, Verstehen und immer weiter neues Verstehen*?[33]

Ich will das bewusst absetzen von einer «Kommunikation des Evangeliums», weil dies entweder unsere Möglichkeiten übersteigen müsste oder aber zu einer unverbindlichen Darstellung führen könnte; ebenso auch von dem didaktischen Versuch einer «Vermittlung des Glaubens»: Auch hier steht die Suggestion im Raum, Glaube und Evangelium seien fixierbare Grössen, die im unterrichtlichen Geschehen bearbeitet werden könnten. Ich spreche statt dessen von einer *Mitteilung des Glaubens*, weil das Lehren des christlichen Glaubens eben darin bestehen muss, an dem, was einer selbst erfahren und durchdacht hat, Anteil zu geben mit der Hoffnung, dass der andere selbst seine Erfahrungen macht mit dem, was hier zu erfahren ist.

3.3 Womit beginnen mit Kindern und Jugendlichen?

Bei einem Blick auf zahlreiche Unterrichtsversuche aus den 60er Jahren, die Lothar Coenen im *Handbuch zum Heidelberger Katechismus* 1963 zusammengestellt hat, zeigt sich ein Streit darüber, wie das Lernen mit Kindern und Jugendlichen zu beginnen wäre: so, wie es der *Kleine Katechismus* vorlegt, mit den Zehn Geboten? Das würde darauf hinauslaufen, dass die Reihenfolge

33 Graffmann, Erklärung (Anm. 23), 64.

des *Heidelbergers* dann nicht aufgenommen wird. Wie auch immer man mit dieser didaktisch wichtigen Frage umgeht, so ist sie letztlich nur theologisch zu beantworten und dann auch für die Lernprozesse in Anspruch zu nehmen: denn das Lernen des Glaubens kann und darf nicht ausschliesslich nach dem *Wie seiner methodischen Vermittlung* fragen, sondern mit und an dem *Heidelberger* wird deutlich, dass das Lernen auch immer theologisch verantwortet sein muss; daraus ergeben sich dann auch methodische Möglichkeiten, die freilich wiederum theologisch verankert sein müssen. Verschiedene Entwürfe zum Unterricht mit dem *Heidelberger Katechismus* zeigen eine Art Minimalplan, um zu lernen zu wissen, was wir glauben. Dabei nehmen die christologischen Fragen aus den Erläuterungen zum zweiten Glaubensartikel eine zentrale Rolle ein.[34] Die systematische Darlegung des *Heidelberger Katechismus* hat gerade darin seine Pointe, dass er sich gegen eine bloss additive Aneignung stellt und auf den inneren Zusammenhang des Lernens rekurriert, der dafür Sorge trägt, dass Glaube so gelernt wird, dass er immer mehr ist als bloss Gelerntes. Wissen, was wir glauben, findet darum schliesslich seine Gestalt aus dem Bezug zu Christus, wie sie sich den Lernenden mit dem *Heidelberger Katechismus* auftut. Es beginnt im Fragen und bleibt im je neuen Fragen nach der in Christus eröffneten Wirklichkeit. Darum möchte ich zusammenfassend festhalten, dass das Lernen des Glaubens mit dem Katechismus dazu führt, in Christus gebildet zu sein.

4. In Christus gebildet sein

Freilich bedarf es dazu – in Christus gebildet zu sein – auch didaktisch wie theologisch verantworteter ausgearbeiteter Lernwege, die je nach Lerngruppe das differenziert darlegen, was es zu lernen gilt, um immer genauer *wissen zu lernen, was wir glauben.* Die angeführten Lernformen die mit und durch den Katechismus angestossen sind, zeigen den Horizont dieses Lernens auf bzw. auch die Komplexität, die freilich mit diesen wenigen Hinweisen sicher noch nicht ausreichend ausgeschöpft ist; d.h., auch in didaktischer Hinsicht ist das Lernen am und mit dem Katechismus nie zu Ende, sondern

34 Vgl. Coenen, Jugend- und Erwachsenenunterricht (Anm. 14), 208f. Diese Pläne sind zumeist für den Konfirmandenunterricht gedacht, der auch vorrangig der Ort der Erstbegegnung mit dem *Heidelberger Katechismus* ist (so auch eine aktuelle Befragung im Internet, ob der *Heidelberger* bekannt ist und woher diese Kenntnis stammt).

bleibt immer anfänglich. Auch in didaktischer Hinsicht sind darum mit dem Katechismus immer neu Fragen zu stellen, um immer genauer auch die Fragen erfassen zu lernen, die Erwachsene wie Kinder und Jugendliche stellen.

Insofern ist nicht nur didaktisch begründet, sondern hängt mit dem Wesen des christlichen Glaubens zusammen, dass er immer auf die aktuelle Gegenwartslage der Lernenden wie der Lehrenden bezogen ist. Für sie heisst darum, in Christus gebildet zu sein, wohl zunächst, mit dem Glauben neu anfangen, sich in die von Christus eröffnete Wirklichkeit hineinbewegen zu lernen, ohne je darin gewesen zu sein. Es ist also ganz nüchtern betrachtet vornehmlich eine Annäherung von aussen nach innen, hinein in christliche Religion – in der Hoffnung, freilich, dass es zum Darinbleiben führt.

Darum stelle auch ich am Ende dieser Vorlesung wieder neue Fragen, das habe ich ja vom *Heidelberger* gelernt, dass so das Lernen des Glaubens beginnt und also auch die religionspädagogische Reflexion:

Wie lassen sich Wege entwickeln für ein Lernens, das heute greifen kann und Kinder und Jugendliche befähigt, sich selbst gerade auch in Hinsicht ihrer religiösen Heimat, ihrer religiösen Existenz neu verstehen zu lernen? Wie ist die systematische Zielrichtung des *Heidelberger Katechismus* mit seiner starken Konzentration auf die erste Frage den Lernenden so vor Augen zu bringen, dass sie für ihr je eigenes Leben und Handeln neue und heilvolle Perspektiven entwickeln können? Wie kann man mit ihnen ein Lesen in der Bibel entwickeln, in dem wiederum deutlich wird, warum der *Heidelberger Katechismus* ihnen das zumutet?

Sicher ist damit die Notwendigkeit anspruchsvoller theologisch ausgerichteter Lernwege auch im Religionsunterricht an der Schule wie auch in anderen Kontexten religiöser Bildung deutlich. Schülerinnen und Schüler brauchen, um hier einsteigen zu können, sicher auch Umwege und auch methodische Hilfe, um selbst entdecken und verstehen zu lernen.

Aus der Arbeit mit Schülerinnen und Schülern wissen wir, dass sich die Mühe lohnt. Offensichtlich braucht es diesen Trost, der hier verheissen ist, auch gerade unter den Schülern. In der Vielfalt oft auch undifferenzierter religiöser Orientierungsangebote ist der *Heidelberger* in besonderer Weise geeignet, ihnen von einem Trost zu erzählen, *der ihren Jammer stillt.* Und das meine ich auch ganz seelsorglich: denn es geht um ein Lernen, das den Lernenden und insbesondere auch der Schülergeneration heute das zukommen lässt, was das je eigene Leben zu einem guten Leben macht.

In der kritisch konstruktiven Arbeit am Katechismus erschliesst sich ihnen der Christus des Glaubens in mitteilender Gestalt: Mit ihm und angeregt durch den *Heidelberger* können sie ausprobieren, ob diese Perspektiven für das je eigene Leben bestimmend werden können (Bestimmtheit der Lernwege), ohne freilich den Weg abzuschneiden, der manchmal unumgänglich ist und eher in die Distanz zu Christus führt als in die Anerkennung (Offenheit der Lernwege).

Darum hat auch die Frage 1 ihren besonderen Ort in diesen Lernprozessen, denn sie motiviert dazu, die Vorstellung entwickeln zu lernen von einem Trost, der mir bedingungslos zukommt. *Es ist der Trost im Leben und im Sterben, der zur Teilhabe an dieser Lebensform führt, die sich im Lernen eröffnet; manchmal auch aus grosser Distanz, angefüllt mit vielen Fragen und das wohl immer wieder neu.* Dieser Aufgabe gilt die Arbeit christlicher Religionspädagogik; und sie ist der Anstrengung wert.

Frank Mathwig

Wo sind wir, wenn wir fragen?

Annäherungen an das Frage-Antwort-Ereignis im Heidelberger Katechismus

«[D]er Logos der Antwort bliebe ein unbeweglicher Logos,
gäbe es kein Pathos, das ihn in Bewegung setzt».
Bernhard Waldenfels[1]

«(Vielleicht lernt man den Glauben auch,
indem man die Sätze des Glaubens aufschreibt, auswendig lernt,
sich auf die Stirn bindet. Man vergisst zu leicht,
dass man sich auch von aussen nach innen lernt ...)»
Fulbert Steffensky[2]

1. Fragen über Fragen

Die bekannten Liedzeilen, die seit Anfang der 1970er Jahre zum Refrain jeder fortschrittlichen pädagogischen Begleitmusik gehören, treffen in dreifacher Weise den erkenntniskritischen Nagel auf den Kopf: «Wer? Wie? Was? Wieso? Weshalb? Warum? Wer nicht fragt bleibt dumm!» Fragen gilt erstens nicht nur als wirksames Mittel gegen «Dummheit», sondern setzt zweitens ein *Wissen* voraus, das ein Fragen überhaupt erst provoziert. Fragen demonstrieren drittens ein *Wissenwollen*, das – wie die sympathisch-anarchischen Protagonisten der «Sesamstrasse» vorführen – durch eine emanzipatorische, Individualität, Selbstbewusstsein und Reflexionsfähigkeit fördernde Wirkung ausgezeichnet ist. Nachfragen – im aufklärerischen Geist des «Sapere aude!»[3] – und Identitätsentwicklung gehören für das Selbstverständnis des modernen Subjekts untrennbar zusammen.

1 Bernhard Waldenfels, Antwortregister, Frankfurt/M. 2007, 336.

2 Fulbert Steffensky, Was meine ich eigentlich, wenn ich Gott sage?: Jürgen Ebach et al. (Hg.), Gretchenfrage. Von Gott reden – aber wie?, Bd. 1, Jabboq 2, Gütersloh 2002, 24–35 (34).

3 Immanuel Kant, Beantwortung der Frage: Was ist Aufklärung? (1783): ders., Werke, Ed. Weischedel, Bd. VI, Darmstadt 1983, A 482.

Die Sache hat allerdings einen gravierenden Haken: Die Suche nach Antworten mündet stets in neue Fragen. So ungefähr lässt sich die Erkenntnis zusammenfassen, die, Sokrates zugeschrieben,[4] zu den Fundamentalerfahrungen des Homo sapiens sapiens gehört. Freilich läuft die Einsicht der vertrauten Richtung einer pädagogisch-didaktischen Frage-Antwort-Architektur zuwider: Die gewohnte Folgerelation, bei der eine Frage – zumindest im günstigen Fall – eine Antwort nach sich zieht, scheint sowohl genetisch als auch sprichwörtlich auf den Kopf gestellt. Hinter dem Richtungsstreit steckt eine grundsätzliche Frage: Was hält Frage und Antwort zusammen? Drei Antworten liegen unmittelbar nahe: 1. Die Frage-Antwort-Struktur verweist auf ein *lineares Zeitverhältnis*. Auf die Frage *folgt* die Antwort, jene geht dieser zeitlich voraus. Antworten bilden in diesem Sinne Reaktionen auf Fragen. Das Frage-Antwort-Spiel beginnt nach dieser Choreografie stets mit einer Frage.[5] 2. Sprachpragmatisch gehören Frage und Antwort als *komplementäre Spielzüge* im Frage-Antwort-Spiel zusammen. Die Unterscheidung zwischen den Sprechakten des Fragens und Antwortens ist eine analytische. Der eine Begriff setzt stets den jeweils anderen voraus. «Frage» und «Antwort» sind Relationsbegriffe. Und 3. Fragen und Antworten stehen in einem asymmetrischen Verhältnis: «[D]ie Antwort passt auf die Frage und nicht umgekehrt die Frage auf die Antwort.»[6] Antworten stimmen in ihrer Struktur mit Sprechakten des Erwiderns, Nachhakens, Protestierens, Widersprechens oder Entgegnens überein, im Gegensatz zu Sprechakten des Behauptens, Erzählens, Rezitierens oder Memorierens. Eine Story kann mit einer Behauptung oder Erzählung einsetzen (Husserls «fiat»)[7], nicht aber mit einer Antwort. Antworten sind insofern nicht ursprünglich. Das Verstehen einer Antwort setzt ein Wissen darüber voraus, worauf mit der Äusserung geantwortet wird.

Über diese drei Bestimmungen des Frage-Antwort-Schemas besteht im Alltag weitgehend Einigkeit. Unabhängig davon, ob sie einem genaueren Blick standhalten und der Komplexität von Frage-Antwort-Dialogen gerecht werden, erfüllen sie in der Alltagskommunikation ihren pragmatischen Zweck: Wir reagieren angemessen auf die Frage der und des Anderen, wenn

4 Vgl. Platon, Des Sokrates Verteidigung: ders., Werke in acht Bänden griechisch und deutsch, Bd. 2, Darmstadt 1973, 21d: «Ich scheine also um dieses wenige doch weiser zu sein als er, dass ich, was ich nicht weiss, auch nicht glaube zu wissen.»

5 Waldenfels, Antwortregister (Anm. 1), 188, unterscheidet zwischen dem «*Einsatz*» der Frage und dem «*Eingehen*» darauf in der Antwort.

6 Waldenfels, Antwortregister (Anm. 1), 188.

7 Vgl. Waldenfels, Antwortregister (Anm. 1), 22, Anm. 1.

wir die darin an uns gestellte Erwartung erwarten.[8] Und wir verstehen eine Antwort, wenn wir die Frage kennen oder rekonstruieren können, auf die mit der Äusserung geantwortet wird.

Diesen Zusammenhang bestätigt ein äusserst populärer Typ von Fragen, der im Zuge der modernen Informationstechnologien auftauchte. Die sogenannten *Frequently Asked Questions* (FAQ) sind aus dem digitalen Zeitalter nicht mehr wegzudenken. Ursprünglich Computerprogrammen als Hilfedateien (faq.txt) beigefügt, begegnen sie heute überall.[9] FAQ bestehen aus knappen Textsequenzen, die für einen genau definierten Zusammenhang formulierte Fragen mit den entsprechenden Antworten verbinden. Ihr Erfinder, der NASA-Mitarbeiter Eugene Miya, war als Betreuer einer technischen Newsgroup immer wieder mit den gleichen Fragen von Usenet-Neulingen und dem Halbwissen anderer Nutzer konfrontiert. Deshalb stellte er 1982 eine Liste mit den wichtigsten Benutzerinformationen in Form eines Frage-Antwort-Dialogs zusammen. Inzwischen präsentieren Organisationen, Unternehmen, Universitäten oder Interessengruppen sich und ihre Anliegen, Angebote, Dienstleistungen und Produkte mithilfe solcher Frage-Antwort-Schemata.

FAQ machen den alltäglichen Umgang mit Informationsdefiziten erträglicher. Sie geben einfache Anweisungen, die es ermöglichen, sich in unbekannten Zusammenhängen zurechtzufinden und teilnehmen bzw. dazugehören zu können. Ihre Eigenart besteht darin, dass sie neben den Antworten die dazugehörenden Fragen gleich mitliefern. Anstelle eines Frage-Antwort-Dialogs mit der Klientel, kommuniziert das System sozusagen mit sich selbst. Antworten erhalten nur diejenigen, deren Fragen anschlussfähig sind an den simulierten Frage-Antwort-Dialog. FAQ setzen also zweierlei voraus: erstens die Sachkompetenz und Verständlichkeit in den Antworten und zweitens die Relevanz der Fragen auf beiden Seiten. Die Simulation muss tatsächlich fragliche Sachverhalte behandeln und die Informationsdefizite der Fragenden müssen mit dem Frageraster der FAQ kompatibel sein. Ob das Fragen erfolgreich ist, hängt sowohl von der *Antwortkompetenz* der Befragten als auch von

---

8 Zur Erwartungs-Erwartung sozialer Kommunikation vgl. Niklas Luhmann, Normen in soziologischer Perspektive: Soziale Welt 20/1969, 28–48.

9 Vgl. Computerworld, Lexikon. Akuelle Fachbegriffe aus Informatik und Telekommunikation, 9., überarb. u. akt. Aufl., Zürich 2007, 112f.; Martina Manhartsberger/Norbert Zellhofer, FAQ – Usability. State of the Art & Best practices, Interface Consult GmbH, Wien 2012.

der *Fragekompetenz* der Fragenden ab. Man muss bereits *richtig* fragen können, bevor man *erfolgreich* fragen kann.[10]

Wer fragt, weiss, dass das eigene Wissen nicht alles ist, was zu wissen wäre. Jedes sinnvolle Fragen setzt ein Wissen voraus.[11] Ich muss wissen, dass die Stadt einen Bahnhof hat, damit meine Frage nach dem kürzesten Weg dorthin Sinn macht. «[D]ie *Fragen*, die wir stellen, und unsre *Zweifel* beruhen darauf, dass gewisse Sätze vom Zweifel ausgenommen sind, gleichsam die Angeln, in welchen jene sich bewegen».[12] Im Sprachspiel des Fragens machen wir uns in gewisser Weise die bekannte Vermeidungsstrategie gegenüber unbequemen Einsichten zu eigen: «Was ich nicht weiss, macht mich nicht heiss.» – Das Übrige kann mir fraglich werden. Nichts Fragliches ohne Frageloses. Ohne *Vor*wissen kein *Nach*fragen.

Fragen will gelernt sein. Diese Einsicht steht auch hinter den reformatorischen Katechismen, die mehr und anderes im Blick haben als (nur) die kompakte Vermittlung theologischer Lehrgehalte. Die Katechismusfragen reagieren nicht auf allgemeine anthropologische Einsichten, etwa über die «nur als Fraglichkeit erschlossen[e]» menschliche Existenz,[13] sondern entspringen authentischen Perspektiven des Glaubens.

> «Katechismus-Fragen werden vielmehr aufgeworfen durch Antworten, die bereits gegeben worden sind, und zwar durch verbindliche Texte oder aus der Zusammenfassung solcher Texte. Solche Fragen wollen jedoch nicht ‹abgefragt› werden. Sie stellen sich immer wieder von neuem, sobald Christen gefragt werden oder sich selber fragen, was sie glauben und erhoffen.»[14]

10 Gerhard Sauter, Katechismus-Grammatik. Katechismusunterricht als Pendant des Theologiestudiums: Johannes von Lüpke/Edgar Thaidigsmann (Hg.), Denkraum Katechismus. Festgabe f. Oswald Bayer z. 70. Geb., Tübingen 2009, 19–34 (30f.) attestiert einen solchen Zugang auch den modernen Katechismen, die «über ‹den christlichen Glauben› informieren», indem sie «mit Rücksicht auf einen hypothetisch umrissenen zeitgenössischen Fragehorizont […] Antworten auf erwartbare Fragen vermitteln, die eine einladende Auskunft zu geben versprechen».

11 Vgl. die schon klassischen hermeneutischen Überlegungen in Hans-Georg Gadamer, Wahrheit und Methode. Grundzüge einer philosophischen Hermeneutik, 7., durchges. Aufl., Tübingen 2010, 368–384.

12 Ludwig Wittgenstein, Über Gewissheit, Werkausgabe, Bd. 8, Frankfurt/M. 1989, § 341; vgl. § 115: «Wer an allem zweifeln wollte, der würde auch nicht bis zum Zweifel kommen. Das Spiel des Zweifelns selbst setzt schon die Gewissheit voraus».

13 Vgl. Karl Rahner, Geist und Welt. Zur Metaphysik der endlichen Erkenntnis bei Thomas von Aquin, München [2]1957, 71.

14 Sauter, Katechismus-Grammatik (Anm. 10), 31. Vgl. Luthers Hinweise zum Katechismusgebrauch in der Deutschen Messe: «Nicht alleyne also, das sie die wort auswendig lernen noch reden, wie bis her geschehen ist, sondern von stuck zu stuck

Die Frage-Antwort-Sequenzen in den reformatorischen Katechismen gehen über die alltäglichen Frage-Antwort-Spiele hinaus. Gleichwohl erheben vor allem die Fragekatechismen – wie der didaktische Grundzug der Textgattung verdeutlicht – den dezidierten Anspruch auf Alltagstauglichkeit. Es gehört zu den reformatorischen Grundanliegen, das Evangelium und seine Verkündigung für den Lebensalltag der Menschen ihrer Zeit anschlussfähig zu machen. Die folgenden Überlegungen gelten deshalb dem Versuch eines «einfältigen» Lesens des *Heidelbergers.*[15] Dietrich Bonhoeffers Unterscheidung zwischen einem «einfältigen Tun[]» und einem «zwiefältige[n] Denken»[16] bildet einen herausfordernden Ausgangspunkt für die Katechismuslektüre, weil sie einerseits zum *ein*fachen Lesen ermutigt und andererseits – in der Kontrastierung gegenüber dem *zwei*fachen – anmahnt, die Einheit der Frage-Antwort-Sequenzen nicht zu ignorieren oder zu unterschätzen. Es geht in einem nicht simplen, aber einfachen Sinne darum, die Fragen als Resonanzerwartungen und die Antworten als Frageresonanzen zu lesen. Die Leseerwartung, dass der *Heidelberger* nichts sprachlich Überflüssiges enthält, öffnet den Blick für den dialogischen Überschuss, den der Katechismus zu bieten hat.

2. Zur Frage der Katechismusfragen

Die enge Verbindung zwischen Fragen und Antworten begegnet im Zusammenhang des *Heidelberger Katechismus* zunächst in einer völlig peripheren Beobachtung. Obwohl die Sekundärliteratur überall Hinweise auf die 129 Fragen enthält, werden fast ausschliesslich Antworten diskutiert. Die Fragen haben zumeist nur eine Identifizierungsfunktion für die thematisierten Ant-

---

frage und sie antworten lasse, was eyn iglichs bedeute und wie sie es verstehen» (WA 19, 76,15–18). Luther führt anschliessend einen solchen Frage-Antwort-Dialog vor, wobei er ausdrücklich betont, dass er ihn nur beispielhaft verstanden wissen will.

15 Die Rede vom einfältigen Lesen schliesst an den Begriff des einfältigen Gehorsams bei Dietrich Bonhoeffer an; vgl. ders., Nachfolge, DBW 4, Gütersloh ²2002, 69–76; ders., Berlin 1932–1933, DBW 12, Gütersloh 1997, 233 f.; vgl. auch Kirchenordnung der Kurpfalz (1563): Wilhelm Niesel (Hg.), Bekenntnisschriften und Kirchenordnungen der nach Gottes Wort reformierten Kirche, Zollikon-Zürich 1938, 136–218 (148): «CAtechismus in vnser Christlichen Religion / heist / ein kurtzer vnd einfeltiger mündtlicher bericht / von den fürnemsten stücken der Christlichen Lehr / darinn von den jungen vnnd einfeltigen widerumb gefordert vnd gehört wird / was sie gelernet haben.»

16 Bonhoeffer, Nachfolge (Anm. 15), 62.

worten. Ausformuliert erscheinen sie in der Regel als rhetorisches Vehikel oder dramaturgische Ausschmückung der Antworten, denen das eigentliche theologische Interesse gilt. Im Grunde haben die Fragen kein Eigengewicht und werfen selbst keine Fragen auf.

Natürlich wird die Frage-Antwort-Struktur des *Heidelberger Katechismus* in ihrer Eigenart hervorgehoben und theologisch gedeutet, allerdings stösst sein Schema *grosso modo* auf nur geringes Interesse.[17] Dahinter verbirgt sich weniger ein eklatantes Aufmerksamkeitsdefizit als vielmehr die Selbstverständlichkeit einer Form,[18] die einige Evidenz für sich behaupten kann: 1. Die Frage-Antwort-Struktur ist ein in der christlichen Literatur bekanntes und verbreitetes Schema, das von den Autoren des *Heidelberger Katechismus* – im Anschluss an die mit Luthers Kleinem Katechismus von 1529 paradigmatisch gewordene Form – adaptiert wird.[19] 2. Die Methodik entspricht der pädagogisch-didaktischen Absicht christlicher Lehr- und Lernbücher.[20]

17 Jüngere Ausnahmen sind die Untersuchungen von Thorsten Latzel, Theologische Grundzüge des Heidelberger Katechismus. Eine fundamentaltheologische Untersuchung seines Ansatzes zur Glaubenskommunikation, Marburg 2004; ders., Glaubenskommunikation – der theologische Ansatz des Heidelberger Katechismus: Martin Heimbucher/Christoph Schneider-Harpprecht/Aleida Siller (Hg.), Zugänge zum Heidelberger Katechismus. Geschichte, Themen, Unterricht. Ein Handbuch für die Praxis mit Unterrichtsentwürfen auf CD-ROM, Neukirchen-Vluyn 2012, 213–223; Magdalene L. Frettlöh, vgl. den Text im vorliegenden Band und dies., Trost und Trostlosigkeit im Heidelberger Katechismus: «Was ist dein einziger Trost im Leben und im Sterben?» Die christliche Botschaft im Kontext heutiger Lebensentwürfe. 58. Hauptversammlung des Reformierten Bundes vom 30.3.–1.4.2000. Dokumentation hg. im Auftrag des Reformierten Bundes von Hermann Schaefer, Wuppertal 2000, 25–52 (bes. 31–34); Matthias Freudenberg, Wie können wir glauben? Katechismen als Anleitung, den Glauben zu verstehen und ins Gespräch zu bringen: reformierte akzente 9 – Glauben lernen, hg. im Auftrag des Moderamens des Reformierten Bundes, Wuppertal 2006, 77–88 (80–83).

18 Vgl. Konrad Ehlich, Der Katechismus – eine Textart an der Schnittstelle von Mündlichkeit und Schriftlichkeit: Zeitschrift für Literaturwissenschaft und Linguistik 29: 116 (1999), 9–33 (12): Es scheint «hinsichtlich der Gesamtcharakterisierung der Bedeutung von Textarten für die Reformation die weitgehende Auslassung des Katechismus nahezu kennzeichnend für dessen Behandlung zu sein, die er selbst dort erfährt, wo andere Textarten ausführlicher erörtert werden. Für den Katechismus gilt exemplarisch: Er ist eine Textform, die – gerade aufgrund ihrer mehrhundertjährigen Erfolgsgeschichte zunächst innerhalb der protestantischen Kirchen, von dort dann aber auch ausstrahlend in die römische Kirche – als so selbstverständlich gilt, dass sie geradezu unscheinbar geworden ist.»

19 Vgl. Latzel, Theologische Grundzüge (Anm. 17), 28–36 mit weiterer Literatur.

20 Vgl. etwa Matthias Freudenberg, Reformierte Theologie. Eine Einführung, Neukirchen-Vluyn 2011, 149: «Insbesondere verfügt der Katechismus über drei

3. Die formale Gestalt korrespondiert mit dem – von vielen behaupteten – analytischen Charakter des *Heidelberger Katechismus.*[21] 4. In dem Frage-Antwort-Schema spiegelt sich theologisch die von den Reformatoren ins Zentrum gerückte dialogische Gott-Mensch-Beziehung wider.[22]

Die genannten Deutungen stimmen darin überein, dass sie – in verschiedener Weise – auf die Antworten fokussieren, genauer auf ein bestimmtes Verständnis des Fragens als einem Wissenwollen, das auf die Vermittlung eines Wissens als Antwort drängt. Im Anschluss an einen Strukturierungsvorschlag von Bernd Waldenfels[23] lassen sich idealtypisch drei Fragemuster unterscheiden, die auf ein Wissenwollen zielen: 1. Typische Sachfragen (vgl. FAQ), deren Antwort in dem «Finden des Gesuchten» besteht. «Das Fragen definiert sich als Wissensstreben, das Antworten als Erfüllung eines solchen

---

Eigenschaften, die für pädagogische Prozesse im Lernen und Auskundschaften des Glaubens grundlegend sind: *Erstens* ermöglicht er durch lebensnahe Fragen und Antworten, sich selbst als einen von Gott angenommenen, in die Gemeinschaft gestellten und in die Verantwortung gezogenen Menschen zu entdecken. *Zweitens* nimmt der Katechismus die Christen auf einen Denkweg im Glauben mit, der Raum lässt für eigene Assoziationen, Geschichten und Deutungen. [...] *Drittens* bringt der Katechismus auf den Punkt, was es heisst, ein Christ zu sein. [...] Texte wie der Heidelberger Katechismus wurden geschrieben, um Menschen im Glauben zu alphabetisieren und um das Wissen über den Glauben in den Dienst einer umfassenden Persönlichkeitsbildung zu stellen.»

21 Vgl. Otto Weber, Analytische Theologie: Walter Herrenbrück/Udo Smidt (Hg.), Warum wirst du ein Christ genannt? Vorträge und Aufsätze zum Heidelberger Katechismus im Jubiläumsjahr 1963, Neukichen-Vluyn 1965, 24–39; Latzel, Theologische Grundzüge (Anm. 17), 134–136.

22 Vgl. zuletzt Christoph Schwöbel, Gott im Gespräch: ders., Gott im Gespräch. Theologische Studien zur Gegenwartsdeutung, Tübingen 2011, 451–478.

23 Waldenfels (Antwortregister [Anm. 1], 153) entwickelt ein vierstufiges Frage-Antwort-Ordnungsschema. Die ersten drei Ordnungen thematisieren «Sachfragen» die auf einen «Wissensmangel» reagieren, «Anfragen» (Wissensvermittlung), die einer «Hilfsbedürftigkeit» entspringen, und «Fragestellungen» (Problemstellungen als Eröffnungen von Möglichkeiten), die einer «Überfülle an Möglichkeiten» geschuldet sind. Diesen entspricht eine je spezifische «Ordnungsform» (Wissens- resp. «Zielordnung», normative resp. «Gebots-/ Verbotsordnung» und «Problem-/Möglichkeitsfelder») mit einem jeweiligen «Antwortmodus» («Erfüllung eines Strebens», «Erfüllung von Vorschriften» und «Lösung von Problemen/Ergreifen von Möglichkeiten»). Den drei Frage-Antwort-Ordnungen, deren Abfolge durch «ein gewisses Gefälle von der Fremdbestimmung der Frage in Richtung auf eine zunehmende Eigenbestimmung» (ebd.) gekennzeichnet ist, stellt Waldenfels sein responsives Konzept des «In-Frage-gestellt-sein[s]» gegenüber.

Strebens.»[24] 2. Fragen als Aufforderungen zur Wissensvermittlung, deren Antworten die Form der «Erfüllung einer Zumutung, einer Bitte, eines Befehls, einer Vorschrift» haben.[25] Der Witz dieses Fragetyps besteht in der Verbindung von Sachfragen («Sachbezug») und Anfragen («Fremdbezug»), die zu einer Verdopplung der Antwort «in eine förmliche *answer*, die eine Frage beantwortet, und eine im weiteren Sinne zu verstehende *response*, die auf eine Aufforderung antwortet», führt.[26] Schliesslich 3. Die Frage oder genauer die Ereignisse der Fragestellung, die «Möglichkeiten des Redens und Tuns eröffnen».[27] Die Antwort besteht hier nicht mehr in der Erfüllung eines Wissensstrebens oder einer Aufforderung. Die Fragestellung ist «keine Voraussetzung, die man dem Fragen entnehmen kann wie das Frageziel oder den Fragewunsch und den mangelnden Wissensstand, sie ist die [...] ‹Eröffnung› eines Gesprächsraumes».[28]

Waldenfels versteht seine Klassifizierung nicht disjunktiv, sondern als eine Art Vororientierung. Ihre Pointe besteht darin, ein differenziertes Verständnis dafür zu entwickeln, was wir tun, wenn wir fragen. Es macht einen Unterschied, welchem Typ die Fragen «Was ist dein einziger Trost im Leben und im Sterben?» (Frage 1)[29], «Woher weisst du das?» (Frage 19), «Was ist wahrer Glaube?» (Frage 21), «Warum sagst du, dass du allein durch den Glauben gerecht bist?» (Frage 61) oder «Was bedeutet das Wort ‹Amen›?» (Frage 129) zugerechnet werden. Grundsätzlich lassen sich alle Fragen unter die erste Ordnung bringen. Sie beziehen sich dann auf bestimmte Wissens-

24 Waldenfels, Antwortregister (Anm. 1), 154.

25 Waldenfels, Antwortregister (Anm. 1), 161.

26 Waldenfels, Antwortregister (Anm. 1), 164.

27 Waldenfels, Antwortregister (Anm. 1), 170.

28 Waldenfels, Antwortregister (Anm. 1), 171. Im Anschluss an Maurice Merleau-Ponty führt Waldenfels aus: «Solche Fragen zielen nicht ab auf ein vorliegendes oder verfügbares Wissen, in ihnen verkörpert sich vielmehr ein *fragendes Denken*, das im Umherschweifen des Blickes ebenso zu gewahren ist wie im Zögern der Handlung.» (173) Und mit Verweis auf Lyotard fährt der Autor fort: «Wenn hier ein Diskurs zuständig ist, so einer, der auf der Suche nach seinen eigenen Regeln ist. Einem theoretischen oder praktischen Wissen, das selbst erst möglich wird, indem eine Frage einsetzt und ein Fragefeld entsteht, gelingt es nicht, sich selbst einzuholen, indem es die Möglichkeiten des Wissens in ein Wissen der Möglichkeiten verwandelt. Es würde damit seine eigene Genesis überspielen. Die Frage vollendet sich nicht im Wissen, da dieses selbst aus der Frage erwächst.» (ebd.)

29 Der *Heidelberger Katechismus* wird zitiert nach der revidierten Ausgabe 1997, hg. von der Evangelisch-reformierten Kirche, von der Lippischen Landeskirche u. vom Reformierten Bund, Neukirchen-Vluyn [4]2010.

defizite, die wie «Löcher in einem Gewebe aus Dingen oder Indikativen»[30] gestopft werden sollen. Frage 21 und 129 entsprechen am ehesten alltäglichen Sachfragen. Bei Frage 1 und 61 verschiebt sich der Fokus vom Inhalt des Trostes auf das trostbedürftige Subjekt bzw. von der Glaubensgerechtigkeit auf die Gründe für die Glaubensgewissheit des gerechtfertigten Menschen. Frage 19 ist auf das Hintergrundwissenen der Person gerichtet. Die persönliche Anrede in den Fragen 1, 19 und 61 signalisiert bereits auf der syntaktischen Ebene die interrogative Verdopplung von Sachfrage und Anfrage: Das Gegenüber wird über die Gründe für seine Behauptung, Auffassung, Meinung oder Überzeugung befragt. Zur Diskussion steht nicht ein Wissensdefizit, das zu beheben wäre, sondern die Plausibilität eines geäusserten oder vorausgesetzten Wissens, die erwiesen werden soll. Die Fragen reagieren nicht auf ein Unwissen, sondern auf (begründete) Zweifel an einem Wissensstand.

Frage 1 steht in gewisser Weise quer zu den bisher genannten Kategorien, wie bereits ihr, allgemein betonter, exklusiver bzw. konstituierender Status in der Komposition der 129 Fragen nahelegt. Gefragt wird hier weder nach einer Definition von Trost noch danach, worin das Gegenüber ihren oder seinen Trost findet. Das Attribut «einzig» bzw. «einiger» stört die erwartete Fragelogik[31] und schleudert die Frage aus der Zirkelbewegung von Fragen und Antworten heraus. Das in dem Frage-Antwort-Spiel wirkende Gravitationsfeld des Wissens versagt. Frage 1 gehorcht nicht der Schwerkraft üblichen Fragens, sondern eröffnet ein eigenes Fragefeld, das ein *fragendes Denken* in Gang setzt. Mit den Worten des Philosophen kann vorerst festgehalten werden: Die Frage 1 des *Heidelbergers* «vollendet sich nicht im Wissen, da dieses selbst der Frage erwächst».[32] Das ist noch keine Antwort auf die Frage nach

30 Maurice Merleau-Ponty, Das Sichtbare und das Unsichtbare, München 1986, 142.

31 Vgl. Frettlöh, Trost (Anm. 17), 31, die, ausgehend von der antiken Gattung der Torstbriefe, -schriften und -bücher, auf die wesentliche Differenz aufmerksam macht: «Natürlich und selbstverständlich ist es zu keiner Zeit gewesen von einem *einzigen* Trost im Leben und im Sterben zu sprechen.»

32 Waldenfels, Antwortregister (Anm. 1), 173; vgl. 176: «Es handelt sich nämlich nicht mehr nur um eine Fraglichkeit für uns oder für mich, die ihr Mass nimmt an einer anfänglichen Fraglosigkeit, auf die sie zugeht. Es handelt sich vielmehr um eine *Fraglichkeit an sich*, nicht als gäbe es einen unabänderlichen Bestand an Menschheits- und Seinsfragen, die irgendeinem Fragehimmel angehören, wohl aber in dem Sinne, dass die Fragestellung als Frageereignis selbst weder fraglich noch fraglos ist, weil sie genau diese Differenz einführt und fortführt. Ein Frageereignis setzt andere Ereignisse fort und führt weitere Ereignisse herbei, ohne dass es sich in eine endgültige

der dialogischen Möglichkeit der *ersten Frage.* Zunächst geht es lediglich um die Markierung des Einsatzes der «ersten» Frage – oder der «letzten»?[33] – als («fremde») Anfrage[34] hinter der Frage.

Die Fragen 19 und 61 weisen ausserdem auf einen Zusammenhang hin, der die übliche Frage-Antwort-Richtung auf den Kopf stellt. Sie reagieren selbst auf eine vorausgegangene Antwort – «das» (Frage 19) bzw. «dass du allein ...» (Frage 61) – und heben damit die bisher unterstellte Reihenfolge auf. Was grammatikalisch und pragmatisch lediglich als Anschlussfrage gilt, markiert für Waldenfels ein grundsätzliches Merkmal von Äusserungen, insofern

> «*jedes sprachliche Eingehen auf einen Anspruch, der sich in einer sprachlichen Äusserung kundtut,* eine Art von Antworten bedeutet. Selbst das Fragen wäre eine offene, experimentierende Form des Antwortens, die an eine Fragesituation anknüpft [...]. [...] Dass jede Äusserung implizite Züge von Frage und Antwort aufweist, bedeutet, dass es kein erstes Wort gibt, das nicht bereits Antwortcharakter hätte, und kein letztes Wort, das keinerlei Fragecharakter mehr hätte».[35]

Der komplexen Tätigkeit des Fragens wird die alltagssprachliche Annahme von dem «expliziten Wechsel von Frage und Antwort»[36] nicht gerecht. Fragen und Antworten hängen viel enger zusammen, als der Abstand zwischen dem ratlos Fragenden und der kundig Antwortenden vermuten lässt. Aus einer syntaktischen, semantischen und sprachpragmatischen Perspektive[37]

Fraglosigkeit überführen liesse. Ein Streben oder Erwarten kann sich erfüllen, eine Vorschrift kann erfüllt werden, ein Frageereignis kann es nicht.»

33 Vgl. Thomas Nagel, Mortal Questions, Cambridge 1979 (dt. Letzte Fragen, Bodenheim 1996).

34 Hier ist der Ansatzpunkt für Waldenfels' These vom fremden «Anspruch», der allem Fragen und Antworten vorausgeht. Vgl. Frettlöh, Trost (Anm. 17), 31 f., die in diesem Zusammenhang auf Waldenfels, Antwortregister (Anm. 1), 186 verweist. Angesichts der unbefriedigenden Alternativen von der Behauptung einer fraglosen Ordnung, als Voraussetzung der Frage, oder eines Nirwanas eigener Fraglosigkeit als Preis für die Eigenständigkeit des Fragens resümiert der Philosoph: «Es könnte sein, dass die Frage erst dann sie selbst ist, wenn sie von einem anderen her gedacht wird – als Anspruch, der uns in Frage stellt und auf den zu antworten ist.»

35 Waldenfels, Antwortregister (Anm. 1), 321.

36 Waldenfels, Antwortregister (Anm. 1), 213.

37 Vgl. hierzu die umfassende Typologie der Frage-Anwort-Sequenzen des *Heidelbergers* in Latzel, Theologische Grundzüge (Anm. 17), 101–110. Unterschieden werden «*Definitionssequenzen*» (HK 1.21.66.83.89–91.95) mit den Frageformulierungen «Was ist ...?», «Was sind ...?» und «Welche[s] sind ...?», «*Identifikationssequenzen*» (HK 18.81) mit den Frageformulierungen «Wer ist ...?» und «Welche sollen ...?», «*Positionssequenzen*» (HK 2.24.68.88.93) mit quantifizierenden oder modalen Frage-

können diese Verwicklungen nicht eingefangen werden. Die Konzentration auf die propositionalen Gehalte in den Antworten – als Reaktionen auf Sachfragen, die Wissenslücken thematisieren – und die Absichten (illokutionäre Rolle), mit denen sie geäussert werden, beruht auf zwei problematischen Voraussetzungen: Einerseits müssen sie eine umfassende (Wissens-)Ordnung unterstellen, die die Frage lediglich als Ausdruck eines Wissensdefizits oder -mangels deklariert. Die Antwort ist sozusagen da, nur für die Fragenden (noch) nicht. Jede Antwort ist entsprechend nur die Freilegung und Bestätigung der Ordnung, in die die Sprachspiele des Fragens und Antwortens eingebettet sind. Damit wird andererseits der symmetrisch-offene Charakter des Frage-Antwort-Dialogs unterlaufen, in dem es nicht nur darum geht, Wissenslücken zu schliessen, sondern – im Fragen wie im Antworten – angesichts der Partikularität und Pluralität der Ordnungen[38] auf einen fremden Anspruch zu reagieren.[39]

sätzen «Wieviel ...?», «Wie ... eingeteilt?», «Sequenzen bezüglich des *Erkenntnisgrundes*» (Frage 3.19) mit der Frageformulierung «Woher erkennst/weisst du ...?», «*Diskriminierungs-* oder *Unterscheidungssequenz* (sekundär in Frage 80) mit dem auf einen Vergleich zielenden Fragesatz, «*Zitationssequenzen*» (Frage 23.92.119.71.77.122–127) in modaler («Wie lautet ...?), lokaler («Wo hat Christus verheissen ...?») oder definitorischer Variante («Was bedeutet ...?»), «*Modalsequenzen*» (Frage 12.60.69. 75.84f.) mit einer Wie-Frage, oft gefolgt von einer adverbialen Bestimmung, «*Wirkungssequenzen*» (Frage 28.36.43.45.49.51.52.57f.59) mit den Frageformulierungen «Was nützt ...?», «Was tröstet dich ...?» oder «Was hilft es dir ...?», «*Qualifikationssequenzen*» (Frage 15.117), die Eigenschaften erfragen, «*Erläuterungssequenzen*» (kommen sehr häufig vor etwa in Frage 26.22.35.129.22.4.96) mit den Frageformulierungen «Was glaubst du ...?», «Was verstehst du ...?», «Was bedeutet ...?», «Was ist ... notwendig?», «Was fordert ...?» etc., ausschliesslich auf die Antworten bezogene «*kausale Begründungssequenzen*» (Antwort 16.25.29 etc.) und schliesslich «*Rück- und Gegensequenzen*», «die nicht auf topische Entfaltung, sondern auf die Beurteilung, kritische Prüfung bzw. Vertiefung von Glaubensaussagen zielen» (109). Diesen Unterscheidungen gemeinsam ist, dass sie auf die Funktion der Sequenz bzw. die Sprecherintention in Frage und/oder Antwort abheben; vgl. Latzel, Theologische Grundzüge (Anm. 17), 103: «Der pragmatische Aspekt, die konkrete Verwendung im Kontext, fungiert als Leitkriterium.»

38 Vgl. Bernhard Waldenfels, Topographie des Fremden. Studien zur Phänomenologie des Fremden 1, Frankfurt/M. 1997, 33: «Der Dialog zerteilt sich in Diskurse im Sinne Foucaults, die jeweils spezifischen Ordnungen unterliegen. Es gilt also der Satz: So viele Ordnungen, so viele Fremdheiten. Das Ausser-ordentliche begleitet die Ordnung wie ein Schatten.»

39 Vgl. Waldenfels, Antwortregister (Anm. 1), 192.320: Antworten «ist nicht auch noch etwas anderes, nämlich ein Eingehen auf einen fremden Anspruch, sondern das Antwortgeben ist von Anfang an mehr als blosses Weitergeben eines vorhandenen Wissens». Antworten ist ein «Ereignis des Sichsagens, das in sich selbst

Das Absehen von dem jeweiligen Dialoghorizont riskiert darüberhinaus, den Text als Antworten auf die eigenen Fragen zu lesen und andere Frageperspektiven auszublenden. Die hermeneutische Rechnung muss mit Friedrich Nietzsche einkalkulieren: «Grenze des Hörsinns. – Man hört nur die Fragen, auf welche man im Stande ist, eine Antwort zu finden».[40] In der zeitgenössischen Optik informationstheoretisch kontaminierter Wahrnehmungen droht dem Text die Reduktion auf eine – den FAQ analoge – Informationsressource oder Gebrauchsanweisung.[41]

Die kritische Rekonstruktion des Fragens dient dem Bochumer Philosophen lediglich zur Vorbereitung seiner Theorie der Responsivität. Das Ereignis des Dialogs[42] – Johann Gottfried Herder verwendet das Verb «dialogiren»[43] – soll sozusagen selbst zu Wort kommen: Im Mittelpunkt steht das Sagen und nicht das Gesagte, das im dialogischen Ereignis allenfalls als Gegenstand eines Sagens vorkommt.[44] Das Tätigsein zeigt sich im Frage-Ant-

dadurch zu charakterisieren ist, dass es an fremde Äusserungen anknüpft, auf sie eingeht, auf sie antwortet». Vgl. dazu Philipp Stoellger, Missverständnisse und die Grenzen des Verstehens. Zum Verstehen diesseits und jenseits der Grenzen historischer Vernunft: ZThK 106/2009, 223–263 (257–260).

40 Friedrich Nietzsche, Die fröhliche Wissenschaft (la gaya scienza), KSA 3, München ^{3}2009, Aph. 196.

41 Vgl. Waldenfels, Antwortregister (Anm. 1), 192 f.: «Nicht die Erweiterung des Begriffs der Antwort bedarf der Erklärung, sondern die Verengung, die dazu führt, dass man sich weitgehend am informationstechnischen Input und Output und an der Encodierung und Decodierung von Botschaften orientiert. Die Erweiterung, die jedem Reden und Tun einen eigentümlichen Zug von Responsivität zuspricht, ist nur eine Wiedererweiterung, die auf eine kommunikationslogische und kommunikationstechnische Verengung von Frage und Antwort reagiert.»

42 Waldenfels, Antwortregister (Anm. 1), 194–198, spricht stattdessen vom «Ereignis des Sagens».

43 Johann Gottfried Herder, Abhandlung über den Ursprung der Sprache (1772), 47, zit. n. Jörg Kilian, Historische Dialogforschung. Eine Einführung, Tübingen 2005, 1.

44 Vgl. Waldenfels, Antwortregister (Anm. 1), 317: «Aus der Perspektive des Antwortens betrachtet, resultiert das Übergewicht des Gesagten aus dem *Vergessen* der responsiven Differenz also zwischen dem, worauf wir antworten, und dem, was wir antworten. Die Einebnung dieser Differenz, die das Worauf selbst ‹als etwas› begreift, öffnet Schleusen für verschiedenartige Ordnungsprozesse wie Personalisierung, Temporalisierung, Lokalisierung, Stilisierung, Technisierung und Normierung, die zwar aus den Rede- und Handlungsvorgängen nicht fortzudenken sind, aber bei Verkennung der responsiven Differenz dahin tendieren, fremde Ansprüche durch Aneignung mundtot zu machen.» Vgl. Philipp Stoellger, Passivität als Passion. Zur Problemgeschichte einer «categoria non grata», Tübingen 2010, 404: «Sagen ist wesentlich Abweichung vom Gesagten und entzieht sich damit dessen Regeln, geht ihr voraus oder überschreitet diese. Es lässt sich nicht fugenlos subsumieren unter

wort-Spiel darin, dass nicht nur ein «*Antwortgehalt*» auf einen «*Fragegehalt*» trifft, sondern auch ein «Antwortakt» auf einen «Frageakt».[45] Mit dem Aufbrechen der fixen Korrelation zwischen Frage und Antwort wird die – für jedes Sprechen und Handeln konstitutive – responsive Differenz zwischen dem, *was* geantwortet (*answer*) wird, und dem, *worauf* mit der Antwort geantwortet wird (*response*), sichtbar. Waldenfels expliziert diese Verdoppelung der Begegnung an der Alltagsweisheit: «Keine Antwort ist auch eine Antwort».[46] Wenn die Antwortverweigerung als Antwort gilt (ohne eine *Be*antwortung der Frage zu sein), dann muss Antworten mehr sein als die Äusserung eines Antwortgehaltes (propositionaler Gehalt), denn genau der wird verschwiegen. Im Sprichwort wird deshalb zwischen dem *Antwortakt* («ist auch eine Antwort») und dem *Antwortgehalt* («keine Antwort») unterschieden. Nach diesem Verständnis von Antworten verlagert sich das Gewicht von dem Gehalt einer Äusserung auf den Akt des Äusserns, so dass sinnvoll von einer Antwort gesprochen werden kann, ohne dass eine Entsprechung von Fragegehalt und Antwortgehalt besteht.[47]

> «Wo die Konjunktur von Frage und Antwort regiert, droht die Gefahr, dass der Einsatz der Frage abgeschwächt wird und die Antwort erst gar nicht zum Zuge kommt. Die Frage kehrt im Wissensstreben zu ihren fraglosen Anfängen zurück, indem sie sich selbst beantwortet; oder sie unterwirft sich als Aufforderung zur Wissensvermittlung einem fraglosen Gebot, das Frage und Antwort logisch, normativ oder rituell verklammert; oder sie steigert sich in der Eröffnung von Möglichkeiten bis hin zu einer fraglosen Selbstermöglichung, die jede Antwort überbietet. [...] Ein Denken, das von der Frage ausgeht, verfängt sich in einem Kreis von Kreisen; erstickt das Fragen nicht an anderem, so an sich selbst. Der Kreis scheint sich zu öffnen, wenn man nicht mehr vom Sprechakt der Frage ausgeht, sondern von Gesprächsakten des Fragens und Antwortens, die ohne ein wechselseitiges Geben und Nehmen nicht zu denken sind. Doch solange dieses Geben und Nehmen nicht als wirkliches Zwischengeschehen gedacht wird, droht weiterhin die Gefahr, dass auch das Gespräch schliesslich eingeholt wird durch subjektive

schon Gesagtes, sondern es ist stets (zumindest auch) anders und gegenüber dem Bisherigen neu. Das Andere der Ordnung bleibt aber kein ‹krudes› Anderes, sondern im Sagen einer Antwort entsteht eine Selbstbeziehung, die den Übergang vom *Wem* eines Widerfahrnisses zum *Wer* der Antwort eröffnet.»

45 Waldenfels, Antwortregister (Anm. 1), 191.

46 Vgl. Waldenfels, Antwortregister (Anm. 1), 189.

47 Vgl. Waldenfels, Antwortregister (Anm. 1), 191: «*Das Geben einer Antwort geht nicht auf in der gegebenen Antwort.*»

> Gesprächsstrategien oder transsubjektive Gesprächslogiken, die den Dialog in einen Monolog oder in eine Reihe von Monologen verwandelt.»[48]

Die Umstellung vom Gesagten auf das Sagen – von der Frage auf das Fragen, der Antwort auf das Antworten – bezeichnet Waldenfels – im Anschluss an die Terminologie Husserls – als Epoché der «*Definalisierung*».[49]

> «Die Freilegung des Sagens, das innerhalb des Wechselspiels von Frage und Antwort zum Zuge kommt, bedarf einer entschlossenen *Enteignung* der Ereignisse, mit der die doppelte Aneignung durch den Logos und durch das Ego nicht einfach rückgängig gemacht wird, aber doch aus der Bahn geworfen, derangiert wird. Gegenüber den verschiedenen Aneignungsversuchen ziehen wir es vor, von herrenlosen *Ereignissen*, von nomadisierenden Reden, von geflügelten Worten auszugehen. Das bedeutet, destruktiv betrachtet, ein *Entordnen*, ein Aussetzen von Ordnungsgesichtspunkten».[50]

Nun könnte eingewendet werden, dass sich das Anliegen von Waldenfels gerade gegen eine Dominanz der Frage über die Antwort und eine konsequente Rückbindung der Antwort an die Frage richtet.[51] Wirft er damit dem Versuch einer Aufwertung der Fragen des *Heidelberger Katechismus*' nicht unbequeme phänomenologische Steine in den Weg? Eine Antwort darauf muss differenziert ausfallen, weil sich für Waldenfels die Fragewege teilen: Im Blick auf *die Fragen* (als Sprechakte bzw. grammatische Form) des *Heidelbergers* wird der Pfad tatsächlich steinig. Anders sieht es aus, wenn *das Fragen* (als Ereignis) im und mit dem Katechismus thematisiert – genauer: praktiziert, (nach)vollzogen und eingeübt – wird. Ohne die lohnenswerte Spur von Waldenfels für ein Verständnis des Katechismus als «Ereignis des Sagens» an dieser Stelle weiter zu verfolgen, können drei Impulse für eine mögliche Relektüre des *Heidelbergers* festgehalten werden: 1. die Überwin-

48 Waldenfels, Antwortregister (Anm. 1), 187.

49 Waldenfels, Antwortregister (Anm. 1), 197.

50 Waldenfels, Antwortregister (Anm. 1), 196. Die Forderung nach einer «Enteignung» richtet sich gegen das sprechakttheoretische Aneignung von Sprache als «regelgeleitete Form intentionalen Verhaltens» (John R. Searle, Sprechakte. Ein sprachphilosophischer Essay, Frankfurt/M. 1983, 83). Der «Logos» steht in dem Zusammenhang für die in den (konstitutiven oder regulativen) Sprachregeln und -konventionen zum Ausdruck kommende Ordnung, das «Ego» für die Intention des (sprech-)handelnden Subjekts.

51 Vgl. in diesem Sinne die fundamentaltheologische Studie von Peter Dabrock, Antwortender Glaube und Vernunft. Zum Ansatz evangelischer Fundamentaltheologie, Stuttgart 2000, bes. 179–299, der Waldenfels' Theorie responsiver Rationalität ausführlich darstellt und diskutiert.

dung eines asymmetrischen Verständnisses der Frage-Antwort-Relation in beide Richtungen;[52] 2. die Schärfung der Aufmerksamkeit für den Ereignischarakter des Dialogs als «Zwischengeschehen» des Sagens diesseits der fixen – einer (grammatikalischen) Ordnung subsumierten – Fragen und Antworten[53] und 3. die Kritik an dem einseitigen Verständnis vom Aufkommen der Frage aus einer Situation des Mangels und von der komplementären Funktionalisierung der Antwort als Lückenbüsserin oder Kompensationsressource.[54]

3. Der Heidelberger Katechismus als «Glaubenskommunikation»

Die dialogische Textform von Fragen und Antworten ist keine reformatorische Erfindung.[55] Ihre literarischen Vorläufer und Vorbilder reichen von den sogenannten vorreformatorischen Katechismen[56] über die scholastischen

52 Vgl. Waldenfels, Antwortregister (Anm. 1), 193: «Wenn wir vom Antworten ausgehen, so ersetzen wir nicht den Primat der Frage durch den der Antwort, vielmehr wird *jeder derartige Primat vermieden.*»

53 Vgl. die treffende Metapher bei Waldenfels, Antwortregister (Anm. 1), 199: «Wenn wir vermeiden wollen, dass das Ereignis der Rede einer vorgängigen Ordnung unterworfen wird, müssen wir darauf verzichten, den gewöhnlichen alltäglichen Ereignissen besondere oder höhere sonntägliche Ereignisse entgegenzusetzen.»

54 Vgl. Waldenfels, Antwortregister (Anm. 1), 174: «Eine Fraglichkeit, die nicht an einem erstrebbaren Wissensziel oder an einem vergleichbaren Wissensstand, sondern an ihren eigenen Möglichkeiten Mass nimmt, stellt sich nicht mehr als blosser Mangel dar, sondern als ein Mangel, der aus der *Überfülle* erwächst.»

55 Zur Kritik an der üblichen «Zäsurierung» der reformatorischen Katechismen vgl. Ehlich, Der Katechismus (Anm. 18), bes. 10–14; vgl. auch Berndt Hamm, Abschied vom Epochendenken in der Reformationsforschung. Ein Plädoyer: Zeitschrift für Historische Forschung 39/2012, 373–411; Dieter Harmening, Katechismusliteratur. Grundlagern religiöser Laienbildung im Spätmittelalter: Norbert Richard Wolf (Hg.), Wissensorganisierende und wissensvermittelnde Literatur im Mittelalter. Perspektiven ihrer Erforschung. Kolloquium 5.–7. Dezember 1985, Wiesbaden 1987, 91–102; Jörg Kilian, Diskursivierung des Wissens im deutschen Lehr- und Fachgespräch von Luther bis Campe. Konzeptionelle Skizze eines Editions- und Forschungsprojekts zur Geschichte und Entwicklung der dialogischen Wissensvermittlung und Wissenserzeugung zwischen theologischer Katechetik und philanthropischer Sokratik: Thorsten Burkard et al. (Hg.), Politik – Ethik – Poetik. Diskurse und Medien frühneuzeitlichen Wissens, Berlin 2011, 163–176.

56 Vgl. einleitend Hans-Jürgen Fraas, Katechismus I/1: TRE XVII, Berlin, New York 1988, 710–722 sowie die in Anm. 55 genannte Literatur.

Quodlibeta und frühbyzantinischen Erotapokriseis[57] – je nach literaturwissenschaftlicher und dialogtheoretischer Perspektive – bis zu den Wurzeln antiker philosophischer und jüdischer Dialogkultur zurück.[58] Bezeichnenderweise beginnt der Germanist Jörg Kilian sein Lehrbuch zur Historischen Dialogforschung mit dem Hinweis auf Gen 2,20: «Und der Mensch gab allem Vieh und den Vögeln des Himmels und allen Tieren des Feldes Namen», und charakterisiert – im Anschluss an die sprachwissenschaftlichen Untersuchungen Herders und von Humboldts – den monologischen Akt des Benennens als Spezialfall des in der Sprache selbst angelegten «dialogischen Grundprinzips» (Edda Weigand):

> «Ich kann nicht den ersten Menschlichen Gedanken denken, nicht das erste besonnene Urtheil reihen, ohne dass ich in meiner Seele dialogire oder zu dialogiren strebe; der erste Menschliche Gedanke bereitet also seinem Wesen nach, mit Andern dialogiren zu können! Das erste Merkmal, was ich erfasse, ist Merkwort für mich, und Mittheilungswort für Andre!»[59]

Dieser alten Einsicht zum Trotz beginnt die sprachwissenschaftliche Beschäftigung mit dem Dialog erst allmählich unter dem Eindruck des philosophischen *linguistic turn*. Einen aktuellen, innovativen Beitrag in der Theologie bildet der Versuch von Thorsten Latzel, Struktur, Inhalt und Theologie des *Heidelbergers* mithilfe rhetorisch-dialektischer Theorieansätze und dialoganalytischer Instrumentarien zu fassen. Im Zentrum der – aus einer von Wilfried Härle betreuten Dissertation hervorgegangenen – fundamentaltheologischen Untersuchung steht der Leitbegriff der «Glaubenskommunikation».[60] Latzel bemüht sich um den Nachweis, dass «die Art und Weise, in welcher der Glaube kommuniziert wird, selbst zu den wesentlichen theologischen Eigenarten des *Heidelberger Katechismus* gehört und erst von daher zentrale

57 Vgl. Heinrich Dörrie/Hermann Dörries, Erotapokriseis: RAC 6, 1966, 342–370; Wolfram Hörandner, Art. Erotapokriseis: Historisches Wörterbuch der Rhetorik, Bd. 2, Tübingen 1994, 1417–1419; Herbert Hunger, Art. Erotapokriseis: Lexikon des Mittelalters, Bd. 3, Stuttgart 1986, 2183–2184.

58 Vgl. in dem Zusammenhang Johann Georg Hamanns Auseinandersetzung mit der Sokratik vor dem Hintergrund der Katechismuskritik in der Aufklärung; dazu Oswald Bayer, Sokratische Katechetik? Ein Streit um den Kleinen Katechismus in der Aufklärung: ders., Leibliches Wort. Reformation und Neuzeit in der Kritik, Tübingen 1992, 125–148; zur Katechismuskritik in der Aufklärung: Alexandra Kleihues, Der Dialog als Form. Analysen zu Shaftesbury, Diderot, Madame d'Épinay und Voltaire, Würzburg 2002.

59 Herder, Abhandlung (Anm. 43), 47.

60 Vgl. Latzel, Theologische Grundzüge (Anm. 17), 24–28.

Grundstrukturen des Textes erkennbar werden».[61] Er geht davon aus, «dass der HK primär von seiner pragmatischen Intention her als Anleitung zur Glaubenskommunikation zu verstehen»[62] sei und präzisiert:

> «Im HK wird demnach nicht nur semantisch die Grundbotschaft christlichen Glaubens gelehrt [wie etwa in Luthers *Kleinem Katechismus*; F.M.], sondern es soll vor allem die Fähigkeit zu eigenständiger, verantwortlicher Reflexion des Glaubens vermittelt werden. Nicht nur das inhaltliche ‹Was›, sondern auch das methodische ‹Wie› und das begründende ‹Warum› bzw. ‹Woher› der Glaubenskommunikation stehen hier im Blick.»[63]

Kommunikation wird als «fragile[r], dynamische[r] Zeichenprozess zwischen einer darstellenden und einer rezipierenden Instanz verstanden, in dem sich ein Zeichen ‹auf ein dynamisches Bezeichnetes [...] in Bezug auf einen komplexen Interpretationsprozess› bezieht».[64] Der Begriff geht über eine blosse Informationsvermittlung hinaus, berücksichtigt «die pragmatische Textdimension des HK» und beinhaltet «Momente der Offenheit, Dynamik und Fragilität [...], die bekenntnishermeneutisch von Bedeutung sind».[65] Daraus folgt für den Begriff der Glaubenskommunikation:

> «Menschliche Kommunikationsprozesse können Glauben im Sinne der geistgewirkten Konstitution des neuen Menschen, als Akt des grundlegenden, daseinsbestimmenden, unbedingten Vertrauens, nicht aus sich erzeugen, vermitteln oder bewirken. [...] Gott selbst bindet jedoch sein Glauben konstituierendes und affirmierendes Wirken an ‹die predig des heiligen evangelions› und ‹den brauch der heiligen sacramenten› (A 65). Die freie Selbstbindung des Geistes an diese menschlichen Kommunikationsprozesse korrespondiert dem Glauben, da er Glaube an Jesus Christus als menschgewordenen Sohn Gottes ist. Insofern lässt sich der Glaube dann allerdings als intendiertes, aber nicht bewirkbares *Ziel* menschlicher Kommunikationsprozesse bezeichnen. [...] Ausserdem stellen der Glaubensinhalt, der Glaubensakt und das Glaubensleben, die doktrinale, spirituelle und praktische Dimension des Glaubens, auch den *Inhalt* der Glaubenskommunikation dar. Es geht im *Heidelberger Katechismus* um die Fragen nach dem Wesen (HK 21), dem Inhalt (HK 22), der Relevanz (HK 59), der Entstehung (HK 65) und den Lebensvollzügen (HK 86) des Glaubens. Da das Reflektieren, Zweifeln und Bekennen des Glaubens selbst Lebensvollzüge des Glaubens sind, fungiert der Glaube bzw.

61 Latzel, Theologische Grundzüge (Anm. 17), 11.
62 Latzel, Theologische Grundzüge (Anm. 17), 18
63 Latzel, Theologische Grundzüge (Anm. 17), 19.
64 Latzel, Theologische Grundzüge (Anm. 17), 26.
65 Latzel, Theologische Grundzüge (Anm. 17), 26 f.

> genauer gesagt der durch den Glauben neu konstituierte Mensch schliesslich auch als darstellende *Instanz* der Glaubenskommunikation. Das Befragen und das Verantworten des Glaubens sind Manifestationen des Glaubens».[66]

Glaubenskonstitution und Glaubensmanifestationen müssen unterschieden, dürfen aber nicht getrennt werden. Der «Inhalt» der Glaubenskommunikation thematisiert das die «darstellende Instanz» Bestimmende. Der Text selbst gilt als eine Manifestation des Glaubens. Auf den ersten Blick erscheint dieses relationale Verständnis wie eine Paraphrase zur traditionellen Verhältnisbestimmung von *fides qua* und *fides quae creditur.* Allerdings geht es hier nicht um den Glauben – als Einheit von Glaubensinhalt und Glaubensakt –, sondern um die Glaubenskommunikation – als dem Glauben entsprechende / aus dem Glauben kommende (Latzels Formulierungen lassen beide Deutungen zu) Kommunikation über die doktrinale, spirituelle und praktische Dimension des Glaubens. Bei der Verhältnisbestimmung zwischen Glauben und Glaubenskommunikation bleiben Fragen offen. Dass menschliche Kommunikation nicht Glauben *bewirken* kann, gehört zu den rechtfertigungstheologischen Grundeinsichten der Reformation. Aber wie – mit welchen Motiven und im Blick auf welche Absichten – kann menschliche Kommunikation Glauben «intendieren»? Die von Latzel gemachte Unterscheidung zwischen «intendieren» und «bewirken» bleibt zumindest auf der sprachpragmatischen Ebene unklar.[67]

> «Beim Vollzug illokutionärer Akte gelingt uns, was wir zu tun versuchen, wenn unser Zuhörer erkennt, was wir zu tun versuchen. Aber die ‹Wirkung› auf Seiten des Zuhörers besteht nicht in einer Überzeugung oder einer Reaktion, sondern einfach in dem Verstehen der Äusserung des Sprechers.»[68]

Sprechakttheoretisch besteht die Wirkung einer Äusserung im Verstehen der Sprecherintention durch den Hörer. Intention und Wirkung sind auf den gleichen kommunikativen Sachverhalt bezogen und geben sozusagen im Blick von vorn und hinten auf die Äusserung die spezifischen Positionen der Kommunikationsteilnehmer wieder.

Unabhängig davon stellt sich die Frage, welche Zwecksetzungen und Handlungen der in der Glaubenskommunikation zum Ausdruck gebrachten Intention entsprechen sollten. Wenn die Glaubenskommunikation Ausdruck

66 Latzel, Theologische Grundzüge (Anm. 17), 27.

67 Auf die Frage, ob die Unterscheidung theologisch trägt, wird später noch zurückgekommen.

68 Searle, Sprechakte (Anm. 50), 74f.

des Glaubens der Kommunizierenden ist, dann wäre die Kommunikation *über* den Glauben wesentlich gemeinschaftliches Bekennen *des* Glaubens. Ein solches exklusives Verständnis scheint hier aber nicht gemeint zu sein. Zwar hält Latzel fest:

> «Die persönliche Redeweise bezieht die Aussagen auf die Existenz der Glaubenden bzw. die Gemeinschaft der Glaubenden und bringt wiederholt deren soteriologische Bedeutung zum Ausdruck.»[69]

Aber er fährt im Blick auf die Form des *Heidelbergers* fort:

> «Die Wahl einer Gesprächsform als Gattung entspricht insgesamt dem kommunikativen Verständnis des Glaubens, der aus der Kommunikation des Evangeliums entsteht, einen kommunizierbaren Inhalt besitzt und in der kirchlichen Kommunikationsgemeinschaft beheimatet ist.»[70]

Die Bestimmung der Christengemeinde als Kommunikationsgemeinschaft ist ebenso zutreffend, wie die Beobachtung, dass der Verkündigungsauftrag eine kommunizierbare Botschaft impliziert. Zusammen mit der Aussage, dass der Glaube durch die Kommunikation des Evangeliums «entsteht», stellt sich die Frage, ob in den drei Zusammenhängen nicht unterschiedliche Verständnisse von Kommunikation vorausgesetzt werden müssen, d. h., ob der Kommunikationsbegriff nicht eine Übereinstimmung suggeriert, die gar nicht besteht. Dazu nur ein Hinweis. Wenn in der Antwort auf die Frage 21 betont wird, dass wahrer Glaube «nicht allein eine zuverlässige Erkenntnis» sei, «sondern auch ein herzliches Vertrauen, welches der Heilige Geist durchs Evangelium in mir wirkt», dann kommt darin ein instrumentelles Verständnis der Kommunikation des Evangeliums zum Ausdruck. Der «kommunikative» Anspruch, der aus dem Wirken des Heiligen Geistes folgt, ist den Kommunizierenden nicht intentional zurechenbar, sondern wiederum von aussen bewirkt.

Damit wird aber nicht nur die Funktion der Glaubenskommunikation entscheidend relativiert,[71] sondern auch die Frage nach den Subjekten der Glaubenskommunikation aufgeworfen. Wer fragt und wer antwortet? Die verbreitete – und für den *Heidelberger* scheinbar naheliegende – Formel vom

69 Latzel, Theologische Grundzüge (Anm. 17), 139.

70 Latzel, Theologische Grundzüge (Anm. 17), 139.

71 Latzel deutet in einer späteren Publikation (Glaubenskommunikation [Anm. 17], 215) selbst eine solche Relativierung an, wenn er vom *Heidelberger Katechismus* als «Einübung in das exzentrische Selbstverständnis des Glaubenden» spricht.

«Glauben als Antwort» oder «antwortenden Glauben» hat nicht nur aus reformierter Sicht ihre Tücken,[72] sofern nicht präzise dargelegt wird, wer auf wen im Hinblick worauf was antwortet. Aus der Perspektive des *Heidelbergers* als dialogisches Ereignis spricht einiges für die (Gegen-?)These: «Nicht das Ich bestimmt das Antworten, sondern umgekehrt das Antworten das Ich.»[73] Dazu nur ein Hinweis. In der Antwort 86 über das Tun der guten Werke heisst es im zweiten Teil: «Danach auch, dass wir uns selbst unseres Glaubens aus seinen Früchten gewiss werden und mit einem Leben, das Gott gefällt, unsern Nächsten auch für Christus gewinnen.» Zunächst scheint die Formulierung Latzels These vom Glauben als intendiertes Ziel der Glaubenskommunikation zu stützen. Damit würde aber der in der Äusserung vorgenommene Subjektwechsel übersehen: Die Früchte *unseres* Glaubens sind nicht *unsere*, sondern die Früchte des Glaubens selbst, die *uns unseres* Glaubens gewiss werden lassen. «Nicht mehr ich lebe, sondern Christus lebt in mir» (Gal 2,20). *Unser* Glaube handelt und schafft *uns unsere* Glaubensgewissheit. Sachlich angemessen müsste es heissen: *Mein Glaube vergewissert mich meines Glaubens.* Es bedarf dieser eigentümlichen Umschreibung, weil unsere Sprache keine Möglichkeit bereithält, die Differenz auf den Begriff zu bringen, d. h. den Glauben zugleich im Aktiv («Ich glaube») und Passiv («aus seinen Früchten») zu verorten. Frei nach Nietzsche: In dem Bekenntnis «Ich glaube» ist das Subjekt «Ich» des Glaubens nicht die Bedingung des Prädikats «glaube».[74]

72 Vgl. Geleitwort: Reformierte Liturgie. Gebete und Ordnungen für die unter dem Wort versammelte Gemeinde, im Auftrag des Moderamens des Reformierten Bundes erarbeitet und herausgegeben von Peter Bukowski et al., Wuppertal 1999, 24: Anstelle einer «bipolare[n] Struktur von göttlichem Reden und menschlichem Antworten» sei von der Bipolarität der «göttliche[n] Zuwendung selbst» auszugehen: «Sie ist ein Zugleich von göttlichem Hören und göttlichem Reden. Unstreitig ist dabei, dass dieser zweifachen Zuwendung Gottes zu uns Menschen auch ein zweifaches Sich-Verhalten der Menschen zu Gott entspricht. Dabei soll jedoch jeder Gedanke an ein Einwirken der Menschen auf Gott vermieden werden, das nicht schon von seiner vorhergehenden Zuwendung zu uns umgriffen wäre. Dieses Verständnis löst sich zugleich aus einer oftmals als für den reformierten Gottesdienst typisch bezeichneten Struktur von ‹Wort und Antwort›.»

73 Waldenfels, Topographie (Anm. 38), 53. Diese Formulierung stimmt fast wörtlich mit der These von Georg Picht (Der Begriff der Verantwortung: ders., Wahrheit, Vernunft, Verantwortung. Philosophische Studien, Stuttgart 1969, 318–342 [336]) überein: «Nicht das Subjekt setzt sich die Aufgabe, sondern die Aufgabe konstituiert das Subjekt.»

74 Vgl. Ingolf U. Dalferth, Umsonst. Eine Erinnerung an die kreative Passivität des Menschen, Tübingen 2011, 29 f. und 54: «Wer im christlichen Sinn ‹Ich glaube› sagt, bringt zum Ausdruck, was ihm geschieht, und nicht, was er tut; und wer – in

Die Frage nach dem Subjekt der Glaubenskommunikation leitet schliesslich zu der grundsätzlichen Frage über, ob der Kommunikationsbegriff überhaupt geeignet ist, die theologische Dimension des Dialogs angemessen abzubilden. Engt der Kommunikationsfokus die Sicht nicht unangemessen ein, weil er – mit Waldenfels – das dialogische Geschehen dem «Gesetz der ‹sozialen Wortwirtschaft›» unterwirft?[75] Die oben skizzierte phänomenologische Kritik an einer Reduktion des Sagens auf das Gesagte lässt sich auch als Gegenprobe zu dem Versuch einer Rekonstruktion des *Heidelbergers* als Glaubens*kommunikation* lesen.[76] Kommunikation als sozial normiertes, regelgeleitetes Verhalten versteht das Fragen und Antworten als reziprokes Geschehen zwischen intentional agierenden Subjekten. Die «Genesis des *Wer* aus dem *Wem*» der «Widerfahrnis mit seiner Wirkung des *Getroffenwerdens*»[77] – die Genese von der Angesprochenen im Dativ zur Sprechenden im Nominativ – wird übersprungen und damit das *Worauf* des Anspruchs und das *Was* der Antwort durch das intentionale *Woraufhin* im Rahmen des *Wonach* der sprachlichen Ordnung. Der dialogische Ereignisprimat der Relation (des Dialogereignisses) gegenüber den Relaten (des Gefragten und Geantworteten) wird umgekehrt. Aus dem Sichereignen des Dialogs werden autorisierte Sprechakte.[78] Setzt somit der Kommunikationsbegriff nicht ein Verständnis

---

sachlich einzig adäquater Weise – sagt ‹Ich glaube an Gott› bringt zum Ausdruck, dass ihm das, was ihm geschieht, von Gott aus widerfährt. Glaube ist keine Art des Wissens, Fühlens oder Tuns, sondern eine Bestimmung alles Wissens, Fühlens und Tuns des Menschen durch den, der sich dem Menschen so vergegenwärtigt, dass dieser an ihn glauben und im Vertrauen auf die Gegenwart seiner Liebe leben kann. Vom Menschen aus gesprochen ist der Glaube eine rein passive Bestimmtheit, von Gott aus gesprochen dagegen eine aktive Bestimmung».

75 Waldenfels, Antwortregister (Anm. 1), 167.

76 Vgl. in diesem Sinne auch Stoellger, Passivität (Anm. 44), 407: «Der Theologie zu denken gibt Waldenfels' Insistieren auf der nicht *einzuordnenden* ‹Urpassivität›, sofern sie beispielsweise nicht durch kirchliche Praktiken oder eine theologische Taxonomie zu ‹normalisieren› ist. Wie das Evangelium nicht in einer Ordnung aufgeht, auch nicht in der des Gesetzes, so wie der ausserordentliche Anspruch des Gesetzes (zumal der Bergpredigt) in keiner Ordnung einer Lebensform.» Stoellger bezieht sich dabei auf Waldenfels, Antwortregister (Anm. 1), 345: «Während das intentionale Streben sich auf das richtet, was als unerfülltes Leben noch nicht da ist, strebt das responsive Begehren nach dem, was – wie der Tod – nie da sein wird. Der Stachel des Begehrens, sein ‹Stimulus›, ist nicht mehr und nicht weniger als ein fremder Anspruch, auf den wir in der ‹Response› antworten.»

77 Stoellger, Passivität (Anm. 44), 409.413.

78 Vgl. Waldenfels, Antwortregister (Anm. 1), 197: «Die Betonung des Ereignischarakters der Rede führt zu einer *Entsubjektivierung* und *Depersonalisierung*, nicht durch Umschlag in das Gegenteil, sondern durch Neutralisierung von Gegensätzen.

des kommunikativen Subjekts voraus, das aus der Perspektive des Glaubens unterbestimmt bleibt?

Soll der Kommunikationsbegriff seine Funktion als umfassende Erklärungskategorie erfüllen, muss auch das Handeln Gottes in seinem Geist unter diesen Begriff gebracht werden können. Latzel beruft sich dabei auf Antwort 65: «Der Heilige Geist wirkt den Glauben in unseren Herzen durch die Predigt des Evangeliums und bestätigt ihn durch den Gebrauch der heiligen Sakramente», und schliesst daraus auf die Korrespondenz zwischen Glauben wirkendem Handeln Gottes und menschlicher Kommunikation des Evangeliums. Die Verhältnisbestimmung würde aber wiederum einen stillschweigenden Subjektwechsel gegenüber der Aussage im *Heidelberger* nötig machen: vom Heiligen Geist, der «durch die Predigt des Evangeliums» wirkt, zum Subjekt der Predigt.[79] Daraus resultiert die These von der «freien Selbstbindung seines [Gottes] Geistes an diese menschlichen Kommunikationsprozesse»,[80] mit der Konsequenz der Platzierung Gottes und seines Geistes im Kreis der grammatikalisch konditionierten Subjekte in menschlichen Kommunikationsprozessen. Natürlich ist Gott frei – in welcher Form auch immer –, an menschlicher Kommunikation teilzunehmen. Aber es wäre seine Option und keine menschliche Kondition.

Schliesslich bleibt die Frage nach der Verortung des Katechismus in der konkreten Glaubenspraxis. Wenn der Katechismus das «Was», «Wie», «Warum» und «Woher» der *Glaubenskommunikation* vermittelt, wo ist er selbst im ‹kommunikativen› *Ereignis des Glaubens* situiert, d.h., wie wird er selbst zum «Teilnehmer» («Sagenden», nicht Gegenstand) und «Beteiligten» (nicht Dramaturg oder Beobachter – Wer beobachtet den Beobachter?) im Gespräch? Entweder referieren die im Text verwendeten Pronomina auf –

Das Redeereignis ist weder subjektive Idee noch objektives Ding, weder aktiv vollzogen noch passiv erduldet, es mir als Sprecher weder völlig eigen noch völlig fremd.»

79 Aufschlussreich sind auch Frage und Antwort 83: «*Was ist das Amt der Schlüssel?* Die Predigt des heiligen Evangeliums und die christliche Busszucht. Durch diese beiden wird das Himmelreich den Gläubigen aufgeschlossen und den Ungläubigen aber zugeschlossen.» Hier ist nicht die Rede davon, dass die Predigt den *Menschen* das Himmelreich öffnet resp. verschliesst, sondern den *Gläubigen* resp. *Ungläubigen*. Die Unterscheidung geht also – in der Terminologie von Latzel – der kommunikativen Situation von Predigt und Busse bereits voraus.

80 Latzel, Theologische Grundzüge (Anm. 17), 27. An dieser Stelle zeigt sich die konzeptionelle Enge des Kommunikationsbegriffs: Menschliche Kommunikation hat kein Gegenteil und kommt deshalb aus der Zirkularität des «Man kann nicht nicht kommunizieren» (Paul Watzlawick/Janet H. Beavin/Don D. Jackson, Menschliche Kommunikation. Formen, Störungen, Paradoxien, Bern [7]1985, 53) nicht heraus.

wie auch immer – Anwesende oder die Frage-Antwort-Sequenzen sind nur Ausdruck einer kompositorischen Raffinesse[81] bzw. einer frühen theologischen Variante der FAQ.[82] Wer führt im *Heidelberger* mit wem ein Gespräch, wer sind seine «Subjekte» (im Gegensatz zu den Autoren)? Geht es – vor allem aus reformierter Sicht – nicht darum, den Katechismus als Glaubenszeugnis und im Glaubensvollzug sozusagen *selbst beim Wort zu nehmen*? *Ist* die Begegnung und Auseinandersetzung mit dem *Heidelberger* nicht dezidierte Glaubenspraxis?

4. Vom Sagen zum Hören und zurück

Die experimentelle Konfrontation des Verständnisses des *Heidelbergers* als Glaubenskommunikation mit sprachphänomenologischen Beobachtungen zum Frage-Antwort-Ereignis haben die Frage nach einem «dialogischen Überschuss» des *Ereignisses* (gegenüber dem *Text*) «Katechismus» aufgeworfen, der unter Umständen auch theologisch fruchtbar gemacht werden kann. Das zugleich sprachanalytische und dogmatische Anliegen Latzels, den Katechismus im Gegensatz zu seiner hermetischen Textgestalt (nicht: Textform) als dynamischen, offenen und fragilen Kommunikationsprozess zu lesen, wurde aus phänomenologischer Sicht noch einmal gebrochen. Dahinter steht das – gegenüber der anspruchsvollen Vorlage weitaus bescheidenere – Motiv, die Gestalt des Katechismus «beim Wort zu nehmen», d. h. den Text der «Frage ...»

81 Zur Komposition des *Heidelbergers* vgl. Gerrit Noltensmeier, Der Heidelberger Katechismus – eine Komposition: Heimbucher/Schneider-Harpprecht/Siller (Hg.), Zugänge (Anm. 17), 24–30. Latzel (Theologische Grundzüge [Anm. 17], 138) bezeichnet den *Heidelberger* an einer Stelle als «katechetische[n] *Diskurs*» und als «‹*unechtes*› Gespräch» (Hervorh. F. M.). Diskurse werden in begründungstheoretischer Absicht *über* einen Sachverhalt, Gegenstand, eine Theorie, These, Überzeugung etc. geführt. Unecht mag das Gespräch im *Heidelberger* im Blick auf den schriftlich vorliegenden Text genannt werden. Damit ist aber noch nichts darüber gesagt, was beim Lesen, Vorlesen, Hören, Sprechen, Lernen etc. des Katechismus geschieht. Sobald jemand mit dem Text des *Heidelbergers* konfrontiert wird, beginnt ein ‹echtes› Gespräch mit all seinen Möglichkeiten, Tücken, Unwägbarkeiten, spontanen Eindrücken und Überraschungen.

82 Gebräuchlich ist im ökumenischen Kontext die Rede von einem «katechetischen Vademecum»; im Kontext des *Heidelbergers* vgl. Michael Beintker, Glaubensgewissheit nach dem Heidelberger Katechismus: ders. (Hg.), Certitudo Salutis. Die Existenz des Glaubens zwischen Gewissheit und Zweifel. Symposium aus Anlass des 75. Geb. von Hans Helmut Esser, Münster 1996, 55–69 (55).

als ein *Frageereignis* und den Text der anschliessenden «Antwort ...» als ein *Antwortereignis* zu «lesen». Dass ein Fragen und Antworten als Dialogereignisse im eigentlichen Sinn nicht *gelesen* werden können, verweist auf eine Leerstelle an den Übergängen der «gesagten» Fragen und Antworten und dem Ereignis des Sagens. Im Folgenden geht es um das fehlende Element, das zugleich auf die noch offene Frage reagiert, was – in der Terminologie Latzels – noch geschieht, wenn Glauben kommunikativ und kommuniziert wird.

Einen ersten Anhaltspunkt für eine Antwort liefert die Entstehungszeit des *Heidelberger Katechismus* in der fortgeschrittenen Übergangsphase von der Mündlichkeit zur Schriftlichkeit. Gemäss der verbreiteten Hypothese von den konstitutiven Wechselwirkungen zwischen der Reformation und den «neuen» Medien jener Zeit, wird in der Reformation ein medialer «Strukturwandel der sakralen Kommunikation»[83] bzw. eine systemfunktionale «Umstellung von Kult auf Kommunikation»[84] vollzogen. Der *Heidelberger* gehört in diese Umbruchphase,[85] d. h., er war zu Beginn seiner Karriere weniger ein gelesener als ein vorgelesener, gehörter und gepredigter Text. Auch für seine Entstehungszeit gilt im Grossen und Ganzen noch:

> «More than an urban event, the Reformation was an oral event. Even within the cities, where the literacy rate of perhaps 30 percent greatly exceeded the overall literacy rate of perhaps 5 percent, most urban inhabitants learned of the Evangeli-

83 Günther Lottes, Medienrevolution, Reformation und sakrale Kommunikation: Stephan Kronenburg et al. (Hg.), Die Aktualität der Geschichte: Historische Orientierung in der Mediengesellschaft. FS f. Siegfried Quandt, Giessen 1996, 247–261 (250.252); vgl. Bernd Moeller, Art. Flugschriften der Reformationszeit: TRE XI, Berlin, New York 1983, 240–246; ders., Die frühe Reformation als Kommunikationsprozess: ders., Luther-Rezeption. Kirchenhistorische Aufsätze zur Reformationsgeschichte, Göttingen 2001, 73–90; Berndt Hamm, Die Reformation als Medienereignis: JBTh 11, Neukirchen-Vluyn 1996, 137–166; Frank Bösch, Europäische Medienereignisse: Europäische Geschichte Online (EGO), hg. vom Institut für Europäische Geschichte (IEG), Mainz 2010, http://www.ieg-ego.eu/boeschf-2010-de und Marcel Nieden, Die Wittenberger Reformation als Medienereignis: EGO, hg. von IEG, Mainz 2012, http://www.ieg-ego.eu/niedenm-2012-de (28.08.2012).

84 Niklas Luhmann, Funktion der Religion, Frankfurt/M. 1982, 11.

85 Das gilt ungeachtet der theologischen Einordnung des *Heidelbergers* als spätreformatorischen Text auf der Schwelle des Übergangs von der Reformation zur altprotestantischen Orthodoxie (vgl. etwa Latzel, Theologische Grundzüge [Anm. 17], 23). Zum Übergang von der Mündlichkeit zur Schriftlichkeit aus sprachwissenschaftlicher und textlinguistischer Sicht vgl. Ehlich, Der Katechismus (Anm. 18); Peter Koch/Wulf Oesterreicher, Sprache der Nähe – Sprache der Distanz. Mündlichkeit und Schriftlichkeit im Spannungsfeld von Sprachtheorie und Sprachgeschichte: Romanistisches Jahrbuch 36/1985, 15–45.

cal message from sermons and conversation rather than from books, pamphlets, or even pictorial propaganda.»[86]

Es mag an der Etymologie von Ausdrücken wie «Sprache» oder «Theologie» liegen, dass damit unmittelbar (aktives) Sprechen bzw. Rede(n) assoziiert wird. Vielleicht hängt die latente Unterbelichtung des Fragens auch mit der Nötigung zum (passiven) Hören zusammen, das den Fragen vorausgeht und auf sie folgt. Im Katechismus kommt das Hören zunächst nur indirekt zur Sprache, dafür an den wichtigen Stellen in den Antworten 84 und 129: im Zusammenhang der Verkündigung der Sündenvergebung allen Gläubigen und von Gottes Erhörung der Gebete: «Denn mein Gebet ist von Gott viel gewisser erhört, als ich in meinem Herzen fühle, dass ich dies alles von ihm begehre» (Antwort 129).[87] Abgesehen davon, dass wir hier auf einen weiteren Beleg für die Relativierung des Status intentionalen Verhaltens stossen, begegnet in der letzten Katechismusantwort eine eigentümliche Verhältnisbestimmung von Sprechen und Hören: Es wird mehr, besser oder angemessener gehört, als gesprochen oder ausgedrückt werden kann. Der Hörer ist vertrauter mit dem Begehren, als der Begehrende selbst in Worte zu fassen vermag.[88] Erneut ein merkwürdiger Richtungswechsel: Das Hören erhält

86 Mark U. Edwards, Printing, Propaganda, and Martin Luther, Minneapolis 1994, 37. Dieser Hintergrund erinnert an eine viel ältere Transformationssituation: Konfrontiert die einschneidende Umbruchsphase für die Erzeugung, Sicherung, Überlieferung (und Verbreitung) von Wissen die Zeitgenossinnen und -genossen des *Heidelbergers* nicht mit dem alten – zwischen Sokrates und Phaidros ausgetragenen – erkenntniskritischen Konflikt zwischen authentischer Rede und verselbständigter Schrift in neuem Gewand? Vgl. Platon, Phaidros 274c–278b; dazu: Hans-Georg Gadamer, Unterwegs zur Schrift: Jan Assmann/Aleida Assmann/Christoph Hardmeier (Hg.), Schrift und Gedächtnis. Archäologie der literarischen Kommunikation I, München 1983, 10–19; aus historischer und sprachwissenschaftlicher Sicht: Horst Brunner, Literarische Formen der Vermittlung historischen Wissens an nicht-lateinkundiges Publikum im Hoch- und Spätmittelalter und in der frühen Neuzeit: Wolf (Hg.), Wissensorganisierende und wissensvermittelnde Literatur (Anm. 55), 175–186; Ehlich, Der Katechismus (Anm. 18); Harmening, Katechismusliteratur (Anm. 55); Walter Haug, Schriftlichkeit und Reflexion. Zur Entstehung und Entwicklung eines deutschsprachigen Schrifttums im Mittelalter: Assmann/Assmann/Hardmeier (Hg.), Schrift (Anm. 86), 141–157; Kilian, Diskursivierung (Anm. 51); Norbert Richard Wolf, Probleme wissensliterarischer Kommunikation: Wolf (Hg.), Wissensorganisierende und wissensvermittelnde Literatur (Anm. 55), 208–220.

87 Zu Frage 129 vgl. den Beitrag von Matthias Zeindler in diesem Band.

88 Vgl. Sauter, Katechismus-Grammatik (Anm. 10), 31f.: «Die letzte Antwort enthält eine der theologischen Sequenzen, die Theologie als Grammatik charakteri-

nicht nur den Primat vor dem Sprechen, sondern wird zur eigentlichen Aktivität des Geschehens.[89]

Fragen und Antworten stimmen in ihrem Angewiesensein auf das Hören überein. Die Alltagsweisheit «Wer nicht hören will, muss fühlen» ist genau genommen nur eine Ableitung der fundamentaleren Einsicht, dass die Möglichkeit des eigenen Sprechens wesentlich von der Bereitschaft der Anderen zum Hören abhängt. Die viel beklagte Sprachlosigkeit scheitert in der Regel nicht an einer fehlenden Fähigkeit zum Sprechen, sondern an einer mangelnden Bereitschaft zum Hören. «Wendet euch zu mir und erstarrt und legt die Hand auf den Mund! [...] Ertragt es, dass ich rede» (Hiob 21,5.3). Sprachlosigkeit ist im Kern ein Symptom der Hörverweigerung oder -unfähigkeit.[90] Dabei ist das Weghören, physiologisch betrachtet, aussichtslos, denn das Ohr verfügt über keine dem Schliessen der Augenlider entsprechende Körperfunktion. Das Gehör ist den Tönen und Geräuschen schutzlos ausgeliefert, die Hörenden müssen sich, wie schon Odysseus während der Vorbeifahrt an den Sirenen, mit technischen Tricks behelfen.[91] Dessen ungeachtet ist sprachlos, das gilt aus psychopathologischer Sicht auch für das Selbstgespräch, wer nicht gehört wird resp. wer sich selbst nicht hören kann. Wenn das gesprochene Wort – wie Hans-Georg Gadamer bemerkt – «nicht mehr

sieren und die weder zeitlich noch kausal begriffen werden können: Gottes Handeln ist unverhältnismässig zu allen menschlichen Bedürfnissen und kommt ihnen zuvor.»

89 Vgl. dazu die Bemerkung bei Aristoteles, Rhetorik I,3 b, 1358a–b: «Dreierlei braucht man nämlich für eine Rede: einen Redner einen Gegenstand und eine Zuhörerschaft, und diese letzte, der Zuhörer ist richtungsgebend»; vgl. dazu Gert Ueding, «Niemand kann grösserer Redner sein als Hörer.» Über eine Rhetorik des Hörens: Thomas Vogel (Hg.), Über das Hören, 2., bearb. Aufl., Tübingen 1998, 45–67 (51).

In Brechts Mutter Courage begegnet die Umkehrung von Sprechen und Hören noch in anderer Weise, wenn die Bäuerin im Angesicht der über sie hereinbrechenden Kriegskatastrophe die stumme Kattrin auffordert: «Bet, armes Tier, bet! Wir können nix machen gegen das Blutvergiessen. Wenn du schon nicht reden kannst, kannst doch beten. Er hört dich, wenn keiner dich hört.» (Bertolt Brecht, Mutter Courage und ihre Kinder. Eine Chronik aus dem Dreissigjährigen Krieg: ders., Stücke II, Berlin, Weimar ^{2}1975, 90).

90 Gegen das Nicht- oder Weghören hilft nur Gewalt: das Zupfen am Ohr mit der Mahnung, sich das Gesagte «schlagkräftig hinter die Ohren» zu schreiben. Vgl. Horst Wenzel, Die Empfängnis durch das Ohr. Zur multisensorischen Wahrnehmung im Mittelalter: Vogel (Hg.), Über das Hören (Anm. 89), 159–179 (162).

91 Vgl. Theodor W. Adorno/Max Horkheimer, Dialektik der Aufklärung. Philosophische Fragmente: Theodor W. Adorno, Gesammelte Schriften, Bd. 3, Frankfurt/M. 2003, 78: «Odysseus erkennt die archaische Übermacht des Liedes an, indem er, technisch aufgeklärt, sich fesseln lässt.»

meines ist, sondern dem Hören preisgegeben», wenn also das «gesprochene Wort […] jedem [gehört], der es hört»,[92] dann bedeutet Sprachlosigkeit die Abwesenheit des Anderen, der das Gesprochene zu seinem Gehörten – als zu ihm gehörig – macht. Sprechen ist bereits vor jedem Dialog ein konstitutiv bilaterales Geschehen. Fragen müssen gehört werden, um Resonanz zu erzeugen, Antworten müssen aus dem Hören kommen, um als Antworten zu gelten. Deshalb bezeichnet der Heidelberger Philosoph das verstehende Hören als ein Vermögen, «das Gehörte sprechen zu lassen».[93] Erst im Hören wird das Gesprochene zum Sprechen (nicht das Sprechen zum Gesprochenen) des Anderen. In der eigentümlichen Verschiebung von Aktivität und Passivität beim Hören und Sprechen zeigt sich die Grundbewegung von Verstehen schlechthin als «Mitgehen mit dem Anderen».[94]

Die Metapher vom «Mitgehen mit dem Anderen» ist nicht nur eine treffende Umschreibung für die oben eingeführte Kategorie des dialogischen Ereignisses. Sie rückt das Hören und Sprechen auch in ein spezifisches Verhältnis – genauer: sie situiert beide in einer bestimmten «Anwesenheitskonstellation».[95] Der Begriff lenkt die Aufmerksamkeit auf den Hörraum, der die konstituierende «stille» Hälfte des Sprachraums bildet. Die dazu passende Frage hat Peter Sloterdijk im Anschluss an Hannah Arendt[96] aufgeworfen: «Wo sind wir, wenn wir […] hören?»[97] Die Frage klingt in mehrfacher Hin-

92 So Hans-Georg Gadamer, Über das Hören: Vogel (Hg.), Über das Hören (Anm. 89), 197–205 (200) im Anschluss an Platons *Phaidros*.

93 Gadamer, Über das Hören (Anm. 92), 201.

94 Gadamer, Über das Hören (Anm. 92), 203.

95 Johannes Fischer führt den Begriff im Rahmen seiner Überlegungen zu einer (christlichen) Ethik der Wahrnehmung ein; vgl. ders., Glaube und Erkenntnis. Studien zum Erkenntnisproblem des christlichen Glaubens, München 1989, 98 f.; ders., Leben aus dem Geist. Zur Grundlegung christlicher Ethik, Zürich 1994, bes. 40–43; ders., Theologische Ethik. Grundwissen und Orientierung, Stuttgart 2002, bes. 17–24.

96 Vgl. Hannah Arendt, Wo sind wir, wenn wir denken?: dies., Vom Leben aus dem Geist, Bd. 1: Das Denken, München 1979, 193–208. Im Schlusskapitel des ersten Bandes ihrer Trilogie über das Denken, das Wollen und das Urteilen geht es der Philosophin um eine Verortung des Denkens im räumlichen «Nirgends» (195), dem die zeitlose Zeitlücke der Gegenwart entspricht: «Nur sofern der Mensch denkt, und das heisst nach Valéry, sofern er *nicht* ist, lebt der Mensch – ‹er›, wie ihn Kafka so treffend nennt, nicht etwa ‹jemand› – in der vollen Aktualität seines konkreten Seins, in dieser Lücke zwischen Vergangenheit und Zukunft, in dieser Gegenwart, die zeitlos ist.» (205).

97 Peter Sloterdijk, Wo sind wir, wenn wir Musik hören?: ders., Weltfremdheit, Stuttgart 1993, 294–325; vgl. auch Bernhard Waldenfels, Phänomenologie der Aufmerksamkeit, Frankfurt/M. 2004, 186–204; ders., Lebenswelt als Hörwelt: ders., Sinnesschwellen. Studien zur Phänomenologie des Fremden 3, Frankfurt/M. 1999, 179–200.

sicht ungewöhnlich. Sie ist entweder trivial (Hörende sind dort, «wo die Musik spielt») oder passt nicht recht zum Objekt, das verortet werden soll. Vor allem führt das Hören in der abendländischen Philosophie eine ausgesprochene Randexistenz gegenüber der dominierenden «Okularität».[98]

> «Das Subjekt des Denkens trat als ein Seher auf, der nicht nur Dinge und Urbilder, sondern zuletzt auch sich selbst als sehende Seele sah – eine lokale Manifestation absoluter Sehkraft.»[99]

Die der Wahrheits- und Erkenntnistheorie Platons geschuldete Fokussierung richtete sich gegen die Sophisten und ihre Rhetorik, die die Verführbarkeit des Hörens für ihre Zwecke nutzten. Das Ohr erscheint als das korrumpierbare Sinnesorgan, das dem Geschick resp. der Überredungskunst der Redner hilflos ausgeliefert ist.

Umso bemerkenswerter erscheint vor diesem Hintergrund die Tatsache, dass die Bibel ganz auf das Hören abstellt, ohne damit – wie die sophistische Rhetorik – ihren Wahrheitsanspruch zu relativieren: «Und das Wort, der Logos, wurde Fleisch und wohnte unter uns» (Joh 1,14) und «Jesus sagte zu ihm: Ich bin der Weg und die Wahrheit und das Leben» (Joh 14,6). Philosophie und Theologie berufen und verlassen sich offenbar auf unterschiedliche Sinnesorgane und deren Wahrnehmungen: die Augen in Athen und die Ohren in Jerusalem. Mit den Worten von Fulbert Steffensky:

> «Das Auge ist nicht das Hauptorgan der jüdisch-christlichen Tradition. Sie hat eher eine Ohr- und Hörkultur hervorgebracht. Jakob Taubes, als jüdischer Rabbi und abendländischer Philosoph in der jüdischen und in der hellenistischen Kultur zu Hause, schreibt: ‹Wenn Hellas das Auge der Welt genannt wird, so lässt sich von Israel sagen, dass es das Gehör der Welt ist.› […] Die Griechen haben das Dasein sehend, die Hebräer haben es hörend und empfindend erlebt. […] Diese jüdisch-christliche Kultur, vielleicht müsste man sagen: die jüdisch-protestantische Kultur war eher misstrauisch gegen eine so unmittelbare Wahrnehmung wie das Sehen; eher misstrauisch gegen die Augenschönheiten, darum auch eher misstrauisch gegen die Natur. Die Augen sind für das alte Buch da, in dem man das Gesetz und das Wort Gottes liest und studiert. Das Sehen, die Unmittelbarkeit des Schauens erwartet diese Tradition eher später bei der Erfüllung der Welt, wo die Menschen Gott sehen von Angesicht zu Angesicht; wo Menschen klar sehen und nicht nur im undeutlichen Spiegel. Man traute den Augen nicht, nicht der Unmittelbarkeit der Erscheinungen. […] Darum hat diese Kultur eher Objekte des Hörens als des

98 Gadamer, Über das Hören (Anm. 92), 198.
99 Sloterdijk, Wo sind wir (Anm. 97), 295.

Sehens hervorgebracht. Sie hat Sprache geschaffen, sie hat Lieder geschaffen. Das Bilderverbot, die Skepsis gegen die Sichtbarkeiten ist ihre Begabung und ihre Grenze.»[100]

Dass sich Kirche und Theologie in besonderer Weise das Hören bewahrt haben, zeigt sich in der vor allem protestantisch profilierten Verhältnisbestimmung von «Wort» und «Schrift».[101] Das Wort ist nicht nur *token* und die Schrift mehr als ein literarisches Werk. Wenn in Antwort 87 davon die Rede ist, dass «die Schrift sagt» oder in Antwort 93 über den Dekalog, dass die «Tafel lehrt», dann wird mit diesen anthropomorphen Wendungen nicht nur auf das konstitutive Verhältnis zwischen Urheber/Autor und Dokument verwiesen, sondern auch auf die Beziehung der Hörenden bzw. Lernenden zum Urheber/Autor im Blick auf das entsprechende Dokument. Es geht um die spezifische Anwesenheitskonstellation, die dem Hören eigen ist. Sloterdijk stellt diesen «Hörraum» pointiert dem dominierenden «Sehraum» gegenüber:

> «Sofern die Aussenwelt eine Distanzwelt ist, geht die okulare Subjektivität mit der Neigung einher, sich als eine letztlich nicht-involvierbare Weltzeugenschaft zu interpretieren. Das sehende Subjekt steht ‹am Rande› der Welt wie ein welt- und körperloses Auge vor einem Panorama – olympische Kontemplation und optische Theologie sind nur zwei Seiten derselben Münze. Denkern hingegen, die das Dasein von den Tatsachen des Hörens her auslegen wollten, hätte die Fernrückung des Beobachter-Subjekts an die imaginäre Aussengrenze der Welt nicht einfallen können, weil es zur Natur des Hörens gehört, nie anders zustandezukommen als im Modus des Im-Klang-Seins. Kein Hörer kann glauben, am Rand des Hörbaren zu stehen. Das Ohr kennt kein Gegenüber, es entwickelt keine frontale ‹Sicht› auf fernstehende Objekte, denn es hat ‹Welt› oder ‹Gegenstände› nur in dem Mass, wie es inmitten des akustischen Geschehens ist – man könnte auch sagen: sofern

100 Fulbert Steffensky, Hören und Gehorchen: Zuhören e. V. (Hg.), Ganz Ohr. Interdisziplinäre Aspekte des Zuhörens, Göttingen 2000, 140–149 (141). Das Zitat stammt aus: Jakob Taubes, Abendländische Eschatologie, Bern 1947, 15. um eine Vgl. auch Friedrich Nietzsche (Jenseits von Gut und Böse, KSA 5, München ^{3}2009, Aph. 247), der die antike Rhetorik in der christlichen Predigt aufbewahrt sieht: «In Deutschland aber gab es […] eigentlich nur Eine Gattung öffentlicher und ungefähr kunstmässiger Rede: das ist die von der Kanzel herab. Der Prediger allein wusste in Deutschland, was eine Silbe, was ein Wort wiegt, inwiefern ein Satz schlägt, springt, stürzt, läuft, ausläuft, er allein hatte Gewissen in seinen Ohren, oft genug ein böses Gewissen».

101 Freilich hat auch das Hören seine Tücken, vgl. Frank Mathwig, All inclusive? Inklusion und Menschenwürde mit einem Seitenblick auf die Gehörlosenseelsorge: ET-STudies 4/1 (2013), 29–47.

> es im auditiven Raum schwebt oder taucht. Eine Philosophie des Hörens wäre daher von Anfang an nur als Theorie des In-Seins möglich – als Auslegung jener ‹Innigkeit›, die in der menschlichen Wachheit weltempfindlich wird.»[102]

Hörende sind Anwesende, mittendrin, sonst wären sie nicht Hörende. Das Ohr toleriert nicht die Distanzierungen, die das Auge zulässt. So viel Gewicht wir den Augenzeugen auch beimessen, die Ohrenzeugen sind näher dran, so nah, dass wir gar keine eigene Bezeichnung für sie haben.[103] Hören ist *ipso facto* Zeugenschaft des Gehörten. Das intentionale Hören *von etwas* bleibt gegenüber dem Hören *auf etwas*, das die Hörenden trifft bzw. ihnen widerfährt, stets sekundär.[104] Die Anwesenheit im Hören steht einer aktiv-selektionierenden Wahrnehmung auf ein Gehörtes sperrig im Weg. Es *wird* mehr gehört, als gehört werden *will*. Das *Pathos* des Angesprochen-Seins geht dem *Logos* des – als Angesprochenes – Gehörten voraus.[105] Hören wird treffender mit der Richtungsangabe des *Hinein*horchens als der des *Heraus*hörens beschrieben.

102 Sloterdijk, Wo sind wir (Anm. 97), 296. Dieser Gedanke prägt bereits die Gesprächsszene zwischen Sokrates und Phaidros, der die Schriftrolle mit der Liebesdichtung des Lysis unter seinem Mantel verbirgt und vorlesen will, was Sokrates eigentlich frei vorgetragen hören möchte (vgl. Platon, Phaidros, 228d–e).

103 Vgl. aber die Wortschöpfung in Elias Canetti, Der Ohrenzeuge. Fünfzig Charaktere, Frankfurt/M. 1974 und dazu Susan Sontag, Geist und Leidenschaft: Hüter der Verwandlung. Beiträge zum Werk von Elias Canetti, Frankfurt/M. 1988, 90–111 (103), die Canettis Titel als Ausdruck einer jüdischen Kultur des Hörens gegenüber einer griechischen Kultur des Sehens deutet.

104 Vgl. Waldenfels, Phänomenologie (Anm. 97), 188: «[D]ie Auffälligkeit, die traditionellerweise unter dem Titel der *Aufmerksamkeit* verhandelt wird, reduziert sich […] nicht auf einen Akt des Aufmerkens, also auch nicht auf einen Akt des Hörens, der von jemandem spontan oder gar verantwortlich vollzogen wird. Hörende sind durchaus im Spiel, aber zunächst als jemand, dem oder der etwas widerfährt, den oder die etwas trifft, also im Dativ oder im Akkusativ und nicht im Nominativ eines eigenständigen Akteurs, der als Hörsubjekt installiert ist. Die inzwischen bis in die neurologische Forschung hin akzeptierte ‹Ich-Perspektive› tritt zunächst als ‹Mir-› oder ‹Mich-Perspektive› auf.»

105 Vgl. Waldenfels, Phänomenologie (Anm. 97), 191: «Eben deshalb ist das Pathos des Angesprochenwerdens keineswegs als die Umkehrung eines aktiven Ansprechens zu betrachten. Der Logos erwächst aus dem Pathos in Form eines Sich-angesprochen-Fühlens, das sich niemals völlig in eine identifizierbare Zuschreibung und Rollenverteilung überführen lässt.» Zum «*Ethos* aus *Pathos*» im Anschluss an das Gleichnis vom barmherzigen Samaritaner vgl. Phillip Stoellger, «Und als er ihn sah, jammerte es ihn». Zur Performanz von Pathosszenen am Beispiel des Mitleids: Ingolf U. Dalferth/Andreas Hunziker (Hg.), Mitleid. Konkretionen eines strittigen Konzepts, Tübingen 2007, 289–305 (301).

Die vorangegangenen Bemerkungen galten der Frage, wo wir sind, wenn wir hören. Die Bemerkung Sloterdijks, dass eine Philosophie des Hörens nur als «Theorie des In-Seins» entworfen werden könne, provoziert die Frage nach einem möglichen theologischen Pendant.[106] Wenn sinnvoll von einer *Theologie des Hörens* auf der Basis einer «Theorie des In-Seins» gesprochen werden kann, wäre der *Heidelberger Katechismus* der Sache nach einer ihrer aussichtsreichsten Kandidaten. Dann wäre – in Paraphrase zu Sloterdijk – der Nachweis zu erbringen, dass der *Heidelberger* in der «Innigkeit» im Hören auf Gottes Wort dieses so auszulegen vermag, dass das In-Sein im wachen Glauben seiner Kirche «weltempfänglich wird». Die Pointe des Aufgabenprofils besteht in der subtilen Verschiebung von dem – aus dem reformatorischen *sola scriptura* abgeleiteten – Primat der Schriftauslegung zur Konzentration auf die «Innigkeit» im Hören auf Gottes Wort.[107] Damit ist eine hermeneutische Spitze gesetzt: Hören *ist* – in der «Innigkeit» bzw. im «Mitgehen», oder präziser: in dem Dem-Anderen-Folgen – Verstehen unter dem Eindruck des fremden Anspruchs.

Eine Antwort auf die Frage «Wo sind wir, wenn wir hören?» kommt über die anfängliche Vermutung nicht hinaus: Wir stehen drin, dort, wo die Musik spielt, wo uns das Wort und die Wörter treffen, wo ein Wort das andere gibt, wo wir, ohne aktiv zu sein, zu Beteiligten werden, wo uns unsere Anwesenheit nicht in der «Ich»-, sondern «Mir»- oder «Mich»-Perspektive trifft. Wir hören Gesagtes, das wir verstehen, nicht verstehen oder missverstehen, und wir hören das Sagen, das uns im Raum des Sagens verortet. Das Sagen wird durch die «Innigkeit» im Hören zum Gesagten und das Hören durch die «Innigkeit» im Sagen zum Gehörten. Das In-Sein wird konstituiert durch die Exzentrizität des Anspruchs, der im Überschuss des Sagens gegenüber dem Gesagten und des Hörens gegenüber dem Gehörten begegnet. Sagen und Hören sind vor allem Gesagten und Gehörten – die selbst Symptome dieses Verhältnisses darstellen – verbunden durch das wechselseitig als Ereignis widerfahrene Sagen und Hören.

106 Der Gedanke einer Theologie des Hörens als Theorie des In-Seins legt eine Reihe von Bezügen nahe, etwa auf Karl Barths Bestimmung von Theologie als eine Funktion der Kirche oder auf Dietrich Ritschels Story Konzept, nach dem doxologische Sätze «*aus dem ‹Drin-Stehen› in der Story und aus der Gegenwart Gottes*» erwachsen (ders., Zur Logik der Theologie. Kurze Darstellung der Zusammenhänge theologischer Grundgedanken, München 1984, 337).

107 Es kann darüber spekuliert werden, ob sich in dem ursprünglichen Verzicht auf die Randverweise im *Heidelberger* und ihrer nachträglichen redaktionellen Einfügung genau jene Differenz widerspiegelt.

5. Zwischenüberlegung – 1, 2, 3/4

Der Versuch, den *Heidelberger Katechismus* beim Wort zu nehmen, hat das Anstössige seiner sprachlichen und formalen Komposition aufblitzen lassen. Er lädt dazu ein, eingefleischte theologische Grammatiken quer zu lesen und zu hinterfragen. Besondere Aufmerksamkeit verdient die Art und Weise, wie die Aktiv-Passiv-Diathese von göttlichem und menschlichem Handeln «zu Wort» kommt. Sie spiegelt sich nicht nur in einer Fülle sprachlicher Wendungen wider,[108] sondern auch in der Dialogstruktur des Textes, der die pathische Dimension des Hörens als Bedingung gelingenden Fragens und Antwortens in den Vordergrund rückt. Diese Spur führt schliesslich zur Titelfrage danach, wo wir sind, wenn wir fragen.

Der von Sloterdijk ausgeliehene Begriff der Innigkeit fungierte bisher als eine Art Platzhalter, der zwar viele Assoziationen zulässt, aber weder zum philosophisch noch theologisch gebräuchlichen Inventar gehört.[109] ‹Innigkeit› prädiziert ein Verhältnis: entweder die Dreieinigkeit Gottes oder die Verbundenheit zwischen Menschen. Das disjunktive «Oder» signalisiert:

108 Vgl. etwa die Formulierungen in Antwort 1: «Dass ich [...] gehöre. [...] Darum macht er mich auch [...] gewiss»; Antwort 12: «darum müssen wir für unsere Schuld [...] durch einen anderen vollkommen bezahlen»; Antwort 18: «zur vollkommenen Erlösung und Gerechtigkeit geschenkt ist»; Antwort 21: «auch ein herzliches Vertrauen, welches der Heilige Geist durchs Evangelium in mir wirkt»; Antwort 27: «und alles andere uns [...] aus seiner väterlichen Hand zukommt»; Antwort 28: «dass uns nichts von seiner Liebe scheiden will»; Antwort 33: «Wir aber sind um seinetwillen [...] angenommen»; Antwort 37: «und uns Gottes Gnade [...] erworben»; Antwort 44: «Damit wird mir zugesagt»; Antwort 46: «und ist dort uns zugut»; Antwort 53: «Er ist auch mir gegeben»; Antwort 66: «um uns durch ihren Gebrauch [...] zu versiegeln»; Antwort 70: «sodass wir je länger je mehr der Sünde absterben»; Antwort 79: «All sein Leiden und sein Gehorsam sind uns so gewiss zugeeignet»; Antwort 89: «Sich die Sünde von Herzen leid sein lassen»; Antwort 129: «Denn mein Gebet ist von Gott viel gewisser erhört, als ich in meinem Herzen fühle, dass ich dies alles von ihm begehre».

109 Der Ausdruck «Innigkeit» begegnet *grosso modo* in vier theologischen Zusammenhängen: in der Mystik als Ausdruck der Verbundenheit des Menschen mit Gott, trinitätstheologisch zur Bezeichnung der Identität des dreieinigen Gottes, ekklesiologisch-eschatologisch als Merkmal der *communio sanctorum* (Joh 17,21) und schliesslich anthropologisch-ethisch als Synonym für menschliche Intimität. So bestimmt Eilert Herms (Liebe, Sexualität, Ehe. Unerledigte Themen der Theologie und der christlichen Kultur: ders., Zusammenleben im Widerstreit der Weltanschauungen, Tübingen 2007, 391–431 [391]) Innigkeit als deutsches Äquivalent zum Begriff der Intimität, der «die ‹intima› der Person, den ursprünglichen Kern ihres Selbstseins anspricht»; vgl. auch Konrad Stock, Gottes wahre Liebe, Tübingen 2000, 279–313.

Innigkeit gibt es hier oder dort, aber nicht – jedenfalls nicht ohne weiteres – dazwischen. Das «Oder» verweist auf die Notwendigkeit eines *tertium comparationis*, damit die beiden Seiten miteinander in Verbindung treten können. Theologisch kommt diese Rolle dem Glauben schaffenden Heilshandeln Gottes in Jesus Christus zu. Somit rückt der Glaube (in der Einheit von *fides qua* und *fides quae creditur*) in den Mittelpunkt der kirchlichen Praxis und des christologischen, trinitätstheologischen, soteriologischen, eschatologischen, ekklesiologischen oder theologisch ethischen Interesses. So liesse sich holzschnittartig die traditionelle theologische Versuchsanordnung skizzieren. Gott handelt durch seinen Geist, wirkt den Glauben, der die Menschen neu schafft und sie zu einem Leben in der Gemeinschaft mit Gott befähigt. Die trinitätstheologischen Bestimmungen Gottes kehren in der prozesshaften Modellierung seines Heilshandelns wieder. Bezeichnend für diesen typischen Dreischritt ist sein Aktivitätsmodus, der – wie oben beispielhaft gezeigt – auch in der Metapher vom «antwortenden Glauben» in der «Glaubenskommunikation» vorausgesetzt wird. Das ist kein Zufall, sondern entspricht dem sichtbaren Teil eines durchgängigen Ordnungsprinzips, einer gemeinsamen «europäische[n] Organisationsform des Denkens»: die *Quaternio* aus der *Trias*:[110]

> «Dieses Muster hat die simple Form einer in sich abgeschlossenen Dreiheit von Elementen, zu denen eine vierte Grösse hinzutritt; die Trias also ist vollständig, sie bedarf jedoch einer weiteren Komponente, sei es nun als ihres Fundaments, sei es als ihrer Verknüpfung mit der Wirklichkeit, als eines Impulses der Bewegung oder aus einem anderen Grund. Die einfache Formel […] lautet: 1, 2, 3 / 4.»[111]

Literarisch gesprochen geht es dem *Heidelberger Katechismus* – analog zur Dramaturgie in Alexandre Dumas' Klassiker – darum, die theologischen «Drei Musketiere» – die im Roman die drei gesellschaftlichen Stände des Geistlichen, Soldaten und Bürgers repräsentieren – mit der reformatorisch

110 Vgl. Reinhard Brandt, D'Artagnan und die Urteilstafel. Über ein Ordnungsprinzip der europäischen Kulturgeschichte 1, 2, 3/4, München 1998, 15.

111 Brandt, D'Artagnan (Anm. 110), 15. Ein unmittelbar einsichtiges Beispiel sind Kants philosophische Fragen: «Was kann ich wissen?», «Was soll ich tun?», «Was darf ich hoffen?», die auf die vierte Frage «Was ist der Mensch?» hin ausgerichtet sind (Immanuel Kant, Logik: ders., Werke, Ed. Weischedel, Bd. IV, Darmstadt 1983, A 25); vgl. die Anfangsfrage des Sokrates in: Platon, Timaios, 17a: «Eins, zwei, drei! Wo aber, mein lieber Timaios, blieb uns der vierte der gestrigen Gäste und heutigen Gastgeber?»; Johann Wolfgang von Goethe, Faust. Eine Tragödie: Goethes Werke. Hamburger Ausgabe, Bd. 3, München 1998, 8186–8189: «Drei haben wir mitgenommen / Der vierte wollte nicht kommen; / Er sagte, er sei der Rechte, / der für sie alle dächte.»

zentralen Figur des d'Artagnan – der nicht in die Ordnung passt – zusammenzubringen. Wie der vierte Romanheld zum Erfolgsgaranten der Mission der drei Freunde wird, begegnet im *Heidelberger* die Entfaltung des dialogischen Ereignisses – in der Innigkeit des Hörens – als theologischer Ermöglichungsgrund des Gesprächs über den Glauben (und seine Vermittlung). Das Rettende ist hier wie dort das Fremde, das von aussen kommt. Es gehört nicht zur Kommunikationsgemeinschaft – im Gegenteil: zunächst sorgt es für ärgerliche Störungen, anschiessend für empfindliche Irritationen und erst dann für zustimmendes Vertrauen.[112]

In der Antwort auf die Frage 1 nach *deinem* einzigen/einigen Trost, dass *ich* nicht *mir* gehöre, sondern *meinem* getreuen Heiland Jesus Christus, begegnet dieser Zusammenhang in grösster Verdichtung. Es geht nicht darum, die Antwort zu wissen. Der *Heidelberger* zeigt kein Interesse an einem theoretischen Wissen (sehenden Auges) über Vorhandenes (Erkanntes) in der Welt (der Erkennenden). Sein Erkenntnisinteresse kann – im Anschluss an Johannes Fischer – als «praktische Erkenntnis» beschrieben werden, die «den oder die *Erkennenden* lokalisiert in dem Raum des Erkannten».[113] Wie üblich für den *Heidelberger*,[114] folgt auf das ansprechende «Du» in der Frage ein antwortendes «Ich», das – gemäss der Dialoglogik des Katechismus – im «Hören auf ...» zum Sprechen kommt und darin zum «Ich»-sagenden Subjekt wird. Das «Ich» der Hörerin oder des Hörers wird im «Hören auf ...» und Nachsprechen von dem «Ich» in der Antwort konstituiert. Dieser Prozess

112 Theologisch formuliert: Das *verbum externum* gehört nicht in den Raum menschlicher Kommunikation, sondern steht «in scharfem Gegensatz zur Tendenz der neuzeitlichen Subjektivität [...], auch noch ihre Vorgabe in sich selbst *hineinzunehmen* oder sie immer schon in sich – und sei es im Gefühl schlechthinniger Abhängigkeit – vorzufinden» (Bernd Wannenwetsch, Lob der Äusserlichkeit. Evangelische *praxis pietatis* als gottesdienstliche Frömmigkeit: von Lüpke/Thaidigsmann [Hg.], Denkraum [Anm. 10], 387–413 [388]). Wannenwetsch formuliert im Anschluss an Oswald Bayer, Leibliches Wort (Anm. 58), 60, der sich gegen eine Korrelation von «äusserem» und «inneren Wort» mit Hilfe der Modalitäten von «Möglichkeit» und «Wirklichkeit» (etwa bei Eilert Herms) wendet: «Das ‹äusserliche› Kommen Gottes zu uns ist als Selbstmitteilung etwas grundlegend anderes als eine erst noch zu ratifizierende und sich verwirklichende Ermöglichung; sie ist Ermächtigung. Das Evangelium, dynamis theou (Röm 1,16), ist auch als ‹äusseres Wort› nicht eine Verwirklichung erstrebende Möglichkeit, sondern Macht.»

113 Fischer, Theologische Ethik (Anm. 95), 18. Und der theologische Ethiker fährt fort: «Praktische Erkenntnis ist m. a. W. diejenige Erkenntnis, in der unser In-der-Welt-Sein, d. h. unser Sein im Raum der *Anwesenheit* bzw. *Abwesenheit* anderer, begründet ist. Von ihr hängt ab, in was für einer Welt wir lokalisiert sind.»

114 Vgl. Frage/Antwort 2.5.26.32.52.53.54.56–61.69.75.

muss nicht chronologisch verstanden werden.[115] Die Pointe besteht in der Zurückweisung eines hörenden «Ich»(-Subjekts) als Bedingung der Möglichkeit des «Hörens auf ...». Das «Ich» hört nicht, sondern begegnet sich – grammatisch falsch, aber sachlich richtig: als «Mich» – *im Hören* (nicht: es hört *sich* selbst, sondern: es hört *mich*). «Nicht mehr ich lebe, sondern Christus lebt in mir» (Gal 2,20).

Das Ereignis im «Hören auf ...» bildet die gesuchte vierte Grösse, die die dreigliedrige Aktivitätsordnung sprengt, ohne sie umzukehren oder komplementär zu vervollständigen. Es ist weder das Gegenteil zu den anderen Aspekten noch der letzte Stein eines ansonsten vollständigen Puzzles. Das Ereignis im «Hören auf ...» bildet das Glaubensfundament aus dem Pathos des Hörens, für das der theologische Begriff der Innigkeit reserviert werden kann.

6. «Lesen und lesen lassen!»[116]

Im Grunde ist der Frage-Antwort-Dialog des *Heidelbergers* eine einzige Unverschämtheit. Die Hörer und Leserinnen werden mit Fragen konfrontiert, sie werden angesprochen und in Anspruch genommen, ohne dass auch nur das geringste Interesse an ihren Antworten besteht, geschweige denn ihre Antwort überhaupt abgewartet wird. Der antwortende Igel ist dem befragten Hasen notorisch voraus. Dieser Befund gehört zu den Kernbeständen theologischer Einsichten:

> «Früher als die Frage ist das Sein. Um fragen zu können, muss der Mensch hören und gehört haben. Fragen erwachsen aus Antworten. Früher – und auch wiederum später – als die Frage ist zum Beispiel das Lied, der Gesang, die Erzählung. Früher

115 Zur zeitlichen Dimension vgl. den Beitrag von Marco Hofheinz in diesem Band.

116 Odo Marquard, Frage nach der Frage, auf die die Hermeneutik die Antwort ist: ders., Zukunft braucht Herkunft. Philosophische Essays, Stuttgart 2003, 72–101 (72). Hinter diesem *bonmot* steckt ein hermeneutisches Programm, das der Giessener Philosoph mit Bezug auf Gal 2,20a formuliert: «Ich interpretiere den Text, aber in Wirklichkeit interpretiert der Text mich [...]. Wo diese merkwürdige und bemerkenswerte Subjekt-Objekt-Vertauschung – diese so nur angedeutete hermeneutische Inversion – stattfindet: da ist – meine ich – keine Unverbindlichkeit, und zwar auch dann nicht, wenn dieser Text ständig unverstanden wird, weil er dabei mich selbst umversteht.» (ders., Schwacher Trost: Manfred Fuhrmann/Hans Robert Jauss/Wolfhart Pannenberg [Hg.], Text und Applikation, München 1981, 117–123 [122]).

als die Frage ist die Einweisung (vgl. Gen 2,16 f. mit 3,9 f.). Früher als die Frage ist das Einverständnis.»[117]

Dem entspricht der biblische Befund. Die erste Frage nach dem Menschen stellt nicht der Mensch, sondern Gott: «Aber der HERR, Gott, rief den Menschen und sprach zu ihm: Wo bist du?» (Gen 3,9)[118] Nur wer die Antworten kennt, kann sich auf die dünnen Äste des Fragens herauslassen. Dass dem Fragen ein Antworten vorausgeht, das überhaupt erst zum Fragen Anlass gibt, ist nicht nur eine erfahrungsgesättigte Tatsache, sondern hat häufig etwas Erleichterndes und Entlastendes:

«Wir müssen die Antwort also nicht *erfinden*, wir *finden sie* vielmehr *vor* – in der Schrift. [... Aber] wenn wir von einer Erfindung der Antwort wie der Frage entlastet sind, warum müssen die Fragen dann noch einmal beantwortet werden?»[119]

Die Frage lässt sich nicht abweisen, vor allem für die Generationen, die das Gefragte kannten und wussten, was darauf zu antworten war, weil sie den *Heidelberger* auswendig rezitieren konnten. Es kann also nicht darum gehen, die Antworten zu wiederholen, noch einmal aus dem Gedächtnis aufzusagen und eventuell auftretende Wissenslücken zu füllen. Diese Vorstellung würde sich lediglich in den Kreisläufen defizitorientierter, kompensatorischer Frage-Antwort-Ordnungen bewegen. Die Frage angesichts der Fragen des *Heidelbergers* richtet sich nicht auf das «noch einmal». Die Provokation besteht vielmehr darin: Wir *wissen die Antworten*, aber *hören* wir auch *das Antworten*?

Das Hören einer Antwort setzt voraus, dass sie erwartet wird. Wer keine Antwort erwartet, wird auch keine hören, denn nichts würde die akustisch

117 Eberhard Jüngel, Der Gott entsprechende Mensch. Bemerkungen zur Gottebenbildlichkeit des Menschen als Grundfigur theologischer Anthropologie: ders., Entsprechungen: Gott – Wahrheit – Mensch. Theologische Erörterungen, 3., erw. Aufl., Tübingen 2002, 290–317 (296).

118 Für Aron R. Bodenheimer (Warum? Von der Obszönität des Fragens, Stuttgart ^{5}1999, 72 f.) kommt mit dieser Szene «zum ersten Mal das Fragen ins Bewusstsein des Menschen: das Fragen als zunächst unverhülltes Beschuldigen; als Präludium des Paradiesfluches. Als Beginn der Geistesgeschichte». Und er fährt fort: «Ohne Fragen gibt es nun freilich auch kein Befragtwerden. Zur menschlichen Grundverfassung: der Scham, deren physiologisches Korrelat das Erröten ist, gehört somit beides. Und dies macht auch die Situation der Obszönität aus, welche der Unschuld erwächst – dem Wissen: wir sind nackt; dem Umstand mithin, dass wir uns eine Blösse gegeben haben: die Blösse der Erkenntnis, [...] das ist die Furcht aller Erkenntnis, bei Ödipus gleichwie bei Adam und Eva: Erkenntnis ist allemal ein Vorgang, welcher zur Beschämung führt.»

119 Frettlöh, Trost (Anm. 17), 32.

hörbare Äusserung zu einer Antwort machen. Antworten auf nicht gestellte Fragen sind nicht nur überflüssig, es gibt sie im eigentlichen Sinne gar nicht, weil ihnen jede Resonanz auf eine Fraglichkeit abgeht. Umgekehrt müssen Befragte auch die Fragen erwarten, sonst fehlt ihnen eine Andockstelle für ihre Antworten. Weil Fragen also ihrerseits resonanzabhängig sind, bewegen sie sich notwendig im Kreislauf vorliegender Antworten. Eben: «Grenze des Hörsinns. – Man hört nur die Fragen, auf welche man im Stande ist, eine Antwort zu finden».[120]

Dass Nietzsche mit dieser Bemerkung zugleich ein zentrales theologisches Problem – eigentlich: das zentrale Problem von Theologie überhaupt – anspricht, verdeutlicht Karl Barths Kritik an der Begründung der Prädestinationslehre Calvins aus der Erfahrung:

> «Wo die gewisse Statik dieses Erfahrungsbildes [von Calvins Realitätswahrnehmungen der kleinen ‹Herde der Richtigen› und dem grossen ‹Heer der Canaille im Raume der Kirche selber› (ebd.); F. M.], verstärkt durch den Affekt eines so klugen und entschiedenen Sehens, wie es das Calvins gewesen ist, den Ausgangsort des Nachdenkens über Gottes Gnadenwahl bilden darf, da kann die Schrift offenbar nicht mehr frei sagen, was sie sagen will. Sie kann dann nur noch antworten auf das, wonach sie vom Menschen gefragt ist. Sie will uns aber mit ihren Antworten allererst auch die richtigen Fragen an die Hand geben.»[121]

Der Basler Theologe bedient sich – wie der *Heidelberger* etwa in Antwort 87 und 93 (s. o.) – einer anthropomorphen Wendung für seine Differenzmarkierung zwischen dem Offenbarungscharakter der Schrift und der erfahrungskontaminierten Deutung des Genfer Reformators. Das Fragliche hinter den Fragen protestiert gegen eine beruhigte Hermeneutik, die ihre Rechnung ohne die «Unruhe»[122] des Sagens des göttlichen Wortes macht: Kann die Schrift «frei sagen, was sie sagen will»? In dieser bibeltheologischen Frage begegnet die den *Heidelberger Katechismus* wie ein «roter Faden» durchzie-

120 Vgl. Anm. 40.

121 Karl Barth, Die kirchliche Dogmatik, Bd. II: Die Lehre von Gott. Zweiter Halbband, Zollikon-Zürich 1942, 43.

122 Vgl. Karl Barth, Der Christ in der Gesellschaft: Jürgen Moltmann (Hg.), Anfänge der dialektischen Theologie. Teil I: Karl Barth, Heinrich Barth, Emil Brunner, 2., erw. Aufl., München 1966, 3–37 (13): «Die Unruhe, die uns Gott bereitet, muss uns zum ‹Leben› in kritischen Gegensatz bringen, kritisch im tiefsten Sinn zu verstehen, den dieses Wort in der Geistesgeschichte gewonnen hat. Es entspricht dem Wunder der Offenbarung das Wunder des *Glaubens*. Gottes*geschichte* ist auch diese Seite der Gottes*erkenntnis*, und wiederum kein blosser Bewusstseinsvorgang, sondern ein neues Müssen von oben her.»

hende Frage nach dem Subjekt des Sagens. Vor jeder Antwort darauf, was *uns* die Schrift zu sagen hat, steht die Frage danach, was *er* uns in *seinem* Wort sagen will.[123] Die Unterscheidung verweist nicht auf alternative hermeneutische Programme, sondern – ganz im Sinne des *Heidelbergers* – auf einen Subjektwechsel: die Gebundenheit der Theologie

> «an die Erinnerung, dass ihr Objekt *zuvor Subjekt* gewesen ist und immer wieder werden muss – was mit ‹Erfahrung› und ‹Erlebenis› an sich *gar* nichts zu tun hat».[124]

Anstelle einer reflexartigen Fixierung auf (vermeintliche) Antworten auf unsere Fragen gilt es, mit, in und aus der Schrift *unser* Fragen hören zu lernen, zu dem uns *ihre* Antworten provozieren. Die theologische Sprachfigur für die «Grenze des Hörsinns», das Steckenbleiben im hermeneutischen Horizont eigener Fragen, lautet bei Dietrich Bonhoeffer (im Anschluss an Luther): «cor curvum in se. Das Ich bleibt wirklich bei sich».[125] Die «Erfahrung des gänzlichen In-sich-selbst-gekehrt-seins, -beharrens, -ruhens»[126] bildet sozusagen die Alternative (nicht das Gegenteil) zum eben skizzierten «In-Sein» im Hören.

Deshalb noch einmal zurück: Präsentiert der *Heidelberger Katechismus* am Ende nicht doch Antworten auf nicht gestellte Fragen? Sind es tatsächlich wir, die dort fragen?[127] Also nicht: Kennen wir die Fragen?, sondern: *Fragen*

123 Diese Haltung spiegelt sich vielleicht auch in der jetzt prominenten Stellung der nachträglich eingefügten Randstellen im *Heidelberger* (vgl. Anm. 106) wider.

124 Karl Barth, Fünfzehn Antworten auf Herrn Professor von Harnack: Moltmann (Hg.), Anfänge (Anm. 122), 325–329 (325 f.).

125 Dietrich Bonhoeffer, Antrittsvorlesung: Die Frage nach dem Menschen in der gegenwärtigen Philosophie und Theologie: ders., Barcelona, Berlin, Amerika 1928–1931, DBW 10, München 1991, 357–378 (369); vgl. Christiane Tietz-Steiding, Bonhoeffers Kritik der verkrümmten Vernunft. Eine erkenntniskritische Untersuchung, Tübingen 1999.

126 Dietrich Bonhoeffer, Akt und Sein, DBW 2, München 1988, 35.

127 Vgl. Bayer, Sokratische Katechetik (Anm. 58), 128–130, im Anschluss an Johann-Georg Hamann: «Gefragt wird nicht: Was ist Jesus Christus? Gefragt wird vielmehr: Wer ist Jesus Christus? Nicht ich frage so. Ich werde so gefragt. Ich werde von eben dem gefragt, nach dem gefragt wird, von Jesus Christus selbst. Es handelt sich um eine Sokratik, die dem Ausgelegtwerden dessen dient, der fragt. [...] ‹Selbstprüfung› heisst für Hamann zuallererst, nicht selbst zu prüfen, sondern selbst geprüft zu werden, selbst gedacht zu werden, selbst verstanden zu werden – eben von dem, der fragt. Wie er uns fragt und ‹wie er uns denkt, dazu werden wir, weil seine Gedanken Schöpfungen [...] und Wunderthätig sind›; als Autor der Fragen ist Gott unser Schöpfer.»

wir? Es spricht einiges dafür, die Aussage in Antwort 129 über unser Begehren auch auf unser Fragen zu beziehen: Gott hört viel gewisser mein Fragen, als ich mir meinem Fragen und meiner Fraglichkeit bewusst bin. Wenn die Paraphrase zutrifft, muss allerdings die Titelfrage revidiert werden. Dann kann es nicht mehr darum gehen, wo wir sind, wenn wir fragen, sondern darum, wo der Ort ist, an dem wir unserem Fragen begegnen. Bei allem Gewicht und aller Wichtigkeit der Antworten, die der *Heidelberger Katechismus* zu bieten hat, liegt ihm – und lag seinen Autoren – nicht nur daran, uns antwort- und definitionsfähig, sondern vor allem, uns hörend zu machen für das Fragen, das uns von aussen trifft und allein im Hören zu *unserem* Fragen wird. «[L]ass mich so / still und froh / deine Strahlen fassen / und dich wirken lassen»[128] – das gilt auch für das Fragen.

128 Gerhard Tersteegen, Gott ist gegenwärtig, RG 162, 5. Strophe.

III. Ökumenische Fragen

Kurt Cardinal Koch

Der Heidelberger Katechismus in katholischer Sicht heute

Das 450-Jahr-Gedenken des Erscheinens des *Heidelberger Katechismus* stellt ein Buch in den Mittelpunkt, das damals seinen entschiedenen Kontrahenten im römischen Katholizismus gesehen hat. Wenn zu diesem Buch in katholischer Sicht heute Stellung genommen werden soll, muss zwischen der damaligen Entstehungssituation, die von Auseinandersetzung und Konflikt geprägt gewesen ist, und der heutigen Situation nach beinahe fünfzig Jahren intensiven ökumenischen Dialogs der Katholischen Kirche mit den aus der Reformation hervorgegangenen Kirchen und kirchlichen Gemeinschaften unterschieden werden. Dies bedeutet auf der einen Seite, dass auch die lange Wirkungsgeschichte des so genannten *Heidelbergers* berücksichtigt werden muss,[1] der ursprünglich der Katechismus der Pfälzer Landeskirche gewesen, von der grossen Synode von Dordrecht in Holland im Jahre 1619 von den versammelten Vertretern der reformierten Kirchen als «einhellig gebilligtes Bekenntnisbuch» anerkannt,[2] seither in ungefähr vierzig Sprachen übersetzt worden ist und zweifellos das am meisten verbreitete Bekenntnis der reformierten Konfessionsfamilie darstellt. Der genannte Unterschied zwischen damals und heute bedeutet auf der anderen Seite, dass gemäss der Grundregel des ökumenischen Dialogs zunächst dargelegt werden soll, was uns gemeinsam ist und uns verbindet, um erst von daher die verbleibenden Differenzen zu benennen und sie dem weiteren ökumenischen Dialog zu übergeben.

1 Vgl. Hans-Georg Ulrichs, «Akkurat orthodox», doch von «relativer Autorität». Wirkungsgeschichten des Heidelberger Katechismus: Martin Heimbucher/ Christoph Schneider-Harpprecht/Aleida Siller (Hg.), Zugänge zum Heidelberger Katechismus. Geschichte – Themen – Unterricht, Neukirchen-Vluyn 2012, 65–76.

2 H.F. Gerhard Goeters, Zur Geschichte des Katechismus: Der Heidelberger Katechismus. Neubearbeitung der Jubiläumsausgabe 1963, hg. von der Lippischen Landeskirche und der Evangelisch-reformierten Kirche in Nordwestdeutschland, 109–115 (115).

1. Ein Katechismus im Dienst verbindlichen Bekennens

An erster Stelle legt es sich nahe, den Charakter als Katechismus in den Mittelpunkt der Aufmerksamkeit zu stellen. Damit reiht sich der *Heidelberger* in eine grosse Linie sowohl in der katholischen als auch in der reformatorischen Tradition ein. Er weist dabei aber auch eine spezifische Eigenart auf. Im Unterschied zu vielen Katechismen, die einer synthetischen Anordnung folgen, in der das Glaubensbekenntnis, die Liturgie der Sakramente, die Zehn Gebote und das Gebet vor allem des Vaterunsers aufeinanderfolgen, kommen diese vier Grundthemen zwar auch im *Heidelberger Katechismus* vor, freilich in einer analytischen Anordnung, die den ganzen Inhalt aus der zentralen ersten Frage entfaltet: «Was ist dein einziger Trost im Leben und im Sterben?» In der Antwort auf diese erste Frage ist in nuce gleichsam alles enthalten, was der Katechismus lehren will, nämlich das Ganze des Christseins. Weil es um den «einzigen Trost im Leben und im Sterben» geht, steht ganz entschieden der Mensch im Mittelpunkt, freilich nicht isoliert und um seiner selbst willen, wird doch in der Antwort die Zusage und Zumutung gegeben, «dass ich mit Leib und Seele im Leben und im Sterben nicht mein, sondern meines getreuen Heilands Jesu Christi eigen bin». Mit Otto Weber lässt sich deshalb die Grundausrichtung des *Heidelberger Katechismus* dahingehend charakterisieren, dass «der ‹anthropozentrische›, den Menschen in die Mitte rückende Grundzug sogleich in den ‹christozentrischen›» übergeht: «Christus ist die Mitte, und darum kann der Mensch in die Mitte rücken.»[3]

Diese christozentrisch fundierte Anthropozentrik durchzieht wie ein roter Faden die drei Teile des *Heidelberger Katechismus*. Der erste Teil will den Menschen zur Erkenntnis führen oder wohl besser: überführen, dass er, wenn er sein eigenes Elend betrachtet, ein zutiefst trostbedürftiger Mensch ist. Der zweite Teil formuliert die Glaubensantwort auf diese existenzielle Situation und zeigt des Menschen Erlösung aus seinem Elend auf im Glauben an den dreifaltigen Gott und innerhalb des ganzen trinitätstheologischen Ansatzes im Glauben an den stellvertretenden Opfertod Jesu Christi am Kreuz. Und im dritten Teil werden die Konsequenzen aus dem Erlösungsgeschehen gezogen, indem die Ethik und die für die Reformationszeit charakteristische Frage nach den guten Werken in der Grundhaltung der Dankbarkeit zusammengefasst werden, wobei es sich bei der Dankbarkeit um eine eigent-

3 Der Heidelberger Katechismus, hg. von Otto Weber, Gütersloh 1978, 8.

liche Lebensform handelt, die ein Leben «nicht allein nach einigen, sondern nach allen Geboten Gottes» einschliesst[4] und ihr «vornehmstes Stück» im Gebet hat[5].

In allen drei Teilen findet man gemeinchristliches Glaubensgut, das sich vor allem in der starken Verwurzelung des Katechismus in der Heiligen Schrift anzeigt. Bei jeder Frage sind am Rande Verweise auf die Heilige Schrift angegeben, um die Übereinstimmung des Katechismus mit der Heiligen Schrift nachzuweisen, und zwar auf explizite Anordnung des Kurfürsten Friedrich III., der sich selbst durch ein stetiges und gründliches Lesen der Bibel ausgezeichnet hat. Auf der anderen Seite ist der Katechismus von einer charakteristisch reformatorischen Note geprägt, nämlich von einer durchgehenden Zuspitzung aller Glaubensaussagen auf das «pro me», das in der permanenten Frage nach dem Trost und dem Nutzen der einzelnen Heilsereignisse und des Erlösungsgeschehens überhaupt zum Ausdruck kommt. Die immer wieder gestellte Frage «Was für Nutzen bekommen wir?» verweist auf die grundlegende providentia-Frömmigkeit, von der der Katechismus geprägt ist, ohne sie freilich in calvinistischer Sinnrichtung in eine Prädestinationslehre oder gar in die Annahme einer doppelten Prädestination zuzuspitzen.

Die providentia-Frömmigkeit, in der der Heidelberger Kirchenhistoriker Christoph Strohm eine «für den reformierten Protestantismus charakteristische Grundentscheidung» erblickt,[6] bringt es freilich mit sich, dass im Mittelpunkt des *Heidelberger Katechismus* die persönliche Existenz des einzelnen Menschen steht, während die Ekklesiologie eher marginal ausfällt, wobei ein relativ starker Akzent auf das «Amt der Schlüssel» in der Kirche gelegt wird.[7] Dieser Akzent dürfte auch damit zusammenhängen, dass bei der Einführung des *Heidelberger Katechismus* durch den Kurfürsten Friedrich III. nicht nur der Wille wegleitend gewesen ist, den vielfältigen Lehrstreitigkeiten, die damals in der kurpfälzischen Kirche geherrscht haben, ein Ende zu bereiten, sondern dass auch innenpolitische Gründe massgebend gewesen sind, insofern der Kurfürst mit dem Katechismus und dem in ihm enthaltenen Wertekanon eine «einheitliche, gesellschaftliche Ausrichtung

4 Frage 114.

5 Frage 116.

6 Christoph Strohm, Der Heidelberger Katechismus. Historischer Kontext und theologisches Profil: Helmut Schwier/Hans-Georg Ulrichs (Hg.), Nötig zu wissen. Heidelberger Beiträge zum Heidelberger Katechismus, Heidelberg 2012, 3–17 (15).

7 Fragen 82–85.

innerhalb der Kurpfalz» angestrebt hat, was man auch in der Tatsache bestätigt sehen kann, dass der Katechismus gegen Ende 1563 ein integrativer «Bestandteil der neuen für die Untertanen verbindlichen Pfälzer Kirchenordnung» geworden ist.[8]

2. Katholische Beleuchtung des Heidelberger Katechismus

Von daher stellt sich die Frage, welche Verbindlichkeit und Autorität dem *Heidelberger Katechismus* im reformierten Protestantismus heute zugesprochen wird. Diese Frage ist für die ökumenische Diskussion von grundlegender Bedeutung, weil es einen grossen Unterschied ausmacht, ob man zu einem einzelnen Theologen, und sei es selbst einem Reformator, oder zu einem kirchlichen Bekenntnis aus ökumenischer Sicht Stellung nehmen muss. Da es sich bei einem Bekenntnis gleichsam um die «corporate identity» einer Konfessionsfamilie handelt, hängt eine ökumenische Stellungnahme wesentlich vom Stellenwert ab, den es in der betreffenden Kirche oder kirchlichen Gemeinschaft selbst innehat. Im Blick auf die ökumenische Bedeutung des *Heidelberger Katechismus* muss deshalb dieselbe Voraussetzung in Erinnerung gerufen werden, die Papst Benedikt XVI. im Zusammenhang der in den siebziger und achtziger Jahren geführten Diskussion um eine mögliche Anerkennung der *Confessio Augustana*, der grundlegenden Bekenntnisschrift des Luthertums, durch die Katholische Kirche namhaft gemacht hat, dass nämlich eine katholische Anerkennung des Augsburgischen Bekenntnisses ihre evangelische Anerkennung voraussetzt, nämlich die Anerkennung dessen, dass hier Kirche als Kirche lehren kann und lehrt: «Die evangelische ‹Anerkennung› wäre in jedem Fall die erste innere Voraussetzung einer katholischen Anerkennung und zugleich ein geistlicher Vorgang, der ökumenische Realität schaffen würde.»[9] Die grosse Bedeutung, die der 450-Jahr-Feier des Erscheinens des *Heidelberger Katechismus* beigemessen wird, lässt darauf schliessen, dass diesem Bekenntnistext auch im

8 Andreas Mühling, «Vornehmstes Stück unseres Regimentes». Die Entstehung des Heidelberger Katechismus: Heimbucher/Schneider-Harpprecht/Siller (Hg.), Zugänge (Anm. 1), 51–57 (55).

9 Joseph Kardinal Ratzinger, Klarstellungen zur Frage einer «Anerkennung» der Confessio Augustana durch die katholische Kirche: ders., Theologische Prinzipienlehre. Bausteine zur Fundamentaltheologie, München 1982, 230–240 (235).

heutigen reformierten Protestantismus Autorität zukommt und Verbindlichkeit zugesprochen wird; und unter dieser Voraussetzung soll er jetzt in katholischer Sicht heute näher betrachtet werden.

2.1 Scharfe Polemik gegen die katholische Messe

Von der Geschichte und vom Text her legt es sich nahe, bei der ökumenischen Auseinandersetzung mit dem *Heidelberger Katechismus* mit dem Abschnitt «Vom heiligen Abendmahl Jesu Christi» zu beginnen, in dem sich die schärfste Polemik gegen die katholische Messe findet, die als papistische «vermaledeite Abgötterei» abqualifiziert wird. Diese ausgesprochen polemische Abgrenzung des reformierten Abendmahlsverständnisses von der katholischen Messe im *Heidelberger Katechismus* ist freilich erst in der zweiten und in einer nochmaligen Zuspitzung in der dritten Ausgabe des Katechismus hinzugefügt worden, und zwar auf ausdrückliche Anordnung durch den Kurfürsten Friedrich III., der sich gemäss seinem Selbstverständnis als Herrscher für die Geltung der Gebote der ersten und der zweiten Tafel des Dekalogs verantwortlich und damit auch verpflichtet wusste, mit eigener Autorität gegen unbiblischen Aberglauben vorzugehen.

Aus der Tatsache, dass die Verschärfung erst im Jahre 1563 hinzugefügt worden ist, hat man geschlossen, dass man sie als energische Reaktion auf die Messopferlehre des Konzils von Trient, genauerhin auf seine im Jahre 1562 diesbezüglich getroffenen Entscheidungen und seine damit verbundenen Anathematismen verstehen müsse. Diese Konsequenz ist zwar keineswegs von der Hand zu weisen, zumal sich der Protest des *Heidelberger Katechismus* nicht nur gegen ein Verständnis der Messe als Opfer und damit in seiner Sicht als menschliches Werk richtete, sondern auch gegen die Anbetung der Gegenwart Jesu Christi in den auch nach der Messe aufbewahrten eucharistischen Elementen von Brot und Wein und gegen die in der damaligen katholischen Kirche üblich gewordene Privat- und Stillmesse des Priesters ohne Beteiligung der Gemeinde.

Auf der anderen Seite darf man aber auch nicht verschweigen, dass die weitere polemische Zuspitzung in den Artikeln über das Abendmahl nicht nur gegen die katholische Kirche gerichtet war, sondern auch gegen das lutherische Verständnis des Abendmahls, wie die heftigen Auseinandersetzungen zwischen Lutheranern und Calvinisten über die Abendmahlslehre an der Heidelberger Heiliggeist-Kirche im Jahre 1559 zeigen, die bis zu öffentlichen Rempeleien ausgeartet waren. Der damalige Streit zwischen dem jungen Wilhelm Klebitz, der an der Heiliggeist-Kirche als Hilfsprediger angestellt gewesen ist und die leibliche und reale Gegenwart Jesu Christi im Abendmahl geleugnet hat, und dem Generalsuperintendenten Tileman Hesgusen, der dagegen heftigen Widerspruch eingelegt hat, konnte nur durch die Amtsenthebung der beiden Kontrahenten beendet werden; dieser Streit hat aber dazu geführt, dass das im *Heidelberger Katechismus* formulierte Abendmahlsverständnis eine stets stärkere zwinglianische und calvinistische Prägung erhalten hat. Der Abendmahlsstreit an der Heidelberger Heiliggeist-Kirche hat insofern eine starke katalysatorische Wirkung auf die Abwendung der Kirche und des Staatswesens des Kurfürsten Friedrich III. von der Lehre Martin Luthers und auf die Hinwendung zum reformierten Protestantismus ausgeübt.

Im Abendmahlsverständnis und überhaupt in der Sakramentenlehre des *Heidelberger Katechismus* lassen sich, wie der Heidelberger Kirchenhistoriker Christoph Strohm mit Recht urteilt, «zwinglianisch-Züricher und calvinisches Erbe» nachweisen und zeigen sich die «Feinheiten der konfessionellen Differenzen» am klarsten.[10] Insofern reflektiert sich im *Heidelberger Katechismus* auch der ungelöste Ausgang der Marburger Religionsgespräche zwischen Martin Luther und Huldrych Zwingli, die auf Betreiben des Landgrafen Philipp von Hessen im Oktober 1529 auf dem Marburger Schloss stattgefunden haben und in denen sich der konfessionelle Streit auf die Abendmahlsfrage zugespitzt hat. Trotz der Versuche zu gegenseitiger Annäherung konnte damals kein Konsens über die wirkliche und wahrhafte Gegenwart Jesu Christi im Abendmahl erreicht werden, so dass Martin Luther abschliessend feststellen musste, dass wir «nicht einerlei Geist» haben, weil sich «unser Geist und euer Geist» nicht zusammen reimen. In der Frage der leiblichen Gegenwart Jesu Christi im Abendmahl sind denn auch Lutheraner und Reformierte in der Geschichte getrennte Wege gegangen und haben bis in die zweite Hälfte des 20. Jahrhunderts keine Abendmahlsgemeinschaft gepflegt.

Abendmahlsgemeinschaft haben die beiden Konfessionsfamilien erst mit der Unterzeichnung der Leuenberger Konkordie im Jahre 1973 aufgenommen, indem sie die bisherigen Lehrdifferenzen dadurch zu überwinden versucht haben, dass sie sie in ihrer kirchentrennenden Relevanz relativiert und sich auf die Minimalformulierung geeinigt haben, dass wir «mit dem Brot» den Leib Christi empfangen. Dabei stellt sich durchaus die Frage, inwieweit

10 Strohm, Heidelberger Katechismus (Anm. 6), 10.

eine solche Minimalformel wirklich trägt oder ob sie nicht dazu führt, dass es im Protestantismus auch heute weiterhin sehr unterschiedliche Antworten auf die Frage nach dem Wesensgehalt des Abendmahls gibt, die von einem bloss symbolischen Verständnis bis zum Bekenntnis einer wirklichen und realen Gegenwart Jesu Christi im Abendmahl reichen. Da es sich bei der Glaubensüberzeugung von der leiblichen Gegenwart Jesu Christi im Abendmahl keineswegs um eine nebensächliche Frage handelt, muss es sich von selbst verstehen, dass sich die Katholische Kirche mit einem solchen Formelkompromiss nicht zufriedengeben kann.

2.2 Die Heilige Messe als Opfer der Kirche

Wie gross in der Reformationszeit die Differenzen zwischen Lutheranern und Reformierten auch gewesen sind, in der Verwerfung der katholischen Messe sind sich Zwingli und Luther freilich weitgehend einig gewesen. Nicht nur hat der *Heidelberger Katechismus* die römische Messe als «vermaledeite Abgötterei» inkriminiert, sondern auch Martin Luther hat in den Schmalkaldischen Artikeln im Jahre 1537 in einer kaum mehr zu überbietenden Schärfe die katholische Messe als «den grössten und schrecklichsten Greuel» disqualifiziert und daraus den Schluss gezogen: «Also bleiben wir ewiglich geschieden und wider einander.» Angesichts dieses vernichtenden Urteils über die katholische Messe auf beiden Seiten drängt es sich auf, in die theologische Auseinandersetzung mit den Aussagen des *Heidelberger Katechismus* über das Abendmahl aus katholischer Sicht einzutreten. Auszugehen ist dabei von der Feststellung, dass der eigentliche Streit auch bei Luther um das katholische Verständnis der Messe als Opfer gegangen ist, in dem er ein menschliches Werk gesehen hat, mit dem die Heilsbedeutung des ein für alle Mal dargebrachten Opfers Jesu Christi am Kreuz geleugnet und durch ein menschliches Opfer ersetzt oder jedenfalls ergänzt werde. In gleicher Weise verurteilt der *Heidelberger Katechismus* die katholische Messe als «vermaledeite Abgötterei», weil in ihr Christus täglich «von den Messpriestern geopfert» werde und deshalb einer «Verleugnung des einzigen Opfers und Leidens Jesu Christi» gleichkomme.[11]

Was das katholische Verständnis der Messe als Opfer betrifft, hat die ökumenische Diskussion in den vergangenen Jahrzehnten zeigen können, dass

11 Frage 80.

es sich bei dieser grundlegenden Glaubensdifferenz weitgehend um ein Missverständnis und beim energischen Protest der Reformatoren gegen dieses Verständnis um eine Verzeichnung des katholischen Eucharistieglaubens handelt, für den das einmalige Kreuzesopfer Jesu Christi in der Eucharistie nicht wiederholt wird und die Messe auch kein neues Opfer ist. Es muss freilich zugestanden werden, dass bei gefährlichen theologischen Strömungen vor allem nach dem Konzil von Trient dem genannten Missverständnis Vorschub geleistet worden ist, weil man zwischen der Eucharistie als Sakrament und der Eucharistie als Opfer unterschieden und dabei betont hat, die Eucharistie sei Sakrament und Opfer, sacramentum et sacrificium. Mit diesem problematischen «et» konnte leicht der Eindruck entstehen, das Messopfer sei zu verstehen als wirkliche, freilich unblutige Wiederholung oder gar Ergänzung des einen und einmaligen Kreuzesopfers Jesu Christi. Weil man die Eucharistie nicht mehr als sakramentales Realsymbol der passio Christi verstehen konnte, musste, wie Kardinal Walter Kasper mit Recht geurteilt hat, «der Opfercharakter der Eucharistie und dessen Verhältnis zum Kreuzesopfer zum schier unlösbaren Problem» werden.[12]

In der ökumenischen Diskussion hat sich demgegenüber die Überzeugung verdichtet, dass die Eucharistie zu verstehen ist als sakramentale Vergegenwärtigung des einen und einmaligen Kreuzesopfers Jesu Christi und die Zuwendung seiner Heilsfrucht an die Gemeinschaft der zum Gottesdienst Versammelten, und zwar im Sinne der biblischen Kategorie des Gedenkens, die auch Eingang gefunden hat in das Römische Hochgebet, in dem es ausdrücklich heisst: «memores igitur offerimus» – «eingedenk opfern wir». In diesem Verständnis sind das Kreuzesopfer Jesu Christi und das Opfer der Eucharistie ein einziges und unteilbares Opfer. Denn es ist derselbe Christus, der sich damals am Kreuz geopfert hat und sich heute in der Eucharistiefeier hingibt, wobei die Kirche keine andere Gabe darbringt als diejenige, die Gott ihr selbst bereitet hat und wobei die Kirche in der Eucharistie ihre Bereitschaft bekundet, sich selbst in diese Darbringung hineinnehmen zu lassen und selbst, wie es im eucharistischen Hochgebet heisst, eine lebendige Opfergabe in Christus» zu werden: «zum Lob deiner Herrlichkeit». Das Opfer der Kirche besteht insofern in der dankbaren Verherrlichung und Verehrung

12 Walter Kasper, Einheit und Vielfalt der Aspekte der Eucharistie. Zur neuerlichen Diskussion um Grundgestalt und Grundsinn der Eucharistie: ders., Theologie und Kirche, Mainz 1987, 300–320 (306).

Gottes im Gedenken seiner grossen Taten und vor allem im Gedenken seiner grössten Tat, nämlich seiner in grenzenloser Liebe vollzogenen Lebenshingabe am Kreuz Jesu Christi.[13]

2.3 Die leibliche Realpräsenz Christi im Abendmahl

Im Rückblick auf die vergangenen ökumenischen Gespräche darf man urteilen, dass sie hinsichtlich des Verständnisses der katholischen Messe als Opfer Christi und als Opfer der Kirche zu einem tragfähigen Konsens führen konnten. Dies lässt sich aber im Blick auf die katholische Überzeugung der leiblichen Realpräsenz Christi in der Eucharistie keineswegs sagen, wie auch aus einer Stellungnahme des Moderamens des Reformierten Bundes hervorgeht. Dieser hat im Jahre 1977 beschlossen, dass in allen zukünftigen vom Reformierten Bund verantworteten Ausgaben des *Heidelberger Katechismus* der Schlussatz bei Frage 80 mit der folgenden Fussnote versehen werden muss: «Der Katechismus spricht hier die harte Sprache des Kampfes, der in der Reformationszeit um die rechte Lehre geführt wurde. Der Gegensatz der Auffassungen über die römisch-katholische Messe und das evangelische Abendmahl besteht auch heute noch. An die Stelle der Verdammung ist aber das ökumenische Gespräch zwischen den Kirchen getreten.» Auch für die unmittelbare Gegenwart hält beispielsweise der evangelische Heidelberger Systematiker Michael Welker fest, dass wir «trotz grosser theologischer Anstrengungen und vieler guter ökumenischer Gespräche, auch auf Weltebene» bis heute «weit von einer befriedigenden Verständigung entfernt» sind, dass die Lehre vom Abendmahl und von der sakramental vermittelten Gemeinschaft mit Christus vielmehr immer wieder «tektonische theologische Beben» auslöst.[14] Diesem Urteil muss man aus katholischer Sicht zustimmen, weshalb es leichtfertig ist, im Blick auf die Lehre von der realen Gegenwart Christi in der Eucharistie von einer versöhnten Verschiedenheit zwischen Katholiken und Reformierten zu sprechen. Wenn man bedenkt, welche grundlegende Bedeutung die Überzeugung von der Gegenwart Jesu Christi in der Eucharis-

13 Vgl. Kurt Koch, Eucharistie als Liturgie und Leben. Versuch einer mystagogisch-existenziellen Erschliessung: Rivista Teologica di Lugano XIV (2009), 399–433 (bes. 412–427): Mystagogie in das Mysterium Paschae.

14 Michael Welker, Abendmahl: Christus in uns und wir in Christus: Schwier/Ulrichs (Hg.), Nötig zu wissen (Anm. 6), 116–125 (123).

tie im katholischen Glaubensbewusstsein hat, muss man zumindest von einer unversöhnten Verschiedenheit reden.

In der Tat nimmt der *Heidelberger Katechismus* – durchaus im Unterschied zu Martin Luther – nicht nur und vielleicht nicht einmal in erster Linie Anstoss am Verständnis der katholischen Messe als Opfer, sondern auch und viel grundlegender an der katholischen Überzeugung von der leiblichen Gegenwart Christi in der Eucharistie, wie nicht zuletzt der eigenartige Vergleich zwischen Taufe und Abendmahl in Frage 78 zeigt: «Wie das Wasser in der Taufe nicht in das Blut Christi verwandelt» werde, so werde auch «das heilige Brot im Abendmahl nicht der Leib Christi» selbst. Dieser Vergleich ist deshalb verräterisch, weil die Katholische Kirche nie behauptet hat, dass in der Taufe Wasser in das Blut Christi verwandelt werde, wohingegen es durchaus ihrer grundlegenden Glaubensüberzeugung entspricht, dass sich in der Eucharistie eine Wandlung des Brotes in den Leib Christi und des Weines in sein Blut vollzieht. Doch genau gegen diese katholische Überzeugung und die daraus folgende eucharistische Frömmigkeit richtet sich der Protest des *Heidelberger Katechismus*, wenn er von der katholischen Messe in Frage 80 sagt, dass sie lehre, «dass Christus leiblich unter der Gestalt des Brotes und Weines sei und darin soll angebetet werden». Dieser Protest wird noch zusätzlich verschärft, wenn die katholische Messe eben deshalb als «vermaledeite Abgötterei» verurteilt wird. Denn der dafür in der lateinischen Sprache verwendete Begriff «idolatria» bezeichnet eine fatale Vermischung von Göttlichem und Weltlichem, die dem Gottsein Gottes widerspricht und Aberglauben darstellt, und will damit zum Ausdruck bringen, dass die katholische Messe fundamental gegen die rechte Gottesverehrung verstösst und die Ehre Gottes und damit das Bilderverbot, das in den Fragen 96 bis 98 gleich dreimal abgehandelt wird, verletzt.

2.4 Sakrament als signum efficax oder signum certitudinis

Von daher wird deutlich, dass dem Gegensatz zwischen der katholischen Messe und dem reformierten Abendmahl ein noch elementarerer Gegensatz im Verständnis der Sakramente überhaupt zugrunde liegt. Für das katholische Verständnis ist es konstitutiv, dass die Sakramente gleichsam an zwei Welten teilhaben, nämlich an der irdischen Welt, die in den natürlichen Elementen von Wasser und Öl, von Brot und Wein sichtbar ist, und an jener transzendenten Welt, die in den Sakramenten repräsentiert und zugleich vergegenwärtigt wird. Gemäss der klassischen Definition in der katholischen

Theologie sind Sakramente wirksame Zeichen, die das, was sie bezeichnen, auch bewirken. In der Sakramentenlehre des *Heidelberger Katechismus*, die aufs Ganze gesehen einen relativ breiten Raum einnimmt, wird aber jede Wirksamkeit oder gar Selbstwirksamkeit der Sakramente bestritten und vehement abgelehnt. Sie sind vielmehr als Wahrzeichen und Siegel zu verstehen, die weder die Wahrheit des Evangeliums bewahrheiten noch irgendwelches Heil vermitteln. Von einer Heilsnotwendigkeit der Sakramente kann schon gar nicht die Rede sein, weshalb beispielsweise eine Nottaufe als überflüssig erscheint. Beinahe refrainartig wiederholt der *Heidelberger Katechismus*, dass die Sakramente auf das geschehene Heil hinweisen, es bestätigen und verbürgen. Die Sakramente werden deshalb sowohl in ihrer Existenz als auch in ihrer Feier sehr stark relativiert, wie die Berner Systematische Theologin Magdalene L. Frettlöh mit der Feststellung hervorhebt: «Sie sind dem Handeln Gottes nach- und untergeordnet und verweisen bestätigend, verbürgend und besiegelnd auf dieses.»[15] Der eigentliche Sinn der Sakramente erschliesst sich vom cantus firmus des ganzen Katechismus her, der in der Vergewisserung eines angefochtenen Glaubens besteht. Das Sakrament ist insofern signum certitudinis, aber auf keinen Fall signum efficax.

In dieser Reduktion der Realität der Sakramente auf ihre Hinweis- und Zeugenfunktion dürfte auch der Grund liegen, dass es schwerfällt, im Blick auf die inhaltliche Bedeutung der Sakramente von Taufe und Abendmahl überhaupt Unterschiede wahrnehmen zu können, und zwar im Unterschied zur katholischen Theologie, die explizit nach der res sacramenti der einzelnen Sakramente fragt. Im *Heidelberger Katechismus* hingegen zeigen Taufe und Abendmahl an und bestätigen gleichermassen die im einmaligen Heilsereignis des Kreuzestodes Christi bereits geschehene Vergebung der Sünden und der Gerechtmachung des Menschen durch das vergossene Blut Christi. Mit der beinahe sinngleichen theologischen Begrifflichkeit wird sowohl von der Taufe gesagt, dass «allein das Blut Jesu Christi und der Heilige Geist» uns von allen Sünden reinigt,[16] als auch vom Abendmahl gesagt wird, dieses zu feiern bedeute «das ganze Leiden und Sterben Christi annehmen und dadurch Vergebung der Sünden und ewiges Leben bekommen»[17].

15 Magdalene L. Frettlöh, Leibhaftige Vergewisserung. «Wahrzeichen und Siegel» – Taufe und Abendmahl: Heimbucher/Schneider-Harpprecht/Siller (Hg.), Zugänge (Anm. 1), 89–96 (91).

16 Frage 72.

17 Frage 76.

Mit dieser Fokussierung der theologischen Bedeutung der Sakramente auf die Vergewisserung des Getauften angesichts seines angefochtenen Glaubens dürfte es auch zusammenhängen, dass die ekklesiale Bedeutung der Sakramente im *Heidelberger Katechismus* nur marginal aufscheint, wobei sie bei der Behandlung des Abendmahls zudem fast ausschliesslich auf die Frage der Kirchenzucht hin konzentriert ist, die im *Heidelberger Katechismus* einen doch relativ breiten Raum einnimt und das Abendmahl zu ihrem Instrument macht.

2.5 Handeln Christi in und durch die Kirche

Es versteht sich von daher leicht, dass die benannte gravierende Differenz im Sakramentenverständnis ebenso schwerwiegende Folgen für das Kirchenverständnis nach sich zieht. Denn eine Kirche, die die Sakramente als Wahrzeichen und Siegel des vorgängigen Heilsgeschehens versteht und vollzieht und ihnen jede heilsvermittelnde Bedeutung abspricht, kann sich logischerweise nicht selbst als Heilsmittlerin oder Heilsverwalterin verstehen, wie Magdalene L. Frettlöh in unmissverständlicher Klarheit hervorhebt: «Dem Sakramentsverständnis des *Heidelbergers* entspricht eine bescheidene, gelassene Kirche, die sich nicht über das Handeln des dreieinigen Gottes erhebt, sondern dem Wirken des Heiligen Geistes Raum gibt und darüber gewiss und froh wird.»[18] Abgesehen von der in dieser Definition enthaltenen Polemik, dass eine Kirche wie die katholische, die den Sakramenten eine heilsvermittelnde Bedeutung zuschreibt, damit sich offensichtlich «über das Handeln des dreieinigen Gottes» erhebt, ist damit die ökumenische Frage par excellence angesprochen, die sich im Dialog zwischen den aus der Reformation hervorgegangenen Kirchen und kirchlichen Gemeinschaften und der Katholischen Kirche stellt. Die kontroverse Frage besteht eben darin, ob der dreieinige Gott uns nur «in» der Kirche oder ob er uns auch «durch» die Kirche begegnet. Das Bekenntnis, dass Gott in der Kirche wirkt, dürfte reformierten Christen und Christinnen wohl kaum Schwierigkeiten bereiten. Doch ihnen fällt das Bekenntnis, dass Gott auch durch die konkrete Kirche wirkt, zumindest schwer. Demgegenüber ist die konkrete Kirche zwar auch in katholischer Sicht keineswegs eine Heilswirklichkeit in sich; sie ist aber Zeichen

18 Frettlöh, Vergewisserung (Anm. 15), 92.

und Werkzeug des Heils oder, wie es das Zweite Vatikanische Konzil in Erinnerung gerufen hat, universales Sakrament des Heils.

Die Frage nach einer heilsvermittelnden Funktion der Kirche lässt sich auch dahingehend formulieren, ob der einzelne Christ völlig unmittelbar zu Gott ist oder ob das persönliche Gottesverhältnis des einzelnen Christen durch die Kirche vermittelt ist. In diese Richtung jedenfalls hat bereits Friedrich Schleiermacher die grundlegende Differenz zwischen reformiertem und katholischem Kirchenverständnis gesehen und in der Kurzformel zum Ausdruck gebracht, der Protestantismus mache das Verhältnis des einzelnen Christen zur Kirche von seinem Verhältnis zu Christus abhängig, wohingegen der Katholizismus das Verhältnis des einzelnen Christen zu Christus von seinem Verhältnis zur Kirche abhängig mache. Man kann geneigt sein, in dieser konfessionellen Gegenüberstellung eine allzu plakative Vereinfachung des ökumenischen Problems zu sehen. Man wird aber nicht um die Feststellung herumkommen, dass sich nicht nur ein eher individualistisches reformiertes und ein mehr gemeinschaftsbezogenes katholisches Kirchenverständnis gegenüberstehen, sondern dass die eigentlich kontroverse Frage diejenige nach der sakramentalen Konturierung des Kirchenbegriffs ist.

Diese Frage spielt eine besondere Rolle beim Problem der Abendmahlsgemeinschaft.[19] Auf der einen Seite wird in reformierter Sicht emphatisch betont, Christus allein lade zum Abendmahl ein und folglich habe die Kirche keine Berechtigung, über diese Einladung zu verfügen und jemanden von dieser Einladung auszuschliessen. Abgesehen davon, dass diese heutige Sicht wohl kaum mit den harten Aussagen des *Heidelberger Katechismus* in den Fragen 81 bis 84 über Zulassung zum und Ausschluss vom Abendmahl vereinbart werden kann, ist mit dieser Sicht eine Verhältnisbestimmung von Jesus Christus und Kirche vorausgesetzt, die eine sakramentale Dimension der Kirche von vorneherein ausschliesst. Wird die Kirche aber in katholischer Sicht als sakramentales Zeichen und Werkzeug des Heils Jesu Christi verstanden, ist es unmöglich, Christusgemeinschaft, Kirchengemeinschaft und Eucharistiegemeinschaft voneinander zu trennen. Sie müssen vielmehr in ihrer inneren Einheit wahrgenommen werden, weshalb es in katholischer Sicht nicht einsehbar ist, dass man gerade bei der Eucharistie zwischen Jesus Christus und der Kirche als seinem Leib eine derart weitgehende Trennung vornehmen darf, wie es der Position reformierter Kirchen entspricht. Um in

19 Vgl. Kurt Koch, Eucharistie und Kirche in ökumenischer Perspektive: ders., Eucharistie. Herz des christlichen Glaubens, Fribourg 2005, 89–124.

dieser dornenvollen Frage auf dem Weg zur eucharistischen Gemeinschaft weiterzukommen, muss sich die ökumenische Diskussion dringend der Aufgabe der theologischen Klärung des Kirchenverständnisses zuwenden und in ihr den Hauptpunkt auf der ökumenischen Traktandenliste erblicken.[20]

2.6 Göttliches und menschliches Tun im Heilsgeschehen

Bei der Klärung der ekklesiologischen Problematik kann es sich freilich nicht um die isolierte Frage nach dem Wesen der Kirche handeln. Im Mittelpunkt des ökumenischen Dialogs muss vielmehr die Frage nach der Möglichkeit und theologischen Legitimität eines sakramentalen Verständnisses des Heilshandelns Gottes überhaupt stehen. Denn im Hintergrund der ekklesiologischen Problematik steht eine unterschiedliche Sicht des Verhältnisses zwischen dem göttlichen und dem menschlichen Handeln im Heilsgeschehen. Dabei geht es um eine Frage, die die gesamte Wirklichkeit des Glaubens berührt und durchzieht, wie kurz am Herzstück des protestantischen Christentums verdeutlicht werden soll.

Die innerste Mitte des reformatorischen Glaubensverständnisses ist gewiss die Lehre von der Rechtfertigung des Menschen nicht durch seine Werke, sondern allein durch den wahren Glauben an Jesus Christus, so dass «Gerechtigkeit» nicht mehr – wie in der aristotelischen Tradition, der gemäss ein Mensch dadurch gerecht wird, dass er gerecht handelt – ein Tun bedeutet und impliziert, sondern ein «Sein durch Gott: Geschenk Gottes im Glauben an Jesus Christus»[21]. Da es sich in reformatorischer Sicht beim Glauben an die Rechtfertigung aber nicht einfach um eine einzelne Lehre handelt, sondern um die Summe des Evangeliums, die das ganze Glaubensverständnis strukturiert, muss sich die ökumenisch bedeutsame Frage auch aufs Ganze richten und deshalb lauten, ob die Bedingungslosigkeit der Gnade Gottes, die von Reformierten und Katholiken gleichermassen geglaubt wird, ein von der Gnade Gottes ermöglichtes und von ihr getragenes Mittun des Menschen zulässt und sogar freisetzt oder ob die *Alles*-Wirksamkeit Gottes auch die

20 Vgl. Kurt Koch, Ökumene auf dem Weg. Situationsvergewisserung der ökumenischen Bewegung heute: Catholica 65 (2011), 1–26.

21 Christian Schad, Rechtfertigung: Gottes Ja zu uns!: Schwier/Ulrichs (Hg.), Nötig zu wissen (Anm. 6), 103–107 (105).

Allein-Wirksamkeit Gottes bedeutet, mit der aufseiten des Menschen nur noch reine Passivität angenommen werden kann.[22]

Diese Frage stellt sich bereits in der Christologie und Soteriologie als Frage nach der Heilsbedeutung der Menschheit Jesu Christi, die beispielsweise Thomas von Aquin und Martin Luther unterschiedlich beantwortet haben. Diese Frage wiederholt sich in der Mariologie und Hagiologie als Frage, ob bei der Zuwendung des durch Jesus Christus geschenkten Heils eine fürbittende Mitwirkung Marias und der Heiligen im Glauben angenommen werden kann oder ob man, wie der *Heidelberger Katechismus* bei Frage 94 behauptet, dem ersten Gebot des Herrn nur dadurch entsprechen kann, dass man «Anrufung der Heiligen oder anderer Kreaturen meiden und fliehen» soll. Dieselbe Grundfrage wiederholt sich nochmals bei der theologischen Bedeutung der kirchlich-institutionellen Vermittlungsgestalten. Hinter dem reformatorischen Protest gegen das katholische Verständnis des kirchlichen Amtes steht nicht zufälligerweise der Verdacht, mit den kirchlichen Ämtern würden menschliche Mittler zwischen den einzelnen Menschen und Gott gestellt. Im Gegenzug zu solchen Sorgen und Ängsten betrachtet katholische Theologie das Heilshandeln Gottes aber durchaus in einem sakramentalen Verständnis, demgemäss Gottes Heilshandeln immer auch in der Vermittlung durch das Irdisch-Menschliche und Kirchliche begegnet.

2.7 Das Verhältnis zwischen Transzendenz und Immanenz

Sieht man die genannten Einzelaspekte der einen Grundfrage zusammen, dann bündeln sich die konfessionellen Differenzen letztlich in einer unterschiedlichen Sicht des Verhältnisses von Transzendenz und Immanenz beziehungsweise von Eschatologie und Geschichte, worauf Walter Kasper bereits in den Anfängen des ökumenischen Dialogs den Finger gelegt hat: «Der Protestantismus ist erfüllt von der Transzendenz Gottes über der Geschichte, der Katholik leugnet diese Transzendenz nicht, aber er betont ebenso stark

22 Vgl. Walter Kasper, Zum gegenwärtigen Stand des ökumenischen Gesprächs zwischen den Reformatorischen Kirchen und der Katholischen Kirche: ders., Wege zur Einheit der Christen = Gesammelte Schriften, Band 14, Freiburg/Br. 2012, 299–318 (306–310).

unsere Teilhabe am Leben Gottes und damit die Sakramentalität der christlichen Wirklichkeit.»[23]

Man kann sich diesen Unterschied zunächst an der anthroplogischen Variante dieser Grundproblematik verdeutlichen.[24] Diesbezüglich hat die katholische Tradition die im Buch Genesis grundgelegte Unterscheidung und Zuordnung von imago und similitudo im Blick auf die besondere Würde des Menschen stark hervorgehoben und deshalb betont, dass die Gottebenbildlichkeit des Menschen durch die Sünde zwar beschädigt, aber nicht verloren gegangen ist. Demgegenüber hat die reformatorische Tradition eine sachliche Differenz zwischen imago und similitudo verneint und die die Gottebenbidlichkeit des Menschen charakterisierenden Begriffe von Bild und Ähnlichkeit so stark miteinander identifiziert, «dass der Verlust der Urstandsgerechtigkeit Adams durch den Sündenfall nun auch den Verlust der Gottebenbildlichkeit des Menschen bedeuten musste»[25].

Diese Sicht kommt im *Heidelberger Katechismus* in einer emphatischen Weise dadurch zum Ausdruck, dass der ganze erste Teil vom Elend des Menschen handelt. Er hält zwar kurz fest, dass Gott den Menschen «gut und nach seinem Ebenbild erschaffen» hat,[26] geht dann aber sofort zur Feststellung über, dass aufgrund des Falls und Ungehorsams von Adam und Eva im Paradies die Natur des Menschen «vergiftet» ist[27] und das Elend des Menschen darin besteht, dass wir von Natur aus geneigt sind, «Gott und meinen Nächsten zu hassen»[28]. Die «reformatorische Einsicht von der *grundsätzlichen* Bosheit des Menschen» ist so stark konturiert, dass man geneigt sein könnte, aus ihr das «Homo homini lupus» von Thomas Hobbes herauszuhören, der nicht zufälligerweise in einem protestantischen Pfarrhaus gross geworden ist.[29] Der *Heidelberger Katechismus* nimmt jedenfalls das Elend des Menschen am Tiefsten in dessen «Unfähigkeit» wahr, «Gott und die anderen Menschen zu

23 Walter Kasper, Das Gespräch mit der protestantischen Theologie: Concilium (D) 1 (1965), 334–344, jetzt in: ders., Wege zur Einheit (Anm. 22), 237–261 (244).

24 Vgl. Kurt Koch, Der Gott der Geschichte. Theologie der Geschichte bei Wolfhart Pannenberg als Paradigma einer Philosophischen Theologie in ökumenischer Perspektive, Mainz 1988, bes. 320–367: «Natürliche Theologie» als kontroverstheologisches Problem.

25 Wolfhart Pannenberg, Gottebenbildlichkeit als Bestimmung des Menschen in der neuern Theologiegeschichte, München 1979, 8.

26 Frage 6.

27 Frage 7.

28 Frage 5.

29 Peter Lampe, Homo homini lupus: Schwier/Ulrichs (Hg.) 2012 (Anm. 6), 27–35 (29).

lieben»,[30] so dass Jesu Gebot der Gottes- und Nächstenliebe den Menschen erst recht mit seinem Elend konfrontiert, wie überhaupt die Zehn Gebote in der Sicht des *Heidelbergers* den primären Sinn darin haben, «damit wir unser ganzes Leben lang unsere sündliche Art je länger je mehr erkennen»[31]. Von daher drängt sich das Urteil auf, dass der *Heidelberger Katechismus* bei der anthropologischen wie theologischen Grundspannung zwischen der Grösse und dem Elend des Menschen den Akzent eindeutig auf das menschliche Elend legt. Von der Schöpfung im positiven Sinn und deshalb auch von der Geschöpflichkeit des Menschen und vor allem von der gütigen Providenz Gottes für ihn ist zwar durchaus auch die Rede, freilich erst bei der Auslegung des ersten Artikels des Apostolischen Glaubensbekenntnisses im zweiten Teil, während der ganze erste Teil ausschliesslich von des Menschen Elend handelt. Der katholische Theologe, der von seiner Tradition her von einem schöpfungstheologischen Optimismus geprägt ist, vermisst deshalb im *Heidelberger Katechismus* auf weiten Strecken eine positive Schöpfungstheologie und nimmt in ihm einen starken hamartiologischen Pessimismus wahr.

Die entschiedene Insistenz auf dem Elend des Menschen im ersten Teil des *Heidelberger Katechismus* dient natürlich der Evidenz «von des Menschen Erlösung», von der der zweite Teil handelt, der eine konzise Auslegung des trinitarisch strukturierten Glaubensbekenntnisses und eine eingehende Darstellung der Sakramente der Taufe und des Abendmahls bietet. Dieser Aufbau hat freilich zur Konsequenz, dass die starke Betonung des menschlichen Elends im ersten Teil auch die Soteriologie im zweiten Teil prägt, die ganz auf den stellvertretenden Opfertod Jesu am Kreuz fokussiert ist, wie dies wohl am deutlichsten in Frage 37 zum Ausdruck gebracht wird, dass Christus «den Zorn Gottes wider die Sünde des ganzen menschlichen Geschlechts getragen hat, auf dass er mit seinem Leiden, als mit dem einzigen Sühnopfer, unseren Leib und unsere Seele von der ewigen Verdammnis erlöste und uns Gottes Gnade, Gerechtigkeit und ewiges Leben erwürbe». Die ganze Soteriologie des *Heidelberger Katechismus* ist stark auf die Botschaft vom stellvertretenden Sühnetod Christi konzentriert und weist zudem starke Anklänge an Anselms Satisfaktionstheologie auf, so dass sowohl die Inkarnationstheologie als auch die Auferstehungstheologie stark ins Hintertreffen geraten oder zumindest von untergeordneter Bedeutung sind. Die Kreuzestheologie steht

30 Hans-Martin Gutmann, Befreiung von des Menschen «Elend». Zur Aktualität der Rechtfertigungsbotschaft: Heimbucher/Schneider-Harpprecht/Siller (Hg.), Zugänge (Anm. 1), 97–105 (97–98).

31 Frage 115.

derart dominant im Vordergrund, dass man den Eindruck gewinnen könnte, dass Kreuz und Menschwerdung in eins fallen und dass Gott nicht schon an Weihnachten, sondern eigentlich erst am Karfreitag wirklich Mensch geworden ist, wie denn auch der Heidelberger Alttestamentler Manfred Oeming die Frage nach dem Sinn des Leidens Jesu im *Heidelberger Katechismus* dahingehend beantwortet: «In diesem einmaligen, unwiederholbaren, völlig ausserordentlichen Tod wird Gott Mensch, ganz Mensch.»[32]

In diesem weitgehenden Ausfall der Inkarnationstheologie oder ihrer Substitution in der Kreuzestheologie wird man den deutlichsten Einfluss des Zürcher Reformators Huldrych Zwingli und seiner pneumatozentrisch begründeten Abwehr alles Sakramentalen und der aus ihr folgenden strikten Trennung zwischen dem Göttlichen und dem Kreatürlichen, die nicht einmal durch die Menschwerdung des Gottessohnes durchbrochen werden kann,[33] auf den *Heidelberger Katechismus* erblicken, in den wohl nicht zufälligerweise auch Zwinglis seltsame Begründung für die Ablehnung der eucharistischen Realpräsenz, dass sich Christus nach seiner Himmelfahrt leiblich im Himmel aufhalte und deshalb nicht zugleich leiblich im Abendmahl gegenwärtig sein könne, Eingang gefunden zu haben scheint.[34]

3. Die Erlösungsbotschaft heute gemeinsam bekennen

Mit diesen letzten Hinweisen soll der Aufzählung von konfessionellen Differenzen genug sein. Mit ihr sollte ohnehin nur gezeigt werden, dass die konfessionellen Unterschiede zwischen dem Glaubensverständnis im *Heidelberger Katechismus* und demjenigen in der Katholischen Kirche nicht einfach einzelne Lehren betreffen, sondern jeweils eine Gesamtsicht des Christlichen implizieren. Diese verschiedenen Glaubenswelten müssen sich freilich, sofern sie nicht absolut gesetzt werden, weder kontradiktorisch widersprechen noch gegenseitig ausschliessen. Sie können sich vielmehr, sofern sie sich dezidiert der Wahrheitsfrage aussetzen, auch gegenseitig befruchten und bereichern.

32 Manfred Oeming, Christus leidet und stirbt – für uns?: Schwier/Ulrichs (Hg.); Nötig zu wissen (Anm. 6), 69–78 (73).

33 Vgl. Gottfried Wilhelm Locher, Die Theologie Huldrych Zwinglis im Lichte seiner Christologie. Erster Teil: Die Gotteslehre, Zürich 1952. Vgl. ferner Kurt Koch, Huldrych Zwingli: Der Reformator des gesellschaftlichen Lebens: ders., Gelähmte Ökumene. Was jetzt noch zu tun ist, Freiburg/Br. 1991, 127–144.

34 Vgl. Frage 76.

Die ökumenische Diskussion über diese Fragen drängt sich heute freilich noch aus dem weiteren Grund auf, dass viele im *Heidelberger Katechismus* enthaltenen Glaubensaussagen heute selbst innerhalb unserer Kirchen in Frage gestellt werden. Dies trifft in ganz besonders radikaler Weise auf das soteriologische Herzstück des *Heidelberger Katechismus* zu, nämlich auf die Botschaft vom stellvertretenden Opfertod Jesu Christi am Kreuz für die Sünden der Menschen. In der heutigen Situation ist nicht mehr nur das Verhältnis zwischen dem einmaligen Opfertod Jesu am Kreuz und dem Verständnis der Messe als Opfer kontrovers, um das in der Reformationszeit heftig gestritten worden ist; es wird vielmehr der Gedanke eines stellvertretenden Todes und eines Opfers für unsere Sünden überhaupt in Frage gestellt. Wohl keine Glaubensaussage wird heute so sehr auf die Anklagebank der Inhumanität gestellt wie diejenige der sühnenden Kraft des Opfertodes Jesu, und zwar sowohl innerhalb der protestantischen wie innerhalb der katholischen Kirche.[35] Diesbezüglich sitzen wir Reformierte und Katholiken heute in demselben Boot, zumal wenn wir bedenken, welchen zentralen Stellenwert die Botschaft vom Kreuz in der Verkündigung des emeritierten Papstes Benedikt XVI. einnimmt, wobei sie freilich bei ihm nicht im Kontext des Satisfaktorischen verortet ist, sondern als Botschaft von der grenzenlosen Liebe Gottes ausgelegt wird, wie er sie in einem frühen Aufsatz in den dichten Worten zusammengefasst hat: «Der gekreuzigte Christus ist für den Glaubenden die Gewissheit einer universalen Liebe, die zugleich ganz konkrete Liebe zu ihm, zu allen Menschen ist. Er ist die Gewissheit einer bis in die Tötung durchgehaltenen Liebe Gottes [...]. Der gekreuzigte Gott ist der Ernstfall der Gutheissung des siebten Schöpfungstages.»[36] Mit dieser Botschaft, dass Erlösung allein durch Liebe geschieht, könnte ein Weg gewiesen sein, auf dem Katholiken und Reformierte heute gemeinsam die Kreuzesbotschaft des christlichen Glaubens theologisch verantworten und existenziell verkünden könnten.

Damit wäre zugleich ein Weg gewiesen, wie auch der radikal veränderten Heils- und Unheilsfrage des heutigen Menschen begegnet werden kann. Nichts kann darüber hinwegtäuschen, dass die steilen Aussagen des *Heidel-*

35 Vgl. nur Klaus-Peter Jörns, Notwendige Abschiede. Auf dem Weg zu einem glaubwürdigen Christentum, Gütersloh 2004; Magnus Striet/Jan-Heiner Tück (Hg.), Erlösung auf Golgota? Der Opfertod Jesu im Streit der Interpretationen, Freiburg/Br. 2012.

36 Joseph Ratzinger, Vorfragen zu einer Theologie der Erlösung: Leo Scheffczyk (Hg.), Erlösung und Emanzipation, Freiburg/Br. 1973, 141–155 (152–153).

berger Katechismus über die Sündigkeit des Menschen und sein Einstieg beim menschlichen Elend auf grosse Verständnisschwierigkeiten beim heutigen Menschen treffen, wie der Heidelberger Neutestamentler Peter Lampe mit Recht konzediert: «Das Problem des ersten Teils des Heidelberger Katechismus liegt für uns heute darin, dass er die grundsätzliche Verlorenheit des Menschen vor Gott an des Menschen *moralischem* Defizit festzumachen scheint, an dessen Unfähigkeit zu lieben (Frage 4), ein Defizit, welches dann auch *grundsätzlich* erscheinen muss als Ausdruck einer *prinzipiellen* Bosheit, neben der ohne den Gottesgeist Christi rein gar nichts Gutes wachsen könne.»[37] Da der Mensch heute seine Unheilssituation aber anders erfährt und dementsprechend auch seine Frage nach dem Heil anders stellt, als sie im *Heidelberger Katechismus* vorausgesetzt sind, stehen reformierte und katholische Theologie heute vor derselben Herausforderung, den christlichen Glauben so zu verkünden, dass er vom heutigen Menschen als Botschaft der Erlösung in seiner Unheilssituation verstanden und als hilfreiche Antwort auf seine Heilsfrage erfahren werden kann.

Die entscheidenden Herausforderungen an den christlichen Glauben heute können also nur noch in ökumenischer Gemeinschaft und Zusammenarbeit wahrgenommen werden. Dies bedeutet freilich nicht, dass damit die traditionellen Kontroversfragen obsolet geworden wären. Ich hoffe vielmehr, dass deutlich geworden ist, dass deren Thematisierung auch dazu verhelfen kann, gemeinsame Antworten des Glaubens auf die Fragen der Menschen heute zu finden. Das 450-Jahr-Gedenken des *Heidelberger Katechismus* ist dafür ein willkommener ökumenischer Anlass, dem wir nur dann gerecht zu werden vermögen, wenn wir auf die erste Frage des *Heidelberger Katechismus* nach dem «einzigen Trost im Leben und im Sterben» eine ebenso überzeugende Antwort geben, sie in fester Gewissheit bekennen und mit unserem Leben und, wenn es so weit ist, mit unserem Sterben bezeugen, so dass auch wir heute überzeugt mit der letzten Frage im *Heidelberger Katechismus* das «Amen» übersetzen, und zwar nicht nur vom Hebräischen ins Deutsche, sondern vor allem vom Wort ins Leben: «Das soll wahr und gewiss sein; denn mein Gebet ist viel gewisser von Gott erhört, als ich in meinem Herzen fühle, dass ich solches von ihm begehre.»

37 Lampe, Homo (Anm. 29), 33.

Paolo Ricca

Der Heidelberger Katechismus aus ökumenischer Sicht

Sehr verehrte Damen und Herren, liebe Kollegen, für Ihre freundliche und gleichzeitig unerwartete Einladung, hier in Bern diese Vorlesung zu halten, bin ich Ihnen sehr dankbar, und zwar nicht nur aus persönlichen, sondern auch aus sachlichen Gründen. Denn schon gegen Ende des 16. bzw. in der ersten Hälfte des 17. Jahrhunderts wurde eine italienische Übersetzung des *Heidelberger Katechismus* veröffentlicht. Ungenannt und bis heute unbekannt ist der Name jenes evangelischen Christen, der die Übersetzung besorgt hat – eine Übersetzung, übrigens, die ein bedeutender Waldenser Kirchenhistoriker des 19. Jahrhunderts, Emilio Comba, als «goldene Übersetzung» bezeichnet hat. Ebenso ungenannt und wiederum unbekannt sind der Verlag und der Ort des Erscheinens. Dieses nicht unabsichtliche Verschweigen findet sich auch im Titel wieder: Er lautet nämlich lediglich *Istruttione Christiana* (Christlicher Unterricht), ein Titel also, in dem weder Heidelberg noch Katechismus vorkommt. Dieses Verschweigen ist leicht zu erklären: Damals war der evangelische Glaube in Italien verboten. Nur Ausländer durften in Italien evangelisch sein. Den evangelischen Glauben unter den Italienern zu vertreten und gar zu fördern, war lebensgefährlich. Ich möchte diese meine Ausführungen über den *Heidelberger Katechismus* jenem unbekannten, mutigen evangelischen Christen widmen, der alle Verbote übertrat und schon früh dem italienischen Volk eine schöne und treue italienische Übersetzung des Katechismus angeboten hat. Diese alte und anonyme Übersetzung – nur ein Exemplar ist, soweit ich weiss, in Italien übriggeblieben; es befindet sich in der Nationalbibliothek in Florenz – ist ein kostbarer Schatz nicht nur der evangelischen italienischen Literatur, sondern auch des evangelischen Zeugnisses im Lande des Papstes in eisernen Zeiten.

Nun aber zum Thema – ein recht herausforderndes Thema! Das Unternehmen, den *Heidelberger Katechismus* aus heutiger ökumenischer Sicht zu überprüfen, kann einerseits als seltsam, andererseits aber auch als unvermeidlich erscheinen. Seltsam, weil sich der *Heidelberger Katechismus* bewusst als konfessioneller Text ausgibt, der sich sowohl von der lutherischen als auch von den täuferischen und noch deutlicher von der römisch-katholischen Konfession und Traditionen abgrenzt. Freilich spürt man hier und da im *Heidelberger Katechismus* den unausgesprochenen Wunsch, wenigstens mit den Lutheranern eine gemässigte innerevangelische Ökumene zu pflegen, aber im Grossen und Ganzen ist doch der *Heidelberger Katechismus* viel stärker konfessionell als ökumenisch geprägt. Den *Heidelberger Katechismus* trotzdem auf seinen ökumenischen Charakter hin zu überprüfen, ist aus zwei Gründen unvermeidlich. Der erste Grund ist seine Brauchbarkeit heute, denn wir leben heute in einem ökumenischen Zeitalter, und trotz der Enttäuschungen und der ständig wiederkehrenden Verzögerungen lieben wir die Ökumene, wollen wir ökumenisch denken, handeln und wachsen; alles, was wir als Christen sind und tun, soll ökumenisch beseelt und ausgerichtet sein; «evangelisch und ökumenisch» heisst wohl unsere Devise und unser Kompass in dieser verwickelten und ungewissen Zeit. Also: nicht nur evangelisch, sondern auch ökumenisch. In diesem Sinne ist es nicht nur erlaubt, sondern geradezu geboten, den *Heidelberger Katechismus* ökumenisch zu überprüfen. Der zweite Grund ist, dass wir durch die Beschäftigung mit diesem Thema dazu aufgefordert werden, zwischen denjenigen Behauptungen im *Heidelberger Katechismus* zu unterscheiden, die heute ökumenisch noch vertretbar sind, und denjenigen, die es nicht sind. Dadurch werden drei teilweise schillernde Begriffe hoffentlich neu erwogen und möglicherweise näher bestimmt, nämlich: Was heisst eigentlich «ökumenisch»? Was ist «evangelisch» der reformierten Tradition nach? Und was heisst «evangelisch» im Sinne des Evangeliums? Meine Ausführungen sind in zwei Abschnitte gegliedert. Der erste Abschnitt trägt den Titel «Was ist im *Heidelberger Katechismus* heute aus ökumenischer Sicht zu verantworten?»; der zweite «Was wäre im *Heidelberger Katechismus* heute aus ökumenischer Sicht zu verbessern?».

1. Was ist im Heidelberger Katechismus heute aus ökumenischer Sicht zu verantworten?

Um in der Lage zu sein, zu entscheiden, was im *Heidelberger Katechismus* aus heutiger Sicht ökumenisch zu verantworten ist, müssen wir zuerst die grundlegende Frage beantworten: «Was ist ökumenisch?». Meine schlichte Antwort lautet: «Ökumenisch» heisst «christlich». «Ökumenisch» und «christlich» decken sich miteinander, sie stimmen im Grunde überein. Nun wissen wir alle wohl, wie strittig der Begriff «christlich» ist. Aus dem Streit über ihn sind die Konfessionen in gegenseitiger und bis heute bestehender Auseinandersetzung entstanden. Das heisst unter anderem: «Christlich» ist heute noch eine offene, keine erledigte Frage. Trotzdem halten wir fest: Das ist im *Heidelberger Katechismus* ökumenisch zu verantworten, was christlich ist. Selbstverständlich hat keine Kirche, keine Konfession das Monopol des Christlichen; es sehnt sich aber jede Kirche, jede Konfession und die ganze ökumenische Bewegung nach dem Christlichen. Dieses Verlangen, diese eifrige Suche nach dem eigentlichen Christlichen hat die Reformation im 16. und die Ökumenische Bewegung im 20. Jahrhundert ausgelöst. Diese Suche hatte bzw. hat zwei Pole, nämlich «Reinheit» und «Fülle». Die Reformation des 16. Jahrhunderts rang um die Reinheit des Christlichen, die ökumenische Bewegung des 20. Jahrhunderts ringt um die Fülle desselben. Beide, Reinheit und Fülle, liegen uns am Herzen. Was ist nun christlich im *Heidelberger Katechismus*? Viel, sehr viel, aber nicht alles. Man könnte und sollte hier viel sagen, denn der *Heidelberger Katechismus* ist insgesamt eine der gelungensten, reichsten und tiefgreifendsten Darstellungen des christlichen Glaubens. In diesem Sinn ist der *Heidelberger Katechismus* eine echte Perle. Die Zeit fehlt, um die christlichen Inhalte des *Heidelberger Katechismus* vollständig darzulegen. Gewiss haben die früheren Vorlesungen dieser Reihe den Reichtum und den christlichen Wert dieser Perle vorgelegt und hervorgehoben. Darum werde ich mich auf drei Merkmale des *Heidelberger Katechismus* beschränken, die mir aus ökumenischer Sicht besonders wichtig erscheinen.

1.2 Verquickung von Lehre und Frömmigkeit

Das erste christliche Merkmal ist die eigentümliche Verquickung von Lehre und Frömmigkeit. Das geschieht in den sonstigen Katechismen selten, fast nie. Vielleicht ist unser Katechismus derjenige, in dem diese Verquickung am besten gelungen ist. Eine Lehre, die die Frömmigkeit auslöst und sie nährt; eine Frömmigkeit, die die Lehre nicht scheut, sondern im Gegenteil pflegt und liebt – das ist ein Wunder, das wir fast in jedem Artikel des *Heidelberger Katechismus* feststellen können. Dieses Wunder ist echt christlich, das heisst ökumenisch. Eine Lehre bzw. eine Theologie, die keine Anbetung hervorbringt, kann schwerlich eine christliche sein. Eine Anbetung, die theologisch nicht motiviert und eingerahmt ist, kann leicht eine abergläubische oder gar abgöttische Anbetung sein. Die verhängnisvolle Unterscheidung zwischen Lehre und Frömmigkeit schadet dem Leben der Kirchen und der Ökumene. Im vorigen Jahrhundert hat man oft gesagt oder gemeint: «Die Lehre trennt, die Tat eint» oder: «Die Lehre trennt, das Gebet eint». Beide Behauptungen sind kurzsichtig. Die Trennung, die überwunden werden sollte, ist diejenige zwischen Lehre und Tat, zwischen Lehre und Gebet. Für diese Überwindung ist der *Heidelberger Katechismus* ein unübertroffenes Modell.

1.3 Biblische Fülle

Das zweite christliche Merkmal des *Heidelberger Katechismus*, das aus ökumenischer Sicht erheblich ist, ist seine biblische Fülle. Viele Sätze des Katechismus sind Mosaiken biblischer Sprüche. Von Anfang an herrscht im *Heidelberger Katechismus* die Bibel souverän. Ich kenne keinen anderen Katechismus, der so viele biblische Stellen aufweist. Nun ist bekanntlich die Heilige Schrift die bleibende Grundlage der Erkenntnis und des Glaubens aller Kirchen und daher auch der ökumenischen Bewegung. Das hat auch das II. Vatikanische Konzil anerkannt, als es feierlich erklärte, dass «die kirchliche Predigt und selbst die christliche Religion von der Heiligen Schrift ernährt und geregelt werden soll» (*Dei Verbum*, Nr. 21), denn «mit der Heiligen Tradition hat die Kirche die Heilige Schrift als die höchste Regel ihres Glaubens immer betrachtet» (ebd.). Es gibt in den heiligen Büchern «so viel Wirkungskraft und Macht, dass sie Stütze und Stärke der Kirche und für die Söhne der Kirche Festigkeit des Glaubens, Nahrung der Seele, reine und ewige Quelle des geistlichen Lebens» sind (ebd.). So formulierte es das II. Vatikanum und fügte hinzu: Das Studium der Heiligen Schrift sei gleichsam die Seele der heiligen Theologie (*Dei Verbum*, Nr. 24). Leider hat das II. Vatikanum über die Heilige Schrift auch anderes festgehalten, hat zum Beispiel gesagt, dass «die Heilige Tradition, die Heilige Schrift und das kirchliche Lehramt so eng miteinander verbunden und verflochten sind, dass keine unabhängig von den anderen bestehen kann» (*Dei Verbum*, Nr. 10). Jesus hat aber das Gegenteil gesagt: «Himmel und Erde werden vergehen – damit auch die heilige Tradition und das kirchliche Lehramt – meine Worte aber werden nicht vergehen» (Mk 13,31). Ebenso redete Jesaja: «Das Wort Gottes bleibt ewiglich» (Jes 40,8). Weder die heilige Tradition noch das kirchliche Lehramt bleiben ewiglich: Die Heilige Schrift, in der das Wort Gottes am deutlichsten erschallt, kann unabhängig von Tradition und Lehramt wohl bestehen. Auf jeden Fall halten wir fest: Das biblische Wort ist das gemeinsame Wort aller Kirchen. Freilich ist die Deutung dieses Wortes in den verschiedenen Kirchen unterschiedlich und zuweilen gegensätzlich. Die Deutungen vergehen, der biblische Text hingegen bleibt. Würden die Kirchen biblischer reden, nicht im Sinne der Wiederholung der Buchstaben der Bibel, sondern im Sinne der Wiedergabe der biblischen Botschaft, so würden die Kirchen beginnen, endlich eine gemeinsame Sprache zu sprechen. Die Bibel ist der sprachliche Treffpunkt der Kirchen und der Ökumene. Kein Wort hat in den Kirchen eine ähnliche Tragweite wie die Bibel. In diesem Sinne ist der *Heidelberger Katechismus* mit seiner biblischen Fülle für das zukünftige ökumenische Reden der Kirche geradezu paradigmatisch.

1.4 Wiedergabe des Wesentlichen der christlichen Religion

Das dritte christliche Merkmal des *Heidelberger Katechismus*, das aus ökumenischer Sicht bedeutsam ist, kann folgendermassen beschrieben werden: Der *Heidelberger Katechismus* bietet in bündiger Gestalt das Wesentliche der christlichen Religion an, das heisst die wesentlichen Inhalte des Glaubens, die wesentlichen Richtlinien des christlichen Lebens und des christlichen Gottesdienstes. Will jemand wissen, was das Christentum ist und warum und wie man ein Christ werden kann, der kann sich auf unseren Katechismus ruhig verlassen. In ihm wird er nicht alles, wohl aber das Wesentliche finden. Die Ökumene braucht dringend eine solche Konzentration auf das christlich Wesentliche. Das christlich Wesentliche ist kein minimales Christentum, ganz im Gegenteil führt es schlechterdings zum eigentlichen Inbegriff der christlichen Religion. Nur auf diese Quintessenz des Christentums kann die ökumenische Gemeinschaft aufbauen. Wir können als Christen nicht mit allem, was in den verschiedenen Konfessionen die Jahrhunderte hindurch erarbeitet und vorgenommen worden ist, einverstanden sein. Wir Reformierten werden wahrscheinlich nie einen Papst haben, auch nicht den besten; wir werden nie eine heilige Ikone küssen. Umgekehrt werden sich die Orthodoxen mit unserem äusserst schlichten Gottesdienst nie wirklich abfinden, und die Katholiken werden auf ihre Auffassung der kirchlichen Gemeinschaft als einer «hierarchischen Gemeinschaft» schwerlich verzichten. Aber gerade weil wir als Christen nicht mit allem einverstanden sein können, müssen wir uns unbedingt auf das christlich Wesentliche einigen, das die Grundlage für die ökumenische Einheit bilden soll. Mit anderen Worten: Wir sollten gemeinsam bestimmen, was im Christentum zentral und was peripher ist, was von allen Christen geglaubt und bekannt werden soll, was hingegen zu den einzelnen Traditionen gehört und nur von einem Teil der Christen geglaubt und bekannt wird. Der *Heidelberger Katechismus* stellt einen zuverlässigen Vorschlag dieses christlich Wesentlichen dar.

2. Was wäre im Heidelberger Katechismus heute aus ökumenischer Sicht zu verbessern?

Nun werde ich versuchen anzudeuten, wo der *Heidelberger Katechismus* mir aus ökumenischer Sicht mangelhaft scheint, das heisst, wo er im Sinne der Ökumene verbessert werden könnte. Auf vier Punkte möchte ich Sie aufmerksam machen.

2.1 Darstellung des Lebens Jesu

Fällt der Begriff «ökumenisch» mit «christlich» zusammen, so weist der *Heidelberger Katechismus* in der Darstellung der christlichen Botschaft einen auffallenden Mangel auf, nämlich das vollständige Stillschweigen über das Leben Jesu. Für diesen Mangel ist aber nicht der Katechismus verantwortlich, sondern das Apostolikum, in dem die Erzählung des Lebens Jesu völlig übersprungen wurde. Weil der *Heidelberger Katechismus* jenes alte und ehrenvolle Glaubensbekenntnis als gültige und befriedigende Zusammenfassung der christlichen Botschaft ausgewählt und erläutert hat, fehlt hier auch eine knappe Darstellung des Lebens Jesu, die im Apostolikum nicht vorliegt. Bekanntlich lautet dort der Text: «empfangen» ... «geboren» ... «gelitten» ... «gekreuzigt». Gleich nach der Geburt kommen die Passion und der Tod Jesu. Kein Platz bleibt weder für seine Predigt und Wunder übrig noch für die Erwählung der Jünger, noch für seine Auseinandersetzung mit der religiösen und politischen Obrigkeit seiner Zeit. Das Leben Jesu aber ist ein wesentlicher Bestandteil des Evangeliums, ebenso sehr wie sein Leiden, sein Tod und seine Auferstehung. Die vier Evangelien sind grundsätzlich Lebensgeschichten Jesu. Hier braucht der *Heidelberger Katechismus* eine Ergänzung. Aus der Sicht eines ökumenischen Christentums ist es geboten, die Bedeutung gerade des Lebens Jesu für den heutigen christlichen Glauben hervorzuheben. Ich stelle mir vor, dass nach der Frage 36, die lautet: «Was nützt dir die heilige Empfängnis und Geburt Christi?», eine Zusatzfrage 36 b eingeschaltet werden könnte, etwa so: «Was nützt dir das heilige Leben Jesu?»

2.2 Verbesserte Darlegung der Widersprüchlichkeit des Menschen

Ich lese Frage und Antwort Nr. 8 vor: «Sind wir [Menschen] so sehr verderbt, dass wir ganz und gar untüchtig sind zum Guten und geneigt zu allem Bösen?» Antwort: «Ja, wenn wir nicht durch Gottes Geist wiedergeboren werden.» Wird dieser Satz der eigentlichen menschlichen Lage gerecht? Kommt aus dem nicht wiedergeborenen Menschen wirklich nur Böses hervor? Hat wirklich der natürliche Mensch keine Ahnung des Guten und ist es ihm unmöglich, etwas Gutes zu tun? Es ist gewiss wahr, dass eine Neigung zum Bösen im Menschen wirksam ist. Im Menschen stellen sich aber auch andere, positive Kräfte heraus, wie zum Beispiel ein Verlangen nach Freiheit, eine gelegentlich erstaunliche Opferbereitschaft, eine Tauglichkeit zur Solidarität, ein Kampf für Frieden und Gerechtigkeit, ein neues Gefühl für die Bewahrung der Schöpfung. Dies alles findet sich oft auch in Menschen, die keine Wiedergeburt im christlichen Sinne erfahren haben. Meiner Meinung nach muss eine heutige ökumenische Sichtweise dieser Art von Menschen Rechnung tragen. Ökumene betrifft nicht nur die Christenheit, sondern die ganze Menschheit. Und der Mensch ist ein sehr verwickeltes, widerspruchvolles Geschöpf. Aus ökumenischer Sicht (im breiten Sinne des Wortes) sollte die tiefe Widersprüchlichkeit des Menschen, wo Gut und Böse sich gegenseitig bekämpfen, besser dargelegt werden.

2.3 Umgang mit Feinden

Es weht an einigen wenigen Stellen des *Heidelberger Katechismus* ein Geist, der nicht so sanftmütig und barmherzig ist, wie ein christlicher Geist dies sein sollte. Als Beispiel nenne ich die Antwort auf Frage 52. Die Frage lautet: «Welchen Trost gibt dir die Wiederkunft Christi, zu richten die Lebendigen und die Toten?» Antwort: «In aller Trübsal und Verfolgung harre ich mit erhobenem Haupt auf den Richter, der sich zuvor für mich Gottes Gericht gestellt und allen Fluch von mir weggenommen hat, dass er seine und meine Feinde in die ewige Verdammnis werfen, mich aber mit allen Auserwählten zu sich in die himmlische Freude und Herrlichkeit nehmen wird.» Um diese harte Antwort zu verstehen, muss man das Wort «Verfolgung» bedenken und sich die damalige historische Lage vergegenwärtigen. Im Januar 1563 ist der *Heidelberger Katechismus* erschienen. Am 1. März 1562 fand in Wassy und in anderen französischen Städtchen ein Blutbad unter Hugenotten statt, das der Kirchenhistoriker Emile Léonard «eine erste Bartholomäusnacht» genannt hat.[1] Schon früher, im April 1545, waren in der Provence bei einem anderen Gemetzel schätzungsweise viertausend Waldenser umgekommen,[2] und viele andere Reformierte wurden in jenen Jahren aus Glaubensgründen zum Tode verurteilt. Darüber hinaus wurden die Reformierten aus dem Augsburger Religionsfrieden ausgeschlossen. Das heisst, dass das Wort «Verfolgung» in der Antwort auf Frage 52 kein leeres Wort war. Und die «Feinde», die dort erwähnt sind, waren keine eingebildeten, sondern wirkliche Feinde, die bewusst auf die Ausrottung der Reformierten hinarbeiteten. Der Gedanke, dass Christus als Richter den Verfolger bestrafen wird und ihn «in die ewige Verdammnis werfen» werde, konnte tatsächlich für die Verfolgten «tröstlich» sein. Ähnliche Gefühle sind hier und da auch im Neuen Testament, besonders in der Offenbarung des Johannes, zu spüren. Trotzdem, sich mit der «ewigen Verdammnis» der Feinde zu trösten, ist vielleicht nicht der einzige oder der beste Trost, den ein verfolgter Christ sich wünschen mag.

2.4 Sakramente

Schliesslich ein Wort über die Behandlung der beiden Sakramente. Auch hier wäre eine gewisse Verbesserung wünschenswert. Was die Taufe angeht, ist der Darlegung des Katechismus in den Fragen und Antworten 69 bis 73 meiner Meinung nach völlig zuzustimmen. Die Frage 74 betrifft die Kindertaufe, und hier würde ich eine kleine, aber im ökumenischen Horizont wichtige Änderung vorschlagen. Die Frage lautet: «Soll man auch die kleinen Kinder taufen?» Ich würde lieber sagen: «Darf man auch die kleinen Kinder taufen?» Die Frage soll bejaht werden; es gibt dafür sehr gute Beweisgründe historischer und theologischer Art. Trotzdem ist die Kindertaufe kein «Soll», sondern ein «Darf», weil die ursprüngliche und übliche Art und Weise der christlichen Taufe, die im Neuen Testamente deutlich bezeugt ist, doch die Erwachsenentaufe ist, und das sollte einmal festgehalten werden. Steht dies aber fest, dann darf man ruhig, mit gutem Gewissen, auch Kinder taufen.
Was das Abendmahl angeht, sind selbstverständlich Frage und Antwort 80 mit der bekannten Verurteilung der römisch-katholischen Messe als «fluch-

1 Emile Léonard, Histoire du Protestantisme, II, Paris 1961, 111.

2 Diese Zahl ist von Fra Paolo Sarpi, Istoria del Concilio Tridentino, II, XVI, Milano, 181 angegeben. Vgl. Augusto Armand-Hugon, Storia dei Valdesi, II, Torino 1974, 34f.

würdige Abgötterei» ökumenisch zu überprüfen. Eine vollständige Überprüfung kann aus Zeitmangel hier nicht geleistet werden. Ich muss mich auf zwei Hinweise beschränken. Der erste ist, dass Frage und Antwort 80 auf dem Hintergrund des Konzils von Trient gelesen werden sollten, und zwar als erbitterte Erwiderung der dort ausgesprochenen Anathematismen gegen die reformatorische Lehre des Abendmahls. Ohne diesen Hintergrund ist die Gewalt der Worte in Antwort 80 unerklärlich. Es geht um Fluch gegen Fluch. Der zweite Hinweis ist, dass wir heute anders denken und reden sollten; erstens, weil die heutige Lehre der Messe nicht genau dieselbe ist wie diejenige von Trient (obwohl eine gewisse Kontinuität zwischen beiden offensichtlich ist); zweitens, weil die kritische Beurteilung der Messe im *Heidelberger Katechismus* zwar in vielem, aber nicht in allem gerechtfertigt ist; drittens, weil wir im ökumenischen Dialog gelernt haben, mehr auf unsere eigenen Unzulänglichkeiten und auf die Schattenseiten unserer Lehre und Praxis aufmerksam zu werden als auf diejenigen der anderen Christen und Kirchen. Immer gültig hingegen ist die Warnung des *Heidelberger Katechismus*, sich vor der Gefahr der Abgötterei zu hüten. Diese Gefahr bedroht ebenso den reformierten Gottesdienst wie die katholische Messe und jedes Abendmahl. Sie besteht darin – wenn ich so sagen darf –, Gott ohne Gott anzubeten und dadurch Glaube in Aberglaube, Gott in Abgott zu verwandeln.

Ich fasse zusammen: Fast alles, was der *Heidelberger Katechismus* beinhaltet, verdient es, ökumenisch verantwortet zu werden. Derjenige, dessen Glaube vom *Heidelberger Katechismus* geprägt wurde, kann ruhig das ökumenische Abenteuer angehen. Gerade weil der *Heidelberger Katechismus* eine gute Einführung ins Christentum ist, ist er auch eine gute Einführung in die Ökumene und den Ökumenismus.

Martin Ernst Hirzel

Was macht(e) den Heidelberger Katechismus weltweit so erfolgreich?

1. Einleitung

«Man kann fast den ganzen Heidelberger beten».[1] Diese Feststellung von Gottfried Wilhelm Locher (1911–1996) aus dem Jahre 1963 aufnehmend meinte ein anderer Reformationshistoriker, Joachim Staedtke (1926–1979): «Vielleicht liegt die tiefste Wirkung und die grösste Bedeutung des Katechismus darin, dass man ihn beten kann. Jedenfalls hat er sich als Trost- und Gebetbuch tausendfach bewährt, und nur Gott weiss, wie viele Menschen ihn mit den Worten dieses Buches angesprochen haben.»[2] Wenn der *Heidelberger* zu einem Gebet des Glaubens angeleitet hat und Menschen zu Glaubensgewissheit gefunden haben, hat er seine tiefste Wirkung erzielt.[3]

Angesichts dieser geistlichen Dimension der Wirkung und Rezeption des *Heidelberger Katechismus* ist die materielle Kategorie «Erfolg» unzureichend, da sie in erster Linie das Quantifizier- und Sichtbare erfasst und somit an der Oberfläche bleibt. Wenn nun in einem ersten deskriptiven Hauptteil kurz gezeigt wird, woran sich der in der Fragestellung vorausgesetzte Erfolg des *Heidelberger Katechismus* festmachen lässt, geschieht dies mit diesem Vorbehalt. Im zweiten Hauptteil soll dann analytisch den Gründen des Erfolgs des *Heidelbergers* nachgegangen werden. Mit dem Hinweis auf seine Eignung fürs Gebet wurde schon ein erster genannt. Dies eine erste Vorbemerkung. Eine zweite bezieht sich auf die Frage, welcher historisch-methodische Zugang zum Thema gewählt wird. Es handelt sich um einen wir-

1 Gottfried Wilhelm Locher, «Das vornehmste Stück der Dankbarkeit». Das Gebet im Sinne der Reformation nach dem Heidelberger Katechismus: Lothar Coenen (Hg.), Handbuch zum Heidelberger Katechismus, Neukirchen-Vluyn 1963, 171–185 (173).

2 Joachim Staedtke, Die Entstehung und Bedeutung des Heidelberger Katechismus: Reformation und Zeugnis der Kirche. Gesammelte Studien, hg. von Dietrich Blaufuss, Zürich 1978, 224.

3 Vgl. dazu Michael Beintker, Glaubensgewissheit nach dem Heidelberger Katechismus: ders. (Hg.), Certitudo Salutis. Die Existenz des Glaubens zwischen Gewissheit und Zweifel. Symposion aus Anlass des 75. Geburtstags von Hans Helmut Esser, Münster 1996, 67.

kungs- und rezeptionsgeschichtlichen Zugang. Sprächen wir nur von einer wirkungsgeschichtlichen Fragestellung, würde der Text des *Heidelbergers* als eine Entität verstanden, die als Ursache überzeitlich eine Wirkung erzielt. Sprechen wir hingegen auch von Rezeptionsgeschichte, wird ein Kommunikationsprozess in Blick genommen, in welchem dem Leser eine konstitutive Rolle zukommt und dem historischen Kontext Rechnung getragen wird.[4]

Noch eine dritte und letzte Vorbemerkung zum Thema: Es ist nicht widerspruchsfrei, da der *Heidelberger* nicht nur eine Erfolgsgeschichte kennt. Auf der einen Seite kann gerade in der Schweiz von seinem Gebrauch überhaupt nicht mehr die Rede sein. Wir blicken hier und in Westeuropa auf die Linie einer langen Kritik am *Heidelberger* und an Katechismen überhaupt zurück, die jedoch in erster Linie mehr dem Gebrauch als dem Inhalt galt. Sie reicht etwa von Johann Heinrich Pestalozzi, der sich 1801 gegen das «papageyenartige Auswendiglernen des Heidelbergers»[5] wandte, bis zum zeitgenössischen niederländischen Schriftsteller Maarten't Haart (geb. 1944), der in seinen autobiografisch geprägten Romanen mit suggestiven Worten die einengende Wirkung des *Heidelbergers* anprangert, damit gleichzeitig aber auch, sozusagen *ex negativo*, die enorme glaubens- und mentalitätsprägende Kraft des *Heidelbergers* in den Niederlanden bis heute dokumentiert.[6] Wirkungs- bzw. Rezeptionsgeschichte könnte also auch der negativen Kritik nachgehen. – Auf der andern Seite steht nun allerdings der enorme Erfolg des *Heidelbergers*, hierzulande eben eher ein historisches Phänomen, ökumenisch gesehen aber andauernd. Dem wollen wir uns nun zuwenden.

4 Vgl. Ansgar Nünning (Hg.), Art. Rezeptionsgeschichte: Metzler Lexikon Literatur- und Kulturtheorie. Ansätze – Personen – Grundbegriffe, Stuttgart 2004, Weimar, 462.

5 Heinrich Pestalozzi, Wie Gertrud ihre Kinder lehrt. Ein Versuch den Müttern Anleitung zu geben, ihre Kinder selbst zu unterrichten: Sämtliche Werke, Bd. 13: Schriften aus der Zeit von 1799–1801, Berlin 1932, 181–359 (219); vgl. dazu Ingrid Schoberth in diesem Band. Zur aufklärerisch-pädagogischen Katechismuskritik vgl. Alfred Messerli, Lesen und Schreiben 1700 bis 1900. Untersuchungen zur Durchsetzung der Literalität in der Schweiz, Tübingen 2002, 269.

6 Bezüge zum *Heidelberger Katechismus* finden sich in mehreren Romanen von Maarten't Haart, z.B. in *Der Flieger* (München, Zürich [4]2009, 86f.171 passim), vgl. auch http://www.heidelberger-katechismus.net/6737-233-227-50.html (15.07.2013).

2. Der Erfolg des Heidelberger Katechismus

Augenfälligstes Merkmal des Erfolgs des *Heidelberger Katechismus* ist sicherlich seine Verbreitung, die im Jahr seines Erscheinens in Heidelberg 1563 ihren Anfang nahm. Parallel zur Ausbreitung in Deutschland, der Schweiz und in Mittel- und Osteuropa gewann er vor allem in Ostfriesland und in den Niederlanden (inkl. des heutigen Belgien) an Boden. Von den Niederlanden aus fand der *Heidelberger* dann den Weg in die Welt: einerseits breitete er sich über Südafrika nach Südamerika aus, andererseits nach dem heutigen Indonesien.[7] Ferner fand der *Heidelberger* in England und dann vor allem in den USA Verbreitung.

In Deutschland fand der *Heidelberger* Aufnahme etwa in Jülich, Kleve und Berg, am Niederrhein, in Nassau, Bremen und Ostfriesland.[8] In der Schweiz konnte er sich im 17. und 18. Jh. wegen älterer vorhandener Katechismen nur allmählich durchsetzen, trotz des hohen Lobs, das Bullinger ihm gezollt hatte,[9] am stärksten im Bernbiet und in der Waadt.

Belegen lässt sich die Verbreitung gut durch die Druckgeschichte.[10] Druckorte waren in Deutschland nebst Heidelberg zunächst Emden, in den 1580er und 90er Jahren dann auch Herborn in Nassau-Dillenburg. In der Schweiz wurde er in allen reformierten Städten aufgelegt. Die meisten Ausgaben im 16. Jh. erschienen in niederländischer Sprache, wobei die erste bereits 1563 im ostfriesischen Emden erschien. Bis 1600 erschienen 22 niederländische Drucke, die in verschiedenen niederländischen Städten herausgegeben wurden. Auch die erste französische Ausgabe erschien in den Niederlanden.[11] Die englische Ausgabe von 1572 markierte «den Beginn einer

7 Diesen Hinweis verdanke ich Dr. Albert de Lange, Karlsruhe.

8 Vgl. Eberhard Busch, Der Freiheit zugetan. Christlicher Glaube heute – im Gespräch mit dem Heidelberger Katechismus, Neukirchen-Vluyn 1998, 16.

9 Vgl. oben Peter Opitz, Historische Zugänge zum Heidelberger Katechismus aus schweizerischer Sicht. Vgl. dazu Joachim Staedtke, Entstehung und Bedeutung des Heidelberger Katechismus: Reformation und Zeugnis der Kirche. Gesammelte Studien, hg. von Dietrich Blaufuss, Zürich 1978, 213–255 (222 f.) (Zürcher Beiträge zur Reformationsgeschichte, Bd. 9).

10 Vgl. August Den Hollander, Die Verbreitung des Heidelberger Katechismus in gedruckter Form: Karla Apperloo-Boersma/Herman J. Selderhuis (Hg.), Macht des Glaubens – 450 Jahre Heidelberger Katechismus, Göttingen 2013, 53–61.

11 Vgl. Herman J. Selderhuis, Eine Büchlein geht durch die Welt: Von Heidelberg über Emden: Karla Apperloo-Boersma/Herman J. Selderhuis (Hg.): Macht des Glaubens – 450 Jahre Heidelberger Katechismus, Göttingen 2013, 19–28 (21 f.).

langen Reihe von Publikationen in jenem Sprachgebiet».[12] Bis heute wurde der *Heidelberger* in Dutzende Sprachen übersetzt, inklusive ins Arabische, Chinesische, Hebräische und Türkische.[13] *Summa summarum* lässt sich sagen, dass das Verbreitungsgebiet des *Heidelbergers* mit demjenigen der reformierten Kirche übereinstimmte, was zeigt, dass der *Heidelberger* keinen nationalen Charakter trug und der religiösen Migrantensituation entsprach.

Die Ausbreitung vollzog sich auf vielfältige Art und Weise. In den Niederlanden etwa wurde der Katechismus im 16. Jahrhundert von Hausierern und fliegenden Buchhändlern verbreitet, an Marktständen und in öffentlichen Versammlungen. Als Illustration dazu kann ein katholischer Bericht über eine sogenannte Hagenpredigt von 1566 in Gent dienen: «Dort waren auch verschiedene Buch-Stände mit Psalm-Büchlein und anderen nach den Ketzereien des Calvins, wie etwa der Heidelberger Katechismus, welchen Petrus Dathenus ins Flämische übersetzt hatte».[14]

Eine wichtige Rolle für die weltweite Ausbreitung des *Heidelbergers* spielte die holländische Handels- und Kolonisierungspolitik. Auf den Handelswegen gelangte der Katechismus rund um den Erdball.[15] In den Handelsstützpunkten kam es später zu Ausgaben in indigenen Sprachen; so erschien beispielsweise 1623 eine Ausgabe in malaiischer Sprache im Zusammenhang mit den Aktivitäten der Vereinigten Ostindien-Kompanie im damaligen Niederländisch-Indien.[16] Sie war gedacht für den Unterricht der dortigen Bevölkerung.

Neben diesem missionarischen Zweck in Übersee diente der *Heidelberger* in Holland in den 1560er Jahren im Freiheits- und Überlebenskampf gegen die Spanier als Trost- und Glaubensbuch.[17] Als ein solches wurde er zum eigentlichen «Migrantenbuch»[18], das reformierte Christen und Christinnen weltweit begleitete. Unter den Reformierten in den USA kam dem

12 Selderhuis, Ein Büchlein (Anm. 11), ebd.

13 Vgl. Den Hollander, Verbreitung (Anm. 10), 60.

14 Selderhuis, Ein Büchlein (Anm. 11), 21. – Erzählungen über diese Form der Glaubensausbreitung blieben in den Niederlanden bis ins 20. Jahrhundert populär, vgl. dazu Jan Siebelink, Im Garten des Vaters. Roman. Aus dem Niederländischen übersetzt von Bettina Bach, München 2011, 160.

15 Siehe Anm. 7.

16 Vgl. Den Hollander, Verbreitung (Anm. 10), 60.

17 Vgl. Diarmaid MacCulloch, Die Reformation 1490–1700, München 2008, 485.

18 Johannes Ehmann, Mit Ecken und Kanten. Der Heidelberger Katechismus wirkt über Ursprungsort und Entstehungszeit hinaus: zeitzeichen 1 (2013), 26–28 (28).

Heidelberger angesichts des konfessionellen Pluralismus identitätsstiftende Funktion zu.[19]

Während der *Heidelberger Katechismus* vor allem im 16. bis 19. Jahrhundert, der Zeit des beginnenden Welthandels europäischer Mächte, der Emigration in die neue Welt sowie der Mission, Erfolgsgeschichte schrieb, befand er sich in der Schweiz und in Westeuropa seit der Aufklärung, mit unterschiedlicher Intensität, auf dem Rückzug. Am längsten konnte sich der *Heidelberger* noch in den Niederlanden halten. Eine prägende Rolle spielte er dort Ende des 19. Jahrhunderts beim holländischen Prediger, Politiker und Kirchenführer Abraham Kuyper (1837–1920) und bei der 1892 entstandenen *Gereformeerde Kerken.* In dieser ging die repristinative Verbreitung des Gedankenguts des *Heidelbergers* einher mit einer Tätigkeit in den unteren protestantischen Milieus, die emanzipativ wirkte und deren Partizipation am gesellschaftlichen Leben förderte.[20]

In der Schweiz ist die Verbindung zum *Heidelberger*, wie erwähnt, schon länger abgerissen. Er ist vorwiegend ein historisches Dokument geworden, das im kirchlichen Leben keine Rolle mehr spielt. Spätestens bis in die frühen 70er Jahre wurde er da und dort von den sogenannten positiven Pfarrern im Konfirmandenunterricht noch verwendet; ein Gebrauch im Gottesdienst war hingegen sowieso kaum je Usus. Dieser Befund ist auch mit der Bekenntnisfreiheit und des Nichtgebrauch der Bekenntnisse in ihrer Folge zu erklären. Dazu kam, dass die Verbreitung von Katechismen aus pädagogischen Gründen seit der Aufklärungszeit bis in jüngste Zeit nicht im besten Ruf steht. Dass der *Heidelberger* jedoch in der Theologie bis weit ins 20. Jahrhundert als Text präsent blieb, ist Beweis für seine theologische Qualität und ist vor allem Karl Barth (1886–1968) zu verdanken. In Barths theologischer Umorientierung spielte der *Heidelberger* eine bedeutende Rolle. 1919 schrieb der Safenwiler Pfarrer an seinen Freund Eduard Thurneysen (1888–1974) in Basel: «Mein Unterweisen ist gegenwärtig wieder einmal besonders jämmerlich. Das Reich Gottes will und will sich bei mir nicht zum Lehrstoff gestalten, trotz aller Künste. Vielleicht verzichte in eines Tages völlig und kehre [...] zum ‹Heidelberger› zurück, lasse auswendig lernen und höre ab, wie unsre

19 Vgl. dazu Jan Stievermann, Der Heidelberger Katechismus in Nordamerika: Von der Kolonialzeit bis zum Bürgerkrieg: Evangelische Theologie 72 (2012), 432–444.

20 Vgl. Cornelis Augustijn, Art. Niederlande: TRE 24, Berlin 1994, 474–502 (490 f.). Vgl. dazu auch Geert Mak, Das Jahrhundert meines Vaters, Berlin 2003, 40 ff.

Väter taten».[21] Nach seiner Berufung als Professor für reformierte Theologie nach Göttingen begann Barth seine Lehrtätigkeit mit einer Vorlesung über den *Heidelberger.*[22] Bald äusserte er sich jedoch auch kritisch: «Der Heidelberger Katechismus ist ein entschieden fragwürdiges Werk. Gerade die 1. Frage ist entschieden nicht gut, wie ich ihnen heute eine Stunde lang auseinandergesetzt habe, um ihnen dann in der nächsten zu zeigen, wie sie glücklicherweise durch die Antwort sofort in die Luft gesprengt wird. Peter in Madiswil braucht ihn scheints jetzt in der Unterweisung.»[23]

Im Jahre 1924 schrieb der junge Emil Brunner (1889–1966) aus Zürich an Barth im Zusammenhang der Frage nach der fundamentaltheologischen Konzeptionierung christlicher Dogmatik: «Du hast den Heidelberger Katechismus erprobt: Wäre das ein möglicher Ausgangspunkt? Ist er nicht schon zu sehr Produkt der nachreformatorischen orthodoxen Erstarrung?»[24] Knapp ein Jahr später meldete dann der frischgebackene Zürcher Theologieprofessor Brunner an Barth nach Göttingen, nachdem offensichtlich die Beschäftigung mit dem *Heidelberger* fruchtbar gewesen war: «Was mich aber mehr als freut, ist die unverkennbare Tatsache, dass die Leute wieder ernstlich anfangen, Theologie zu studieren, aber auch die Pfarrer. Wir haben jetzt ein Pfarrkränzchen, wo wir den Heidelbergerkatechismus miteinander lesen – unter Beiziehung der Helvetica posterior und des Genfer Katechismus – und ernsthafte theologische Gespräche führen.»[25] Dass der *Heidelberger* damals in der Theologie auch anderweitig Bekanntheit genoss, zeigt sich daran, dass Emanuel Hirsch (1888–1972) – wie Barth erstaunt in die Schweiz meldete – einen Katechismus nach dem *Heidelberger* verfasste;[26] oder dass es ein *Korrespondenzblatt der Freunde des Heidelberger Katechismus* gab, später umbenannt in *Wort und Zeit. Beiträge zur Schriftauslegung im Sinne der Reformation.*[27] Eine reife Frucht der Rezeption des *Heidelbergers* durch Barth war schliesslich die

21 Karl Barth/Eduard Thurneysen, Briefwechsel, Band 1: 1913–1921, Zürich 1973 (Karl Barth Gesamtausgabe V. Briefe), 361.

22 Barth/Thurneysen, Briefwechsel (Anm. 21), 515.

23 Karl Barth/Eduard Thurneysen, Briefwechsel Band 2: 1921–1930, Zürich 1974 (Karl Barth Gesamtausgabe V. Briefe), 9, auch 5 f.

24 Karl Barth/Emil Brunner, Briefwechsel 1916–1966, Zürich 2000 (Karl Barth Gesamtausgabe V. Briefe), 91.

25 Barth/Brunner, Briefwechsel (Anm. 24), 127.

26 Barth/Brunner, Briefwechsel (Anm. 24), 293.

27 Barth/Thurneysen, Briefwechsel Bd. 2 (Anm. 23), 137.

erste Barmer These, worin Jesus Christus hinsichtlich der Grundlegung der Kirche als «das eine Wort Gottes, das wir zu hören, dem wir im Leben und im Sterben zu vertrauen und zu gehorchen haben»,[28] herausgestellt wird.[29]

3. Die Frage nach den Gründen des Erfolgs

Die Gründe für den weltweiten und langanhaltenden Erfolg des *Heidelbergers* sind vielfältig. Sie liegen auf der Ebene der Politik und Kirchenpolitik im Deutschen Reich, der Theologie und sprachlichen wie auch formalen und vor allem diskursiv-kommunikativen Gestalt des *Heidelbergers.* Im Folgenden werden ausgewählte Aspekte beleuchtet, die nicht schon oben zur Sprache gekommen sind.[30] Im Weiteren werden sich die Überlegungen insbesondere auf die Analyse der Intentionen der Autoren des *Heidelbergers* und der Situation in der Kurpfalz konzentrieren, da sich daraus wesentliche Erklärungsmuster ergeben.

---

28 Georg Plasger/Matthias Freudenberg (Hg.), Reformierte Bekenntnisschriften. Eine Auswahl von den Anfängen bis zur Gegenwart, Göttingen 2004, 243. – Ebenfalls ein Stück Rezeptionsgeschichte des *Heidelbergers* im deutschen Kirchenkampf finden wir in der Biografie des evangelischen Pfarrers und Märtyrers Paul Schneider (1897–1939), in dessen Kampf gegen die Deutschen Christen in seiner Gemeinde die Fragen 81–85 zur Kirchenzucht zentral wurden und dem der Trost von Frage und Antwort 1 bis zu seinem Tod im Konzentrationslager Buchenwald 1939 letzter Halt und Zuversicht war; vgl. dazu Andreas Goerlich, Paul Schneider und der Heidelberger Katechismus: Zwingliana 19 (1993), 91–101.

29 Vgl. dazu Staedtke, Entstehung (Anm. 9), 222; Wolf Krötke, Christus im Zentrum. Karl Barths Verständnis der Barmer Theologischen Erklärung: ders. (Hg.), Barmen – Barth – Bonhoeffer. Beiträge zur zeitgemässen christozentrischen Theologie, Bielefeld 2009, 21–43. – Ein jüngstes Beispiel für die Verbreitung des *Heidelbergers* schliesslich gibt Gerd Theissen, der sein Buch von 2012 *Glaubenssätze. Ein kritischer Katechismus* Zacharias Ursinus, dem Verfasser des *Heidelberger Katechismus*, widmet, den er «für ein Vorbild an Klarheit und Systematik» hält. Theissen versucht, in knappen, meditativ formulierten «Glaubenssätzen» Antworten auf Glaubens- und Lebensfragen des modernen Menschen zu geben. Gerd Theissen, Glaubenssätze. Ein kritischer Katechismus, 2., durchgesehene Auflage, Gütersloh 2012, 13.

30 Dies waren die niederländische Handelspolitik, die Auswanderung europäischer Reformierter in die Vereinigten Staaten sowie die theologische Qualität des *Heidelberger Katechismus.*

3.1 Politische und kirchenpolitische Faktoren

Zunächst zu den politischen Gründen: Seit dem Augsburger Religionsfrieden von 1555 oblag es den Reichsfürsten aufgrund der Übertragung der Jurisdiktion der Bischöfe auf ihre Funktion, die konfessionelle Ausrichtung ihres Territoriums zu bestimmen (Prinzip *cuius regio, eius religio*), wobei sie nur die Kirchengewalt in äusseren Dingen innehatten. Der Fürst hatte nach reformatorischer Auffassung indes auch als Glied der christlichen Gemeinde für die Ordnung der Religionsfragen und aufgrund der ihm von Gott verliehenen Herrschaftsvollmacht für die Beachtung der beiden Tafeln des Gesetzes zu sorgen.[31] Die politische und religiöse Situation war jedoch im Reich nach wie vor gespannt. Eine militärische Lösung zur Herbeiführung der Einheit im Reich war zwar vom Tisch, doch die reichsrechtliche Anerkennung der *Confessio Augustana* (CA) von 1530 ermöglichte allein ein schiedliches Zusammenleben der Reichsstände und keine wirkliche Toleranz. Die politisch wie religiöse Konsolidierung nach innen und aussen war für die protestantischen Länder überlebensnotwendig.

Es war die Zeit der frühmodernen Staatenbildung und der Konfessionalisierung, in der Kurfürst Friedrich III. die Einheit der Kurpfalz mit der Schaffung eines neuen Katechismus festigen wollte. Obwohl er den Boden der CA respektive der *Confessio Augustana variata* nicht verliess, ging er mit dem *Heidelberger* aussenpolitisch ein grosses Risiko ein, da er auf Konfrontationskurs mit den lutherischen Fürsten ging.[32]

In dieser schwierigen Situation traf der Kurfürst zwei kluge strategische Entscheide: Erstens, dass er einen kurpfälzischen Katechismus verfassen liess und keinen fremden, bereits existierenden «reformierten» Katechismus übernahm, denn damit hätte er seine Loyalität zum Augsburger Religions-

31 Vgl. Ekkehard Mühlenberg, Epochen der Kirchengeschichte, 3., aktualisierte Auflage, Heidelberg 1999, 244f.

32 Vgl. dazu Martin Friedrich, Von Marburg bis Leuenberg. Der lutherisch-reformierte Gegensatz und seine Überwindung, Waltrop 1999, 89; Johann Friedrich Gerhard Goeters, Entstehung und Frühgeschichte des (Heidelberger) Katechismus: Heiner Faulenbach/Wilhem H. Neuser (Hg.), Beiträge zur Union und zum reformierten Bekenntnis, Bielefeld 2006, 195–214 (200); Andreas Mühling, Anmerkungen zur reformierten Katechismusbildung: epd-Dokumentation 39/2012, 37–41 (37); Walter Henss, Der Heidelberger Katechismus im konfessionspolitischen Kräftespiel seiner Frühzeit, Zürich 1983.

frieden in Frage gestellt und sich in eine «reichsrechtlich unhaltbare Position» begeben.[33]

Und zweitens entsprach es sowohl theologischer Einsicht wie politischer Vernunft, einen Katechismus zu schaffen, der durch seinen konsensualen und irenischen Charakter – einmal abgesehen von Frage 80 – sowohl innen- wie aussenpolitisch Einigkeit zu stiften trachtete. Obwohl später als reformierter Text bezeichnet, bot der *Heidelberger* auch gemässigten Lutheranern Anknüpfungspunkte.

Dieser Wille zum eigenen, auch unbequemen evangelischen Weg zeugt vom Mut des Kurfürsten und einer persönlichen geistlichen Motivation. Dies geht aus dem Vorwort des Kurfürsten zur dritten Auflage des *Heidelbergers* hervor, wo er als Motivation für dieses Unternehmen nicht nur «natürliche Pflicht», vielmehr «erinnerung Göttlichs Worts» angibt.[34] Also nicht ohne Grund wurde er auch Friedrich der Fromme genannt.

Dem entspricht die allgemeine Begründung für sein Vorhaben, die der Kurfürst anführt: «Und endlich fürgenommen, Unser von Gott befohlen Ampt, Beruff und regierung, nicht allein zu friedlichen, rüigem wesen, auch zu erhaltung züchtigen auffrichtigen und Tugentsamen wandels und lebens Unserer underthanen, zurichten und anzustellen: Sonder auch und fürnemlich dieselbige zu *rechtschaffener erkanntnuss und forcht des Almechtigen, und seines seligmachenden Worts*, als dem einigen fundament aller Tugenten und gehorsams, je lenger je mehr anzuweisen und zu bringen» (Hervorhebung M. E. H).[35] So sehr die Motivation des Kurfürsten eine geistlich-theologische war und ihn die Sorge um den Glauben der Menschen und um die Kirche leitete,[36] handelte er gleichzeitig auch aus der politischen Absicht zur Sozialdisziplinierung seiner Untertanen heraus, wie ebenfalls im Vorwort deutlich wird. Aus der Hinwendung zu den später als reformiert bezeichneten theologischen Positionen erhoffte er sich durch die Schaffung des Katechismus neben der Beförderung der Ehre Gottes auch die «befürderung [...] und erhaltung Bürgerlicher zucht und policey».[37] Neben der «ewigen» lagen

33 Mühling, Anmerkungen (Anm. 32), 39.

34 Catechismus Oder Christlicher Underricht/ wie der in Kirchen und Schulen der Churfürstlichen Pfalz getrieben wird, Heidelberg 1563 (Reprint, hg. von Walter Henss, mit Nachwort, Zürich 1983). Es handelt sich hier um die dritte Auflage des *Heidelbergers*, welche als endgültiger Text gilt, vgl. W. Henss, Nachwort, 2.

35 Catechismus (Anm. 34), 4.

36 Vgl. dazu MacCulloch, Reformation (Anm. 17), 84–86.

37 Catechismus (Anm. 34), 5.

ihm durchaus auch die «zeitliche Wohlfahrt» seiner Untertanen und die sozialen und wirtschaftlichen Verhältnisse seines Landes am Herzen.[38]

Die wichtige Stellung des *Heidelbergers* in der kurfürstlichen Religions- und Landespolitik wurde durch seine Aufnahme in die neue Kirchenordnung der Pfalz vom November 1563 unterstrichen. Darin bildete er das «Herzstück».[39] «Die Einführung dieser Kirchenordnung mit dem Katechismus war ein historisches Ereignis der deutschen Reformation. Mit ihr gelang es Kurfürst Friedrich III., zum erstenmal auf dem Boden des Deutschen Reiches eine Landeskirche zu schaffen, die abseits der Bestimmungen des Augsburger Religionsfriedens weder römisch-katholisch noch lutherisch war.»[40] Die Aufnahme des *Heidelbergers* in Kirchenordnungen setzte sich alsbald fort an der Synode von Debrecen der reformierten Kirche in Ungarn 1567, an der Synode von Emden 1571 – der konstituierenden Sitzung der reformierten Kirche in den Niederlanden – und 1591 in Edinburgh für die reformierte Kirche Schottlands.[41]

Ferner war die kurpfälzische Bündnis- und Heiratspolitik der Verbreitung des *Heidelberger Katechismus* sehr förderlich. Seine Verbreitungsgebiete folgten den politischen bzw. dynastischen Einflusssphären der Kurpfalz, die zur Bastion des Reformiertentums wurde. Der Blick richtete sich von der Kurpfalz aus vor allem nach Westen, denn Glaubensflüchtlinge aus Frankreich und den Niederlanden hatten bereits in der Pfalz Zuflucht gefunden und damit eine Basis für den intensiven Austausch mit den westlichen Nachbarländern gelegt. Es folgte ein Engagement im niederländischen Freiheitskampf gegen die Spanier. In Deutschland breitete sich der *Heidelberger* zunächst in den hessischen Territorien und in Lippe Detmold aus.[42] Die Einführung des *Heidelberger Katechismus* durch Obrigkeiten erfolgte dabei mehrheitlich «im Kontext der Herausbildung von reformierten Territorialkirchen».[43]

38 Vgl. zur Vorrede Mühling, Anmerkungen (Anm. 32), 38.

39 Thorsten Latzel, Theologische Grundzüge des Heidelberger Katechismus. Eine fundamentaltheologische Untersuchung seines Ansatzes zur Glaubenskommunikation, Marburg 2004, 214 (Marburger Theologische Studien 83).

40 Staedtke, Entstehung (Anm. 9), 216.

41 Vgl. MacCulloch, Reformation (Anm. 17), 605.

42 Vgl. Christoph Strohm, Der Heidelberger Katechismus im Kontext des Calvinismus des 16. und 17. Jahrhunderts: Karla Apperloo-Boersma/Herman J. Selderhuis, Macht des Glaubens – 450 Jahre Heidelberger Katechismus, Göttingen 2013, 97–105 (97 f.).

43 Mühling, Anmerkungen (Anm. 32), 38.

3.2 *Mehrfache Verwendbarkeit*

Ein wesentlicher Grund für den Erfolg des *Heidelbergers* ist «seine beabsichtigte mehrfache Verwendbarkeit»[44]. Der Kurfürst selber dachte bei der Adressatenschaft des Katechismus an die «jugendt in Kirchen und Schulen», «die Prediger und Schulmeister» sowie den «gemeinen Man» unter der Kanzel.[45] Neben dem von ihm genannten katechetischen, liturgischen und lehrmässigen Gebrauch des Katechismus kann auch noch ein erbaulicher und seelsorgerlicher Gebrauch als Trost- und Gebetbuch festgestellt werden.[46] Aus seinem lehrmässigen Gebrauch als Zusammenfassung der christlichen Lehre resp. Dogmatik schliesslich erwuchs die Verwendung als Bekenntnis.[47]

Der Verbreitung des *Heidelbergers* in diesen Anwendungsbereichen dienlich war insbesondere, dass der Katechismus von Anfang an nicht nur einzeln publiziert wurde, sondern im Kontext des kirchlichen Gebrauchs und der persönlichen Erbauung. Wie erwähnt wurde er 1563 in den Kontext der Kirchenordnung gestellt.[48] Petrus Dathenus' (1531/31–1588) geniale Idee war es dann, den *Heidelberger* zusammen mit der niederländischen Übersetzung des Genfer Psalters zu publizieren.[49] Dadurch wurde der *Heidelberger* ein Teil des Gesangbuchs in den Niederlanden bis in jüngste Zeit. «In der Kirche, aber auch zuhause und in der Schule wurde vielfältig und praktisch davon Gebrauch gemacht.»[50] Aber auch etwa in Basel wurde der *Heidelberger* regelmässig als Anhang zum Gesangbuch gedruckt.[51]

Der *Heidelberger Katechismus* war somit nicht nur Unterrichtsbuch, sondern auch Zusammenfassung der christlichen Lehre bzw. Dogmatik und Bekenntnis, dazu Erbauungs-, Trost und Gebetbuch. «Andere vergleichbare Texte konnten sowohl im Blick auf den Inhalt als auch die literarische Gat-

44 Busch, Freiheit (Anm. 8), 13.

45 Catechismus (Anm. 34), 9.

46 Busch, Freiheit (Anm. 8), 13–16.

47 Vgl. dazu Strohm, Der Heidelberger Katechismus im Kontext (Anm. 42), 97–105.

48 Selderhuis, Ein Büchlein (Anm. 11), 22.

49 Die Datheen-Ausgabe ist die zweite niederländische; sie wurde vor allem in Verbindung mit dessen Reimpsalter in der ganzen Niederlande zum Langzeiterfolg, vgl. Den Hollander, Verbreitung (Anm. 10), 57.

50 Selderhuis, Ein Büchlein (Anm. 10), 22.

51 Peter Opitz, Der Heidelberger Katechismus, Schweizer Wurzeln, Schweizer Verbreitung: Karla Apperloo-Boersma/Herman J. Selderhuis, Macht des Glaubens – 450 Jahre Heidelberger Katechismus, Göttingen 2013, 61–71 (71).

tung nicht in gleicher Weise vielfältig rezipiert werden.»[52] Insbesondere erleichterte auch der bereits oben festgestellte übernationale, auf die Migrationssituation bezogene Charakter des *Heidelbergers* seine Rezeption in verschiedenen politischen und kulturellen Kontexten, gerade auch im aussereuropäischen Raum.

3.2.1 Katechetische Verwendung

Bereits vor dem *Heidelberger* waren Katechismen wichtige Medien der Ausbreitung der Lehre der Reformation. Darunter war Luthers *Kleiner Katechismus* von 1529 sicherlich der bekannteste.[53] Das Katechisieren in Frage- und Antwortform und die dergestaltige Vermittlung grundlegender christlicher Lehrsätze war jedoch schon in den kirchlichen Reformbewegungen des Mittelalters verbreitet gewesen.[54] Später wurde in Spanien eifrig katechisiert.[55] Was nun den *Heidelberger Katechismus* vielleicht stärker als andere auszeichnet, ist, dass er nicht nur für den kirchlichen und schulischen Unterricht der Jugend gedacht war, sondern sich auch an Erwachsene richtete. Einzelne Christen und Gemeinden sollten bewusst in ihrer christlichen Mündigkeit gestärkt werden.[56] – Dieser beinahe emanzipative Aspekt verleiht dem *Heidelberger* eine gewisse Modernität. So wie der Mensch gemäss den Worten des Kurfürsten im Vorwort mehr ist als blosser Untertan, ist er im eigentlichen Text des Katechismus mehr als nur Teil eines Ganzen oder der Kirche.[57] In Antwort 1 ist er das zu Christus gehörende Individuum. Es geht um sein Leben und Sterben und um seine zeitliche und ewige Beziehung zu Gott. – Konkret geschah diese Erwachsenenkatechese in sonntagnachmittäglichen Katechismuspredigten, wozu der *Heidelberger* in der Kirchenordnung in 52 Wochenabschnitte eingeteilt wurde.[58] In der Kirchenordnung der Pfalz vom November 1563 ist der *Heidelberger* zwischen die Tauf- und Abendmahlsagende eingefügt. Die Gemeinde sollte befähigt werden, vor dem Abendmahl den Glauben zu bekennen.[59]

52 Strohm, Der Heidelberger Katechismus im Kontext (Anm. 42), 97.
53 Vgl. MacCulloch, Reformation (Anm. 17), 320.
54 Vgl. MacCulloch, Reformation (Anm. 17), 298,
55 Vgl. MacCulloch, Reformation (Anm. 17), 552.
56 Vgl. Vgl. MacCulloch, Reformation (Anm. 17), 84–86.
57 Vgl. hier und im Folgenden Selderhuis, Ein Büchlein (Anm. 11), 28 f.
58 Vgl. Busch, Freiheit (Anm. 8), 14. Vgl. dazu Staedtke, Entstehung (Anm. 9), 222 f.
59 Vgl. Busch, Freiheit (Anm. 8), 14.

Bei der Verwendung im Schulunterricht diente der *Heidelberger Katechismus* in seinem Verbreitungsgebiet bis ins 19. Jh. hinein neben dem religiösen Zweck auch beim Lesen und Schreiben lernen. Anderen Lesestoff und andere Schreibvorlagen gab es oftmals nicht. Auch dies war seiner Verbreitung und Popularisierung förderlich.

3.2.2 Liturgischer Gebrauch

Nach einer Formulierung Karl Barths ist der *Heidelberger* «aus dem unmittelbarem Lebensbedürfnis einer Kirche [hervorgegangen]».[60] Der Erarbeitung des *Heidelbergers* mochte die Erfahrung vorangegangen sein, dass die Lehre eine unmittelbare Bedeutung für die Gemeinde und ihren Gottesdienst besass. So spitzte sich in der frühen Regierungszeit Friedrichs III. der Streit zwischen Anhängern Luthers und der Schweizer Reformatoren dermassen zu, dass in der Heidelberger Heiliggeistkirche zwei Pfarrer sich «gegenseitig den Abendmahlskelch aus der Hand rissen, weil jeder dem andern das richtige Verständnis des Abendmahls absprach».[61] Schon der Kurfürst sah eine Verwendung des Katechismus im Hauptgottesdienst vor.[62] Dazu wurde er in der Kirchenordnung von 1563 in neun Abschnitte eingeteilt, die als Lesungen vor der Predigt dienten.[63] Dazu heisst es in der Einleitung: «An allen Sonn- und Feiertagen in den Dörfern und Flecken, desgleichen auch in den Städten, ehe man mit der Predigt beginnt, der Kirchendiener ein Stück aus dem Katechismus dem Volk vorlese, also dass er in neun Sonntagen ausgelesen wird».[64] Die enge Verbindung von Katechismus und Gottesdienst, die sich im vorigen Abschnitt beim Katechismusgottesdienst gezeigt hatte, wird erneut deutlich. Im Pfälzer Gottesdienstmodell «steht die Verkündigung [...] deutlich im Zentrum, lehrhafte Elemente spielen eine wichtige Rolle».[65]

60 Karl Barth, Die christliche Lehre nach dem Heidelberger Katechismus. Vorlesung gehalten an der Universität Bonn im Sommersemester 1947, Zollikon-Zürich 1948, 16.

61 Ulrich Löffler/Heidrun Dierk (Hg.), Kleines Buch – grosse Wirkung. 450 Jahre Heidelberger Katechismus, Heidelberg 2012, 14. – Vgl. dazu Goeters, Entstehung und Frühgeschichte [Anm. 32], 200 f.

62 Catechismus (Anm. 34), 10.

63 Busch, Freiheit (Anm. 8), 13.

64 Zitiert bei Staedtke, Entstehung (Anm. 9), 222.

65 Latzel, Theologische Grundzüge (Anm. 39), 208

3.2.3 Lehrnorm für die Pfarrer

Neben den Kindern, Jugendlichen und erwachsenen Gemeindegliedern identifizierte der Kurfürst die Pfarrer und Lehrer als zusätzliche Adressaten des *Heidelbergers*: «Damit fürbass nicht allein die jugendt in Kirchen und Schulen, in solcher Christlicher Lehre, Gottseliglichen underwiesen, und darzu einhelliglichen angehalten: sonder auch die Prediger und Schulmeister selbs ein gewisse und bestendige form und mass haben mögen, wie sie sich in underweisung der jugendt verhalten sollen, und nicht jres gefallens teg-// liche enderungen fürnemen, oder widerwertige lehre einfüren.»[66] Pfarrer und die Gemeinde hatten sich also an dasselbe zu halten.[67] Bei der Installation der Pfarrer spielte der Katechismus, gut reformiert, eine untergeordnete Rolle. Hier wurden sie in der Verordnung von 1564 nur «darauf verpflichtet, das Wort Gottes nach der Schrift und gemäss den drei altkirchlichen Symbolen vorzutragen».[68]

Diese kirchenleitende Funktion des Katechismus, die vermutlich in Visitationen zum Tragen kam, wurde verstärkt, als 1591 die Vorlesungen des Zacharias Ursinus (1534–1583) über den *Heidelberger Katechismus* auf den Markt kamen. Als Schatzbuch der Erklärungen zum *Heidelberger* trugen sie in unzähligen niederländischen und englischen Übersetzungen zur Verbreitung des Gedankenguts des *Heidelbergers* bei.[69]

Der Kommentar des Ursinus machte den *Heidelberger Katechismus* auch für die akademische Theologie anschlussfähig. Durch dieses Werk wurde er auch in den unterschiedlichen Richtungen des reformierten Protestantismus rezipierbar. In der Tatsache, dass Ursinus in seinem Kommentar zudem Themen behandelte, die im *Heidelberger* vernachlässigt worden waren, insbesondere die Prädestinationslehre, liegt eine weitere Erklärung dafür, dass der *Heidelberger* in den streng calvinistischen Niederlanden so grosse Verbreitung fand und schliesslich an der Synode von Dordrecht als Bekenntnis angenommen wurde.[70] Weitere Katechismus-Erklärungen folgten, z. B. von Gisbert Voetius (1589–1676). Dieser Kommentar bewirkte, dass der *Heidelberger* sowohl in der scholastisch-orthodoxen Schultheologie wie im frühen Pietismus rezipiert wurde.

66 Catechismus (Anm. 34), 9 f.
67 Vgl. Busch, Freiheit (Anm. 8), 14.
68 Vgl. Busch, Freiheit (Anm. 8), 14.
69 Selderhuis, Ein Büchlein (Anm. 11), 22 f.
70 Siehe Anm. 6. – Siehe auch unten Kapitel 3.5.

3.2.4 Der Heidelberger als Erbauungs- und Trostbuch

Der *Heidelberger* sollte seinen Platz nicht nur in der Kirche und Schulstube haben. Nach der im Vorwort zum Katechismus geäusserten Absicht des Kurfürsten sollten die Untertanen den Inhalt des Katechismus sich nicht nur intellektuell aneignen, sondern «darnach lehren, thun und leben»; ein Leben leben «voller ungezweiffelter hoffnung und zuversicht», aber auch persönlichem und sozialem Wohlergehen.[71] Neben dem sozialen Wohlverhalten wird also auch auf ein gutes und glaubensgewisses Leben des Einzelnen gezielt.[72] Dieser Zug ins Lebenspraktische und Existenziell-Individuelle zeichnet bekanntlich den ganzen *Heidelberger* inhaltlich aus. Dass darin Glaubengewissheit und der Glaube an Gottes Vorsehung eine so grosse Rolle spielen, machte ihn, wie erwähnt, speziell bei Glaubensflüchtlingen und Auswanderern beliebt. Eine spezifisch seelsorgerliche Situation nimmt darauf die Kirchenordnung von 1563 in den Blick, wenn sie empfiehlt, den Kranken etwa die erste Frage vorzulesen.[73] Überhaupt kann die Fragedidaktik als seelsorgerlich bezeichnet werden.[74] Ferner wird immer wieder die Frage nach dem Nutzen des Glaubens und einzelner Glaubensinhalte gestellt, was die praktische Anwendungsmöglichkeit im seelsorgerlichen und erbaulichen Zusammenhang unterstreicht. Im Weiteren kam der Verwendung als Erbauungs- und seelsorgerliches Trostbüchlein im häuslichen Umfeld die rhythmisch-melodiöse, präzise und wohlklingende Sprache des *Heidelbergers* sowie der schon erwähnte Gebetscharakter zugute.[75] Neben in Holland verbreiteten Ausgaben in Gedichtform entstanden zahlreiche Bearbeitungen wie etwa Friedrich Adolf Lampes (1683–1729) *Milch der Wahrheit.*[76] Wie schon im Falle der Kommentare zum *Heidelberger* zeigt sich auch hier sein diskursiver Charakter, welcher dazu geeignet war, zur textproduktiven Beschäftigung mit ihm anzuregen. Die im Gefolge des *Heidelbergers* entstandene Erbauungsliteratur trug wesentlich zu seiner Popularität bei.[77]

71 Catechismus (Anm. 34), 10f, vgl. dazu Selderhuis, Ein Büchlein (Anm. 11), 25.

72 Vgl. dazu Beintker, Glaubensgewissheit (Anm. 3), passim.

73 Busch, Freiheit (Anm. 8), 14.

74 Vgl. dazu Beintker, Glaubensgewissheit (Anm. 3), 61.

75 Zu Letzterem vgl. Staedtke, Entstehung (Anm. 9), 224. – Zusammen mit der ersten Auflage des *Heidelbergers* wurde ein Gebetsbüchlein *Christliche Gebet, die man daheim in Häusern und in den Kirchen brauchen mag* veröffentlicht, vgl. Goeters, Entstehung und Frühgeschichte (Anm. 32), 208.

76 Vgl. Staedtke, Entstehung (Anm. 9), 222.

77 Vgl. dazu Hermann Beck, Die Erbauungsliteratur der evangelischen Kirche Deutschlands, Erlangen 1883.

3.3 Konsensualer Charakter

Wie oben in Kapitel 3.1 zu den politischen Hintergründen der Entstehung des *Heidelbergers* deutlich geworden ist, sollte er innen- und aussenpolitisch einigend wirken. Aus theologiegeschichtlicher Perspektive wurde diese Zielsetzung erfüllt: «Wir haben es im Heidelberger Katechismus mit einem Dokument allgemeiner evangelischer Erkenntnis zu tun», meinte Karl Barth.[78] Spezifisch reformierte Lehre spielten nur eine kleine Rolle.[79] «In einer Zeit, wo es (ohnehin) noch nicht klar war, was ‹*reformiert/reformée*› bedeutete, und in der angesichts der denkbar unterschiedlichen Erfahrungshorizonte der verschiedenen Gruppen die zentrifugalen Kräfte überhand zu nehmen drohten, gelang es dem Katechismus, eine Mischung aus Kompromiss und Profilierung zu formulieren.»[80] «Der Heidelberger Katechismus ist das herausragende Dokument der kurpfälzischen Kompromisstheologie, konnte aber doch genügend Profil bewahren, um richtungsgebend zu wirken.»[81] Und Eberhard Busch urteilt, dass der *Heidelberger Katechismus* evangelische Erkenntnis bündle und so einen Ausgleich zwischen den verschiedenen Positionen schaffe, indem er gleichzeitig «einen ganz eigenen, in sich geschlossenen, wohlüberlegten, neuen Entwurf» vorlege.[82] Dies liesse sich etwa an seinem Abendmahlsverständnis zeigen.[83]

Dieser konsensuale Charakter des *Heidelbergers* verdankt sich einerseits sicherlich seinem Hauptverfasser und dem Kurfürsten, andererseits auch der Tatsache, dass er in Zusammenarbeit mit Vertretern von Kirche und Universität entstand. Dazu der Kurfürst im Vorwort: «Und demnach mit rhat und zuthun Unserer gantzen Theologischen facultet allhie, auch//aller Superintendenten und fürnemsten Kirchendienern, einen Summarischen underricht oder Catechismum unserer Christlichen Religion auss dem Wort Gottes, beides in Deutscher und Lateinischer Sprach verfassen und stellen lassen.»[84] Die vom Kurfürsten präsidierte Kommission war für die Endredak-

78 Barth, Die christliche Lehre (Anm. 60), 19.

79 Barth, Die christliche Lehre (Anm. 60), 18. Vgl. dazu Mühling, Anmerkungen (Anm. 32), 40.

80 Strohm, Der Heidelberger Katechismus im Kontext (Anm. 42), 99 f.

81 Ebd.

82 Busch, Freiheit (Anm. 8), 19.

83 Mühling, Anmerkungen (Anm. 32), 40.

84 Catechismus (Anm. 34), 8 f.

tion zuständig.[85] Ursins Katechismus bildete formal und inhaltlich die Grundlage, «in deren weiterer Ausarbeitung eine dogmatische Auffüllung vorgenommen und insbesondere auch kontroverstheologische Elemente aufgenommen [wurden].»

3.4 Schriftbezogenheit

Der *Heidelberger Katechismus* ist gemäss Eberhard Busch ein «Begleittext» zur «‹Lektüre›» des «Haupttextes», nämlich «die Wahrheit des Evangeliums selbst».[86] Die Schriftbezogenheit in Verbindung mit der Frage-Antwort-Form eröffnet einen Dialogprozess mit der Schrift selbst.[87] Dass er über die Jahrhunderte dazu anzustiften vermochte, belegt seinen Erfolg und ist ein Grund für diesen. Die Schriftbezogenheit des *Heidelbergers* zeigt sich einerseits durch die Angaben von Bibelstellen am Rand, die das im Text Gesagte belegen sollen, andererseits in der inhaltlichen und sprachlichen Bezugnahme auf zahlreiche biblische Topoi, etwa im Zusammenhang der Christologie oder Soteriologie. Überhaupt ist im ganzen Katechismus der Wille spürbar, theologisch die gesamte Bibel sprechen zu lassen. Beispielsweise wird in Frage 86 als Motiv für gute Werke neben der Dankbarkeit auch genannt, «dass wir bey uns selbst unsers glaubens auss seinen früchten gewiss sein»; Christoph Strohm hält dies «angesichts der Pluralität des biblischen (auch neutestamentlichen) Zeugnisses […] für sachgemäss».[88]

Die starke Schriftbezogenheit des *Heidelbergers* geht ebenfalls auf eine weise Anordnung des Kurfürsten zurück.[89] Darin ist ein wesentliches Moment des Erfolgs des *Heidelbergers* zu erkennen, das seine Rezeption massgeblich förderte, etwa im Pietismus. Der enge Bibelbezug, vor allem der sprachliche und theologische, erhöhte andererseits jedoch den Komplexitätsgrad des *Heidelbergers*. Wohl um dem zu begegnen, wurde schon in der ersten

85 Vgl. hier und im Folgenden Goeters, Entstehung und Frühgeschichte (Anm. 32), 206.

86 Busch, Freiheit (Anm. 8), 9. – Spezifisch zum Bibelgebrauch vgl. Frank Crüsemann, Theologische Engführung und biblische Weite. Ein Beitrag zum Bibelgebrauch des Heidelberger Katechismus: Evangelische Theologie 72 (2012), 419–431.

87 Vgl. dazu Latzel, Theologische Grundzüge (Anm. 39), 212.

88 Christoph Strohm, Entstehung des Heidelberger Katechismus, theologisches Profil und Forschungsgeschichte: Evangelische Theologie 72 (2012), 406–419 (417, Anm. 50); vgl. dazu Beintker, Glaubensgewissheit (Anm. 3), 66.

89 Vgl. Goeters, Entstehung und Frühgeschichte (Anm. 32), 206.

Auflage ein Anhang angefügt mit dem Titel «Verzeichnis der fürnehmsten Text, wie die ordentlich im vorgehenden Catechismo erkläret sein»[90]. Von Anfang an wurden Kurzfassungen des *Heidelbergers* geschaffen, wohl weil er für den Unterricht als zu komplex wahrgenommen wurde.[91]

3.5 Bekenntnisstatus

Die Tatsache, dass der *Heidelberger Katechismus* in seinem Erscheinungsjahr gleich in der neugeschaffenen kurpfälzischen Kirchenordnung Aufnahme fand, war – seine theologische Qualität vorausgesetzt – der Rezeption als Bekenntnisschrift zweifellos förderlich. In der Nähe von Kirchenordnung und dem Katechismus als lehrmässigem Orientierungstext resp. Bekenntnis zeigte sich zudem eine Eigenart der Reformation reformierter Richtung.[92] Anlässlich der Dordrechter Synode von 1618/19 anerkannten die reformierten Kirchen Europas den *Heidelberger Katechismus* als Bekenntnisschrift. Dies verlieh ihm «die Internationalität, die ihm Weltgeltung verschafft[e]»[93]. – Von den englischen Delegierten wird überliefert, dass sie nach ihrer Heimkehr berichtet hätten: «Unsere Brüder auf dem Festland haben ein Büchlein, dessen Blätter nicht mit Tonnen Gold zu bezahlen sind.»[94] Via England setzte sich die Verbreitung des *Heidelbergers* als Bekenntnis in die neue Welt fort. – Durch seinen Bekenntnisstatus wirkte der *Heidelberger* produktiv auf die reformierte Lehre sowie die Entstehung anderer oder ergänzender Bekenntnisse, etwa in Indonesien.[95] Bemerkenswert ist schliesslich auch, dass der

90 Goeters, Entstehung und Frühgeschichte (Anm. 32), 208.

91 Vgl. dazu Goeters, Entstehung und Frühgeschichte (Anm. 32), 208.

92 Vgl. dazu Latzel, Theologische Grundzüge (Anm. 39), 231.

93 Ehmann, Mit Ecken und Kanten (Anm. 18), 28.

94 Georg Plasger, Glauben heute mit dem Heidelberger Katechismus, Göttingen 2012, 9.

95 Vgl. dazu http://www.heidelberger-katechismus.net/daten/File/Upload/GossweilerHK_KonferenzIndonV 1-1mitPhotos.pdf. (15.07.2013) – Zur Situation in Europa: Aus Anlass des 450-Jahr-Jubiläums des *Heidelbergers* hat die Gemeinschaft Evangelischer Kirchen in Europa GEKE eine Umfrage zur Bedeutung und Verwendung des *Heidelberger Katechismus* in den Mitgliedskirchen der GEKE veranstaltet: Von 99 angeschriebenen Kirchen haben 28 Kirchen geantwortet: Nur in sechs gehört der *Heidelberger Katechismus* noch zur Bekenntnisgrundlage. Vgl. http://www.heidelberger-katechismus. net/7492-0-227-50.html (01.05.2013).

1566 erschienene *Catechismus Romanus* mit dem *Heidelberger* den Aufbau gemeinsam hat.[96] Ob der römische Katechismus Impulse vom *Heidelberger* aufgenommen hatte, wäre eine interessante Forschungsaufgabe.

3.6 Diskursive und kommunikative Form

Der *Heidelberger Katechismus* stammt aus der Zeit des Konfessionalismus. «Und das bedeutet auch: er ist reflektierter und dogmatischer, diskursiver und rationaler.»[97] Wenn über die Erfolgsfaktoren gesprochen wird, müsste diesem Aspekt grosse Beachtung geschenkt werden. An dieser Stelle lediglich noch zwei Hinweise:

Erstens: der *Heidelberger* wendet eine synthetisch-analytische Methode an. Diese geht «vom Ziel aus und fragt nach den Mitteln, mit deren Hilfe das Ziel erlangt wird».[98] Ziel der Theologie ist das Heil der Menschen. Damit setzt der *Heidelberger* ein. Dadurch bekommt er einen praktischen und erbaulichen Charakter.

Zweitens: Thorsten Latzel hat in einer fundamentaltheologischen Untersuchung dem diskursiven und kommunikativen Charakter des *Heidelbergers* Aufmerksamkeit geschenkt und dessen innovative Strukturen herausgearbeitet. Er betrachtet diesen «primär von seiner pragmatischen Intention her als Anleitung zur Glaubenskommunikation».[99] Damit nimmt er ihn erstens in seiner pragmatischen, «kommunikativen» Dimension in den Blick und erkennt zweitens im «Glauben» den zentralen Leitbegriff des *Heidelbergers*; drittens erlaube es der «Kommunikationsbegriff, verschiedene kirchliche Praxisfelder (bzw. Handlungsdimensionen) wie Predigt, Unterricht, Seelsorge, Liturgie, Kirchenordnung und Kirchenleitung, in denen der *Heidelberger* eine Rolle spielt, zu umfassen».[100] Wichtig dabei sei, dass der Glaube allein und permanent durch das Wirken des Heiligen Geistes konstituiert werde und zugleich «im Lebensvollzug des wiedergeborenen neuen Menschen» manifest werde.[101] Es geht nach Latzel in der reformatorischen Theo-

96 Vgl. Peter Walter, Der Catechismus Romanus – Seine Entstehung und seine Stellung im Rahmen der Katechismen des 16. Jahrhunderts: epd-Dokumentation 39/2012, 42–49 (49).

97 Ehmann, Mit Ecken und Kanten (Anm. 18), 28.

98 Strohm, Der Heidelberger Katechismus im Kontext (Anm. 42), 104.

99 Latzel, Theologische Grundzüge (Anm. 39), 18.

100 Latzel, Theologische Grundzüge (Anm. 39), 25.

101 Latzel, Theologische Grundzüge (Anm. 39), 25 f.

logie des *Heidelbergers* nicht allein um das Was? des Glaubens, die Glaubensinhalte, «sondern immer zugleich auch um die Frage, wie ich mir des gnädigen Gottes bzw. des einigen Trostes gewiss werde». Glaubenserkenntnis und Glaubensgewissheit durchdrängen sich dabei wechselseitig.[102]

4. Kurzes Fazit und Ausblick

Die Gründe für den Erfolg des *Heidelberger Katechismus* sind vielfältig, wie gezeigt wurde. Politisch-kontextuelle, theologische, textgattungsmässige sowie kommunikationstheoretische Faktoren spielten auf günstige Weise zusammen. Man muss nicht gleich so weit gehen wie Joachim Staedtke, der meinte, dass das Geheimnis seiner Grösse, Wirkung und vielfältigen Anwendbarkeit wohl darin liege, dass die Gestalt seiner Sprache der Botschaft des Evangeliums möglichst nahekomme.[103] Dann würden wir Gefahr laufen, seine Sprache und Lehrformulierungen zu konservieren und gäben der Zeitschrift *Reformiert* recht, die den *Heidelberger* kürzlich salopp-abschätzig «Glaubensquiz für unsere Urgrossväter» genannt hat.[104] Die Besonderheit des *Heidelbergers* liegt neben seiner theologischen Qualität und mehrfachen Verwendbarkeit vielmehr gerade in seinem diskursiven und kommunikativen Charakter, der zur eigenständigen Beschäftigung mit der biblischen Botschaft sowie den altkirchlichen Bekenntnissen und zu ihrer Reflexion im Kontext heutiger Fragen anstiftet. In einer Zeit, in der nach dem Frage- und Antwortmodus gestaltete Glaubenskurse wieder aktuell sind und Menschen nach klaren Antworten verlangen, besteht Hoffnung, dass «gerade die Fremdheit des Katechismus, seine sperrige Rhetorik wie seine überraschend einfühlsame Sprache [...] neues Interesse [wecken]»[105] und der *Heidelberger* auch modernen Menschen wieder zum Glaubens- und Lebensbuch wird.

102 Latzel, Theologische Grundzüge (Anm. 39), 219f.

103 Staedtke, Entstehung (Anm. 9), 225.

104 Marianne Vogel Kopp, Glaubensquiz für unsere Urgrossväter: Reformiert./Saemann Bern-Jura-Solothurn, Nr. 4, April 2013, 9.

105 Ehmann, Mit Ecken und Kanten (Anm. 18), 26.

IV. Aktuelle Fragen

Matthias D. Wüthrich

Der Heidelberger Katechismus als reformierte Bekenntnisschrift

Karl Barth hat eingangs seines Büchleins zum *Heidelberger Katechismus* geschrieben:

> «Die Bekenntnisschrift, mit der wir es hier zu tun haben, ist darum interessant, weil sie deutlicher als alle anderen lutherischer und reformierter Provenienz hervorgegangen ist aus dem unmittelbaren Lebensbedürfnis einer Kirche. [...] Der Katechismus ist nicht das Werk eines Verfassers, er ist vielmehr ein Gemeinschaftswerk. Die Kirchenordnung besagt ausdrücklich, dass ‹unsere fürnehmsten Theologen, Superintendenten, Kirchendiener und andere gottselige gelehrte Männer› [...] daran arbeiteten. Es handelt sich also um einen Text, der aus der Gemeinde hervorgegangen ist.»[1]

Der *Heidelberger Katechismus* ist in der Tat eine *Bekenntnisschrift*, die aus der Gemeinde hervorgegangen ist – und darin besteht meines Erachtens einer der Gründe, warum man ihn als *reformierte* Bekenntnisschrift verstehen muss. Doch damit ist dem, was hier zur Debatte steht, bereits weit vorgegriffen. Zunächst gilt es zu klären, inwiefern der *Heidelberger Katechismus* als reformierte *Bekenntnisschrift* gelten kann (Kap. 1), bevor in einem folgenden Schritt anhand einer kleinen Typologie reformierten Bekennens geprüft werden soll, inwiefern er auch als *reformierte* Bekenntnisschrift zu gelten hat und worin in seiner spezifischen Ausgestaltung reformierter Theologie aus heutiger Sicht auch Revisionsbedarf besteht (Kap. 2).

1. Der Heidelberger Katechismus als reformierte *Bekenntnisschrift*

Im Zuge der Reformation kommt es zu einer ganz neuen Intensität des Bekennens. Man denke an das Votum Martin Luthers: «Hier stehe ich. Gott helfe mir. Ich kann nicht anders», das er angeblich am Reichstag zu Worms

1 Karl Barth, Die christliche Lehre nach dem Heidelberger Katechismus, Vorlesung gehalten an der Universität Bonn im Sommersemester 1947, Zollikon-Zürich 1948, 16f.

geäussert haben soll, weil sein Gewissen durch die Bibel gebunden war. Man denke an Zwinglis Verteidigung der im Christusglauben begründeten Kirchenreformen vor dem Zürcher Rat. Man denke daran, wie die evangelischen Fürsten auf dem Reichstag zu Speyer für ihren Glauben «protestierten».[2] «*Tota nostra operacio confessio*»[3] – all unser Tun ist ein Bekenntnis, kann Luther sagen. Aus dem Hören auf das Wort Gottes kommt es zu einem lebendigen Bekennen des Glaubens, das in seiner inneren existenziellen Bindekraft und der daraus entlassenen Tatkraft schliesslich nicht nur zu Reformen der Kirche, sondern auch zu neuen Kirchengestalten, zu neuen «Konfessionen» führte.

Die konkrete Ausgestaltung der Kirchenreformen verlangte zusehends verbindlichere Orientierung im Glauben. Die neuen Glaubensannahmen mussten sowohl nach innen profiliert und plausibilisiert wie nach aussen verteidigt werden. Die Akte situativen, individuellen Bekennens mussten konsensuell verankert, argumentativ abgestimmt und auf Kontinuität abgestellt werden. Und so setzte schon sehr bald auch eine Verschriftlichung des reformatorischen Bekennens ein. Eine sich daraus ergebende, dominante Schriftgattung war die Bekenntnisschrift. Wohl wurde in die entstehenden Bekenntnisschriften geprägtes Traditionsgut aufgenommen und natürlich gab es auch schon im Mittelalter Zusammenstellungen wichtiger Bibelstellen und Glaubenssätze.[4] Man darf aber doch sagen, dass die Gattung der Bekenntnisschrift und die enorme Fülle, in der sie im 16. und 17. Jahrhundert hervorgebracht wurde, eine Frucht der Reformation sind.[5]

2 Vgl. zu den genannten Beispielen Heinrich Holze, Art. Bekenntnis, Reformation, RGG[4] 1 (1998), 1252 f.

3 WA 57,137,5 – vgl. den Hinweis von Johannes Wirsching, Art. Bekenntnisschriften, TRE 5 (1980), 487–511 (494).

4 Sofern wir später voraussetzen, dass auch gewisse Katechismen als Bekenntnisschriften deklariert werden können, wäre hier differenzierend zu ergänzen, dass es Katechismen auch schon vor der Reformation gab: «Die Reformation hat die Katechismen nicht erfunden. Sie führte aber zu einem kräftigen Aufschwung katechetischer Literatur.» Christoph Strohm, «Was musst du wissen ...?». Das Anliegen reformatorischer Katechismen: Martin Heimbucher et al. (Hg.), Zugänge zum Heidelberger Katechismus. Geschichte – Themen – Unterricht, Neukirchen-Vluyn 2012, 58–64 (59). – Der Aufschwung der katechetischen Literatur darf als Konsequenz des mit dem *sola scriptura* verbundenen Bildungsanliegen der Reformation angesehen werden.

5 Ähnlich: Paul Jacobs, Theologie reformierter Bekenntnisschriften in Grundzügen, Neukirchen 1959, 9; vgl. auch Wirsching, Bekenntnisschriften (Anm. 3), 488.

Der *Heidelberger Katechismus* gilt gemeinhin als Bekenntnisschrift.[6] Dass Katechismen als Bekenntnisschriften gelten ist zwar durchaus üblich: das zeigen etwa der *Grosse* und *Kleine Katechismus* Luthers oder der *Genfer Katechismus* Calvins. Es ist aber nicht selbstverständlich.[7] Denn ein Katechismus ist ja zunächst einfach ein Unterrichtsbuch, das in den christlichen Glauben einführen soll mit dem *Ziel* des Bekennens dieses Glaubens.[8] Aber damit ist ein Katechismus selbst ja noch nicht zwingend eine Bekenntnisschrift. Und daran ändert auch nichts, dass sich in ihm stets ein Apostolikum findet und ausgelegt wird. Ein Katechismus trägt ja auch nicht den Titel «confessio» wie so viele Bekenntnisschriften.

Ob ein Katechismus als Bekenntnisschrift zu gelten hat, hängt also entscheidend daran, was man unter einer Bekenntnisschrift versteht. In der Theologischen Realenzyklopädie (TRE) wird der Begriff folgendermassen definiert:

> «Unter Bekenntnisschriften versteht man das in einer verfassten Kirche offiziell anerkannte urkundliche Corpus christlicher Lehraussagen, durch das die betreffende Kirchengemeinschaft ihre spezielle Heilserkenntnis zum Ausdruck bringt, sich zugleich gegen andersartige Lehren abgrenzt und so die eigene Verkündigung zu normieren sucht.»[9]

Diese Definition legt nahe, alles, was historisch einmal offiziell von einer Kirche als Bekenntnisschrift deklariert wurde oder heute noch wird, als Bekenntnisschrift zu verstehen. Gemäss dieser Definition wäre der *Heidelber-*

---

6 Als Bekenntnisschrift fungiert er z. B. in den reformierten Sammlungen von: Wilhelm Niesel, E. F. Karl Müller, Georg Plasger/Matthias Freudenberg sowie in den Theologien reformierter Bekenntnisschriften von Karl Barth, Paul Jacobs und Jan Rohls. Auch in Lexikonartikel ist diese Kategorisierung üblich: vgl. Wirsching, Bekenntnisschriften (Anm. 3), 503.

7 Im 16. Jahrhundert und in den folgenden Jahrhunderten entstanden eine Fülle von Katechismen, die vielleicht lokal den Charakter von Bekenntnisschriften haben konnten, sich als solche aber nie überregional durchsetzen konnten. Man denke etwa an die Katechismen Melchior Angers (*Kurtze und einfältige Bericht*, veröffentlicht 1593) oder Friedrich Adolf Lampes (*Erste Wahrheitsmilch für Säuglinge am Alter und Verstand*, veröffentlicht 1717), die später in keiner relevanten Bekenntniszusammenstellung mehr auftauchen. Vgl. dazu Matthias Freudenberg (Hg.), Reformierte Katechismen aus drei Jahrhunderten. Melchior Anger – Friedrich Lampe – Ferdinand Weerth (Beiträge zur Katechismusgeschichte 10), Rödingen 2005.

8 Vgl. dazu Frage 32 des *Heidelberger Katechismus.*

9 Wirsching, Bekenntnisschriften (Anm. 3), 488.

ger Katechismus selbstverständlich eine Bekenntnisschrift, denn er war in der Pfalz offiziell anerkanntes urkundliches Corpus christlicher Lehraussagen.[10]

Der *Heidelberger Katechismus* kann jedoch in einem noch viel eminenteren Sinne als Bekenntnisschrift gelten. Das gelingt aber nur, wenn man die eben zitierte Definition noch weiter fasst. Es fragt sich nämlich: Reicht es wirklich aus zu definieren, eine Bekenntnisschrift sei «das in einer verfassten Kirche offiziell anerkannte urkundliche Corpus christlicher Lehraussagen»? Braucht es nichts als eine offizielle Anerkennung? – Diese doktrinal und institutionskirchlich orientierte Definition trägt deutlich lutherische Züge und entspricht aus reformierter Perspektive einer Verengung. Denn sie unterschlägt den elementaren Akt des Bekennens. In ihr wird nicht deutlich, dass eine Bekenntnisschrift nur dadurch zu einer Bekenntnisschrift wird, dass man *bekannt hat oder bekennt* – und zwar potenziell alle, die *Gemeinde*[11] bekannt hat oder bekennt. Damit ist natürlich nicht ausgeschlossen, dass ein urkundliches Corpus christlicher Lehraussagen in einem Akt offizieller institutionskirchlicher Anerkennung als Bekenntnisschrift deklariert werden kann. Nur muss dabei deutlich werden, dass bereits dieser Akt als Bekenntnisakt zu verstehen ist. Ich schlage darum vor, die Definition interpretativ umzubauen:

10 Bereits die Edition des *Heidelbergers*, die Anfang März 1563 erschien, enthielt unter dem Titel *Katechismus oder christlicher Unterricht wie er in den Kirchen und Schulen der kurfürstlichen Pfalz getrieben wird* das Wappen des Kurfüsten sowie Kurhut und Reichsapfel und zeigt so den Lesern seine regierungsamtliche Appropriation an. So J.F. Gerhard Goeters, Zur Geschichte des Katechismus: Der Heidelberger Katechismus, revidierte Ausg. 1997, hg. von der Evangelisch-reformierten Kirche, der Lippischen Landeskirche und vom Reformierten Bund, Neukirchen-Vluyn ^{5}2012, 83–95 (89).

11 Wenn hier von «Gemeinde» statt von «Kirche» gesprochen wird, so sind damit nicht zwei inhaltlich verschiedene ekklesiologische Grössen gemeint, sondern wird eine besondere *Akzentuierung* vorgenommen. «Gemeinde» bezeichnet die ursprüngliche, unspezifische Gemeinschaftsgestalt von Kirche in ihrer theologischen Grundsituation als Versammlung der von Gott Heraus- und Zusammengerufenen («ekklesia»). Mit dem Begriff «Gemeinde» ist der *Basisbezug* von Kirche hervorgehoben. (Gegenüber dem, was mit dem Ausdruck «Gemeinde» theologisch ausgesagt wird, nimmt die Frage der Verfasstheit bzw. der konkreten Organisationsform eine nachgelagerte Bedeutung ein. Sie muss keineswegs eine kongregationalistische, sie kann auch eine presbyteriale/synodale sein. «Gemeinde» bezeichnet also nicht einfach die parochial gedachte Ortsgemeinde, in gewissem Sinne ist aber jede konkrete Ortsgemeinde Gemeinde.) – «Kirche» hingegen ist der umfassendere Ausdruck, der «Gemeinde» in sich begreift, daneben aber auch verfasste Strukturen, Organe und Institutionen benennen kann.

> Unter Bekenntnisschriften versteht man das in *der Gemeinde bekannte* urkundliche Corpus christlicher *Glaubens*aussagen, durch das die betreffende Kirchengemeinschaft ihre spezielle Heilserkenntnis zum Ausdruck bringt, sich zugleich gegen andersartige Lehren abgrenzt und so die eigene Verkündigung *an der Bibel zu orientieren* sucht.

Es können hier nicht alle kursiviert markierten Modifikationen der Definition erläutert werden. Nur auf drei davon möchte ich kurz zu sprechen kommen:

1. Sowohl gemäss der TRE wie meiner eigenen Definition handelt es sich bei einer Bekenntnisschrift nicht um ein Einzelbekenntnis, sondern das Bekenntnis der Gemeinde bzw. der Kirche. Das schliesst freilich nicht aus, dass eine Bekenntnisschrift aus der Feder eines Einzelnen stammt – etwa der *Genfer Katechismus* aus der Feder Calvins. Es schliesst nicht einmal aus, dass ein Einzelbekenntnis zuerst wirklich nur als Privatbekenntnis und nicht mit der Intention aufgeschrieben wurde, ein Gemeindebekenntnis zu werden – wie das bei Bullingers *Zweitem Helvetischem Bekenntnis* der Fall war. Entscheidend ist in diesem Fall, ob es als Bekenntnis der Gemeinde rezipiert wird und der Schrift so der Status einer Bekenntnisschrift *zuwächst.*

2. Wenn ich definiere, dass es sich bei einer Bekenntnisschrift um eine in der Gemeinde bekannte Schrift handeln muss, so können damit zwei zeitlich verschiedene Bekenntnisprozesse im Blick sein: a) der ekklesiale Bekenntnisprozess im Vorfeld und seine schriftliche Konkretisierung im Zuge der Entstehung dieser Schrift und/oder b) der darauf folgende ekklesial-konfessorische Rezeptionsprozess.

3. Was die erwähnte Orientierung an der Bibel angeht, so bedarf es gegenüber der obigen Definition nicht nur einer Erklärung, sondern einer nachgeschobenen Präzisierung: Der gemeindliche, ekklesiale Bekenntnisakt ist nicht ein Akt des Bekennens zu einer Schrift als solcher, sondern zur Bibelgemässheit der Inhalte, die diese Schrift bekennt. Es wird keine Bekenntnisschrift *als solche* bekannt, sondern *mit ihr* der Gott bekannt, den die Bibel bekennt. Nur aufgrund ihrer Orientiertheit an der Bibel eignet einer Bekenntnisschrift Orientierungskraft für die Verkündigung. Diese Verhältnisbestimmung wird weiter unten noch genauer zu untersuchen sein. Zusammenfassend kann man bereits an dieser Stelle so viel festhalten:

Der ekklesiale Bekenntnisakt und die damit implizit oder explizit vorgenommene inhaltliche Zuschreibung als bibelgemässe Schrift machen eine Bekenntnisschrift zu einer Bekenntnisschrift.

Ich frage nun angesichts dieser Ausführungen und angesichts der modifizierten Definition noch einmal: Kann auch der *Heidelberger Katechismus* als Bekenntnisschrift gelten?

Die Frage kann nun erst recht bejaht werden. Denn Barth hat schon richtig gesehen: Der *Heidelberger Katechismus* ist von Anfang an ein Bekenntnis der Gemeinde. Mag er auch primär aus der Feder von Zacharias Ursinus stammen, er ist trotzdem ein kirchliches Gemeinschaftswerk. Und im Verlaufe seines enormen Rezeptionsprozesses ist er dann immer wieder zum Bekenntnis der Gemeinde geworden. Ich nenne exemplarisch drei Bekenntnisstationen:

1. Der *Heidelberger Katechismus* erfuhr im Jahr 1563 mehrere kleine Veränderungen. Man unterscheidet drei Auflagen. Die dritte Auflage, der sog. *textus receptus*, lag schon am 5. März gedruckt vor und wurde an die Superintendenten versandt. Am 15. November 1563 wurde er dann in die neue pfälzische Kirchenordnung als ein Teilelement aufgenommen.[12] Der *Heidelberger* kam in der Kirchenordnung zwischen dem Taufformular und dem Abendmahlformular zu stehen.[13] Damit wird deutlich, wie er ins Ganze des gottesdienstlichen Lebens, ja wie er ins Ganze des kirchlichen Lebens integriert wurde und dort eine tragende Rolle gespielt hat.[14] Geht man des Weiteren davon aus, dass im reformierten Kontext auch Kirchenordnungen einen Bekenntnischarakter haben können, so fällt es nicht schwer, in diesem ersten grossen Rezeptionsakt der Aufnahme in die pfälzische Kirchenordnung einen Bekenntnisakt zu sehen.

2. Der pfälzische Kurfürst Friedrich III. hat bekanntlich intensiv an der Entstehung des *Heidelberger Katechismus* mitgewirkt. Als er 1566 auf dem Reichstag zu Augsburg der Abweichung von der *Confessio Augustana* angeklagt wurde, hat er vor dem Kaiser und der Fürstenversammlung mutig bekannt:

> «Was meinen Katechismus anbelangt, so bekenne ich mich zu demselben. Es ist auch derselbe am Rande mit Fundamenten der Heiligen Schrift derart armiert, dass

12 Wilhelm H. Neuser, Einleitung zu «Heidelberger Katechismus von 1563»: Reformierte Bekenntnisschriften Bd. 2/2, 1562–1569, hg. im Auftrag der Evangelischen Kirche in Deutschland von Andreas Mühling/Peter Opitz, Neukirchen-Vluyn 2009, 167–173 (172).

13 Wilhelm Niesel (Hg.), Bekenntnisschriften und Kirchenordnungen der nach Gottes Wort reformierten Kirche, Zollikon-Zürich ^{3}1938, 137. Genauerhin folgt auf den *Heidelberger Katechismus* zunächst eine Spruchsammlung (ebd., 181ff) und seine «Summa» (ebd., 184 ff.), bevor vom Abendmahl gehandelt wird (ebd., 187 ff.).

14 Vgl. Niesel (Hg.) Bekenntnisschriften (Anm. 13), 137.

er unumstossen bleiben soll, und wird meines Verhoffens mit Gottes Hilfe noch länger unumstossen bleiben.»[15]

3. Bei der dritten Bekenntnisstation handelt es sich um die Dordrechter Synode von 1618/19. Hier wurde der *Heidelberger Katechismus* vor versammelten internationalen Kirchenvertretern sogar offiziell zur Bekenntnisschrift erhoben – auch das ein Bekenntnisakt.

Fazit: Auch wenn sich der *Heidelberger* selbst nirgends explizit als Bekenntnis deklariert, darf er *in eminenter Weise als Bekenntnisschrift* gelten.

Dass bei einer solchermassen reformiert zugespitzten Definition auch das Ergebnis reformierte Züge trägt, wird wenig verwundern. Das gehört zum zirkulären Geschäft des Definierens. Wichtig ist dabei nur, dass man seine Prämissen offenlegt. Das ist bei der lutherisch geprägten Definition aus der TRE leider nicht geschehen, soll hier aber nachgetragen werden. Die nun folgende Prüfung, inwiefern der *Heidelberger Katechismus* als *reformierte* Bekenntnisschrift zu gelten hat, ist zugleich als Offenlegung dieser Prämissen zu lesen.

2. Der Heidelberger Katechismus als *reformierte* Bekenntnisschrift

Ich möchte die Prüfung zunächst anhand einer kurzen Typologie reformierter Bekenntnisse vornehmen:

2.1 Kleine Typologie reformierter Bekenntnisse

Zuerst eine Vorbemerkung: Die reformierten Kirchen teilen alte Stücke ihrer Glaubenssprache mit anderen Kirchen – man denke an die altkirchlichen ökumenischen Bekenntnisse, besonders das Apostolicum, Nicaeno-Constantinopolitanum. Erst recht teilen sie mit ihnen – und was das Alte Testament angeht mit dem Judentum – die Bibel. Die Bibel enthält ja bereits eine Vielfalt von Bekenntnissen. Das reformierte Bekennen ist so Teil eines Bekenntnisstromes, der in der Bibel selbst seine ersten Sprachformen findet. Aus heutiger Sicht ist die Profilierung reformierter Bekenntnisse darum prinzipiell ungeeignet, zum Schauplatz konfessionalistischer Grabenkämpfe zu wer-

15 Zit. nach: Goeters, Geschichte (Anm. 10), 91 f.

den – auch wenn das in der Theologiegeschichte vielfach der Fall war. Das gilt erst recht, wenn im Folgenden die Differenzen zu den lutherischen Kirchen hervorgehoben werden. Sie stehen den reformierten Kirchen besonders nahe. Diese Nähe ist in der Leuenberger Konkordie von 1973 eindrücklich dokumentiert, dahinter darf keine reformierte Profilierung zurückgehen.

Einen dokumentierten Konsens über das Bekenntnisverständnis sucht man unter den reformierten Kirchen vergeblich.[16] Ich versuche im Folgenden dennoch ein paar *formale*[17] *Grundmerkmale* im Sinne einer Typologisierung herauszuarbeiten und prüfe jeweils, ob und inwiefern sie auf den *Heidelberger* zutreffen:

1. Bekenntnisse haben nur relative Geltung. Sie sind der Bibel als Heiliger *Schrift*[18] klar zu- und untergeordnet – und zwar dem Alten nicht weniger als dem Neuen Testament. Die reformierten Bekenntnisse bleiben aufgrund besserer Einsicht in die Schrift stets reformierbar. Die «nach Gottes Wort reformierte Kirche» reformiert auch ihre Bekenntnisse von der Schrift her. Diese Zu- und Unterordnung wird in vielen Vorreden von Bekenntnissen explizit aufgeführt,[19] im Basler Bekenntnis von 1534 ist sie sogar Teil des Bekenntnisses, es heisst dort:

> «zuletzt wollen wir dieses unser Bekenntnis dem Urteil göttlicher biblischer Schrift unterwerfen, und uns dabei erboten haben, ob wir aus angeregten heiligen Schriften etwas besseren berichtet, dass wir jederzeit Gott und seinem heiligen Wort mit grosser Danksagung Gehorsam wollen».[20]

16 So Lukas Vischer, Bekenntnis und Bekennen in der reformierten Kirche, Una Sancta 37 (1982), 111–116 (111).

17 Zu den inhaltlichen Merkmalen vergleiche man: Karl Barth, Theologie der reformierten Bekenntnisschriften. Vorlesung Göttingen Sommersemester 1923 (Karl Barth Gesamtausgabe II), hg. von der Karl-Barth-Forschungsstelle Universität Göttingen, Zürich 1998; Jacobs, Theologie (Anm. 5); Jan Rohls, Theologie reformierter Bekenntnisschriften. Von Zürich bis Barmen, Göttingen 1987.

18 Ich unterscheide im Folgenden soweit möglich zwischen dem dogmatisch-normativen Begriff der *Schrift* und dem deskriptiv-literaturgeschichtlichen Begriff der *Bibel*. Von der Bibel als «Schrift» zu sprechen ist selbst schon eine religiös-normative Applikation. Sie setzt voraus, dass es in den biblischen Schriften eine mit dem Kanon gegebene sachliche Kohärenz gibt, die es erlaubt, von ihnen im Singukar zu sprechen. Vgl. Ulrich H.J. Körtner, Theologie des Wortes Gottes. Positionen – Probleme – Perspektiven, Göttingen 2001, 304.306.

19 Man vergleiche dazu etwa die Vorrede im *Zweiten Helvetischen Bekenntnis* (1566) oder im Berner Synodus (1532).

20 Basler Bekenntnis 1534, zit. nach der leicht modernisierten Fassung bei Rohls, Theologie (Anm. 17), 317; vgl. E.F. Karl Müller (Hg.), Die Bekenntnisschriften der

In diesem Bekenntnis wird nicht einfach die Übereinstimmung mit der Schrift bekannt, sondern der Wille, das vorliegende Bekenntnis von dort her auch zu reformieren. Eberhard Busch bringt die damit verbundene Eigentümlichkeit reformierten Bekennens so auf den Punkt: «nicht *weil*, sondern *sofern* das Bekenntnis mit der Schrift übereinstimmt, ist es für die Gemeinde verbindlich»[21]. Die traditionelle protestantische Unterscheidung zwischen der Schrift als *norma normans* («normierende Norm») und dem Bekenntnis als *norma normata* (von der Schrift her «normierte Norm») wäre darum von reformierter Seite her zu präzisieren: Reformierte Bekenntnisse verstehen sich weniger als norma normata, denn als abgeleitete, von der Schrift her stets neu zu normierende Norm *(norma normanda)*[22]. Es fragt sich freilich, wieweit der Normbegriff überhaupt taugt, den Autoritätscharakter reformierter Bekenntnisse auszudrücken.[23]

Der *Heidelberger Katechismus* reflektiert zwar nicht auf die Autorität der Bibel, eine explizite Bibelhermeneutik sucht man vergebens. Die auf Wunsch des Kurfürsten Friedrich III. eingefügten Bibelstellen zeigen freilich die Intensität des Bibelbezuges deutlich an – und zwar für das Alte wie das Neue Testament.[24] Man wird diese Bibelstellen nicht so sehr als *dicta probantia*, als Worte, die das Ausgesagte *beweisen*, zu verstehen haben. Sie sind vielmehr als Hinweise, als Indikatoren dafür zu verstehen, dass es bei jeder Aussage um das in der Schrift Bezeugte geht. Die Bibelstellen weisen nicht auf den *Heidelberger* hin, sondern von ihm weg, sie sind Marker, die den Lesenden den Weg zu den *stories* der Bibel abstecken – selbst wenn man mit Frank Crüsemann dafür halten kann, dass diese Storys durch dieses Verweissystem zum Teil auch enggeführt werden.[25] Die Angabe der Bibelstellen

reformierten Kirche, Waltrop 1999 (Nachdruck Ausgabe Leibzig 1903), 100, Zeilen 14–18.

21 Eberhard Busch, Die Nähe der Fernen – Reformierte Bekenntnisse nach 1945: Michael Welker/David Willis (Hg.), Zur Zukunft der reformierten Theologie. Aufgaben – Themen – Traditionen, Neukirchen-Vluyn 1998, 587–606 (589).

22 Wilfried Härle schlägt im Blick auf das evangelische Bekenntnis vor, von einer «norma normata et normanda» zu sprechen. Ders., Art. Bekenntnis, IV. Systematisch, RGG[4] 1 (1998), 1257–1262 (1261).

23 Vgl. dazu die Darstellung der Kritik Barths bei Georg Plasger, Die relative Autorität des Bekenntnisses bei Karl Barth, Neukirchen-Vluyn 2000, 208 f.

24 Zur Problematik des Umgangs mit dem Alten Testament: Frank Crüsemann, Theologische Engführung und biblische Weite. Ein Beitrag zum Bibelgebrauch des Heidelberger Katechismus, EvTh 72/6 (2012), 419–431 (421–423).

25 Crüsemann, Engführung (Anm. 24), 419–431.

erfolgt also nicht im Modus der Selbstbehauptung, sondern der schriftbezogenen Selbstrelativierung.

2. Weil das *semper reformanda* auch den Bekenntnissen gilt, ist *der Prozess reformierter Bekenntnisbildung nach vorn offen, er ist unabgeschlossen.* Im Luthertum kommt die Bekenntnisbildung mit dem Erscheinen des Konkordienbuches von 1580 zum Abschluss. Eine abgeschlossene, einheitliche Sammlung von Bekenntnisschriften wie im lutherischen Konkordienbuch kam auf reformierter Seite nie zustande. Wohl gab es vereinzelte Bemühungen, Sammlungen zusammenzustellen, doch längerfristig war ihnen kein Erfolg beschieden.

Aus der Perspektive der Reformierten ist die Offenheit und Unabgeschlossenheit des Bekenntnisprozesses aber nicht dem konsensuellen Unvermögen ihrer Kirchen geschuldet, sondern prinzipieller Natur: Sie ist begründet in der Intention, «dem Heiligen Geist seinen Lauf nicht sperren» zu wollen – wie es der Berner Synodus ausdrückt.[26]

Das prozessuale Moment verleiht der reformierten Bekenntnisbildung einen *situativen* Charakter. Ein Bekenntnis der Kirche ist immer auf eine bestimmte Situation bezogen, von ihr veranlasst. Es ist eine innere oder äussere Not, die zum Bekennen drängt: «Bekennen kann man nur, wenn man bekennen *muss*»,[27] hat Barth gemeint.

Der prozessuale, situative Charakter verleiht dem *Akt des Bekennens* ein besonderes Gewicht. Es handelt sich dabei nicht nur um einen kreativen Akt der Aneignung eines bereits schriftlich fixierten, vorgegebenen Bekenntnisses (wie das in der lutherischen Tradition der Fall ist), sondern um einen Kreativitätsakt, der auch neue traditionsfähige Bekenntnisse hervorbringt.

Zu diesem zweiten Punkt liesse sich im Blick auf den *Heidelberger* vieles sagen. Ich will dazu nur einen kurzen Blick auf seine Rezeption werfen:

Man darf den *Heidelberger Katechismus* als den weitestverbreiteten reformierten Katechismus bezeichnen. Zu seiner breiten Rezeption gehört aber nicht nur seine wörtliche Übernahme, sondern auch seine modifizierende Fortschreibung. Bereits in der Heidelberger Kirchenordnung, in die der *Heidelberger Katechismus* eingefügt wurde, findet sich eine «Kurtze Summa des

26 Der Berner Synodus: Dokumente der Berner Reformation: Disputationsthesen – Reformationsmandat – Synodus, im Auftrag des Synodalrats der Reformierten Kirchen Bern-Jura-Solothurn hg. von Martin Sallmann/Matthias Zeindler, Zürich 2013, 55–125 (59).

27 Karl Barth, KD I/2, 698.

Catechismi»[28], also eine kleine Zusammenfassung des *Heidelbergers.* Seit 1576 hat man für die Jugendlichen mehrere Kurzversionen des *Heidelbergers* erarbeitet und in rhythmischer Kurzprosa abgefasst.[29] Und in den folgenden Jahren und Jahrhunderten kam es immer wieder zu kreativen Neuinterpretationen des *Heidelbergers,* die selber in der Form eines Katechismus verfasst wurden. Ich verweise hier exemplarisch auf Freudenbergs Buch *Reformierte Katechismen aus drei Jahrhunderten*[30]. – Schon der *Heidelberger* selbst unterliegt also der Bekenntnisoffenheit.

3. Neben den altkirchlichen Bekenntnissen ist für die lutherischen Kirchen die *Confessio Augustana* das zentrale und *einzige* Bekenntnis, dem alle anderen Bekenntnisse im Konkordienbuch interpretierend zugeordnet sind. Auf reformierter Seite hingegen gibt es kein Pendant zur *Confessio Augustana.*[31] Wohl gibt es unter den Bekenntnissen interne Bezüge, doch eine Hierarchie unter ihnen hat sich nie ausgebildet. Stattdessen zeigt sich bei den Reformierten eine *synchrone und diachrone Vielfalt von Bekenntnissen* – gerade auch von neueren Bekenntnissen[32].

Was nun den *Heidelberger Katechismus* angeht, so wurde er selbst sicher nicht als Einheitsbekenntnis der Reformierten konzipiert, sondern zunächst als theologische Regionalschrift, mittels derer Klarheit in die vielen Streitigkeiten im pfälzischen Kirchengebiet einkehren sollte – selbst wenn es theologisch damit ums Ganze des Kircheseins ging. Erst recht versteht sich der *Heidelberger Katechismus* nicht als untergeordnetes Interpretament der *Confessio Augustana.* – Man muss hier freilich differenzieren: Aus *reformierter* Sicht stand man mit dem *Heidelberger Katechismus* durchaus noch auf dem Boden der *Confessio Augustana* – zwar nicht der *Confessio Augustana invari-*

28 Niesel (Hg.) Bekenntnisschriften (Anm. 13), 184–187.

29 Vgl. Goeters, Geschichte (Anm. 10), 91.

30 Freudenberg (Hg.), Reformierte Katechismen (Anm. 7).

31 Auch Calvin hat die *Confessio Augustana* (variata) akzeptiert und unterschrieben. Die *Confessio Augustana* (variata) war im Bereich der deutschen Reformierten von grosser Bedeutung – zumindest bis zum Ende des landesherrlichen Kirchenregimentes nach dem Ersten Weltkrieg. Dazu: Jan Rohls, Die Confessio Augustana in den reformierten Kirchen Deutschlands: Soll das Augsburger Bekenntnis Grundbekenntnis der Evangelischen Kirche in Deutschland werden? Ein Votum der Kammer der Evangelischen Kirche in Deutschland für Theologie (EKD Texte 103), Hannover 2009, 59–93.

32 Bekenntnisse wurden zuweilen auch ersetzt, vgl. Georg Plasger, Die Confessio Augustana als Grundbekenntnis der Evangelischen Kirchen in Deutschland? Anmerkungen und Überlegungen aus reformierter Perspektive: EKD, Augsburger Bekenntnis (Anm. 31), 94–107 (99).

ata, jedoch der *Confessio Augustana* in ihrer modifizierten Form als *Confessio Augustana variata* von 1540, die in ihrem 10. Artikel eine Öffnung im Blick auf das reformierte Abendmahlsverständnis vollzieht. Natürlich fungierte auch die *Confessio Augustana variata* nicht als Norm des *Heidelbergers*, es war aber sowohl für Calvin wie den Kurfürsten Friedrich III. unbestritten, dass sie mit dieser Fassung der *Confessio Augustana* übereinstimmten. Das war nur schon aus reichsrechtlichen Gründen angebracht.[33]

4. Reformierte Bekenntnisse sind ein *Produkt der «versammelten Gemeinde»*. Die Vorstellung von der versammelten Gemeinde ist natürlich ein ekklesiologisches Konstrukt. Konkret braucht es immer initiative Personen und Kleingruppen und müssen die meisten Bekenntnisse einen synodalen Aneignungsprozess durchlaufen. Die Rede von der versammelten Gemeinde will zum Ausdruck bringen, dass es zum Ethos der reformierten Kirchen gehört, dass alle hinter dem Bekenntnis stehen, dass es von der Basis getragen wird.[34] Ein Bekenntnis kann nicht «von oben» dekretiert werden, die Gemeinde ist das Subjekt des Bekenntnisses.

Dadurch eignet den Bekenntnissen ein *partikularer*, lokal und zeitlich beschränkter Charakter.

Dennoch erhebt jedes partikulare Bekenntnis im Bewusstsein seiner Partikularität den Anspruch, hier und jetzt eine wahre Glaubenserkenntnis der geglaubten «katholischen» Kirche Jesu Christi zu bezeugen. Jedes reformierte Bekenntnis will «im Namen der ganzen Kirche zu der ganzen Kirche zu reden»[35]. *Seine partikulare Geltung entbindet es nicht von der intentional universalen Reichweite seines Anspruches.*[36]

Für die Reformierten erfordert die Glaubenseinheit zwar keine (institutionelle) Bekenntnisuniformität, aber jedes Bekenntnis zielt dennoch auf Glaubenseinheit ab, es will – mit Barth gesprochen – «neuer Ausdruck der alten Glaubenseinheit»[37] sein.

33 Vgl. Johannes Ehmann, Zwischen Konfession und Union. Zur Diskussion über die Vereinbarkeit von Heidelberger Katechismus und Augsburger Bekenntnis: EvTh 72/6 (2012), 457–465.

34 So auch: Vischer, Bekenntnis (Anm. 16), 114.

35 Karl Barth, KD I/2, 696.

36 Zur Unterscheidung zwischen parikularem Geltungsbereich und universaler Reichweite vgl. Plasger, Confessio Augustana (Anm. 32), 99.101; in Anschluss an Gerhard Sauter, Zugänge zur Dogmatik. Elemente theologischer Urteilsbildung, Göttingen 1998, 236–241.

37 Karl Barth, KD I/2, 704 (Hervorh. gelöscht M.D. W).

Der *Heidelberger Katechismus* kann geradezu als Musterbeispiel eines gemeindeorientierten Bekenntnisprozesses gelten: nicht nur was seine Genese als Gemeinschaftsprodukt kirchlich-theologischer Kommissionsarbeit angeht, sondern auch was die folgenden Rezeptionsschritte angeht: Einberufung und Integration der kurpfälzischen Superintendenten, Vorbereitung durch eine Predigtreihe in den Gemeinden, Lektionen in den Gottesdiensten sowie Katechismuspredigten, Erstellung vereinfachter Konfirmandenausgaben, Aufnahme in die Kirchenordnung …[38] – Für die damalige Zeit doch ein beachtenswerter gemeindedidaktischer Aufwand.

5. Bekenntnisse waren in der kirchlichen Praxis funktional an verschiedenen Orten beheimatet: im Gottesdienst, im Unterricht, bei der Ordination. Zur Besonderheit der reformierten Tradition gehört es, dass daneben eine enge Verbindung zwischen Bekenntnis und Kirchenordnung besteht.[39] So werden beispielsweise im *Zweiten Helvetischen Bekenntnis* in den Artikeln 18 und 22 ff. auch ganz konkrete Fragen der Kirchenordnung behandelt. Dahinter steht ein Gedanke, der für alle reformierten Kirchen typisch ist bis heute: *Schon die äussere kirchliche Lebensordnung und Praxisgestaltung hat Bekenntnischarakter.*[40]

Dass der *Heidelberger Katechismus* durch seine Integration in die kurpfälzische Kirchenordnung auch diesem letzten Punkt entspricht, braucht nicht weiter ausgeführt zu werden.

Es ist hier nicht der Ort, das aufgrund dieser Typologie skizzierte reformierte Bekenntnisverständnis zu diskutieren.[41] Das Ziel unserer obigen Überlegungen war vielmehr zu zeigen, wie eindeutig sich der *Heidelberger Katechismus* (und seine Rezeption) der *reformierten* Bekenntnisbildung zuordnen lässt.

---

38 Vgl. die Angaben bei Goeters, Geschichte (Anm. 10), 89–91.

39 Vgl. Jacobs, Theologie (Anm. 5). Jacobs unterscheidet drei reformierte Verhältnisbestimmungen zwischen Bekenntnis und Kirchenordnung (ebd., 119). Man vergleiche auch die Zusammenstellung von Bekenntnissen und Kirchenordnungen, wie sie Wilhelm Niesel vorgenommen hat: ders., (Hg.), Bekenntnisschriften (Anm. 13).

40 «Nach reformierter Lehre trägt auch die Ordnung der Kirche bekenntnismässigen Charakter.» Ebd., Vorwort. – Auch Karl Barth unterstreicht vehement, dass die Bekennenden das, was sie bekennen, «in ihrer praktischen Haltung verkörpern», «in ihrer Existenz das darstellen, was das Bekenntnis in Worten sagt, und eben damit seine Proklamation vollziehen», KD I/2, 723. Wobei der kirchenrechtliche Aspekt bei Barth in den Hintergrund tritt und unterbestimmt bleibt (vgl. KD I/2, 725 f.).

41 Vgl. dazu Matthias D. Wüthrich, Theologische Überlegungen zur reformierten Bekenntnisbildung in der Schweiz: SJKR/ASDE 15 (2010), 37–62 (49 f.).

Nachdem bisher primär formale Grundmerkmale genannt wurden, die den *Heidelberger Katechismus* als reformierte Bekenntnisschrift auszeichnen, sollen zum Schluss doch auch noch kurz ein paar inhaltliche Fragen diskutiert werden. Ich frage darum:

2.2 *Wie reformiert ist der Heidelberger Katechismus?*

Diese Frage ist keine nebensächliche oder rhetorische Frage. Denn man hat im *Heidelberger* immer wieder ein Bekenntnis gesehen, das zwischen reformierter und lutherischer Konfession zu vermitteln vermag. Paul Jacobs hat sogar von einem reformatorischen «Unionsbekenntnis»[42] gesprochen (freilich darin schon wieder ein reformiertes Wesensmerkmal gesehen).

Die interkonfessionellen Vermittlungspotenziale des *Heidelbergers* liessen sich schön an der Verhältnisbestimmung von Gesetz und Evangelium bzw. Evangelium und Gesetz aufzeigen. Doch das braucht hier nicht weiter ausgeführt zu werden. Auch Karl Barth hat das Vermittlungspotential des *Heidelbergers* unterstrichen:

> «Wir haben es im Heidelberger Katechismus mit einem Dokument *allgemeiner evangelischer Erkenntnis* zu tun. Auch ein vernünftiges Luthertum sollte sich [...] auf diesen Boden stellen können. Wir haben im Heidelberger nicht ein anderes, sondern nur ein verschieden formuliertes Bekenntnis der evangelischen Erkenntnis vor uns.»[43]

Nach Barth existieren einzig im Blick auf den Modus der Allgegenwart Christi sowie gewisse Fragen der Taufe und des Abendmahls besondere reformierte Akzente, die lutherisch inakzeptabel sind. Zu nennen wäre wohl zusätzlich die Lehre vom dreifachen Amt Christi und der starke Bezug auf das Alte Testament. Aber Barth hat schon recht: «Reformierte Sonderlehren spielen in diesem Katechismus doch nur eine kleine Rolle.»[44] Das gilt insbesondere für Prädestinationslehre, die nur ganz am Rande erwähnt wird. Der *Heidelberger Katechismus* will keine kontroverstheologische Schrift sein und die konfessionellen Gräben vertiefen. Er konnte und wollte aber auch nicht

42 Paul Jacobs, Heidelberger Katechismus. Reformatorisches Bekenntnis: Walter Herrenrück/ Udo Smidt (Hg.), Warum wirst du ein Christ genannt? Vorträge und Aufsätze zum Heidelberger Katechismus im Jubiläumsjahr 1963, 40–47 (46), vgl. 40.

43 Barth, Die christliche Lehre (Anm. 1), 19.

44 Barth, Die christliche Lehre (Anm. 1), 18.

bestehende Gräben einfach harmonistisch zuschütten. Das lässt sich gerade am Beispiel der Allgegenwart Christi schön beobachten, und zwar nicht erst im Blick auf die Frage der Gegenwart Christi im Abendmahl, sondern schon in der Deutung der Himmelfahrt Christi.

2.3 Ein Beispiel: die Himmelfahrt Christi

Das Thema «Himmelfahrt» nimmt im *Heidelberger Katechismus* einen auffällig breiten Raum ein. Während die Auferstehung unmittelbar vorher gerade mal in einer Frage behandelt wird, widmen sich die folgenden 5 Fragen, also die Fragen 46–50, explizit der Himmelfahrt. Sie bilden die Grundlage für die Fragen 51 und 52, die die ekklesiologisch-vorsehungstheologischen und eschatologischen Konsequenzen der Himmelfahrt für die Glaubenden beleuchten, und sie bilden schliesslich auch einen wichtigen Deutehorizont der später entfalteten Sakramentenlehre (bes. Fragen 78.80). Die Fragen 46–49 seien im Folgenden zur Erinnerung wiedergegeben:

> »*46. Frage: Wie verstehst du, dass er ist gen Himmel gefahren?*
> Antwort: Dass Christus vor den Augen seiner Jünger von der Erde aufgehoben ist gen Himmel und uns zugut daselbst ist, bis dass er wiederkommt zu richten die Lebendigen und die Toten.
>
> *47. Frage: Ist denn Christus nicht bei uns bis ans Ende der Welt, wie er uns verheissen hat?*
> Antwort: Christus ist wahrer Mensch und wahrer Gott. Nach seiner menschlichen Natur ist er jetzt nicht auf Erden; aber nach seiner Gottheit, Majestät, Gnade und Geist weicht er nimmer von uns.
>
> *48. Frage: Werden aber auf die Weise die zwei Naturen in Christus nicht voneinander getrennt, so die Menschheit nicht überall ist, da die Gottheit ist?*
> Antwort: Mitnichten; denn weil die Gottheit unbegreiflich und allenthalben gegenwärtig ist, so muss folgen, dass sie wohl ausserhalb ihrer angenommenen Menschheit und dennoch nichts desto weniger auch in derselben ist und persönlich mit ihr vereinigt bleibt.
>
> *49. Frage: Was nützt uns die Himmelfahrt Christi?*
> Antwort: Erstlich, dass er im Himmel vor dem Angesicht seines Vaters unser Fürsprecher ist. Zum andern, dass wir unser Fleisch im Himmel zu einem sichern Pfand haben, dass er, als das Haupt, uns, seine Glieder, auch zu sich werde hinaufnehmen. Zum dritten, dass er uns seinen Geist zum Gegenpfand herabsendet,

durch dessen Kraft wir suchen, was droben ist, da Christus ist, sitzend zu der Rechten Gottes, und nicht, das auf Erden ist.»[45]

Die Himmelsfahrt Christi wird vom *Heidelberger* als Ortsverschiebung seines menschlichen Leibes von einem irdischen Unten in ein himmlisches Oben gedeutet, die schliesslich dazu führt, dass Christus zur Rechten Gottes sitzt. Eine Ubiquität, eine Allgegenwart des Leibes Christi und von da aus seine leibliche Realpräsenz unter Brot und Wein im Abendmahl sind unter diesen kosmologischen Voraussetzungen für den *Heidelberger* undenkbar.

Der *Heidelberger* vertritt an diesem Punkt dieselbe Auffassung wie Zwingli, Calvin oder Bullinger. Es handelt sich um altreformiertes Gemeingut. Im Hintergrund steht das aristotelisch-mittelalterliche Weltbild mit seiner sphärischen Himmelstopologie. Die Aussagen der Reformierten über die Himmelfahrt verdanken sich jedoch nicht einem selbständigen Interesse an kosmologischen Fragen. Erst durch den Abendmahlsstreit haben diese Fragen Bedeutung erlangt. Sie bilden eine direkte Konsequenz aus der reformierten Christologie, die die *Differenz* der beiden vereinten Naturen Christi betont.

Luther hat seinen Akzent in der Christologie bekanntlich auf die *Einheit* der beiden Naturen Christi gelegt. Er hat das so getan, dass die ganze Person Christi, einschliesslich seiner menschlichen Natur, an der Ubiquität Gottes partizipiert, und hat entsprechend eine Realpräsenz des Leibes Christi im Abendmahl vertreten – eine Ubiquität, die bei ihm zum Teil auch eine Ubiquität des Himmels zur Folge hatte. Dass damit implizit auch eine Tür zu einer modernen Kosmologie geöffnet wurde, war sich Luther jedoch kaum bewusst.[46]

Nicht weniger zum reformierten Gemeingut zählt die Antwort, die der *Heidelberger* auf Frage 48. gibt. In der Antwort wird betont, dass die göttliche Natur Christi, ungeachtet ihrer vollen Einwohnung in der menschlichen Natur Christi, auch ganz ausserhalb derselben bleibt – und man kann ergänzen: so wie sie schon am Anfang die ganze Welt erfüllt hat. Die lutherische

45 Matthias Freudenberg/Aleida Siller (Hg.) Was ist dein einiger Trost? Der Heidelberger Katechismus in der Urfassung, Neukirchen-Vluyn 2012.

46 Diese Tür öffnete sich m. E. freilich nur in seiner Abendmahlsschrift von 1527 «Dass diese Worte Christi ‹Das ist mein Leib› noch fest stehen, wider die Schwarmgeister», in der er nicht nur eine Ubiquität des Leibes Christi, sondern faktisch auch des Himmels vertritt (dazu: Matthias D. Wüthrich, Raum Gottes. Ein systematisch-theologischer Versuch, Raum zu denken, Habilitationsschrift im Fach Systematische Theologie, Universität Basel 2012, 174–181, vgl. 188–195).

Kontroverstheologie hat diese Vorstellung im 17. Jahrhundert auf die Formel «*extra calvinisticum*» gebracht.[47]

Deutlicher als andere reformierte Bekenntnisschriften, etwa der *Genfer Katechismus*, stellt der *Heidelberger* das *extra calvinisticum* in den Kontext der Himmelfahrt.[48] Gegen den Vorwurf einer nestorianischen Trennung der zwei Naturen Christi unterstreicht der *Heidelberger Katechismus* in Frage 48, dass die göttliche Natur, obwohl «ausserhalb ihrer angenommenen Menschheit», «dennoch nichts desto weniger auch in derselben ist und persönlich mit ihr vereinigt bleibt». Der *Heidelberger Katechismus* versucht also das *extra* der göttlichen Natur an ihr *intra* in der menschlichen Natur zurückzubinden. Diese Rückbindung erfolgt durchaus zu Recht, alles andere wäre schlechte Theologie. Das Problem ist nur, dass damit das *extra calvinisticum* mit der lokal konnotierten Vorstellung der Rechten Gottes, wo sich diese menschliche Natur befindet, verbunden wird. Das ortsungebundene *extra* der Gegenwart der göttlichen Natur Christi entspricht dem ortsgebundenen *intra* im erhöhten Leib Christi zur Rechten Gottes. Das *extra calvinisticum* wird so (nicht ohne gewisse Vorläufer in der mittelalterlichen Theologie) auf explizite und konstitutive Weise in die aristotelisch-mittelalterliche Himmelstopologie eingezeichnet.[49]

Karl Barth hat die Fragen 47 und 48 des *Heidelberger Katechismus* als einen «theologischen Betriebsunfall» bezeichnet. Dass die Gottheit ausserhalb, *extra* der Menschheit Jesu Christi sei, sei als Beschreibung der freien Gnade Gottes im Blick auf die Inkarnation durchaus richtig. Aber *post Chris-*

---

47 Festgemacht wurde die Formel inhaltlich v. a. an Aussagen, die Johannes Calvin in seiner *Institutio Christianae Religionis* (1559) gemacht hat: Institutio II,13,4; vgl. auch Institutio IV,17,30.

48 Das hat schon Christian Link beobachtet, vgl. ders., Die Entscheidung der Christologie Calvins und ihre theologische Bedeutung. Das sogenannte Extra-Calvinisticum: EvTh 47 (1987), 97–119 (102).

49 Zwei präzisierende Bemerkungen dazu:

1. Es ist davon auszugehen, dass auch in anderen reformierten Bekenntnisschriften, die das *extra calvinisticum* nicht spezifisch im Kontext der Himmelfahrtslehre verankern, die hier vom *Heidelberger Katechismus* vollzogene Verbindung des *extra calvinisticum* mit der lokal vorgestellten Rechten Gottes implizit mitgedacht werden muss. Das Besondere am *Heidelberger Katechismus* ist die Expliziertheit und Direktheit des Bezugs. Das anzumahnende Problem betrifft also nicht allein ihn, es wird an ihm einfach besonders evident.

2. Die lokale Konnotation der Rechten Gottes verschwindet nur partiell, wenn man davon ausgeht, dass der *Heidelberger Katechismus* sie – wie meistens in der altreformierten Theologie – metaphorisch deutet, da der Himmel insgesamt in den Bahnen aristotelisch-mittelalterlicher Topologie gedeutet wird.

tum, im Rückblick auf Inkarnation Christi zu behaupten, dass es auch eine Gottheit *extra* ihrer inkarnierten Menschheit gebe, sei schlicht eine Aussage des Unglaubens.[50]

Barths Kritik lässt sich nicht so schnell vom Tisch wischen. Einen weiteren Kritikpunkt haben wir durch unsere obige Argumentation bereits vorbereitet. Er betrifft die heidelbergsche Koppelung des *extra calvinisticum* an die topologische Rationalität des mittelalterlichen Weltbildes.[51] Es setzt einen ortsräumlichen Himmel voraus, in dem sich der Leib Christi lokalisieren lässt. Diese kosmologischen Annahmen lassen sich heute aufgrund neuzeitlicher und moderner naturwissenschaftlicher Einsichten schlicht nicht mehr vertreten. Die Sicht auf unser Universum ist eine andere geworden. – Gerade im Blick auf den *Heidelberger Katechismus* zeichnet sich für die gegenwärtige reformierte Theologie die Herausforderung ab, an frühere Anstrengungen im 20. Jahrhundert (wie sie v. a. Karl Barth, Jürgen Moltmann und Michael Welker vorgenommen haben) anzuknüpfen und den Himmel wie die Himmelfahrt theologisch neu zu denken.

50 Barth, Die christliche Lehre (Anm. 1), 71. Barth selbst macht auffällig selten Gebrauch von der Formel des «*extra calvinisticum*», vgl. Karl Barth, KD I/2, 184; vgl. IV/1, 197 f. Der Sache nach gehört sie in die Offenbarungslehre. Der Zugriff des späten Barth auf diese Vorstellung ist meines Erachtens jedoch deutlich gebrochener, als sie Christian Link wiedergibt, vgl. ders., Die Entscheidung der Christologie Calvins und ihre theologische Bedeutung. Das sogenannte Extra-Calvinisticum: EvTh 47 (1987), 97–119 (113).

51 Dass der *Heidelberger Katechismus* an diesem Punkt ein traditionelles Weltbild reproduziert oder zumindest voraussetzt, erstaunt insofern, als an der Universität Heidelberg zur Zeit seiner Abfassung (und danach) – nicht zuletzt aufgrund des aus dem reformierten Zürich nach Heidelberg berufenen Medizinprofessors Thomas Erastus (1524–1583) – ein stark astrologiekritisches, empirisch-rationalistisches Wissenschaftsverständnis im Blick auf die Astronomie und Medizin vertreten wurde. Vgl. dazu den instruktiven Aufsatz von Barbara Mahlmann-Bauer, Astrologiekritik und reformierte Theologie in Heidelberg: Karla Apperloo-Boersma/Hermann J. Selderhuis (Hg.), Macht des Glaubens. 450 Jahre Heidelberger Katechismus, Göttingen 2013, 147–162. Mahlmann-Bauer meint, Erastus' Treue zur aristotelischen Himmelslehre bilde vor dem Hintergrund dieses Wissenschaftsverständnisses einen blinden Fleck, sie sei aber auch im Heidelberger Artes-Studium massgeblich geblieben (ebd., 160).

Matthias Zeindler

«... das soll wahr und gewiss sein»

‹Amen› als Grundwort des Glaubens

Wo man sich auf etwas fraglos verlassen kann, ist dies so sicher wie das Amen in der Kirche.[1] Der Volksmund liegt wie so oft richtig, wenn er das Amen mit Gewissheit, mit Verlässlichkeit in Verbindung setzt. Die Gemeinde schliesst ihr Gebet, die Pfarrerin ihre Predigt mit dem Amen, und beide bekennen damit ihr Vertrauen, dass das vorher Gesagte gewiss sei, dass es gelte und man darauf bauen könne. Und der *Heidelberger Katechismus* schliesst mit einer Frage und einer Antwort zum Amen, folgerichtig, würden wir am Ende dieser Vorlesungsreihe sagen, denn eines haben wir in diesen Wochen gelernt, nämlich dass das zentrale Thema des *Heidelbergers* die Frage nach der Gewissheit sei, ein Ton, der schon in der berühmten ersten Frage angeschlagen wird, um dann in einem Kapitel nach dem andern immer neu variiert zu werden.[2] Auch in der 129. Antwort taucht das Thema nochmals auf: «Amen heisst, das soll wahr und gewiss sein», nachdem gefragt wurde: «Was bedeutet das Wörtlein Amen?»[3] Noch einmal gibt uns der *Heidelberger Katechismus* also Anlass, über die Gewissheit nachzudenken, die unser Leben und unser Sterben fundiert.

Wir haben in diesem Semester versucht, den *Heidelberger* nicht nur historisch und systematisch zu erschliessen, sondern darüber hinaus mit ihm ins Gespräch zu kommen, geleitet von der Fragestellung, inwiefern seine Antworten Hilfestellungen für ein heute zeitgemässes Christsein zu geben vermögen. Das soll auch in dieser letzten Vorlesung geschehen, in einem gemeinsamen Nachdenken darüber, welcher Art denn die Gewissheit sei, welche sich im «Amen» artikuliert, diesem eigenartigen hebräischen Findling mitten in unserer ansonsten von lateinischem, griechischem und vor allem angelsächsischem Fremdsprachengut durchsetzten deutschen Sprache. Man kann diesen sprachlichen Befund als ersten Hinweis dafür nehmen, dass

1 Zur Herkunft der Wendung Lutz Röhring, Lexikon der sprichwörtlichen Redensarten, Bd. 1, Freiburg, Basel, Wien ^{5}2001, 78.

2 Vgl. dazu auch Christian Link, Trost und Gewissheit. Beobachtungen zur Theologie des Heidelberger Katechismus: EvTh 72 (2012), 467–480.

3 Der Heidelberger Katechismus, hg. von Otto Weber, Gütersloh ^{4}1990.

die Gewissheit des christlichen Glaubens eine gegenüber anderen Gewissheiten unterschiedene ist – denn wo sonst werden Gewissheiten mit einem Amen verbunden, wo sonst als in der Kirche kann man darauf gehen, dass sicher ein Amen kommt? Ich möchte mit meinen Ausführungen die These zu belegen versuchen, dass im Amen das Wesen des christlichen Glaubens in höchster Verdichtung zusammengefasst ist, dass es sich bei diesem Wort also um ein Grundwort dieses Glaubens handelt.

Wir gehen in unserem Nachdenken von der letzten Frage des *Heidelbergers* aus, weiten den Blick dann nochmals auf das Ganze des Textes, um schliesslich – angeleitet von der Denkfigur der 129. Antwort – einige Schritte über den Katechismus hinaus zu tun. Damit soll auch die Überzeugung angezeigt werden, dass dieser Text uns über unsere Gegenwart hinaus in die Zukunft begleiten kann, eine Zukunft, die zuletzt – wie es schon in der ersten Frage anklingt – in Gottes eschatologischer Zukunft aufgeht.

1. Das Amen und das Gebet

1.1 «Das vornehmste Stück der Dankbarkeit»

Den dritten Teil des *Heidelbergers* «Von der Dankbarkeit» schliesst ein Abschnitt über das Gebet ab.[4] Dabei handelt es sich nicht bloss um ein Kapitel, das nun auch noch folgen muss, damit das Ganze des Glaubens hinreichend abgedeckt sei, vielmehr stellt dieser Abschnitt innerhalb des dritten Teils den Höhepunkt dar – und nicht etwa die unmittelbar davor stattgefundene Auslegung der Zehn Gebote, obwohl man doch den Reformierten nachsagt, dass bei ihnen die Gebote eine besonders hohe theologische Dignität genössen.[5] «Warum», so lautet Frage 116, «ist den Christen das Gebet nötig?» Um die Antwort so zu beginnen: «Darum, dass es das vornehmste Stück der Dankbarkeit ist, welche Gott von uns erfordert.»[6]

4 Fragen 116–129.

5 Vgl. etwa Michael Beintker, Konsequentere Reformation: Matthias Krieg/ Gabrielle Zangger-Derron, Die Reformierten. Suchbilder einer Identität, Zürich 2002, 117f. (117). Den umfangreichsten Teil des Ganzen, nämlich mehr als ein Drittel, macht die Gebotsauslegung in den Westminster-Katechismen von 1647 aus: Der grosse und kleine Westminster-Katechismus: E.F. Karl Müller (Hg.), Die Bekenntnisschriften der reformierten Kirche, Leipzig 1903, 612–656.

6 Müller (Hg.), Bekenntnisschriften (Anm. 5), 59.

Ein eigenartiges Verständnis von Dankbarkeit, so könnte man versucht sein zu denken. Denn was ist Dankbarkeit? Ist es, wenn wir den Sprachgebrauch unseres Katechismus übernehmen,[7] nicht jenes Sichverhalten, mit dem wir auf etwas, was uns gegeben worden ist, reagieren? Ist es nicht eine Aktivität, die aus einer vorgängigen Passivität heraus geschieht, ein Handeln auf ein uns vorher widerfahrenes Handeln hin? Dieses Handeln kann darin bestehen, dass wir mit einem Geschenk auf ein Geschenk reagieren, auf einen Besuch mit einem Gegenbesuch, es kann aber auch die minimale Gestalt eines «Danke» haben. Wie immer, mit Dankbarkeit ist eine antwortende menschliche Aktivität benannt. Wie steht es aber unter diesem Gesichtspunkt mit dem Gebet? Haben wir es hier mit einer wirklichen Aktivität zu tun, mit einer durch die Tätigkeit eines anderen in Gang gesetzten Eigentätigkeit? Solches könnte man vielleicht von einem Dankgebet sagen, noch mehr vom Lob, wo wir mit Freude und Staunen auf die reiche Gnade Gottes antworten. Wenn der *Heidelberger* aber vom Gebet spricht, dann meint er ausdrücklich das Bittgebet: «Was gehöret zu einem solchen Gebet, das Gott gefalle und von ihm erhöret werde?», so Frage 117. «Erstlich, dass wir allein den einigen wahren Gott [...] um alles, das er uns zu bitten befohlen hat, von Herzen anrufen.»[8] Und auf die Anschlussfrage, worum Gott uns denn zu bitten befohlen habe: «Alle geistliche und leibliche Notdurft.»[9] Das Gebet im Sinne des Katechismus ist also die Artikulation unserer Bedürftigkeit, der Ausdruck unserer «schlechthinnigen Abhängigkeit», um den grossen Reformierten Friedrich Schleiermacher auch im Rahmen dieser Vorlesungsreihe noch zu Wort kommen zu lassen.[10] Das vornehmste Stück der Dankbarkeit besteht mithin nicht etwa darin, dass wir in einer bestimmten Richtung in Gang gesetzt werden, sondern dass wir in unserer Bedürftigkeit vor Gott treten und damit bekennen, dass wir auf *sein* Handeln angewiesen sind. Auch dies ist natürlich ein Handeln, aber ein Handeln in der paradoxen Gestalt des Handlungsverzichts, Aktivität als aktive Passivität.

Keine Frage, dass damit das menschliche Handeln nicht suspendiert ist, immerhin werden die guten Werke und die Gebote im *Heidelberger* in nicht

7 Üblicher ist, mit Dankbarkeit die Haltung zu bezeichnen, aus welcher die hier gemeinten Aktivitäten entspringen.

8 Müller (Hg.), Bekenntnisschriften (Anm. 5), 59.

9 Frage 118.

10 «Das Gemeinsame aller noch so verschiedenen Äusserungen der Frömmigkeit [...] ist dieses, dass wir uns unsrer selbst als schlechthin abhängig, oder, was dasselbe sagen will, als in Beziehung mit Gott bewusst sind.» Der christliche Glaube, Bd. 1 (1830), §4, Berlin 1960, 23.

weniger als dreissig Fragen und Antworten behandelt. Wir lernen aber im Abschnitt über das Gebet Entscheidendes über die Situierung der guten Werke im Gegenüber zum Handeln Gottes. Wir lernen, dass göttliches und menschliches Handeln ungenügend korreliert werden, wenn man sie in einer blossen Abfolge sieht, etwa die Rechtfertigung als Gottes Handeln, die Heiligung dann als das menschliche, oder Gottes Handeln als der Indikativ, das Handeln des Menschen als jene Tätigkeit, die durch den im Indikativ wurzelnden Imperativ auf den Weg geschickt wird. Weder ist Gottes Tun lediglich die Grundlage, auf der der Mensch dann aktiv werden kann und muss, noch bietet Gott eine blosse Möglichkeit an, welche der Mensch durch sein Tun in eine Wirklichkeit zu überführen hätte. Das Verhältnis von göttlichem und menschlichem Werk nach Ausweis des *Heidelbergers* ist wechselseitiger als in den genannten Modellen, wir können auch sagen: dialektischer. Das Handeln des einen hört nicht dort auf, wo dasjenige des andern beginnt. Wenn das Gebet das vornehmste Stück der Dankbarkeit ist, also die wichtigste Gestalt des menschlichen Sichverhaltens zu Gott, wenn infolgedessen das erste menschliche Werk darin besteht, mit der eigenen «Notdurft» vor ihn zu treten, dann bedeutet doch dies, dass das menschliche Werk untrennbar an das göttliche Wirken gebunden bleibt, dass es darin seinen Quellgrund hat, dass aller Aktivität eine fundamentale Passivität eingeschrieben bleibt. Das wahre gute Werk des Menschen geschieht aus dem Empfangen der Gnade Gottes. Wir tun Gottes Willen, weil und solange wir uns Gottes Gnade geschenkt sein lassen.

Bereits diese Bemerkungen zeigen, inwiefern das Gebetskapitel des *Heidelbergers* bestätigt, was wir bisher an diesem Text beobachtet haben, nämlich ein Verständnis des christlichen Glaubens als ein durch Christus begründetes Verhältnis zwischen Gott und Mensch, Mensch und Gott – ein Verhältnis, das zuerst als Eigentumsverhältnis bestimmt wird (Frage 1), um dann aber als ein Beziehungsverhältnis im Zeichen des Vertrauens expliziert zu werden. Charakteristisch für dieses Verhältnis ist seine *Asymmetrie*: Da gibt es die Quelle des Heils und die das Heil Empfangenden, die Abhängigen und denjenigen, von dem diese bleibend abhängig sind, die Bedürftigen und den, der ihrer Not zu Hilfe kommt. Ebenso charakteristisch für das Verhältnis zwischen Gott und Mensch ist aber, dass der Mensch darin umso mehr zu seiner Wahrheit gelangt, als er diese Asymmetrie gelten lässt und sein Leben als getrösteten Vollzug dieser Asymmetrie versteht. Es wird im Folgenden darum gehen, diesem asymmetrischen Beziehungsverhältnis zwischen Gott und Mensch noch etwas näher zu kommen. Schon jetzt können wir feststellen, dass ein solches Verständnis des Glaubens sich sperrig verhält zu jenen

Funktionalisierungen, mit denen sich die Moderne mit der Religion zu arrangieren versucht. Religion als Ressource der Moral oder als Kontingenzbewältigung, als Vertiefung der Existenz im oberflächlichen Konsumismus oder als Grenzmarker zwischen Kulturen, in all diesen Interpretationsansätzen ist die fundamental relationale Struktur des Glaubens verkannt, noch mehr aber die heilvolle Asymmetrie in dieser Struktur.

1.2 Am Ende das Amen – zur Gewissheit des Gebets

Wir können den Glauben also umschreiben als das bewusste Eintreten in ein asymmetrisches Gott-Mensch-Verhältnis. Gehen wir mit dieser vorläufigen Definition an die letzte Frage unseres Katechismus': «Was bedeutet das Wörtlein Amen? Amen heisst, das soll wahr und gewiss sein; denn mein Gebet viel gewisser von Gott erhöret ist, denn ich in meinem Herzen fühle, dass ich solches von ihm begehre.» Mit dem Amen am Ende des Gebets bekennen wir unser Vertrauen darauf, dass unser Reden zu Gott tatsächlich *ge*hört und dass die dabei geäusserten Bitten wirklich *er*hört werden, das Amen ist, in einer Formulierung von Alfred de Quervain, «das Wort, das bezeugt, dass der Betende der Erhörung seines Bittens gewiss ist».[11] Der Akklamationsformel liegt die hebräische Wurzel « *'mn*», «fest, zuverlässig sein» zugrunde, wie den Wörtern «Glaube», «Treue» oder «Zuversicht»; Amen meint also ein zustimmendes «So ist es» oder «So sei es», «So soll es geschehen». In diesem Punkt wiederholt der *Heidelberger* lediglich Bekanntes.

Aufregend ist hingegen die Begründung, die er für die Bedeutung des Amens angibt. Mit welchem Recht, so muss man ja theologisch fragen, ergeht die Akklamation, dass das Gebet wahr und gewiss sei, zum Abschluss unseres Betens? Die Antwort des Katechismus lautet, dass unsere Erhörungsgewissheit ihren Grund in Gott selbst hat, dass seine Treue diese Gewissheit verbürgt. Auch hier begegnet noch Bekanntes. Dann aber: Mein Gebet ist «viel gewisser von Gott erhöret [...], denn ich in meinem Herzen fühle, dass ich solches von ihm begehre».[12] Magdalene Frettlöh hat in Bezug auf diese Stelle mit Recht von einer «Vergewisserung im Komparativ» gesprochen:[13] Die Treue, mit welcher Gott für uns einsteht, übersteigt unser Bedürfnis nach

11 Alfred de Quervain, Das Gebet. Ein Kapitel der christlichen Lehre, Zollikon-Zürich 1948, 153.

12 Frage 129.

13 Vgl. den Beitrag von Magdalene L. Frettlöh in diesem Band.

dieser Treue bei weitem, um nicht zu sagen: unendlich. Die Gewissheit, dass uns Erhörung widerfahren wird, steht in keinem Vergleich zu unserer eigenen Gewissheit. Viel grösser als unser Vertrauen ist Gottes Vertrauenswürdigkeit, viel grösser als unsere Wünsche das, was uns verheissen ist. Aufschlussreich ist auch hier eine der Bibelstellen, die der *Heidelberger* im Zusammenhang mit der 129. Frage anzieht. In 2Tim 2,11–13 geht es um die Zuverlässigkeit des Wortes Gottes, und der Autor des Briefes schreibt:

> «Sind wir mitgestorben, so werden wir auch mitleben.
> Halten wir stand, so werden wir auch mitherrschen.
> Verleugnen wir ihn, so wird auch er uns verleugnen.»

Am Schluss dieser Passage und als ihre Klimax wird nun plötzlich die bisherige Symmetrie durchbrochen:

> «Werden wir untreu, so bleibt er doch treu,
> denn er kann sich selbst nicht verleugnen.»

Auch hier begegnen wir der Asymmetrie im Verhältnis von Gott und Mensch. Wir können von einer eigentlichen biblischen Asymmetrie sprechen, denn es würde nicht schwerfallen, an zahlreichen Stellen der Bibel diese charakteristische Struktur des Verhaltens Gottes den Menschen gegenüber nachzuweisen. Nur ein Beispiel aus dem Alten Testament sei genannt, aus Hosea, wo Jahwe trotz des himmelschreienden Abfalls seines Volkes durch den Propheten sagen lässt:

> «Meinem glühenden Zorn werde ich nicht freien Lauf lassen,
> Efraim werde ich nicht vernichten,
> denn ich bin Gott und nicht irgendwer,
> heilig in deiner Mitte.» (Hos 11,9)

Dem entspricht bei Paulus die berühmte Adam-Christus-Typologie im Römerbrief, abgeschlossen mit dem Satz:

> «... wo aber die Sünde grösser wurde, da strömte die Gnade umso reichlicher.» (Röm 5,19)

Die Treue Gottes ist immer grösser als menschliche Untreue, seine Gnade immer noch grösser als unsere Sünde. Es ist diese biblische Asymmetrie, welche in der letzten Frage des *Heidelbergers* wiederkehrt und dort der Gebetsgewissheit ihren festen Grund gibt.

Wir gewinnen mit dieser Auslegung des *Heidelbergers* eine entscheidende Einsicht in die Bedeutung des Amens für den Glauben. Mit dem Amen tritt der Mensch ein in die Asymmetrie des Glaubens, des Verhältnisses zwischen

Gott und Mensch. Das Amen ist sein frohes Bekenntnis, dass die Festigkeit und Gültigkeit dieses Verhältnisses nicht durch ihn verbürgt wird, sondern durch den immer noch treueren, noch gütigeren Gott. Calvin liefert eine Auslegung des Amens auf derselben Linie: Das Amen bringt bei ihm «die Inbrunst des Wunsches zum Ausdruck, zu erlangen, was man von Gott erbeten hat», und gleichzeitig die Hoffnung, dass die Erhörung «uns *ganz sicher* widerfahren wird», und zwar, «weil Gott es verheissen hat, Gott, der nicht trügen kann». Die Sicherheit im Gebet verdankt sich nicht der Dringlichkeit unseres Wünschens, sie wurzelt in der Sicherheit von Gottes Wahrheit. Der Adressat des Gebets ist sein Bürge, nicht seine Absender, so «dass ihnen die Zuversicht, etwas gewährt zu erhalten, einzig und allein aus *Gottes* Wesen kommt».[14]

Das Amen ist aber auch das demütige Bekenntnis, dass, soweit es an uns liegt, das Gott-Mensch-Verhältnis hochgradig prekär und alles andere als gewiss ist. Auch diese schuldhafte Seite des menschlichen Verhältnisses zu Gott spricht der *Heidelberger* im Zusammenhang mit dem Gebet an; in der Antwort auf die 117. Frage, was zu einem Gebet gehöre, «das Gott gefalle und von ihm erhöret werde», lesen wir unter anderem: «... dass wir diesen festen Grund haben, dass er unser Gebet, unangesehen, dass wir's unwürdig sind, doch um des HERRN Christi willen gewisslich wolle erhören, wie er uns in seinem Wort verheissen hat.»[15] Mit dieser Antwort nennt der Katechismus den tiefsten Grund des asymmetrischen Verhältnisses zwischen Gott und Mensch, nämlich die Rechtfertigung, kraft welcher uns Gott die durch Christus begründete Gerechtigkeit zurechnet – das asymmetrische Gott-Mensch-Verhältnis, der uneinholbare Vorsprung der Gnade, ist eine Rechtfertigungsstruktur. Diese Rechtfertigungsstruktur hat aber ihren ersten Sitz im Leben im zuversichtlichen Gebet, an dem wir gegen all unser Ungenügen festhalten dürfen und sollen. In einem Aufsatz zum Gebet im *Heidelberger* schreibt Gottfried W. Locher (der Ältere):

> «Jedes Gebet [...] ist ein solches Trotzdem, mit dem wir gegen unsere Unwürdigkeit an die Gnade appellieren. [...] Das Evangelium ist die gute Nachricht, dass wir beten dürfen; es erzählt uns, dass Gott unbegreiflicherweise unser Erhörer geworden ist.»[16]

---

14 Institutio III,20,47. Hervorhebungen dort.

15 Frage 117.

16 Gottfried W. Locher, «Das vornehmste Stück der Dankbarkeit». Das Gebet im Sinne der Reformation nach dem Heidelberger Katechismus: Lothar Coenen (Hg.), Handbuch zum Heidelberger Katechismus, Neukirchen-Vluyn 1963, 171–185 (182).

Dieser Rechtfertigungsstruktur, so Locher, korrespondiert genau die Auslegung des Amens im Katechismus. «‹Gewiss›», sagt Locher, «ist auf unserer Seite die Ungewissheit, sonst wäre Beten nicht Beten. […] Aber grösser als unsere Ungewissheit ist die Verheissung».[17]

Machen wir uns bewusst, wie zentral es ist, sich die im Amen ausgesprochene Asymmetrie zwischen Treue Gottes und Zweifel des Menschen, zwischen Gnade und Sünde vor Augen zu halten. Um zu zeigen, was damit gemeint ist, möchte ich die 120. Frage und Antwort heranziehen, die Eröffnung der Unservater-Auslegung:

> «Warum hat uns Christus befohlen, Gott also anzureden: ‹unser Vater›? Dass er gleich im Anfang unsers Gebets in uns erwecke die kindliche Furcht und Zuversicht gegen Gott, welche der Grund unsers Gebets soll sein: nämlich, dass Gott unser Vater durch Christum worden sei und wolle uns viel weniger versagen, worum wir ihn im Glauben bitten, denn unsere Väter uns irdische Dinge abschlagen.»[18]

Auf einen Satzteil möchte ich die Aufmerksamkeit lenken, «worum wir ihn im Glauben bitten». Diese Wendung ist so lange unproblematisch, wie wir den Glauben als Reflex auf Gottes gewisse Zuwendung auf Seiten des Menschen verstehen, als Ankommen von Gottes Treue im menschlichen Herzen. Wir wissen aber, dass es eine lange Tradition gibt, in welcher der Glaube nicht als Folge des Wirkens Gottes, sondern als dessen Voraussetzung verstanden wurde. Ich möchte dieses Verständnis als das «symmetrische» Missverständnis des Glaubens bezeichnen, und es besteht präzise darin, dass es das asymmetrische Glaubensverhältnis in ein Bedingungs- und damit eben ein symmetrisches Verhältnis umdeutet.

Der *Heidelberger* kann auch an anderen Stellen in diesem symmetrischen Sinne missverstanden werden, so in der bereits teilweise zitierten Antwort auf die 116. Frage, warum das Gebet nötig sei. Nach dem Hinweis, dass das Gebet das vornehmste Stück der Dankbarkeit sei, folgt als zweite Begründung, «dass Gott seine Gnade und Heiligen Geist allein denen geben will, die ihn mit herzlichen Seufzen ohn Unterlass alles bitten und ihm dafür danken».[19] Auch hier kann man das Gebet als eine notwendige Bedingung für das Erlangen der Gnade interpretieren, mit der fatalen Folge, dass Gottes Zuwendung nun nicht mehr derjenigen des Menschen vorausgeht, sondern

17 Locher, Dankbarkeit (Anm. 16), 185.
18 Frage 120.
19 Frage 116.

die menschliche Hinwendung zu Gott zur Grundlage für die göttliche wird. Der *Heidelberger* selbst ist über den Verdacht eines symmetrischen Missverständnisses erhaben. Das zeigen zum einen die Bibelstellen, die den genannten Passagen zugeordnet werden, vor allem belegen es die – leicht zu vermehrenden – Antworten, welche deutlich sichtbar machen, dass in ihm das Gott-Mensch-Verhältnis klar asymmetrisch gedacht ist. Unser Katechismus wäre nie zu einem reformierten Schlüsseltext geworden, wäre er in dieser Kernfrage reformatorischer Theologie nicht völlig unmissverständlich.[20]

Als Beleg sei noch ein letzter Text angeführt, die 128. Frage zur Bedeutung der Schlussdoxologie im Unservater. «Denn dein ist das Reich, die Kraft und die Herrlichkeit in Ewigkeit», damit wird ausgesagt, dass du, Gott, «uns alles Gute geben willst und kannst und dass dadurch nicht wir, sondern dein heiliger Name ewig soll gepriesen werden».[21] Nicht nur wird die Schlussdoxologie des Herrengebets ausgelegt, diese Auslegung mündet auch selbst in das Gotteslob. Gott soll die Ehre gegeben werden, das ist schliesslich die Pointe der *Heidelberger*-Unservater-Auslegung, ganz im Sinne Calvins[22] und der an ihn anschliessenden theologischen Tradition, zu der auch

20 Angesichts von Luthers Amenauslegung im Grossen Katechismus könnte man fragen, ob hier nicht bereits ein symmetrisches Missverständnis vorgebaut sei: «Aber darauf kommt es an, dass wir auch lernen AMEN dazu zu sagen, das ist: nicht zweifeln, dass es gewisslich erhöret sei und geschehen werde. Denn es ist nichts anders als eines ungezweifelten Glaubens Wort, der da nicht aufs Ungewisse betet, sondern weiss, dass Gott nicht lügt, weil ers zu geben verheissen hat. Wo nun solcher Glaube nicht ist, da kann auch kein rechtes Gebet sein». (Der Grosse Katechismus, zit. nach Luther Deutsch, Bd. 3: Der neue Glaube, 115) Luther stellt allerdings umgehend klar, dass er mit diesen Aussagen nicht auf eine fehlende Glaubenskraft zielt und so den Glauben neuerlich zum Werk uminterpretiert. Die Problematik des von ihm angezeigten Fehlens des Glaubens besteht vielmehr darin, dass damit fälschlicherweise wieder auf menschliche Werke abgestellt wird. «Das macht, dass sie nicht auf Gottes Verheissung, sondern auf ihre Werke und eigene Würdigkeit sehen, womit sie Gott verachten und Lügen strafen». (ebd.)

21 Frage 128.

22 Der von Calvin verfasste *Genfer Katechismus* von 1545 eröffnet mit der Frage: «Was ist der Sinn des menschlichen Lebens?», die Antwort lautet: «Die Erkenntnis Gottes unseres Schöpfers.» In der 6. Frage wird präzisiert, welches «die wahre und rechte Erkenntnis Gottes» sei: «Diejenige, bei welcher ihm die angemessene und geschuldete Ehre erwiesen wird.» Katechismus der Genfer Kirche (1545): Calvin-Studienausgabe, Bd. 2, 8–135 (17). Damit korrespondiert Calvins Bestimmung von «Zweck und Ziel der Gotteserkenntnis» in der *Institutio*, nämlich «dass wir lernen, Gott zu fürchten und zu ehren», Institutio I,2,2.

dieser Katechismus gehört.[23] «Soli Deo gloria», das ist am Ende der deutlichste Ausdruck der Asymmetrie im Verhältnis zwischen Gott und Mensch. Dass der Mensch nicht abgewertet wird, wenn er Gott allein die Ehre gibt, sondern dass er auf diese Weise erst zu seiner Würde gelangt, sei hier lediglich vermerkt.[24]

Gerhard Ebeling entfaltet in seiner *Dogmatik des christlichen Glaubens* die Gotteslehre aus dem Gebet, geleitet von der Einsicht, dass jedes Reden *über* Gott in einem Reden *zu* Gott wurzelt, das sich seinerseits als Reden *von Gott her*, aus göttlicher Offenbarung, versteht.[25] «Wer Gott erkennt», so Ebeling, «der muss ihn auch anerkennen, der betet ihn auch an».[26] Das Gebet «wird somit zum hermeneutischen Schlüssel», denn von ihm aus «öffnet sich das Verständnis für das Gott zugesprochene Sein und für die Gott zugesprochenen Attribute».[27] In der Durchführung dieses Programms zeigt Ebeling, wie im Gebet eine Reihe von Gottesaussagen immer schon vorausgesetzt werden, so Gottes Sein, sein Gegenübersein, sein Personsein und sein Tätigsein,[28] weiter dann in der Anrede Gottes Heiligkeit, im Lob Gottes Doxa (Herrlichkeit) und im Vertrauen Gottes Liebe.[29] Wie das Gebet, so kann uns auch dessen Abschluss im Amen als hermeneutischer Schlüssel zur Gotteslehre dienen. Das Amen, wie es der *Heidelberger* deutet, drückt das aus, was

23 Die wichtigste Weichenstellung für die Rezeption des *Heidelberger Katechismus* als eines reformierten Textes waren die Katechismus-Erklärungen seines massgeblichen Verfassers Zacharias Ursinus. Diese machten «den Heidelberger Katechismus als Zusammenfassung der Lehre anschlussfähig an die von Calvins *Institutio Christianae Religionis* bestimmte calvinisch-reformierte Mainstream-Theologie» (Christoph Strohm, Der Heidelberger Katechismus im Kontext des Calvinismus des 16. und 17. Jahrhunderts: Macht des Glaubens – 450 Jahre Heidelberger Katechismus, hg. im Auftrag von Refo500 von Karla Apperloo-Boersma und Herman J. Selderhuis, Göttingen 2013, 97–105 [100]).

24 Vgl. dazu Matthias Zeindler, Gott Ehre erweisen. Wider die Funktionalisierung des Glaubens: Georg Plasger (Hg.), Calvins Theologie für heute und morgen. Beiträge des Siegener Calvin-Kongresses 2009, Wuppertal 2010, 209–217.

25 Dogmatik des christlichen Glaubens, Bd. 1, Tübingen 1979, 158–261. So schon Hans-Georg Geyer: «[F]ür das Denken im Horizont des christlichen Glaubens bleibt Gott grundsätzlich und gänzlich einsinnig der reine Anfang, von dem das Denken allemal nur ausgehen kann.» Atheismus und Christentum: ders., Andenken. Theologische Aufsätze, hg. von Hans Theodor Goebel, Dietrich Korsch, Hartmut Ruddies und Jürgen Seim, Tübingen 2003, 91–111 (105).

26 Ebeling, Dogmatik (Anm. 25), 192.

27 Ebeling, Dogmatik (Anm. 25), 193.

28 Ebeling, Dogmatik (Anm. 25), 215–235.

29 Ebeling, Dogmatik (Anm. 25), 241–244.

man Gottes «Überschuss» über all unser Glauben, Hoffen und Beten bezeichnen könnte, die Tatsache, dass Gott unserem Gottesverhältnis immer voraus ist, dass er es begründet, erhält und schliesslich vollendet. Damit ist auch schon gesagt, dass es sich beim hier gemeinten Überschuss nicht bloss um den quantitativ missverstehbaren Überschuss göttlicher Attribute wie Allmacht, Allgegenwart oder Ewigkeit handelt, sondern um den zutiefst qualitativen Überschuss von Gottes ursprünglicher und deshalb immer noch grösseren Liebe.

2. Das Amen und der Glaube

2.1 Gewissheit am Anfang ...

Halten wir fest, was mit dem Amen am Ende des Gebets ausgesagt, bekannt wird: Indem der Mensch sein Gebet mit dem Amen abschliesst, vertraut er sich *erstens* Gottes Treue und Gnade an. Er tut dies genauerhin so, dass er die Asymmetrie der Treue und Gnade Gottes anerkennt, damit aber die Tatsache, dass diese Treue grösser als seine eigene Untreue, die Gnade grösser als die Sünde, die Gewissheit grösser als der Zweifel ist. Indem der Mensch sein Gebet mit dem Amen abschliesst, bekennt er Gottes Treue *zweitens* gegen den Augenschein, kontrafaktisch. Hier ist ganz ernst zu nehmen, dass gerade das Amen eine Glaubensaussage ist, keine Feststellung über jetzt oder später einmal Beobachtbares. Das Amen des Gebets ist ein Ja zu Gottes *verborgener* Güte, deshalb ein Ja, das nicht selten dem vor Augen Stehenden – «aller Widerwärtigkeit», wie der Katechismus sagt[30] – abgerungen werden muss. Das Amen bekräftigt das «Dein Wille geschehe» des Unservaters, wohl wissend, dass dieser Welt nur selten anzusehen ist, ob in ihr guter göttlicher Wille geschieht. Und im Amen bekennt *drittens* der glaubende Mensch: «Was Gott tut, das ist wohlgetan» (in der bekannten Liedzeile von Samuel Rodigast)[31], nicht vollmundig, aber in der gewissen Hoffnung, es wird einmal an den Tag kommen, dass dies so war und ist.

Nun schliesst die 129. Frage nicht nur den Abschnitt über das Unservater ab, sondern den gesamten Katechismus. Und ich behaupte: Wie der Unservater-Abschnitt, die Belehrung über das Gebet, das Ganze der christlichen

30 Frage 28.

31 Gesangbuch der Evangelisch-reformierten Kirchen der deutschsprachigen Schweiz, Nr. 684.

Lehre in eine Reflexion über das christliche Leben ausmünden lässt, so formuliert die letzte Antwort dieses Katechismus auch sein letztes Wort darüber, was es heisst, als Christenmensch zu leben. Wir wollen deshalb in einem zweiten Schritt zu verstehen versuchen, was die Amen-Auslegung des *Heidelbergers* über ihn als Ganzes aussagt. Ein solcher Interpretationsschritt ist durchaus sachlich angebracht. Wir wissen, dass im Gottesdienst nicht nur am Ende des Gebets ein Amen folgt, sondern oft auch am Ende des Glaubensbekenntnisses, ausserdem schliesst der Pfarrer oder die Pfarrerin die Predigt mit einem Amen ab. Die Verkündigung des Evangeliums wie auch das Bekenntnis seiner Geltung werden durch das Amen bestätigt und durch die Hoffnung, sie möchten wahr werden, bekräftigt. Dasselbe geschieht im Katechismus, wenn auch nicht direkt in einem gottesdienstlichen Rahmen: Es wird Evangelium verkündigt und bekannt, und beide Akte erfahren durch das Amen ihre Bestätigung und Bekräftigung. Mit dem Unterschied natürlich, dass – bedingt durch die Textsorte Katechismus – es sich hier nicht um ein liturgisches Amen handelt, sondern ein Amen, das in den Duktus des Lehrtextes integriert ist.

Wir setzen einmal mehr mit der ersten Frage ein: «Was ist dein einziger Trost im Leben und im Sterben?» Der Trost besteht darin, wie es in dieser Vorlesungsreihe schon vielfältig gesagt und expliziert wurde, dass ich «nicht mein, sondern meines getreuen Heilands Jesu Christi eigen bin».[32] Uns interessiert an dieser Stelle wiederum die Begründung für das hier ausgesagte Eigentumsverhältnis. Die Begründung ergibt sich aus dem, was mein Eigentümer Jesus Christus für mich getan hat, «der mit seinem teuren Blut für alle meine Sünden vollkömmlich bezahlet und mich aus aller Gewalt des Teufels erlöset hat», mit der Folge des Bewahrtseins in des Vaters guter Vorsehung und in der Begabung mit dem Heiligen Geist. Christi Eigentumsrecht *de facto* und *de iure* gründet darin, dass dieser alles geleistet hat, was nötig war, um mich aus dem Eigentumsanspruch eines anderen zu befreien. Eines andern – machen wir uns diese scheinbare Verschiebung bewusst! Mit einem Male spricht der Katechismus nicht mehr davon, dass durch Christus mein Selbstbesitz aufgehoben werde, sondern dass ich andernfalls dem Teufel gehöre. Was ich als Selbstbesitz deuten könnte, ist theologisch gesehen das Besessenwerden durch den Teufel; auch dies wieder ein gut reformatorischer Gedanke.[33]

32 Frage 1.

33 Vgl. das bekannte Gleichnis von Martin Luther vom Menschen als einem Reittier, das entweder von Gott oder dem Satan geritten wird: «Und es steht nicht in

Wenn nun dem neuzeitlichen Autonomieanspruch das in *Heidelberger* 1 behauptete Eigentumsverhältnis *in Christo* ein Ärgernis ist, dann muss er sich zuerst der Herausforderung stellen, dass für die reformatorische Theologie die Alternative zum Eigentumsverhältnis *in Christo* nicht der Selbstbesitz ist, sondern der Besitz durch andere, dem Menschen feindliche Mächte. Einer in dieser Hinsicht allzu flachen modernen Theologie hat der alte Karl Barth nachdrücklich auf die Realität der «herrenlosen Mächte» hingewiesen[34]. Zu den vielen Lektionen, die wir vom *Heidelberger Katechismus* lernen können, gehört auch die, dass wir so oder so nicht uns selbst gehören. Die Entscheidungsfrage in unserem Leben ist, *wem* wir gehören.

Asymmetrie also von Beginn weg und unausweichlich, Asymmetrie als anthropologische Grundvoraussetzung. Tröstend, Gewissheit vermittelnd ist diese Asymmetrie nicht schon *per se*, das sehen wir nun – es könnte ja statt eine Asymmetrie *in Christo* auch eine *in diabolo*, eine höllische Asymmetrie sein. Tröstend wird sie erst, weil wir dessen gewiss sein können, dass der Eigentümer in diesem Eigentumsverhältnis vorbehaltlos der gute, der dem Menschen zugewandte Gott ist. Und man kann die These aufstellen, dass das Restprogramm des *Heidelbergers* nun darin besteht, die Güte dieses Eigentümers und damit den tröstlichen Charakter dieses Eigentumsverhältnisses zu plausibilisieren. Dazu nur ein paar Streiflichter.

Einer der wichtigsten Plausibilisierungsschritte wird im ersten Teil «Von des Menschen Elend» unternommen, in dem ja nicht so sehr die Breite und die Tiefe dieses Elends entfaltet, als vielmehr die Unausweichlichkeit der menschlichen Schuld vorgeführt wird, mit der Folge, dass auf die Frage 13, ob wir denn für unsere Schuldigkeit Bezahlung zu leisten vermöchten, die unmissverständliche Antwort lautet: «Mitnichten.»[35] In juristischer Sprache variiert hier der *Heidelberger* die vorher gemachte Aussage über den Menschen als Eigentum: Der Mensch befindet sich grundsätzlich in der Gottesbeziehung, entweder als Schuldiger oder als Gerechter – den Ort ausserhalb dieser Relationen gibt es für ihn nicht. Und, so die nächste Aussage in der

seiner [des Menschen, M.Z.] freien Entscheidung, zu einem von beiden Reitern zu laufen und ihn sich zu verschaffen zu suchen, sondern die Reiter selbst kämpfen miteinander, ihn zu erlangen und zu besitzen.» Vom unfreien Willen, zit. nach Luther Deutsch, Bd.3: Der neue Glaube, 196.

34 Karl Barth, Das christliche Leben. Die kirchliche Dogmatik IV/4. Fragmente aus dem Nachlass. Vorlesungen 1959–1961, hg. von Hans-Anton Drewes und Eberhard Jüngel, Zürich [3]1999, 363–399.

35 Frage 13.

Reihe, der Mensch befindet sich *extra Christum* unausweichlich in der Relation des Schuldigen.

Gottes Antwort auf die menschliche Verlorenheit ist nicht ein blosser Akt der Gnade, es ist eine Person, genauer: er selbst in der Person des Sohnes Jesus Christus. Wir übergehen hier die an Anselm von Canterbury anschliessende Satisfaktionstheorie, um uns stattdessen auf exemplarische Hinweise zur Plausibilisierung der Tröstlichkeit des Entfalteten zu konzentrieren. Ein weiterer solcher Hinweis findet sich in der Antwort auf Frage 18, wer denn der für unsere Befreiung notwendige Mittler sei: «Unser Herr Jesus Christus, der uns zur vollkommenen Erlösung und Gerechtigkeit geschenkt ist.»[36] Geschenkt: Das ist die Handlungsform, die dem angemessen ist, der selbst nichts mehr zu tun vermag, gleichzeitig aber auch die Handlungsform, die aus Freiheit entspringt. Ein Geschenk ist nur so lange Geschenk, wie es aus freien Stücken, ohne Nötigung und Verpflichtung, gegeben wird. Einziger Beweggrund für das Geschenk ist die Zuwendung zum Beschenkten, das Schenken ist ein Akt der Hinwendung, das Geschenk Ausdruck von Zuneigung. Dass es Danaergeschenke gibt, macht deutlich, dass nicht jedes Geschenk als Ausdruck von Zuneigung gemeint ist, aber die Verwerflichkeit des Danaergeschenks – des bekannten Trojanischen Pferdes[37] – verweist umso nachdrücklicher auf die eigentliche Natur des Geschenkes. Im Geschenk der Erlösung erweist sich der schenkende Gott als den Menschen zugewandter Gott.

Dies wird weiter expliziert im Christologieabschnitt, in den Fragen 29–52. In den bisherigen Vorlesungen wurde verschiedentlich und mit Recht auf die wiederkehrenden Fragen nach dem Nutzen des Weges Jesu Christi hingewiesen. Die regelmässigen Nutzensfragen beziehen diesen Weg von der Empfängnis bis zur Wiederkunft immer wieder auf den Weg der Glaubenden und entfalten damit detailliert die konsequent soteriologische Fragerichtung des analytisch angelegten Katechismus. Ich möchte aber das Augenmerk heute auf einen andern Aspekt des Christologieabschnitts lenken, gleichsam auf die Rückseite der Nutzensfragen. Bekanntlich verläuft die Christologie im *Heidelberger* in einem Zweischritt, in welchem jeweils zuerst das Werk Christi besprochen wird, bevor man zu dessen Nutzen für die Glaubenden weitergeht. Diesen Zweischritt gilt es mit seinen beiden Teilen ernst zu nehmen. Denn ebenso viel Gewicht wie der Nutzen der verschiedenen Aspekte des

36 Frage 18.

37 Odyssee, 4. Gesang, Verse 271 ff.; 8. Gesang, Verse 493 ff.

Weges Jesu Christi hat dieser Weg selbst. Und hier ist entscheidend, dass jeder dieser Aspekte ein Geschehen unabhängig von menschlicher Aktivität, ein Geschehen zwischen Gott Vater, Sohn und Heiligem Geist, ein Geschehen ganz und ausschliesslich aus göttlicher Initiative, kurz: ein Geschehen *extra nos* ist. Mit der deutlichen Abhebung der zwei Schritte voneinander, in der Vorordnung des Geschehens vor den Nutzen, unterstreicht der *Heidelberger Katechismus* den Voraussetzungscharakter des Weges Jesu Christi für unsere Seligkeit. Vor allem aber hebt er hervor, dass und inwiefern diese unsere Seligkeit im Ein-für-alle-Mal des Weges Christi ihren Grund hat. Wir sind damit beim Kern der Gewissheit, wie sie gemäss dem *Heidelberger* allein durch den christlichen Glauben zugänglich ist: Diese Gewissheit hat ihr Fundament in dem damals von diesem Menschen Jesus gegangenen Weg ans Kreuz und darin, dass dieses Kreuz nicht das Ende seines Weges war, sondern durch die Auferweckung vom Tode geöffnet wurde auf ein neues Leben mit dem Vater. Hier, in der Auferweckung Jesu von den Toten, hat die Gewissheit des christlichen Glaubens ihren Grund, hier ist auch der Ursprung des Überschusses dieses Glaubensgrundes, seiner Uneinholbarkeit durch unsere Zustimmung zu ihm, noch mehr aber seiner Unüberholbarkeit durch unsere Zweifel an ihm. Wir kommen darauf noch zurück.

Es liessen sich noch eine grosse Anzahl weiterer Hinweise der Art anfügen, für heute soll es genug sein. Lediglich angedeutet sei die zentrale Rolle, die für den *Heidelberger* der Heilige Geist bei der Vergewisserung des Glaubens spielt. Es ist der Geist, «durch welches Kraft wir suchen, was droben ist, da Christus ist, [...] und nicht, das auf Erden ist»[38], durch die Gewalt des Geistes schützt und erhält Christus uns «wider alle Feinde»[39], der Geist macht mich «durch einen wahren Glauben Christi und aller seiner Wohltaten teilhaftig».[40] Und die Auslegung der Zehn Gebote schliesst mit der Mahnung, um die «Gnade des Heiligen Geistes» zu bitten, «dass wir je länger je mehr zu dem Ebenbild Gottes erneuert werden»[41]. So wie es den Menschen in ihrem Elend unmöglich ist, ihre Gerechtigkeit selbsttätig zu bewerkstelligen, so ist es ihnen auch nicht möglich, aus eigener Kraft an den von Gott gewährleisteten Wohltaten zu partizipieren. So weit reicht die Asymmetrie im Verhältnis zwischen Gott und den Menschen.

38 Frage 49.
39 Frage 51.
40 Frage 53.
41 Frage 115.

2.2 … und am Ende

Im Zusammenhang mit dem Gebet hatten wir uns mit dem symmetrischen Missverständnis des Glaubens zu befassen, und das müssen wir auch im jetzigen Zusammenhang. Als reformatorischer Text beschreibt der *Heidelberger* das Verhältnis des Menschen zu Gott als ein Glaubensverhältnis, und das von Anfang bis zum Schluss. Wieder nur einige Beispiele: Die Frage 20 lautet, ob «denn alle Menschen wiederum durch Christum selig» werden, «wie sie durch Adam sind verloren worden». Antwort: «Nein; sondern allein diejenigen, die durch wahren Glauben ihm werden eingeleibet.»[42] Später wird gefragt, wie ich «gerecht vor Gott» werde, und geantwortet: «Allein durch wahren Glauben.»[43] Durch das Abendmahl bekommen wir «Vergebung der Sünden und ewiges Leben», wenn wir «mit gläubigem Herzen das ganze Leiden und Sterben Christi annehmen»[44], und wiederum werden uns all unsere Sünden «von Gott um des Verdiensts Christi willen vergeben», sooft wir «die Verheissung des Evangeliums mit wahrem Glauben annehmen».[45] Erlöst wird, wer glaubt, *sola fide.* Aber auch hier kommen wir nicht darum, die Problematik eines symmetrischen Missverständnisses des Glaubens zu benennen, das darin besteht, dass das Beziehungsverhältnis Glauben in ein Bedingungsverhältnis aufgelöst wird. Man kann jede der zitierten Stellen aus dem *Heidelberger* in dieser Weise lesen und damit den Glauben als eine menschliche Aktivität interpretieren, welche auf das Handeln Gottes in Christus folgen muss, damit dieses auch wirklich gültig und heilswirksam wird. Der Glaube wird damit zu jenem Tun vonseiten der Glaubenden, durch welches das *de iure* für mich geschehene Sterben Christi erst *de facto* in Kraft tritt.

Zur Problematik eines solchen Glaubensverständnisses lässt sich vieles sagen. Stichwortartig muss man systematisch-theologisch bemerken, dass mit der Trennung einer Gültigkeit von Gottes Handeln *de iure* von einer solchen *de facto* die Wirksamkeit dieses Handelns aufgespalten wird in eine damals von Gott geschaffene Möglichkeit und eine heute durch mich zu aktualisierende Wirklichkeit. Es braucht nicht näher erläutert zu werden, dass damit die Alleinwirksamkeit Gottes, das *sola gratia*, schwer geritzt wird, damit aber auch die Alleingeltung Jesu Christi, das *solus Christus.* Man muss das symmetrische Missverständnis des Glaubens als faktische Umkehrung

42 Frage 20.
43 Frage 60.
44 Frage 76.
45 Frage 84.

der reformatorischen Logik bezeichnen, ging es den Reformatoren doch darum, durch das *sola fide* jegliche Werkgerechtigkeit aus dem Gottesverhältnis auszuschliessen, wogegen der symmetrisch missverstandene Glaube selbst wieder zu einem Werk wird, zu einer Leistung, durch welche der Mensch seinen Heilserwerb erneut in die eigenen Hände nimmt. Ebenso wird der Richtungssinn umgekehrt, der vom *solus Christus* über das *sola gratia* zum *sola fide* verläuft – gemäss einer solchen Logik ist es faktisch der Glaube, welcher die Gnade Christi in Kraft setzt, nicht der Glaube, welcher durch die Gnade Christi erst geweckt wird.

Ein symmetrisches Missverständnis könnte dem *Heidelberger* höchstens durch eine stark selektive Lektüre unterstellt werden. Bei genauer Lektüre begegnen wir in ihm einem Verständnis des Glaubens, in welchem die Möglichkeit eines neuen Abgleitens in die Werkgerechtigkeit mitreflektiert und berücksichtigt ist. So wird in der Antwort auf die bekannte 21. Frage, was wahrer Glaube sei, nicht nur betont, dass wahrer Glaube neben einer gewissen Erkenntnis «auch ein herzliches Vertrauen» sei, vor allem wird als Inhalt dieses Glaubens genannt, dass mir die Sünden vergeben und die Seligkeit geschenkt seien «aus lauter Gnaden, allein um des Verdienstes Christi willen».[46] Vom Glauben wird hier so geredet, dass sofort der Gegenstand des Glaubens Jesus Christus thematisch ist und der Glaube als solcher keine selbständige Rolle spielt. Zu glauben bedeutet, von mir weg auf den Geglaubten zu sehen, heisst, lediglich als Empfänger des Geschenks der Befreiung mit thematisch zu werden. Vom Heiligen Geist hören wir in der schon zitierten Frage 53, dass er es sei, der «mich durch einen wahren Glauben Christi und aller seiner Wohltaten teilhaftig macht».[47] Und vollends klar macht die Antwort auf Frage 61 die Dinge. Hier geht es um die rechtfertigungstheologisch entscheidende Frage, was damit gesagt sei, dass man «allein durch den Glauben gerecht» sei. «Nicht», so hören wir, «dass ich von wegen der Würdigkeit meines Glaubens Gott gefalle, sondern darum, dass allein die Genugtuung, Gerechtigkeit und Heiligkeit Christi meine Gerechtigkeit vor Gott ist».[48] Es mag überraschen, dass der Katechismus nun nochmals zum Glauben zurückkehrt und fortfährt, dass ich die Gerechtigkeit Christi «nicht anders denn allein durch den Glauben annehmen und mir zueignen kann».[49] Das ist aber nicht anders möglich, soll das Rechtfertigungsgeschehen als ein Beziehungs-

46 Frage 21.
47 Frage 53.
48 Frage 61.
49 Ebd.

geschehen herausgestellt werden. Allerdings wird durch den abermaligen Verweis auf die Fundierung meiner Gerechtigkeit in Christus deutlich gemacht, dass der Glaube nun nicht mehr eine Bedingung für die Geltung dieser Gerechtigkeit sein kann, sondern lediglich ein Reflex aufseiten des Menschen, das Ankommen der Gerechtigkeit Christi – ein Ankommen, das freilich alles andere als folgenlos ist. Meine Gerechtigkeit widerfährt mir *mere passiva*, dies führt aber dazu, dass ich erst recht aktiv werde. Davon ist im dritten Teil des Katechismus «Von der Dankbarkeit» die Rede.

Damit sind nicht alle Probleme gelöst – es sind diejenigen Probleme, um die besonders die Reformierten im Zusammenhang mit der Erwählung bzw. der Prädestination gestritten haben. Wir gehen darauf nicht ein, sondern kehren nochmals zu unserem eigentlichen Thema, der Auslegung des Amens in der Antwort auf die 129. Frage, zurück, denn hier findet sich auch in Bezug auf das rechte Verständnis des Glaubens das letzte und deutlichste Wort. Der *Heidelberger* deutet das Amen als Ausdruck dafür, dass das Erbetene viel gewisser gegeben wird, als ich dies erhoffen kann. Wir haben an dieser Struktur die Asymmetrie des Glaubens abgelesen und sie im Lauf unserer Beobachtungen am Text als christologisch begründete Asymmetrie der Gnade präzisiert. Wenn diese Asymmetrie für das Gebet und seine Gewissheit gilt, dann gilt sie erst recht für den Glauben, der sich im Gebet vollzieht, und für seine Gewissheit. Und damit dürfte nun auch klar sein, warum das Amen im Titel dieser Vorlesung als Grundwort des Glaubens behauptet wird. Das Amen kann als Grundwort des christlichen Glaubens gelten, weil in ihm in maximal verdichteter Form zum Ausdruck kommt, worauf sich die Gewissheit des Menschen bezieht und wie sie verfasst ist.

Drei wesentliche Aspekte sind uns am *Heidelberger Katechismus* aufgegangen, die den christlichen Glauben ausmachen: Mit dem Amen wird der Mensch mit seiner Frage nach der Gewissheit im Leben und Sterben von sich weg auf das *extra nos* Gottes gewiesen, damit aber auf denjenigen, bei dem Gewissheit nicht erleistet und errungen, sondern nur empfangen werden kann. Gewissheit, bedeutet das als Erstes, hat *passiven* Charakter. Mit der Einsicht in den durch Gott verbürgten passiven Charakter der Gewissheit erhält die Antwort auf die erste Frage des Katechismus ihre letzte und tiefste Antwort. Denn es wird nun, mit der letzten Antwort, unwiderruflich klar gemacht, die in Antwort 1 skizzierte Barmherzigkeit Gottes gilt, sie gilt auch gegen all meine Zweifel an ihr. Wie bedrohlich immer meine Ungewissheit deshalb sein mag, gewisser als diese ist *die durch Gott verbürgte Gewissheit*. Das ist das Zweite, das für die menschliche Gewissheit aus der 129. Antwort folgt. Und schliesslich macht das Amen darauf aufmerksam, dass die in der ersten Frage erfragte und mit der letzten Antwort ein letztes Mal explizierte Gewissheit auch *kommunikativen* Charakter hat: Das Amen am Ende von Gebet und Katechismus bezeugt, dass Gott nicht ohne uns Gott sein will, sondern nur mit uns als seinen Bundesgenossinnen und -genossen.

3. Mit dem Amen über den Heidelberger hinaus

3.1 Ja und Amen

Unsere bisherige Arbeit bestand in der Rekonstruktion, im Nachvollzug der theologischen Intentionen des *Heidelberger Katechismus.* In einem letzten Schritt möchte ich nun an drei Punkten noch das Gespräch mit diesem traditionsreichen Text aufnehmen.

Es wurde schon festgestellt, das Amen am Ende des Gebets schliesst ein Ja ein, eine Zustimmung zum Wirken Gottes und ein Einstimmen in dieses Wirken. Mit meinem «Amen» bejahe ich die Wohltaten Gottes und artikuliere meine Hoffnung auf neue Wohltaten. Friedrich-Wilhelm Marquardt ist deshalb recht zu geben, der von einer «Affinität von Amen mit Ja» spricht.[50] Nun müssen wir allerdings fragen, ob uns dieses Ja im Amen denn auch möglich ist – eine Frage, die im *Heidelberger* nicht gestellt wird, wie generell der Zweifel darin nicht ausdrücklich thematisch wird. Es mochte diese Thematisierung in der Reformationszeit noch nicht an der Zeit sein, es mochte das Zweifeln primär im Signum der Sünde verstanden werden, heute kommen wir nicht darum, Glauben und Zweifel enger zusammenzudenken.[51]

Der Münsteraner katholische Theologe Jürgen Werbick hat dem Zusammenhang von Gebetsglauben und Gotteszweifel eine ausführliche Studie gewidmet,[52] die ich für unsere Überlegungen aufnehmen möchte. Auch Werbick geht davon aus, dass «Ja und Amen die Grundworte des Betens»

50 Friedrich-Wilhelm Marquardt, Amen – ein einzig wahres Wort des Christentums: Jochen Decker/Jonas Marquardt/Borgi Winkler-Rohlfing (Hg.), Hören und Lernen in der Schule des NAMENS. Mit der Tradition zum Aufbruch. Festschrift für Bertolt Klappert zum 60. Geburtstag, Neukirchen-Vluyn 1999, 146–159 (153).

51 Zu Calvin Luca Baschera, Glaube und Zweifel bei Sebastian Castellio und Johannes Calvin: Hermeneutische Blätter 1/2, 2011, 178–190 (185–188). Vgl. ausserdem Karl Barth, Einführung in die evangelische Theologie, Zürich 1962, 133–145.

52 Jürgen Werbick, Gebetsglaube und Gotteszweifel, Münster, Hamburg, Berlin/London 2001.

sind,[53] dass das vorbehaltlose Einverständnis mit Gott in den Grundvollzug des Gebets hineingehört. Gleichzeitig, so stellt er fest, war die «Affirmation des Gebets nie einfach problemlos»,[54] denn zum Gebet gehört neben Lob, Preis und Dank auch das Bittgebet, und das Bittgebet entspringt grundsätzlich der Wahrnehmung einer Differenz zwischen dem, was ist, und dem, was sein sollte. Und da jedes Gebet aushalten muss, dass diese Differenz auch durch noch so inständiges Beten nicht einfach verschwindet, ist ins Bittgebet unauslöschlich seine Infragestellung eingebaut.[55] Es macht, so Jürgen Werbick, «die Krise des Bittgebets aus, dass das Nichtzustimmungswürdige fortdauert oder eintritt»[56]. Und doch bleibt es bei der grundsätzlichen Zustimmung im Gebet, «ist Beten trotz aller Schwierigkeiten beim Jasagen ein *affirmativer Sprechakt*».[57]

Die entscheidende Frage ist dann freilich, was affirmiert wird und wie es affirmiert wird. Ein bedingungsloses und unterschiedsloses Ja ist dem am Vater Jesu Christi orientierten Gebet nicht möglich, genau so wenig aber ein bedingungsloses und unterschiedsloses Nein. Wie das Letztere sich vom Schöpfer und seinem Geschöpf lossagt und die Solidarität mit den Leidenden aufkündigt, so wird das Jasagen zum Vorhandenen zwangsläufig zum Sanktionieren und zum Verrat an denen, die unter die Räder der Geschichte kommen. Das unaufgebbare Ja muss vielmehr das Ja zu demjenigen sein, bei dem im Angesicht dessen, wozu wir Nein sagen müssen, allein Hoffnung ist. Oder in den Worten von Jürgen Werbick:

> «Das Ja und Amen gilt dem und sucht den, der in jedem Verrat – in jeder Komplizenschaft – mitverraten wird; sucht den, den aus ganzem Herzen zu bejahen nicht noch einmal Verrat bedeuten könnte [...]. Nur ihm gegenüber ist das Ja und Amen – als Gebetswort – erlaubt.»[58]

Das Ja im Amen des Gebets hält angesichts der unleugbaren Verneinungen in dieser Welt fest an einer Bejahung, die dieses Nein übersteigt, die ihm – wie immer wir es denken mögen – überlegen bleibt. Werbick spricht im Hinblick

53 Werbick, Gebetsglaube (Anm. 52), 72.

54 Ebd.

55 Mit dem Bittgebet verbindet sich deshalb fast zwangsläufig auch die Theodizeeproblematik. Vgl. dazu die Beiträge von Saskia Wendel, Jürgen Werbick und Magnus Striet in: Magnus Striet (Hg.), Schwierigkeiten mit dem Bittgebet, Freiburg/Br., Basel, Wien 2010.

56 Werbick, Gebetsglaube (Anm. 52), 72.

57 Werbick, Gebetsglaube (Anm. 52), 73. Hervorhebung dort.

58 Werbick, Gebetsglaube (Anm. 52), 75.

auf diese offenbleibende Spannung vom «Zusammenhalten»[59] und macht damit deutlich, dass das Jasagen der Betenden nie ein triumphales oder entspanntes Ja sein kann, sondern immer ein Ja im Angesicht des skandalösen, gerade den Glaubenden unverständlichen Neins.

Auch wenn der *Heidelberger Katechismus* den Zweifel nicht eigens zur Sprache bringt, so läuft doch die Infragestellung des Glaubens in seinen Fragen und Antworten immer mit. Wie könnte es anders sein in einem Text, in dessen Zentrum die Frage nach der Gewissheit steht! Der angefochtene Glaube, die vom Zweifel erschütterte Gewissheit ist ja doch das eigentliche *movens* hinter einer Schrift, deren Programm die Vergewisserung der durch die Fährnisse des Lebens und des Sterbens beunruhigten Menschenseele ist. Es braucht deshalb kaum gesagt zu werden, dass auch das Amen am Ende des *Heidelbergers* kein pausbäckig-optimistisches Bejahen dessen, was ist, sein kann, sondern dass wir auch bei diesem Amen ein Ja vor uns haben, das mehr von der Anfechtbarkeit seiner Gewissheit weiss, als ihm lieb ist. Das vielleicht deutlichste Indiz dafür ist die Auslegung des Amens mit ihrem Verweis auf eine Gewissheit, die ihre Infragestellungen immer wieder übersteigt und bei der allein deshalb Hilfe für den angefochtenen Glauben zu erhoffen ist.

3.2 Zur eschatologischen Dimension des Amens

Es ist in dieser Vorlesung, vorgegeben durch die erste Frage, auch zu wiederholten Malen vom Trost gesprochen worden. Auf *einen* Aspekt des Trostes, der nach meiner Erinnerung bisher nicht thematisiert worden ist, möchte ich noch kurz eingehen. Welcher Art ist die Vergewisserung, die durch Trost geschieht? Trost heisst Stärkung, Ruhe, Ermutigung, Schutz und anderes mehr,[60] all dies vollzieht sich aber angesichts weiterbestehender Nöte und Konflikte. Der Trost beseitigt nicht die Nöte und Konflikte, sondern hilft, ihnen standzuhalten. Trost bietet mit andern Worten ein Gehaltensein in der

59 Werbick, Gebetsglaube (Anm. 52), 78–81.

60 Michael Welker hält fest, dass das Wort «Trost» «in der deutschen Sprache ein aussergewöhnlich breites Bedeutungsspektrum» hat: «Es wird gleichgesetzt mit Sicherheit, Zuversicht, Zutrauen, (Lebens)Mut, Hoffnung, mit dauerhafter Verlässlichkeit, Hilfe, Halt, Rat, Rettung, Beruhigung und Ruhe, Stärke, Stütze, Schirm und Schutz, aber auch mit Mitgefühl, Mitleid und Zuspruch.» «Herrschaft» Christi als «Trost»?: Martin Heimbucher/Christoph Schneider-Harpprecht/Aleida Siller (Hg.), Zugänge zum Heidelberger Katechismus. Geschichte – Themen – Unterricht, Neukirchen-Vluyn 2012, 166–170 (166).

bleibenden Unerlöstheit der Welt. Trost, so kann man deshalb sagen, ist eine *voreschatologische* Kategorie.[61] Wenn Christus einmal wiederkommt und Gottes Reich Wirklichkeit wird, dann werden wir nicht mehr getröstet, dann werden wir ein für alle Mal erlöst und in die vollendete Gemeinschaft mit Gott versetzt, in welcher herrschen Friede und Gerechtigkeit. Trostbedürftig sind wir, solange wir im Glauben und nicht im Schauen wandeln.

Wie allgemein in reformatorischer Theologie, nimmt auch im *Heidelberger Katechismus* die Eschatologie keinen prominenten Platz ein. Natürlich ist sie präsent, bereits in der Antwort auf die erste Frage steht, dass wir durch den heiligen Geist «des ewigen Lebens versichert» werden.[62] Im Blick auf den Nutzen des Vorsehungsglaubens wird in Frage 28 gesagt, dass wir «aufs Zukünftige guter Zuversicht» sein sollen,[63] und zur Teilhabe an Christus durch den Glauben gehört in Frage 32 auch, dass ich «hernach in alle Ewigkeit mit ihm über alle Kreaturen herrsche».[64] Auch das Jüngste Gericht ist erwähnt, in dem ich «mit aufgerichtetem Haupt» dem Richter entgegentreten kann, der vorher all meine Schuld auf sich genommen hat.[65] Die Eschatologie ist in dieser Theologie präsent, reformatorische Theologie ist aber noch weit davon entfernt, eine eschatologisch geprägte Theologie zu sein. Eine eschatologische geprägte Theologie, das wäre eine, in welcher das kommende Gottesreich einen fundierenden Status einnimmt, wo also die Zukunft Gottes nicht blosses Anhängsel der Weltzeit wäre und in der Dogmatik nicht bloss noch in einem kurzen Abschlusskapitel «Von den letzten Dingen» bedacht wird. Was damit gemeint sein könnte, sprengt den Rahmen dieser Vorlesung.[66]

61 «Eben mit dem unvollkommenen Heil setzt der Heidelberger Katechismus ein, wenn er in der ersten Frage nach dem einzigen Trost im Leben und Sterben fragt». (Strohm, Der Heidelberger Katechismus [Anm. 24], 105)

62 Frage 1.

63 Frage 28.

64 Frage 32.

65 Frage 52.

66 Vgl. den berühmten Satz Karl Barths: «Christentum, das nicht ganz und gar und restlos Eschatologie ist, hat mit Christus ganz und gar und restlos nichts zu tun» (Der Römerbrief, 2. Aufl., München 1922, 298). Massgeblich für einen Neueinsatz der Eschatologie dann Jürgen Moltmann, Theologie der Hoffnung. Untersuchungen zur Begründung und den Konsequenzen einer christlichen Eschatologie, München 1964. Unter den neueren Entwürfen ragt hervor Friedrich-Wilhelm Marquardt, Was dürfen wir hoffen, wenn wir hoffen dürften? Eine Eschatologie, 3 Bde., München 1993–1996. Zur Eschatologie im 20. Jahrhundert Christoph Schwöbel, Die letzten Dinge zuerst?

Immerhin wollen wir kurz noch überlegen, was eine deutlichere Ausprägung der Eschatologie für das Amen am Ende von Gebet und Katechismus bedeuten würde. Denn das kommende Reich Gottes ist insbesondere in diesem Amen aufbewahrt. Marquardt schreibt im schon erwähnten Aufsatz auch: «‹Amen› wünscht Zukunft herbei.» Das Ja des Amens, heisst das, kann auch aus diesem Grund kein rein affirmatives Ja sein, sondern eines, das auf eine veränderte Zukunft aus ist. «‹Amen› – das ist eben: Es *werde* wahr.»[67] Im Anschluss an Marquardt können wir das Ja im Amen nochmals präzisieren: Das im Amen gesprochene Ja zu Gottes Handeln an seiner Welt ist ein *eschatologisches* Ja, ein Ja im Vorgriff darauf, dass Gott einmal sein Reich vollenden, den Tod beseitigen und alle Tränen abwischen wird, wie im 21. Kapitel der Johannesapokalypse zu lesen steht. Und wir müssen hinzufügen: *Nur* in diesem Vorgriff können wir das Ja im Amen überhaupt theologisch verantworten, nur in diesem Vorgriff ist es mehr als die Realität trotzig leugnende Behauptung oder Hoffnung wider besseres Wissen. Allein vom Bekenntnis zu Gottes kommender Herrlichkeit her ist die schon erwähnte Liedzeile «Was Gott tut, das ist wohlgetan» kein Zynismus, sondern Ausdruck der Gewissheit, dass auf das, was war und jetzt ist, einst ein Licht fallen wird, in dem alles Zerbrochene nicht gerechtfertigt wird, aber zu seinem Recht kommt. Ich meine, dass wir den *Heidelberger* in seinem eigenen Sinne weiterdenken, wenn wir die in seiner Amenauslegung angezeigte Asymmetrie zwischen unserem Glauben und Hoffen und Gottes Handeln auch in der hier angedeuteten Weise eschatologisch lesen.

3.3 Eschatologischer Dualismus?

Mit einer eschatologischen Lektüre der Amenauslegung möchte ich zum Schluss auch eine Anfrage an den Katechismus verbinden. Sie bezieht sich auf die Frage 52, wo der Schluss des 3. Artikels des Apostolicums interpretiert wird: «Was tröstet dich die Wiederkunft Christi, zu richten die Lebenden und die Toten?» Von der Erwähnung des Richters als dem an unserer Stelle Gerichteten[68] als primärem Trost haben wir bereits gehört. Tröstlich ist

Das Jahrhundert der Eschatologie: ders., Gott in Beziehung. Studien zur Dogmatik, Tübingen 2002, 437–468.

67 Marquardt, Was dürfen wir (Anm. 66), 155. Hervorhebung dort.

68 So Karl Barth in seiner Versöhnungslehre § 59.2: Der Richter als der an unserer Stelle Gerichtete, KD IV/1, Zollikon-Zürich 1953, 231.

aber – so die Auskunft des *Heidelbergers* – weiter, «dass er alle seine und meine Feinde in die ewige Verdammnis werfe».[69] Schon Friedrich Schleiermacher hat bemerkt, dass für «das christliche Mitgefühl [...] ein unauflöslicher Missklang» zurückbleibt, wenn man sich «einen Teil des menschlichen Geschlechts» als «gänzlich ausgeschlossen» aus der Gottesgemeinschaft denken soll.[70] Uns Nachgeborenen fällt es in der Tat schwer, das Tröstliche daran zu erfassen, dass andere Menschen – und nach den Voraussetzungen des *Heidelberger Katechismus* der überwiegende Teil der Menschen – der Verdammnis anheimfallen werden. Natürlich wollen wir nicht vergessen, dass die damalige Heidelberger Gemeinde zu einem grossen Teil aus Glaubensflüchtlingen bestanden hat; trotzdem bleibt der Missklang. Was aber ist dann theologische Alternative zur Annahme eines eschatologischen Dualismus, wie er in diesem reformierten Bekenntnistext in Übereinstimmung mit der grossen Mehrheit der Theologie seiner Zeit formuliert ist?[71]

Auch hier möchte ich lediglich noch auf das Potenzial der Amenauslegung der 129. Frage eingehen. Wir sind im vorhergehenden Abschnitt der Möglichkeit einer eschatologischen Lektüre der in dieser Auslegung zentralen Asymmetrie zwischen Gott und Mensch begegnet. Erinnern wir uns daran, dass sich diese Asymmetrie im Zuge unserer Lektüre des Katechismus zunehmend als eine Asymmetrie der Gnade, begründet durch das Eintreten Christi an unserer Stelle, erschlossen hat, getreu dem Vers aus dem Römerbrief, dass, wo die Sünde grösser wurde, die Gnade Gottes noch reichlicher strömte. Wie sollten wir diesen Überschuss der Gnade aber nicht auch eschatologisch ganz ernst nehmen? Warum sollte nicht auch hier gelten, dass wir von dieser Gnade immer noch mehr zu erhoffen berechtigt sind, als wir zu denken wagen? Denn erinnern wir uns, die Asymmetrie zwischen Gott und Mensch hat ihren Grund in einer Asymmetrie in Gott selbst, darin, dass seine Barmherzigkeit stets grösser ist als sein Zorn, seine Treue grösser als seine Gerechtigkeit und darum sein Ja unendlich viel grösser als jedes Nein. Angelegt ist diese Interpretation im Grunde in der 52. Frage selbst, in der Person des Richters Jesus Christus, durch dessen Auferweckung Gott ein für alle Mal seine Zuwendung als stärker erwiesen hat als alle menschliche Beziehungs-

69 Frage 52.

70 Schleiermacher, Der christliche Glaube (Anm. 10), § 118.

71 Vgl. dazu J. Christine Janowski, Allerlösung. Annäherungen an eine entdualisierte Eschatologie, 2 Bde., Neukirchen-Vluyn 2000; Ottmar Fuchs, Das Jüngste Gericht. Hoffnung auf Gerechtigkeit, Regensburg [2]2009; Matthias Zeindler, Gott der Richter. Zu einem unverzichtbaren Aspekt christlichen Glaubens, Zürich [2]2005, 99–108; ders., Erwählung. Gottes Weg in der Welt, Zürich 2009, 137–139.

verweigerung, wie sie sich im Kreuz austobt. Hier, im auferweckten Gekreuzigten, begegnen wir der Asymmetrie der Gnade Gottes in Person. Gekreuzigt und auferweckt wurde er aber für alle – nicht nur für alle, die sich für ihn entscheiden. Die Asymmetrie der Gnade am Ende des *Heidelbergers* gilt deshalb nicht nur für unser Verhältnis zu Gott, sie gilt zuerst und zuletzt in Gott selbst. Und darum ist dieser eine Jesus Christus wirklich für alle der einzige Trost, nicht nur «im Leben», sondern auch «im Sterben».

Bibelstellen

Autorinnen und Autoren

Andrea Anker: *1977, Pfarrerin in Teufen (AR) und Referentin in der kirchlichen Erwachsenenbildung, zuvor Assistentin am Lehrstuhl für Systematische Theologie von Prof. I. U. Dalferth an der Universität Zürich. Neuere Veröffentlichungen: «Denn nicht auf Worten beruht das Reich Gottes, sondern auf Kraft». Zum Kontext der paulinischen (Anti-) Rhetorik in den Korintherbriefen, Ph. Stoellger (Hg.), Sprachen der Macht. Gesten der Er- und Entmächtigung in Text und Interpretation, Würzburg 2008, 212–224; (mit B. Bürki), Messe oder reformiertes Abendmahl?: R. Kunz/A. Marti/D. Plüss (Hg.), Reformierte Liturgik – kontrovers, Zürich 2011, 83–97; «Der wirklich neue Mensch»: Karl Barth im Gespräch mit Paulus, Hegel und Charlotte von Kirschbaum: H. von Sass (Hg.), Wahrhaft Neues. Zu einer Grundfigur christlichen Glaubens, Leipzig 2013, 99–124.

Magdalene L. Frettlöh: *1959, Prof'in Dr. theol., lehrt Systematische Theologie/Dogmatik an der Theologischen Fakultät der Universität Bern. Neuere Buchpublikationen: Gott Gewicht geben. Bausteine einer geschlechtergerechten Gotteslehre, Neukirchen-Vluyn ²2009; (mit Andreas Krebs und Torsten Meireis), Tastend von Gott reden. Drei systematisch-theologische Antrittsvorlesungen aus Bern. Mit einem Geleitwort von Silvia Schroer, Zürich 2013; «Mutuum colloquium ...». Gehörige Wechsel- und Widerworte Gottes und der Menschen, Uelzen 2014; Mitherausgeberin der Göttinger Predigtmeditationen und der TVZ-Reihe «reformiert!».

Martin Ernst Hirzel: *1965, Dr. theol., Beauftragter für Ökumene und Religionsgemeinschaften des Schweizerischen Evangelischen Kirchenbundes (SEK), Bern; vorher Professor für Kirchengeschichte an der Theologischen Fakultät der Waldenserkirche in Rom. Neuere Veröffentlichungen: als Hg., Johann Caspar Lavater: Ausgewählte Werke in historisch-kritischer Ausgabe, Band 3: Werke 1769–1771, Zürich 2002; als Hg. (mit Martin Sallmann): 1509 – Johannes Calvin – 2009. Sein Wirken in Kirche und Gesellschaft. Essays zu seinem 500. Geburtstag, Zürich 2008 [Calvin et le Calvinisme. Cinq siècles d'influence sur l'Eglise et la société, Genf 2008; 1509 – John Calvin – 2009. His influence on Church and Society, Grand Rapids (MI)/ Cambridge

U.K. 2009]; als Hg. (mit Thomas Flügge, Frank Mathwig, Peter Schmid), Wo Gottes Wort ist. Die gesellschaftliche Relevanz von Kirche in der pluralen Welt. Festgabe für Thomas Wipf, Zürich 2010.

Marco Hofheinz: *1973, Prof. Dr. theol., Professor für Systematische Theologie an der Leibniz Universität Hannover. Neuere Veröffentlichungen: als Hg. (mit Wolfgang Lienemann und Martin Sallmann), Calvins Erbe. Beiträge zur Wirkungsgeschichte Johannes Calvins, Göttingen 2011; Johannes Calvins theologische Friedensethik, Stuttgart 2012; als Hg. (mit Matthias Zeindler), Reformierte Theologie weltweit. Zwölf Profile aus dem 20. Jahrhundert, Zürich 2013.

Kurt Cardinal Koch: *1950, Präsident des Päpstlichen Rates zur Förderung der Einheit der Christen. Neuere Veröffentlichungen: Dem Herrn gehört die Zeit. Meditationen zum Kirchenjahr, Paderborn 2008; Das Geheimnis des Senfkorns. Grundzüge des theologischen Denkens von Papst Benedikt XVI., Regensburg 2010; Entweltlichung – und andere Versuche, das Christliche zu retten, Augsburg 2012.

Gottfried Wilhelm Locher: *1966, Ph.D., Ratspräsident des Schweizerischen Evangelischen Kirchenbundes und Mitglied des Präsidiums der Gemeinschaft Evangelischer Kirchen in Europa. Neuere Veröffentlichungen: Sign of the Advent. A Study in Protestant Ecclesiology, Fribourg 2004; So ändern sich die Zeiten. Das ‹Jesus-Buch› in reformierter Lesart: Thomas Söding (Hg.), Ein Weg zu JESUS. Schlüssel zu einem tieferen Verständnis des Papstbuches, Freiburg, Basel, Wien 2007, 53–67; Reformierte Episkopé. Grundlegendes in neun Thesen: Theologische Zeitschrift 64/2008, 151–168.

Frank Mathwig: *1960, Prof. Dr. theol., Beauftragter für Theologie und Ethik am Institut für Theologie und Ethik (ITE) des Schweizerischen Evangelischen Kirchenbundes (SEK). Neuere Veröffentlichungen: als Hg. (mit Marco Hofheinz und Matthias Zeindler), Ethik und Erzählung. Philosophische und theologische Beiträge zur narrativen Ethik, Zürich 2009; als Hg. (mit Marco Hofheinz und Matthias Zeindler), Wie kommt die Bibel in die Ethik? Beiträge zu einer Grundfrage theologischer Ethik, Zürich 2011; als Hg. (mit Marco Hofheinz und Matthias Zeindler), Freundschaft. Zur Aktualität eines traditionsreichen Begriffs, Zürich 2014. Mitherausgeber der TVZ-Reihe «reformiert!».

Torsten Meireis: *1964, Dr. theol., Professor für Systematische Theologie an der Theologischen Fakultät der Universität Bern. Neuere Veröffentlichungen: als Hg., Gewalt und Gewalten. Zur Ausübung, Legitimität und Ambivalenz rechtserhaltender Gewalt, Tübingen 2012; (zusammen mit Andreas Krebs, Magdalene Frettlöh), Tastend von Gott reden, Zürich 2013; als Hg., Altern in Würde. Das Konzept der Würde im vierten Lebensalter, Zürich 2013. Mitherausgeber der TVZ-Reihe «reformiert!».

Peter Opitz: *1957, Prof. Dr. theol., Professor für Kirchen- und Dogmengeschichte von der Reformation bis zur Gegenwart an der Theologischen Fakultät der Universität Zürich und Leiter des Instituts für Schweizerische Reformationsgeschichte. Neuere Veröffentlichungen: als Hg. (mit Andreas Mühling), Reformierte Bekenntnisschriften, im Auftrag des Rates der EKD [ab Bd. 2/1]. Zuletzt: Bd. 3/1, 1570–1595, Neukirchen-Vluyn 2012; als Hg. (mit Emidio Campi und Konrad Schmid), Johannes Calvin und die kulturelle Prägekraft des Protestantismus, Zürich 2012; als Hg., The Myth of the Reformation, Göttingen 2013.

Georg Plasger: *1961, Prof. Dr. theol., Professor für Systematische und ökumenische Theologie an der Universität Siegen. Neuere Veröffentlichungen: als Hg (mit Matthias Freudenberg), Calvin-Lesebuch, Neukirchen ^{3}2009; Calvins Theologie für heute und morgen. Beiträge des Siegener Calvin-Kongresses 2009, Wuppertal 2010; Glauben heute mit dem Heidelberger Katechismus, Göttingen 2012.

David Plüss: *1964, Prof. Dr. theol., Professor für Homiletik, Liturgik und Kirchentheorie am Institut für Praktische Theologie der Theologischen Fakultät der Universität Bern. 2005–2009 Assistenzprofessor für Praktische Theologie und Studiendekan der Theologischen Fakultät der Universität Basel. Neuere Veröffentlichungen: «Vor Gott ein Spiel zu treiben ...» – Liturgie als dramatische Performance für alle Sinne: Musik und Kirche, Heft 6 (2013), 412–417; Die Bildungsfunktion liturgischer Ordnung: Claudia Kohli/Isabelle Noth (Hg.), Religiöse Erwachsenenbildung. Zugänge – Herausforderungen – Perspektiven, Zürich 2013; Liturgie als Kultur der Gegenwärtigkeit: Angela Berlis, David Plüss, Christian Walti (Hg.), GottesdienstKunst, Zürich 2012, 13–19.

Paolo Ricca: *1936, emeritierter Pfarrer der Waldenserkirche in Italien und emeritierter Professor für Kirchengeschichte der Facoltà Valdese di Teologia, Rom; Gastprofesser am Pontificio Ateneo S. Anselmo, Rom. Neuere Veröffentlichungen: Herausgeber der Reihe «Opere scelte di Martin Lutero» für den Verlag Claudiana in Turin; in dieser Reihe Herausgabe der folgenden Bände: Gli Articoli di Smalcalda, La Libertà del cristiano, Alla nobiltà cristiana della nazione tedesca, Le Resolutiones (Erklärung der 95 Thesen durch Luther); weitere Veröffentlichungen: Lutero, mendicante di Dio, Brescia 2010; La fede cristiana evangelica: un commento al Catechismo di Heidelberg, Turin 2011.

Ingrid Schoberth: *1958, Prof. Dr. theol., seit 2003 Lehrstuhl für Praktische Theologie mit Schwerpunkt Religionspädagogik an der Theologischen Fakultät der Ruprechts-Karls-Universität Heidelberg. Neuere Veröffentlichungen: Diskursive Religionspädagogik, Göttingen 2009; als Hg., Urteilen lernen – Grundlegung und Kontexte ethischer Urteilsbildung, Göttingen 2012; Religiöses Lernen mit dem Frühmittelalter. Zum Umgang mit Geschichte am Beispiel von Kloster Lorsch, Göttingen 2013.

Matthias D. Wüthrich: *1972, PD Dr. theol., Oberassistent im Bereich Systematische Theologie/Dogmatik an der Universität Basel. Neuere Veröffentlichungen: Raum Gottes. Ein systematisch-theologischer Versuch, Raum zu denken, Habilitationsschrift im Fach Systematische Theologie, Universität Basel 2012; Die Zukunft der Volkskirche. Kritisch-konstruktive Erwägungen aus theologischer Sicht: SJKR 16 (2011), 47–70; «Der präst kann ye nit sünd sin». Zwinglis Kritik an der traditionellen Erbsünde und ihre Barth'sche Rezeption: Eva Harasta (Hg.), Erbsünde, Neukirchen-Vluyn 2012, 29–46.

Matthias Zeindler: *1958, Prof. Dr. theol., Leiter des Bereichs Theologie der Reformierten Kirchen Bern-Jura-Solothurn. Neuere Veröffentlichungen: Erwählung. Gottes Weg in der Welt, Zürich 2009; als Hg. (mit Marco Hofheinz), Reformierte Theologie weltweit. Zwölf Profile aus dem 20. Jahrhundert, Zürich 2013; als Hg. (mit Martin Sallmann), Dokumente der Berner Reformation: Disputationsthesen, Reformationsmandat, Synodus, Zürich 2013; als Hg. (mit Sabine Scheuter), Das reformierte Pfarrhaus: Auslauf- oder Zukunftsmodell? (denkMal 7), Zürich 2013. Mitherausgeber der TVZ-Reihe «reformiert!».